Praktische Statistik für Data Scientists

Praktische Statistik für Data Scientists

50+ essenzielle Konzepte mit R und Python

Peter Bruce, Andrew Bruce & Peter Gedeck

Deutsche Übersetzung von Marcus Fraaß

Peter Bruce, Andrew Bruce, Peter Gedeck

Lektorat: Alexandra Follenius
Übersetzung: Marcus Fraaß
Korrektorat: Sibylle Feldmann, *www.richtiger-text.de*
Satz: III-satz, *www.drei-satz.de*
Herstellung: Stefanie Weidner
Umschlaggestaltung: Karen Montgomery, Michael Oréal, *www.oreal.de*
Druck und Bindung: mediaprint solutions GmbH, 33100 Paderborn

Bibliografische Information der Deutschen Nationalbibliothek
Die Deutsche Nationalbibliothek verzeichnet diese Publikation in der Deutschen Nationalbibliografie; detaillierte bibliografische Daten sind im Internet über *http://dnb.d-nb.de* abrufbar.

ISBN:
Print 978-3-96009-153-0
PDF 978-3-96010-467-4
ePub 978-3-96010-468-1
mobi 978-3-96010-469-8

1. Auflage

Wieblinger Weg 17
69123 Heidelberg

Hinweis:
Dieses Buch wurde mit mineralölfreien Farben auf PEFC-zertifiziertem Papier aus nachhaltiger Waldwirtschaft gedruckt. Der Umwelt zuliebe verzichten wir zusätzlich auf die Einschweißfolie. Hergestellt in Deutschland.

Schreiben Sie uns:
Falls Sie Anregungen, Wünsche und Kommentare haben, lassen Sie es uns wissen: *kommentar@oreilly.de*.

5 4 3 2 1

Inhalt

Vorwort XIII

1 Explorative Datenanalyse 1

Strukturierte Datentypen 2

Weiterführende Literatur 4

Tabellarische Daten 5

Data Frames und Tabellen 6

Nicht tabellarische Datenstrukturen 7

Weiterführende Literatur 8

Lagemaße 8

Mittelwert 9

Median und andere robuste Lagemaße 11

Beispiel: Lagemaße für Einwohnerzahlen und Mordraten 12

Weiterführende Literatur 14

Streuungsmaße 14

Standardabweichung und ähnliche Maße 15

Streuungsmaße auf Basis von Perzentilen 17

Beispiel: Streuungsmaße für die Einwohnerzahlen der Bundesstaaten in den USA 19

Weiterführende Literatur 20

Exploration der Datenverteilung 20

Perzentile und Box-Plots 21

Häufigkeitstabellen und Histogramme 23

Dichtediagramme und -schätzer 25

Weiterführende Literatur 27

Binäre und kategoriale Daten untersuchen 28

Modus 30

Erwartungswert 30

Wahrscheinlichkeiten 31

Weiterführende Literatur 32

Korrelation 32
Streudiagramme 35
Weiterführende Literatur 37
Zwei oder mehr Variablen untersuchen 37
Hexagonal-Binning- und Konturdiagramme (Diagramme für mehrere numerische Variablen) 38
Zwei kategoriale Variablen 41
Kategoriale und numerische Variablen 42
Mehrere Variablen visualisieren 44
Weiterführende Literatur 47
Zusammenfassung 47

2 Daten- und Stichprobenverteilungen 49
Zufallsstichprobenziehung und Stichprobenverzerrung 50
Verzerrung 52
Zufallsauswahl 53
Größe versus Qualität: Wann spielt die Stichprobengröße eine Rolle? 54
Unterschied zwischen dem Stichproben- und dem Populationsmittelwert 56
Weiterführende Literatur 56
Auswahlverzerrung 57
Regression zur Mitte 58
Weiterführende Literatur 60
Stichprobenverteilung einer statistischen Größe 60
Zentraler Grenzwertsatz 63
Standardfehler 64
Weiterführende Literatur 65
Bootstrap-Verfahren 65
Unterschiede zwischen Resampling und dem Bootstrap-Verfahren 69
Weiterführende Literatur 69
Konfidenzintervalle 70
Weiterführende Literatur 72
Normalverteilung 73
Standardnormalverteilung und Q-Q-Diagramme 75
Verteilungen mit langen Verteilungsenden 76
Weiterführende Literatur 79
Studentsche t-Verteilung 79
Weiterführende Literatur 81
Binomialverteilung 81
Weiterführende Literatur 84

Chi-Quadrat-Verteilung 84
Weiterführende Literatur 85
F-Verteilung 86
Weiterführende Literatur 86
Poisson- und verwandte Verteilungen 87
Poisson-Verteilung 87
Exponentialverteilung 88
Die Hazardrate schätzen 89
Weibull-Verteilung 89
Weiterführende Literatur 90
Zusammenfassung 90

3 Statistische Versuche und Signifikanztests 91
A/B-Test 92
Warum eine Kontrollgruppe nutzen? 94
Warum lediglich A/B? Warum nicht auch C, D usw.? 95
Weiterführende Literatur 97
Hypothesentests 97
Die Nullhypothese 99
Die Alternativhypothese 99
Einseitige und zweiseitige Hypothesentests 99
Weiterführende Literatur 100
Resampling 101
Permutationstest 101
Beispiel: Die Affinität von Nutzern zu einem Webinhalt messen (Web-Stickiness) 102
Exakte und Bootstrap-Permutationstests 106
Permutationstests: ein geeigneter Ausgangspunkt in der Data Science 107
Weiterführende Literatur 108
Statistische Signifikanz und p-Werte 108
p-Wert 111
Signifikanzniveau 112
Fehler 1. und 2. Art 113
Data Science und p-Werte 114
Weiterführende Literatur 114
t-Tests 115
Weiterführende Literatur 117
Testen mehrerer Hypothesen 117
Weiterführende Literatur 120
Die Anzahl der Freiheitsgrade 121
Weiterführende Literatur 122

Varianzanalyse (ANOVA) 122
F-Statistik 126
Zweifaktorielle Varianzanalyse 128
Weiterführende Literatur 128
Chi-Quadrat-Test 128
Chi-Quadrat-Test: ein Resampling-Ansatz 129
Chi-Quadrat-Test: die statistische Theorie 131
Exakter Test nach Fisher 133
Relevanz in der Data Science 135
Weiterführende Literatur 136
Mehrarmige Banditen 136
Weiterführende Literatur 139
Trennschärfe und Stichprobengröße 140
Stichprobengröße 142
Weiterführende Literatur 144
Zusammenfassung 144

4 Regression und Vorhersage 145
Lineare Einfachregression 145
Die Regressionsgleichung 147
Angepasste Werte und Residuen 149
Die Methode der kleinsten Quadrate 151
Unterschied zwischen Vorhersage- und erklärenden Modellen 152
Weiterführende Literatur 153
Multiple lineare Regression 153
Beispiel: Die King-County-Immobiliendaten 154
Das Modell bewerten 155
Kreuzvalidierung 158
Modellauswahl und schrittweise Regression 159
Gewichtete Regression 163
Weiterführende Literatur 164
Vorhersage mittels Regression 164
Risiken bei der Extrapolation 165
Konfidenz- und Prognoseintervalle 165
Regression mit Faktorvariablen 167
Darstellung durch Dummy-Variablen 168
Faktorvariablen mit vielen Stufen 171
Geordnete Faktorvariablen 173
Interpretieren der Regressionsgleichung 174
Korrelierte Prädiktorvariablen 175
Multikollinearität 176

Konfundierende Variablen ... 177
Interaktions- und Haupteffekte ... 178
Regressionsdiagnostik ... 180
Ausreißer ... 181
Einflussreiche Beobachtungen ... 183
Heteroskedastische, nicht normalverteilte und korrelierte Fehler ... 186
Partielle Residuendiagramme und Nichtlinearität ... 190
Polynomiale und Spline-Regression ... 192
Polynome ... 193
Splines ... 195
Verallgemeinerte additive Modelle ... 197
Weiterführende Literatur ... 199
Zusammenfassung ... 199

5 Klassifikation ... 201
Naiver Bayes-Klassifikator ... 203
Warum eine exakte bayessche Klassifikation nicht praktikabel ist ... 204
Die naive Lösung ... 204
Numerische Prädiktorvariablen ... 207
Weiterführende Literatur ... 207
Diskriminanzanalyse ... 208
Kovarianzmatrix ... 209
Lineare Diskriminanzanalyse nach Fisher ... 209
Ein einfaches Beispiel ... 210
Weiterführende Literatur ... 213
Logistische Regression ... 214
Logistische Antwortfunktion und Logit-Funktion ... 215
Logistische Regression und verallgemeinerte lineare Modelle ... 217
Verallgemeinerte lineare Modelle ... 218
Vorhergesagte Werte aus der logistischen Regression ... 219
Interpretation der Koeffizienten und Odds-Ratios ... 220
Lineare und logistische Regression: Gemeinsamkeiten und Unterschiede ... 221
Das Modell prüfen und bewerten ... 223
Weiterführende Literatur ... 226
Klassifikationsmodelle bewerten ... 227
Konfusionsmatrix ... 228
Die Problematik seltener Kategorien ... 230
Relevanz, Sensitivität und Spezifität ... 231
ROC-Kurve ... 232

Fläche unter der ROC-Kurve (AUC) 234
Lift 236
Weiterführende Literatur 238
Strategien bei unausgewogenen Daten 238
Undersampling 239
Oversampling und Up/Down Weighting 240
Generierung von Daten 241
Kostenbasierte Klassifikation 242
Die Vorhersagen untersuchen 243
Weiterführende Literatur 244
Zusammenfassung 244

6 Statistisches maschinelles Lernen 247
K-Nächste-Nachbarn 248
Ein kleines Beispiel: Vorhersage von Kreditausfällen 249
Distanzmaße 252
1-aus-n-Codierung 253
Standardisierung (Normierung, z-Werte) 254
K festlegen 257
KNN zur Merkmalskonstruktion 258
Baummodelle 260
Ein einfaches Beispiel 262
Der Recursive-Partitioning-Algorithmus 264
Homogenität und Unreinheit messen 266
Den Baum daran hindern, weiterzuwachsen 267
Vorhersage eines kontinuierlichen Werts 270
Wie Bäume verwendet werden 270
Weiterführende Literatur 271
Bagging und Random Forests 271
Bagging 273
Random Forest 273
Variablenwichtigkeit 278
Hyperparameter 281
Boosting 282
Der Boosting-Algorithmus 283
XGBoost 284
Regularisierung: Überanpassung vermeiden 287
Hyperparameter und Kreuzvalidierung 292
Zusammenfassung 295

7 Unüberwachtes Lernen **297**
Hauptkomponentenanalyse 298
Ein einfaches Beispiel 299
Die Hauptkomponenten berechnen 302
Die Hauptkomponenten interpretieren 302
Korrespondenzanalyse 305
Weiterführende Literatur 307
K-Means-Clustering 307
Ein einfaches Beispiel 308
Der K-Means-Algorithmus 311
Die Cluster interpretieren 312
Die Anzahl von Clustern bestimmen 314
Hierarchische Clusteranalyse 317
Ein einfaches Beispiel 317
Das Dendrogramm 318
Der agglomerative Algorithmus 320
Ähnlichkeitsmaße 321
Modellbasierte Clusteranalyse 322
Multivariate Normalverteilung 323
Zusammengesetzte Normalverteilungen (gaußsche Mischverteilungen) 324
Die Anzahl der Cluster bestimmen 327
Weiterführende Literatur 329
Skalierung und kategoriale Variablen 329
Variablen skalieren 330
Dominierende Variablen 332
Kategoriale Daten und die Gower-Distanz 334
Probleme bei der Clusteranalyse mit verschiedenen Datentypen . . . 336
Zusammenfassung 338

Quellenangaben **339**

Index **341**

Vorwort

Dieses Buch richtet sich an Data Scientists, die mit den Programmiersprachen *R* und/oder *Python* vertraut sind und sich bereits früher (wenn auch nur punktuell oder zeitweise) mit Statistik beschäftigt haben. Zwei der Autoren entstammen der Welt der Statistik, ehe sie sich in den weiten Raum der Data Science begeben haben, und schätzen den Beitrag, den die Statistik zur Datenwissenschaft zu leisten vermag, sehr. Gleichzeitig sind wir uns der Grenzen des traditionellen Statistikunterrichts durchaus bewusst: Statistik als Disziplin ist anderthalb Jahrhunderte alt, und die meisten Statistiklehrbücher und -kurse sind nicht gerade von Dynamik geprägt, sondern erinnern eher an die Trägheit eines Ozeanriesen. Alle Methoden in diesem Buch haben einen gewissen historischen oder methodologischen Bezug zur Disziplin der Statistik. Methoden, die sich hauptsächlich aus der Informatik entwickelt haben, wie z. B. neuronale Netze, werden nicht behandelt.

Diesem Buch liegen zwei Ziele zugrunde:

- Schlüsselbegriffe aus der Statistik, die für die Data Science relevant sind, in zugänglicher, übersichtlich gegliederter und leicht referenzierbarer Form darzulegen.
- Eine Erläuterung dazu zu geben, welche Konzepte aus datenwissenschaftlicher Sicht wichtig und nützlich sind, welche weniger wichtig sind und warum.

In diesem Buch verwendete Konventionen

Die folgenden typografischen Konventionen werden in diesem Buch verwendet:

Kursiv
: Kennzeichnet neue Begriffe, URLs, E-Mail-Adressen, Dateinamen und Dateiendungen.

`Konstante Zeichenbreite`
: Wird für Programmlistings und für Programmelemente in Textabschnitten wie Namen von Variablen und Funktionen, Datenbanken, Datentypen, Umgebungsvariablen, Anweisungen und Schlüsselwörter verwendet.

`Konstante Zeichenbreite, fett`
: Kennzeichnet Befehle oder anderen Text, den der Nutzer wörtlich eingeben sollte.

> **Schlüsselbegriffe**
>
> Die Data Science baut auf mehreren Disziplinen auf, darunter Statistik, Informatik, Informationstechnologie und domänenspezifische Bereiche. Infolgedessen können mehrere unterschiedliche Begriffe verwendet werden, um auf ein bestimmtes Konzept zu verweisen. Schlüsselbegriffe und ihre Synonyme werden im gesamten Buch in einem Kasten wie diesem hervorgehoben.

Dieses Symbol steht für einen Tipp oder eine Empfehlung.

Dieses Symbol steht für einen allgemeinen Hinweis.

Dieses Symbol warnt oder mahnt zur Vorsicht.

Verwenden von Codebeispielen

Zu sämtlichen Beispielen zeigen wir in diesem Buch die entsprechenden Codebeispiele – zuerst immer in *R* und dann in *Python*. Um unnötige Wiederholungen zu vermeiden, zeigen wir im Allgemeinen nur Ausgaben und Diagramme, die durch den *R*-Code erzeugt wurden. Wir klammern auch den Code aus, der zum Laden der erforderlichen Pakete und Datensätze erforderlich ist. Den vollständigen Code sowie die Datensätze zum Herunterladen finden Sie unter *https://github.com/gedeck/practical-statistics-for-data-scientists*.

Dieses Buch dient dazu, Ihnen beim Erledigen Ihrer Arbeit zu helfen. Im Allgemeinen dürfen Sie die Codebeispiele aus diesem Buch in Ihren eigenen Programmen und der dazugehörigen Dokumentation verwenden. Sie müssen uns dazu nicht um Erlaubnis bitten, solange Sie nicht einen beträchtlichen Teil des Codes reproduzieren. Beispielsweise benötigen Sie keine Erlaubnis, um ein Programm zu schreiben, in dem mehrere Codefragmente aus diesem Buch vorkommen. Wollen Sie dagegen eine CD-ROM mit Beispielen aus Büchern von O'Reilly verkaufen oder verteilen, brauchen Sie eine Erlaubnis. Eine Frage zu beantworten, indem Sie aus diesem Buch zitieren und ein Codebeispiel wiedergeben, benötigt keine Erlaubnis. Eine beträchtliche Menge Beispielcode aus diesem Buch in die Dokumentation Ihres Produkts aufzunehmen, bedarf hingegen unserer ausdrücklichen Zustimmung.

Wir freuen uns über Zitate, verlangen diese aber nicht. Ein Zitat enthält Titel, Autor, Verlag und ISBN, zum Beispiel: »*Praktische Statistik für Data Scientists* von Peter Bruce, Andrew Bruce und Peter Gedeck (O'Reilly). Copyright 2021 dpunkt.verlag GmbH, ISBN 978-3-96009-153-0.«

Wenn Sie glauben, dass Ihre Verwendung von Codebeispielen über die übliche Nutzung hinausgeht oder außerhalb der oben vorgestellten Nutzungsbedingungen liegt, kontaktieren Sie uns bitte unter *kommentar@oreilly.de*.

Danksagungen

Die Autoren danken den zahlreichen Menschen, die dazu beigetragen haben, dieses Buch Wirklichkeit werden zu lassen.

Gerhard Pilcher, CEO des Data-Mining-Unternehmens Elder Research, sah frühe Entwürfe des Buchs und half uns mit detaillierten und hilfreichen Korrekturen sowie Kommentaren. Ebenso gaben Anya McGuirk und Wei Xiao, Statistiker bei SAS, und Jay Hilfiger, ebenfalls Autor von O'Reilly, hilfreiches Feedback zu den ersten Entwürfen des Buchs. Toshiaki Kurokawa, der die erste Auflage ins Japanische übersetzte, leistete dabei umfassende Überarbeitungs- und Korrekturarbeit. Aaron Schumacher und Walter Paczkowski haben die zweite Auflage des Buchs gründlich überarbeitet und zahlreiche hilfreiche und wertvolle Anregungen gegeben, für die wir sehr dankbar sind. Es versteht sich von selbst, dass alle noch verbleibenden Fehler allein auf uns zurückzuführen sind.

Bei O'Reilly begleitete uns Shannon Cutt mit guter Laune und der richtigen Portion Nachdruck durch den Publikationsprozess, während Kristen Brown unser Buch reibungslos durch den Produktionsprozess geführt hat. Rachel Monaghan und Eliahu Sussman korrigierten und verbesserten unser Buch mit Sorgfalt und Geduld, während Ellen Troutman-Zaig den Index erarbeitete. Nicole Tache übernahm das Lektorat der zweiten Auflage und hat den Prozess effektiv geleitet sowie viele gute redaktionelle Vorschläge gemacht, um die Lesbarkeit des Buchs für ein breites Publikum zu verbessern. Wir danken auch Marie Beaugureau, die unser Projekt bei O'Reilly initiiert hat, sowie Ben Bengfort, Autor von O'Reilly und Ausbilder bei Statistics.com, der uns O'Reilly vorgestellt hat.

Wir und dieses Buch haben auch von den vielen Gesprächen profitiert, die Peter im Laufe der Jahre mit Galit Shmueli, Mitautorin bei anderen Buchprojekten, geführt hat.

Schließlich möchten wir besonders Elizabeth Bruce und Deborah Donnell danken, deren Geduld und Unterstützung dieses Vorhaben möglich gemacht haben.

KAPITEL 1

Explorative Datenanalyse

Dieses Kapitel erläutert Ihnen den ersten Schritt in jedem datenwissenschaftlichen Projekt: die Datenexploration.

Die klassische Statistik konzentrierte sich fast ausschließlich auf die *Inferenz*, einen manchmal komplexen Satz von Verfahren, um aus kleinen Stichproben Rückschlüsse auf eine größere Grundgesamtheit zu ziehen. Im Jahr 1962 forderte John W. Tukey (*https://oreil.ly/LQw6q*) (siehe Abbildung 1-1) in seinem bahnbrechenden Aufsatz »The Future of Data Analysis« [Tukey-1962] eine Reform der Statistik. Er schlug eine neue wissenschaftliche Disziplin namens *Datenanalyse* vor, die die statistische Inferenz lediglich als eine Komponente enthielt. Tukey knüpfte Kontakte zu den Ingenieurs- und Informatikgemeinschaften (er prägte die Begriffe *Bit*, kurz für Binärziffer, und *Software*). Seine damaligen Ansätze haben bis heute überraschend Bestand und bilden einen Teil der Grundlagen der Data Science. Der Fachbereich der explorativen Datenanalyse wurde mit Tukeys im Jahr 1977 erschienenem und inzwischen als Klassiker geltendem Buch *Exploratory Data Analysis* [Tukey-1977] begründet. Tukey stellte darin einfache Diagramme (z.B. Box-Plots und Streudiagramme) vor, die in Kombination mit zusammenfassenden Statistiken (Mittelwert, Median, Quantile usw.) dabei helfen, ein Bild eines Datensatzes zu zeichnen.

Abbildung 1-1: John Tukey, der bedeutende Statistiker, dessen vor über 50 Jahren entwickelte Ideen die Grundlage der Data Science bilden

Mit der zunehmenden Verfügbarkeit von Rechenleistung und leistungsfähigen Datenanalyseprogrammen hat sich die explorative Datenanalyse weit über ihren ursprünglichen Rahmen hinaus weiterentwickelt. Die wichtigsten Triebkräfte dieser Disziplin waren die rasche Entwicklung neuer Technologien, der Zugang zu mehr und umfangreicheren Daten und der verstärkte Einsatz der quantitativen Analyse in einer Vielzahl von Disziplinen. David Donoho, Professor für Statistik an der Stanford University und ehemaliger Student Tukeys, verfasste einen ausgezeichneten Artikel auf der Grundlage seiner Präsentation auf dem Workshop zur Hundertjahrfeier von Tukey in Princeton, New Jersey [Donoho-2015]. Donoho führt die Entwicklung der Data Science auf Tukeys Pionierarbeit in der Datenanalyse zurück.

Strukturierte Datentypen

Es gibt zahlreiche unterschiedliche Datenquellen: Sensormessungen, Ereignisse, Text, Bilder und Videos. Das *Internet der Dinge* (engl. *Internet of Things* (IoT)) produziert ständig neue Informationsfluten. Ein Großteil dieser Daten liegt unstrukturiert vor: Bilder sind nichts anderes als eine Zusammenstellung von Pixeln, wobei jedes Pixel RGB-Farbinformationen (Rot, Grün, Blau) enthält. Texte sind Folgen von Wörtern und Nicht-Wortzeichen, die oft in Abschnitte, Unterabschnitte usw. gegliedert sind. Clickstreams sind Handlungsverläufe eines Nutzers, der mit einer Anwendung oder einer Webseite interagiert. Tatsächlich besteht eine große Herausforderung der Datenwissenschaft darin, diese Flut von Rohdaten in verwertbare Informationen zu überführen. Um die in diesem Buch behandelten statistischen Konzepte in Anwendung zu bringen, müssen unstrukturierte Rohdaten zunächst aufbereitet und in eine strukturierte Form überführt werden. Eine der am häufigsten vorkommenden Formen strukturierter Daten ist eine Tabelle mit Zeilen und Spalten – so wie Daten aus einer relationalen Datenbank oder Daten, die für eine Studie erhoben wurden.

Es gibt zwei grundlegende Arten strukturierter Daten: numerische und kategoriale Daten. Numerische Daten treten in zwei Formen auf: *kontinuierlich*, wie z.B. die Windgeschwindigkeit oder die zeitliche Dauer, und *diskret*, wie z.B. die Häufigkeit des Auftretens eines Ereignisses. *Kategoriale* Daten nehmen nur einen bestimmten Satz von Werten an, wie z.B. einen TV-Bildschirmtyp (Plasma, LCD, LED usw.) oder den Namen eines Bundesstaats (Alabama, Alaska usw.). *Binäre* Daten sind ein wichtiger Spezialfall kategorialer Daten, die nur einen von zwei möglichen Werten annehmen, wie z.B. 0 oder 1, ja oder nein oder auch wahr oder falsch. Ein weiterer nützlicher kategorialer Datentyp sind *ordinalskalierte* Daten, bei denen die Kategorien in einer Reihenfolge geordnet sind; ein Beispiel hierfür ist eine numerische Bewertung (1, 2, 3, 4 oder 5).

Warum plagen wir uns mit der Taxonomie der Datentypen herum? Es stellt sich heraus, dass für die Zwecke der Datenanalyse und der prädiktiven Modellierung der Datentyp wichtig ist, um die Art der visuellen Darstellung, der Datenanalyse oder des statistischen Modells zu bestimmen. Tatsächlich verwenden datenwissenschaftliche Softwareprogramme wie *R* und *Python* diese Datentypen, um die Rechenleistung zu optimieren. Noch wichtiger ist es, dass der Datentyp einer Variablen ausschlaggebend dafür ist, wie das Programm die Berechnungen für diese Variable handhabt.

Schlüsselbegriffe zu Datentypen

Numerisch
: Daten, die auf einer numerischen Skala abgebildet sind.

  Kontinuierlich
  : Daten, die innerhalb eines Intervalls einen beliebigen Wert annehmen können.

    Synonyme
    : intervallskaliert, Gleitkommazahl, numerisch

  Diskret
  : Daten, die nur ganzzahlige Werte annehmen können, wie z. B. Häufigkeiten bzw. Zählungen.

    Synonyme
    : Ganzzahl, Zählwert

Kategorial
: Daten, die nur einen bestimmten Satz von Werten annehmen können, die wiederum einen Satz von möglichen Kategorien repräsentieren.

  Synonyme
  : Aufzählungstyp, Faktor, faktoriell, nominal

  Binär
  : Ein Spezialfall des kategorialen Datentyps mit nur zwei möglichen Ausprägungen, z. B. 0/1, wahr/falsch.

    Synonyme
    : dichotom, logisch, Indikatorvariable, boolesche Variable

  Ordinalskaliert
  : Kategoriale Daten, die eine eindeutige Reihenfolge bzw. Rangordnung haben.

    Synonym
    : geordneter Faktor

Softwareingenieure und Datenbankprogrammierer fragen sich vielleicht, warum wir überhaupt den Begriff der *kategorialen* und *ordinalskalierten* Daten für unsere Analyse benötigen. Schließlich sind Kategorien lediglich eine Sammlung von Text- (oder numerischen) Werten, und die zugrunde liegende Datenbank übernimmt automatisch die interne Darstellung. Die explizite Bestimmung von Daten als kategoriale Daten im Vergleich zu Textdaten bietet jedoch einige Vorteile:

- Die Kenntnis, dass Daten kategorial sind, kann als Signal dienen, durch das ein Softwareprogramm erkennen kann, wie sich statistische Verfahren wie die Erstellung eines Diagramms oder die Anpassung eines Modells verhalten sollen. Insbesondere ordinalskalierte Daten können als `ordered.factor` in *R* angegeben werden, wodurch eine benutzerdefinierte Ordnung in Diagrammen, Tabellen und Modellen erhalten bleibt. In *Python* unterstützt `scikit-learn` ordinalskalierte Daten mit der Methode `sklearn.preprocessing.OrdinalEncoder`.
- Das Speichern und Indizieren kann optimiert werden (wie in einer relationalen Datenbank).
- Die möglichen Werte, die eine gegebene kategoriale Variable annehmen kann, werden in dem Softwareprogramm erzwungen (wie bei einer Aufzählung).

Der dritte »Vorteil« kann zu unbeabsichtigtem bzw. unerwartetem Verhalten führen: Das Standardverhalten von Datenimportfunktionen in *R* (z.B. `read.csv`) besteht darin, eine Textspalte automatisch in einen `factor` umzuwandeln. Bei nachfolgenden Operationen auf dieser Spalte wird davon ausgegangen, dass die einzigen zulässigen Werte für diese Spalte die ursprünglich importierten sind und die Zuweisung eines neuen Textwerts eine Warnung verursacht sowie einen Eintrag mit dem Wert `NA` (ein fehlender Wert) erzeugt. Das `pandas`-Paket in *Python* nimmt diese Umwandlung nicht automatisch vor. Sie können jedoch in der Funktion `read_csv` eine Spalte explizit als kategorial spezifizieren.

Kernideen

- Daten werden in Softwareprogrammen typischerweise in verschiedene Typen eingeteilt.
- Zu den Datentypen gehören numerische (kontinuierlich, diskret) und kategoriale (binär, ordinalskaliert).
- Die Datentypisierung dient als Signal für das Softwareprogramm, wie die Daten zu verarbeiten sind.

Weiterführende Literatur

- Datentypen können verwirrend sein, da sich Typen überschneiden und die Taxonomie in einem Softwareprogramm von der in einem anderen abweichen kann. Auf der R-Tutorial-Webseite (*https://oreil.ly/2YUoA*) können Sie die Taxonomie in *R* nachvollziehen. Die `pandas`-Dokumentation (*https://oreil.ly/UGX-4*) beschreibt die verschiedenen Datentypen in *Python* und wie sie verändert werden können.

- Datenbanken sind in ihrer Einteilung der Datentypen detaillierter und berücksichtigen Präzisionsniveaus, Datenfelder fester oder variabler Länge und mehr (siehe den W3Schools-SQL-Leitfaden (*https://oreil.ly/cThTM*).)

Tabellarische Daten

Der typische Bezugsrahmen für eine Analyse in der Data Science ist ein *tabellarisches Datenobjekt* (engl. *Rectangular Data Object*), wie eine Tabellenkalkulation oder eine Datenbanktabelle.

»Tabellarische Daten« ist der allgemeine Begriff für eine zweidimensionale Matrix mit Zeilen für die Beobachtungen (Fälle) und Spalten für die Merkmale (Variablen); in *R* und *Python* wird dies als *Data Frame* bezeichnet. Die Daten sind zu Beginn nicht immer in dieser Form vorhanden: Unstrukturierte Daten (z.B. Text) müssen zunächst so verarbeitet und aufbereitet werden, dass sie als eine Reihe von Merkmalen in tabellarischer Struktur dargestellt werden können (siehe »Strukturierte Datentypen« auf Seite 2). Daten in relationalen Datenbanken müssen für die meisten Datenanalyse- und Modellierungsaufgaben extrahiert und in eine einzelne Tabelle überführt werden.

Schlüsselbegriffe zu tabellarischen Daten

Data Frame
Tabellarische Daten (wie ein Tabellenkalkulationsblatt) sind die grundlegende Datenstruktur für statistische und maschinelle Lernmodelle.

Merkmal
Eine Spalte innerhalb einer Tabelle wird allgemein als *Merkmal* (engl. *Feature*) bezeichnet.

Synonyme
Attribut, Eingabe, Prädiktorvariable, Prädiktor, unabhängige Variable

Ergebnis
Viele datenwissenschaftliche Projekte zielen auf die Vorhersage eines *Ergebnisses* (engl. *Outcome*) ab – oft in Form eines Ja-oder-Nein-Ergebnisses (ob beispielsweise in Tabelle 1-1 eine »Auktion umkämpft war oder nicht«). Die *Merkmale* werden manchmal verwendet, um das *Ergebnis* eines statistischen Versuchs oder einer Studie vorherzusagen..

Synonyme
Ergebnisvariable, abhängige Variable, Antwortvariable, Zielgröße, Ausgabe, Responsevariable

Eintrag
Eine Zeile innerhalb einer Tabelle wird allgemein als *Eintrag* (engl. *Record*) bezeichnet.

Synonyme
Fall, Beispiel, Instanz, Beobachtung

Tabelle 1-1: Ein typisches Data-Frame-Format

Kategorie	Währung	Verkäufer-Rating	Dauer	Schluss-tag	Schluss-preis	Eröffnungs-preis	umkämpft?
Musik/Film/Spiel	USD	3249	5	Mon	0.01	0.01	0
Musik/Film/Spiel	USD	3249	5	Mon	0.01	0.01	0
Automobil	USD	3115	7	Die	0.01	0.01	0
Automobil	USD	3115	7	Die	0.01	0.01	0
Automobil	USD	3115	7	Die	0.01	0.01	0
Automobil	USD	3115	7	Die	0.01	0.01	0
Automobil	USD	3115	7	Die	0.01	0.01	1
Automobil	USD	3115	7	Die	0.01	0.01	1

In Tabelle 1-1 gibt es eine Kombination aus Mess- oder Zähldaten (z.B. Dauer und Preis) und kategorialen Daten (z.B. Kategorie und Währung). Wie bereits erwähnt, ist eine besondere Form der kategorialen Variablen eine binäre Variable (ja/nein oder 0/1), wie in der Spalte ganz rechts in Tabelle 1-1 – eine Indikatorvariable, die angibt, ob eine Auktion umkämpft war (mehrere Bieter hatte) oder nicht. Diese Indikatorvariable ist zufällig auch eine *Ergebnisvariable*, wenn das Modell vorhersagen soll, ob eine Auktion umkämpft sein wird oder nicht.

Data Frames und Tabellen

Klassische Datenbanktabellen haben eine oder mehrere Spalten, die als Index bezeichnet werden und im Wesentlichen eine Zeilennummer darstellen. Dies kann die Effizienz bestimmter Datenbankabfragen erheblich verbessern. In *Pythons* `pandas`-Bibliothek wird die grundlegende tabellarische Datenstruktur durch ein Data-Frame-Objekt umgesetzt. Standardmäßig wird automatisch ein ganzzahliger Index für ein Data-Frame-Objekt basierend auf der Reihenfolge der Zeilen erstellt. In `pandas` ist es auch möglich, mehrstufige bzw. hierarchische Indizes festzulegen, um die Effizienz bestimmter Operationen zu verbessern.

In *R* ist die grundlegende tabellarische Datenstruktur mittels eines `data.frame`-Objekts implementiert. Ein `data.frame` hat auch einen impliziten ganzzahligen Index, der auf der Zeilenreihenfolge basiert. Der standardmäßige `data.frame` in *R* unterstützt keine benutzerdefinierten oder mehrstufigen Indizes. Jedoch kann über das Argument `row.names` ein benutzerdefinierter Schlüssel erstellt werden. Um diesem Problem zu begegnen, werden immer häufiger zwei neuere Pakete eingesetzt: `data.table` und `dplyr`. Beide unterstützen mehrstufige Indizes und bieten erhebliche Beschleunigungen bei der Arbeit mit einem `data.frame`.

Unterschiede in der Terminologie

Die Terminologie bei tabellarischen Daten kann verwirrend sein. Statistiker und Data Scientists verwenden oftmals unterschiedliche Begriffe für ein und denselben Sachverhalt. Statistiker nutzen in einem Modell *Prädiktorvariablen*, um eine *Antwortvariable* (engl. *Response*) oder eine *abhängige Variable* vorherzusagen. Ein Datenwissenschaftler spricht von *Merkmalen* (engl. *Features*), um eine *Zielgröße* (engl. *Target*) vorherzusagen. Ein Synonym ist besonders verwirrend: Informatiker verwenden den Begriff *Stichprobe* (engl. *Sample*) für eine einzelne Datenzeile, für einen Statistiker ist eine *Stichprobe* hingegen eine Sammlung von Datenzeilen.

Nicht tabellarische Datenstrukturen

Neben tabellarischen Daten gibt es noch andere Datenstrukturen.

Zeitreihendaten umfassen aufeinanderfolgende Messungen derselben Variablen. Sie sind das Rohmaterial für statistische Prognosemethoden und auch eine zentrale Komponente der von Geräten – dem Internet der Dinge – erzeugten Daten.

Räumliche Daten- bzw. Geodatenstrukturen, die bei der Kartierung und Standortanalyse verwendet werden, sind komplexer und vielfältiger als tabellarische Datenstrukturen. In der *Objektdarstellung* (engl. *Object Representation*) stehen ein Objekt (z.B. ein Haus) und seine räumlichen Koordinaten im Mittelpunkt der Daten. Die *Feldansicht* (engl. *Field View*) hingegen konzentriert sich auf kleine räumliche Einheiten und den Wert einer relevanten Metrik (z.B. Pixelhelligkeit).

Graphen- (oder Netzwerk-)Datenstrukturen werden verwendet, um physikalische, soziale oder abstrakte Beziehungen darzustellen. Beispielsweise kann ein Diagramm eines sozialen Netzwerks wie Facebook oder LinkedIn Verbindungen zwischen Menschen im Netzwerk darstellen. Ein Beispiel für ein physisches Netzwerk sind Vertriebszentren, die durch Straßen miteinander verbunden sind. Diagrammstrukturen sind für bestimmte Arten von Fragestellungen nützlich, wie z.B. bei der Netzwerkoptimierung und bei Empfehlungssystemen.

Jeder dieser Datentypen hat seine eigene spezifische Methodologie in der Data Science. Der Schwerpunkt dieses Buchs liegt auf tabellarische Daten, dem grundlegenden Baustein der prädiktiven Modellierung.

Graphen in der Statistik

In der Informatik und der Informationstechnologie bezieht sich der Begriff *Graph* typischerweise auf die Darstellung von Verbindungen zwischen Entitäten und auf die zugrunde liegende Datenstruktur. In der Statistik wird der Begriff *Graph* verwendet, um sich auf eine Vielzahl von Darstellungen und Visualisierungen zu beziehen, nicht nur von Verbindungen zwischen Entitäten. Zudem bezieht er sich ausschließlich auf die Visualisierung und nicht auf die Datenstruktur.

Kernideen

- Die grundlegende Datenstruktur in der Data Science ist eine rechteckige Matrix, in der die Zeilen den Beobachtungen entsprechen und die Spalten den Variablen (Merkmalen).
- Die Terminologie kann verwirrend sein; es gibt eine Vielzahl von Synonymen, die sich aus den verschiedenen Disziplinen ergeben, die zur Data Science beitragen (Statistik, Informatik und Informationstechnologie).

Weiterführende Literatur

- Dokumentation zu Data Frames in *R* (*https://oreil.ly/NsONR*)
- Dokumentation zu Data Frames in *Python* (*https://oreil.ly/oxDKQ*)

Lagemaße

Variablen für Mess- oder Zähldaten können Tausende von unterschiedlichen Werten haben. Ein grundlegender Schritt bei der Erkundung Ihrer Daten ist die Ermittlung eines »typischen Werts« für jedes Merkmal (Variable) – ein sogenanntes Lagemaß (engl. *Estimates of Location*): eine Schätzung darüber, wo sich die Mehrheit der Daten konzentriert (d.h. ihre zentrale Tendenz).

Schlüsselbegriffe zu Lagemaßen

Mittelwert
Die Summe aller Werte dividiert durch die Anzahl der Werte.

Synonyme
arithmetisches Mittel, Durchschnitt

Gewichteter Mittelwert
Die Summe aller Werte, die jeweils mit einem Gewicht bzw. einem Gewichtungsfaktor multipliziert werden, geteilt durch die Summe aller Gewichte.

Synonym
gewichteter Durchschnitt

Median
Der Wert, bei dem die Hälfte der Daten oberhalb und die andere Hälfte unterhalb dieses Werts liegt.

Synonym
50%-Perzentil

Perzentil
Der Wert, bei dem *P* % der Daten unterhalb dieses Werts liegen.

Synonym
Quantil

Gewichteter Median
: Der Wert, bei dem die Summe der Gewichte der sortierten Daten exakt die Hälfte beträgt und der die Daten so einteilt, dass sie entweder oberhalb oder unterhalb diesen Werts liegen.

Getrimmter Mittelwert
: Der Mittelwert aller Werte, nachdem eine vorgegebene Anzahl von Ausreißern entfernt wurde.

  Synonym
  : gestutzter Mittelwert

Robust
: Nicht sensibel gegenüber Ausreißern.

Ausreißer
: Ein Datenwert, der sich stark von den übrigen Daten unterscheidet.

  Synonym
  : Extremwert

Auf den ersten Blick mag für Sie die Ermittlung einer zusammenfassenden Größe, die Aufschluss über einen vorliegenden Datensatz gibt, ziemlich trivial erscheinen: Sie nehmen einfach den *Mittelwert*, der sich für den Datensatz ergibt. Tatsächlich ist der Mittelwert zwar leicht zu berechnen und relativ zweckmäßig, aber er ist nicht immer das beste Maß zur Bestimmung eines Zentralwerts. Aus diesem Grund haben Statistiker mehrere alternative Schätzer zum Mittelwert entwickelt und befürwortet.

Metriken und Schätzwerte

Statistiker verwenden oft den Begriff *Schätzwert* für einen aus den vorliegenden Daten berechneten Wert, um zwischen dem, was wir aus den Daten ziehen, und der theoretisch wahren oder tatsächlichen Sachlage zu unterscheiden. Data Scientists und Geschäftsanalysten sprechen bei einem solchen Wert von einer *Metrik*. Der Unterschied spiegelt den Ansatz der Statistik im Vergleich zur Datenwissenschaft wider: Die Berücksichtigung von Unsicherheit steht im Mittelpunkt der statistischen Disziplin, währnd in der Datenwissenschaft konkrete geschäftliche oder organisatorische Ziele im Fokus stehen. Daher kann man sagen, dass Statistiker Schätzungen durchführen und Data Scientists Messungen vornehmen.

Mittelwert

Das grundlegendste Lagemaß ist der *Mittelwert* (genauer, das arithmetische Mittel) oder auch der *Durchschnitt*. Der Mittelwert entspricht der Summe aller Werte dividiert durch die Anzahl von Werten. Betrachten Sie die folgende Zahlenfolge: {3 5 1 2}. Der Mittelwert beträgt (3 + 5 + 1 + 2) / 4 = 11 / 4 = 2,75. Sie werden auf das Symbol $\bar{x}$ (ausgesprochen als »x quer«) stoßen, das verwendet wird, um den Mittelwert einer Stichprobe, die aus einer Grundgesamtheit gezogen wurde, darzustellen. Die Formel zur Berechnung des Mittelwerts für eine Menge von Werten $x_1, x_2, \ldots, x_n$ lautet:

$$\text{Mittelwert} = \bar{x} = \frac{\sum_{i=1}^{n} x_i}{n}$$

N (oder *n*) bezieht sich auf die Gesamtzahl aller Einträge bzw. Beobachtungen. In der Statistik wird es großgeschrieben, wenn es sich auf eine Grundgesamtheit bezieht, und kleingeschrieben, wenn es auf eine Stichprobe aus einer Grundgesamtheit abzielt. In der Data Science ist diese Unterscheidung nicht von Relevanz, weshalb Sie beide Möglichkeiten in Betracht ziehen können.

Eine Variante des Mittelwerts ist der *getrimmte Mittelwert*, den Sie berechnen, indem Sie eine feste Anzahl sortierter Werte an jedem Ende weglassen und dann den Mittelwert der verbleibenden Werte bilden. Für die sortierten Werte $x_{(1)}, x_{(2)}, \ldots, x_{(n)}$, wobei $x_{(1)}$ der kleinste Wert und $x_{(n)}$ der größte ist, wird der getrimmte Mittelwert mit p kleinsten und größten weggelassenen Werten durch folgende Formel berechnet:

$$\text{getrimmter Mittelwert} = \bar{x} = \frac{\sum_{i=p+1}^{n-p} x_{(i)}}{n-2p}$$

Durch die Verwendung des getrimmten Mittelwerts wird der Einfluss von Extremwerten beseitigt. Zum Beispiel werden bei internationalen Tauchmeisterschaften die höchste und die niedrigste Punktzahl der fünf Kampfrichter gestrichen, und als Endpunktzahl wird der Durchschnitt der Punktzahlen der drei verbleibenden Kampfrichter gewertet (*https://oreil.ly/uV4P0*). Dies macht es für einen einzelnen Kampfrichter schwierig, das Ergebnis zu manipulieren, etwa um den Kandidaten seines Landes zu begünstigen. Getrimmte Mittelwerte sind sehr verbreitet und in vielen Fällen der Verwendung des gewöhnlichen Mittelwerts vorzuziehen (siehe »Median und andere robuste Lagemaße« auf Seite 11 für weitere Erläuterungen).

Eine weitere Möglichkeit der Mittelwertbildung ist der *gewichtete Mittelwert*. Zur Berechnung multiplizieren Sie jeden Datenwert x_i mit einem benutzerdefinierten Gewicht w_i und dividieren die daraus resultierende Summe durch die Summe der Gewichte. Die Formel für den gewichteten Mittelwert lautet dementsprechend:

$$\text{gewichteter Mittelwert} = \bar{x}_w = \frac{\sum_{i=1}^{n} w_i x_i}{\sum_{i=1}^{n} w_i}$$

Den gewichteten Mittelwert verwendet man hauptsächlich aus zwei Gründen:

- Einige Werte weisen von sich aus eine größere Streuung auf als andere – um den Einfluss stark streuender Beobachtungen zu verringern, erhalten sie ein geringeres Gewicht. Wenn wir z.B. den Mittelwert von mehreren Sensoren bilden und einer der Sensoren weniger genau misst, können wir die Daten dieses Sensors niedriger gewichten.

- Unsere erhobenen Daten repräsentieren die verschiedenen Gruppen, an deren Messung wir interessiert sind, nicht gleichmäßig. Beispielsweise ist es möglich, aufgrund der Art und Weise, wie ein Onlineversuch durchgeführt wurde, einen Datensatz zu gewinnen, der nicht alle Gruppen in der Nutzerbasis wahrheitsgemäß abbildet. Zur Korrektur können wir den Werten der Gruppen, die unterrepräsentiert sind, ein höheres Gewicht beimessen.

Median und andere robuste Lagemaße

Der *Median* entspricht dem mittleren Wert der sortierten Liste eines Datensatzes. Wenn es eine gerade Anzahl von Datenpunkten gibt, ist der mittlere Wert eigentlich nicht im Datensatz enthalten, weshalb der Durchschnitt der beiden Werte, die die sortierten Daten in eine obere und eine untere Hälfte teilen, verwendet wird. Verglichen mit dem Mittelwert, bei dem alle Beobachtungen berücksichtigt werden, beruht der Median nur auf den Werten, die sich in der Mitte des sortierten Datensatzes befinden. Dies mag zwar nachteilig erscheinen, da der Mittelwert wesentlich empfindlicher in Bezug auf die Datenwerte ist, aber es gibt viele Fälle, in denen der Median ein besseres Lagemaß darstellt. Angenommen, wir möchten die durchschnittlichen Haushaltseinkommen in den Nachbarschaften um den Lake Washington in Seattle unter die Lupe nehmen. Beim Vergleich der Ortschaft Medina mit der Ortschaft Windermere würde die Verwendung des Mittelwerts zu sehr unterschiedlichen Ergebnissen führen, da Bill Gates in Medina lebt. Wenn wir stattdessen den Median verwenden, spielt es keine Rolle, wie reich Bill Gates ist – die Position der mittleren Beobachtung bleibt unverändert.

Aus den gleichen Gründen wie bei der Verwendung eines gewichteten Mittelwerts ist es auch möglich, einen *gewichteten Median* zu ermitteln. Wie beim Median sortieren wir zunächst die Daten, obwohl jeder Datenwert ein zugehöriges Gewicht hat. Statt der mittleren Zahl ist der gewichtete Median ein Wert, bei dem die Summe der Gewichte für die untere und die obere »Hälfte« der sortierten Liste gleich ist. Wie der Median ist auch der gewichtete Median robust gegenüber Ausreißern.

Ausreißer

Der Median wird als *robustes* Lagemaß angesehen, da er nicht von *Ausreißern* (Extremfällen) beeinflusst wird, die die Ergebnisse verzerren könnten. Ausreißer sind Werte, die sehr stark von allen anderen Werten in einem Datensatz abweichen. Die genaue Definition eines Ausreißers ist etwas subjektiv, obwohl bestimmte Konventionen in verschiedenen zusammenfassenden Statistiken und Diagrammen verwendet werden (siehe »Perzentile und Box-Plots« auf Seite 21). Nur weil ein Datenwert einen Ausreißer darstellt, macht es ihn nicht ungültig oder fehlerhaft (wie im vorherigen Beispiel mit Bill Gates). Dennoch sind Ausreißer oft das Ergebnis von Datenfehlern, wie z.B. von Daten, bei denen verschiedene Einheiten vermischt wurden (Kilometer gegenüber Metern), oder fehlerhafte Messwerte eines Sensors. Wenn Ausreißer das Ergebnis fehlerhafter bzw. ungültiger Daten sind, wird der Mittelwert zu einer falschen Einschätzung der Lage führen, wohingegen der Median immer noch seine Gültigkeit behält. Ausreißer sollten in jedem Fall identifiziert werden und sind in der Regel eine eingehendere Untersuchung wert.

Anomalieerkennung

Im Gegensatz zur gewöhnlichen Datenanalyse, bei der Ausreißer manchmal informativ sind und manchmal stören, sind bei der *Anomalieerkennung* die Ausreißer von Interesse, und der größere Teil der Daten dient in erster Linie dazu, den »Normalzustand« zu definieren, an dem die Anomalien gemessen werden.

Der Median ist nicht das einzige robuste Lagemaß. Tatsächlich wird häufig der getrimmte Mittelwert verwendet, um den Einfluss von Ausreißern zu vermeiden. So bietet z.B. die Entfernung der unteren und oberen 10% der Daten (eine übliche Wahl) Schutz vor Ausreißern, es sei denn, der Datensatz ist zu klein. Der getrimmte Mittelwert kann als Kompromiss zwischen dem Median und dem Mittelwert gesehen werden: Er ist robust gegenüber Extremwerten in den Daten, verwendet jedoch mehr Daten zur Berechnung des Lagemaßes.

Weitere robuste Lagemaße

Statistiker haben eine Vielzahl anderer Lagemaße entwickelt, und zwar in erster Linie mit dem Ziel, einen Schätzer zu entwickeln, der robuster und auch effizienter als der Mittelwert ist (d.h. besser in der Lage, kleine Unterschiede hinsichtlich der Lage zwischen Datensätzen zu erkennen). Während diese Methoden für kleine Datensätze durchaus nützlich sein können, dürften sie bei großen oder selbst bei mittelgroßen Datensätzen keinen zusätzlichen Nutzen bringen.

Beispiel: Lagemaße für Einwohnerzahlen und Mordraten

Tabelle 1-2 zeigt einen Auszug der ersten paar Zeilen eines Datensatzes, der Informationen zu den Einwohnerzahlen und Mordraten für jeden US-Bundesstaat enthält (Zensus 2010). Die Einheit für die Mordrate wurde mit »Morde pro 100.000 Personen pro Jahr« gewählt.

Tabelle 1-2: Die ersten Zeilen des data.frame, der Auskunft über die Einwohnerzahlen und Mordraten der einzelnen Bundesstaaten gibt

	Bundesstaat	Einwohnerzahl	Mordrate	Abkürzung
1	Alabama	4.779.736	5,7	AL
2	Alaska	710.231	5,6	AK
3	Arizona	6.392.017	4,7	AZ

Tabelle 1-2: Die ersten Zeilen des data.frame, der Auskunft über die Einwohnerzahlen und Mordraten der einzelnen Bundesstaaten gibt (Fortsetzung)

	Bundesstaat	Einwohnerzahl	Mordrate	Abkürzung
4	Arkansas	2.915.918	5,6	AR
5	California	37.253.956	4,4	CA
6	Colorado	5.029.196	2,8	CO
7	Connecticut	3.574.097	2,4	CT
8	Delaware	897.934	5,8	DE

Berechnen Sie den Mittelwert, den getrimmten Mittelwert und den Median für die Einwohnerzahlen in *R*:[1]

```
> state <- read.csv('state.csv')
> mean(state[['Population']])
[1] 6162876
> mean(state[['Population']], trim=0.1)
[1] 4783697
> median(state[['Population']])
[1] 4436370
```

In *Python* können wir zur Berechnung des Mittelwerts und des Medians die pandas-Methoden des Data Frame verwenden. Den getrimmten Mittelwert erhalten wir durch die Funktion trim_mean aus dem Modul scipy.stats:

```
state = pd.read_csv('state.csv')
state['Population'].mean()
trim_mean(state['Population'], 0.1)
state['Population'].median()
```

Der Mittelwert ist größer als der getrimmte Mittelwert, der wiederum größer als der Median ist.

Dies liegt daran, dass der getrimmte Mittelwert die fünf größten und fünf kleinsten Bundesstaaten ausschließt (trim=0.1 entfernt 10% an beiden Enden der Verteilung). Wenn wir die durchschnittliche Mordrate für das Land berechnen wollen, müssen wir dazu den gewichteten Mittelwert oder den Median heranziehen, um die unterschiedlich hohe Anzahl an Einwohnern in den Bundesstaaten zu berücksichtigen. Da *R* in seiner Standardbibliothek keine Funktion für den gewichteten Median umfasst, müssen wir zu diesem Zweck zunächst das Paket matrixStats installieren:

```
> weighted.mean(state[['Murder.Rate']], w=state[['Population']])
[1] 4.445834
> library('matrixStats')
> weightedMedian(state[['Murder.Rate']], w=state[['Population']])
[1] 4.4
```

1 Der *R*- und der *Python*-Code sind auf das Wesentliche reduziert. Den vollständigen Code sowie die Datensätze zum Herunterladen finden Sie unter *https://github.com/gedeck/practical-statistics-for-data-scientists*.

Bei *Python* ist die Funktion zur Berechnung des gewichteten Mittelwerts im NumPy-Paket enthalten. Für den gewichteten Median können wir speziell das Paket wquantiles (*https://oreil.ly/4SIPQ*) verwenden:

```
np.average(state['Murder.Rate'], weights=state['Population'])
wquantiles.median(state['Murder.Rate'], weights=state['Population'])
```

Im vorliegenden Fall sind der gewichtete Mittelwert und der gewichtete Median in etwa gleich groß.

Kernideen

- Das wesentliche Lagemaß ist der Mittelwert, der jedoch empfindlich auf Extremwerte (Ausreißer) reagiert.
- Andere Maße (Median, getrimmter Mittelwert) sind weniger empfindlich gegenüber Ausreißern und ungewöhnlich verteilten Daten und daher robuster.

Weiterführende Literatur

- In dem Wikipedia-Artikel zur zentralen Tendenz (*https://oreil.ly/qUW2i*) werden verschiedene Lagemaße ausführlich erläutert.
- John Tukeys Standardwerk aus dem Jahr 1977, *Exploratory Data Analysis* (Pearson), erweist sich nach wie vor als eine beliebte Lektüre.

Streuungsmaße

Die Lage ist nur eine Dimension bei der Zusammenfassung eines Merkmals. Eine zweite Dimension, die *Streuung* (engl. *Variability*) – auch *Variabilität* oder *Dispersion* genannt –, misst, ob die Datenwerte eng zusammenliegen oder weit gestreut sind. Die Streuung ist das Herzstück der Statistik: Sie wird gemessen, reduziert, es kann unterschieden werden zwischen zufälliger und tatsächlicher Streuung, die verschiedenen Quellen der wahren Streuung können identifiziert und Entscheidungen in Gegenwart der Streuung können getroffen werden.

Schlüsselbegriffe zu Streuungsmaßen

Abweichung
Die Differenz zwischen den beobachteten Werten und dem Lagemaß (engl. *Deviation*).

Synonyme
Fehler, Residuen

Varianz
Die Summe der quadrierten Abweichungen vom Mittelwert dividiert durch $n - 1$, wobei n die Anzahl der Beobachtungen ist.

Synonym
mittlerer quadratischer Fehler

Standardabweichung
Die Quadratwurzel der Varianz.

Mittlere absolute Abweichung
Der Mittelwert der Absolutwerte der Abweichungen vom Mittelwert.

Synonyme
l1-Norm, Manhattan-Norm

Mittlere absolute Abweichung vom Median
Der Median der Absolutwerte der Abweichungen vom Median.

Spannweite
Die Differenz zwischen dem größten und dem kleinsten Wert in einem Datensatz (engl. *Range*).

Ordnungsstatistik
Eine auf den Datenwerten basierende Metrik, sortiert vom kleinsten zum größten.

Synonym
Rang

Perzentil
Der Wert, bei dem P % der Werte diesen Wert oder weniger und (100-P) % diesen Wert oder mehr annehmen.

Synonym
Quantil

Interquartilsabstand
Die Differenz zwischen dem 75%-Perzentil und dem 25%-Perzentil.

Synonym
IQR

So wie es verschiedene Möglichkeiten gibt, die Lage zu messen (Mittelwert, Median usw.), so gibt es auch verschiedene Möglichkeiten, das Ausmaß der Streuung zu bestimmen.

Standardabweichung und ähnliche Maße

Die meistgenutzten Streuungsmaße basieren auf den Differenzen bzw. *Abweichungen* zwischen den Lagemaßen und den beobachteten Daten. Für eine gegebene Zahlenfolge {1, 4, 4} ist der Mittelwert 3 und der Median 4. Die Abweichungen vom Mittelwert entsprechen den jeweiligen Differenzen: $1 - 3 = -2$, $4 - 3 = 1$, $4 - 3 = 1$.

Diese Abweichungen geben uns Aufschluss darüber, wie weit die Daten um den Zentralwert herum gestreut sind.

Eine Möglichkeit, die Streuung zu messen, besteht darin, einen typischen Wert für diese Abweichungen zu schätzen. Eine Mittelwertbildung über die Abweichungen selbst würde uns nicht viel sagen – die negativen Abweichungen würden die positiven ausgleichen. Tatsächlich ist auch im vorliegenden Beispiel die Summe der Abweichungen vom Mittelwert genau null. Stattdessen können wir den Mittelwert der Absolutwerte der Abweichungen vom Mittelwert bilden. Im vorhergehenden Beispiel sind die Absolutwerte der Abweichungen {2 1 1}, und ihr Mittelwert ergibt (2 + 1 + 1) / 3 = 1,33. Dieses Maß wird als *mittlere absolute Abweichung* bezeichnet und mit der folgenden Formel ermittelt:

$$\text{Mittlere absolute Abweichung} = \frac{\sum_{i=1}^{n} |x_i - \bar{x}|}{n}$$

wobei $\bar{x}$ für den Stichprobenmittelwert steht.

Die bekanntesten Streuungsmaße sind die *Varianz* und die *Standardabweichung*, die auf den quadratischen Abweichungen beruhen. Die Varianz ist der Durchschnitt der quadrierten Abweichungen, und die Standardabweichung ist wiederum die Quadratwurzel der Varianz:

$$\begin{aligned}\text{Varianz} &= s^2 = \frac{\sum_{i=1}^{n}(x_i - \bar{x})^2}{n-1} \\ \text{Standardabweichung} &= s = \sqrt{\text{Varianz}}\end{aligned}$$

Die Standardabweichung ist viel leichter zu interpretieren als die Varianz, da sie auf dieselbe Skala wie die Originaldaten bezogen ist. Dennoch mag es mit ihrer komplizierteren und weniger intuitiven Formel merkwürdig erscheinen, dass die Standardabweichung in der Statistik gegenüber der mittleren absoluten Abweichung bevorzugt wird. Sie verdankt ihre Vorrangstellung der statistischen Theorie: Mathematisch gesehen, ist es sehr viel vorteilhafter, quadrierte Werte zu verwenden – und nicht Absolutwerte –, insbesondere in statistischen Modellen.

Die Anzahl der Freiheitsgrade und die Frage, ob n oder n – 1?

In Statistikbüchern finden Sie für gewöhnlich einen Abschnitt, der erklärt, warum wir $n - 1$ im Nenner der Formel für die Varianz anstelle von n haben, was uns zum Konzept der *Freiheitsgrade* führt. Diese Unterscheidung ist an sich nicht von großer Bedeutung, da n im Allgemeinen so groß ist, dass es keinen besonderen Unterschied macht, ob man durch n oder $n - 1$ dividiert. Aber falls es Sie interessiert, hier folgt die Erklärung. Sie basiert auf der Prämisse, dass Sie auf Basis einer Stichprobe Schätzungen über eine Grundgesamtheit (Population) vornehmen möchten.

Wenn Sie intuitiverweise n im Nenner der Varianzformel verwenden, unterschätzen Sie den wahren Wert der Varianz und der Standardabweichung in der Grundgesamtheit. Dies wird als ein *verzerrter* Schätzer (engl. *biased*) bezeichnet. Wenn Sie jedoch $n-1$ anstelle von n einsetzen, ermitteln Sie einen *unverzerrten* (engl. *unbiased*) bzw. erwartungstreuen Schätzer der Varianz.

Um vollständig zu erklären, warum die Verwendung von n zu einem verzerrten Schätzer führt, müssen wir den Begriff der Freiheitsgrade heranziehen, der die Anzahl der Einschränkungen bei der Berechnung eines Schätzers berücksichtigt. In diesem Fall gibt es $n-1$ Freiheitsgrade, da es eine Randbedingung gibt: Die Standardabweichung hängt von der Berechnung des Stichprobenmittelwerts ab. In den meisten Anwendungsfällen müssen sich Data Scientists keine Gedanken über die Anzahl der Freiheitsgrade machen.

Weder die Varianz noch die Standardabweichung oder die mittlere absolute Abweichung ist gegenüber Ausreißern und Extremwerten robust (siehe »Median und andere robuste Lagemaße« auf Seite 11 für eine Erläuterung zu den robusten Lagemaßen). Die Varianz und die Standardabweichung sind besonders empfindlich gegenüber Ausreißern, da sie auf den quadrierten Abweichungen beruhen.

Ein robustes Streuungsmaß ist die *mittlere absolute Abweichung vom Median* (engl. *Median Absolute Deviation from the Median*, MAD):

$$\text{Mittlere absolute Abweichung vom} = \text{Median}\left(|x_1 - m|, |x_2 - m|, \ldots, |x_N - m|\right)$$

wobei m dem Median entspricht. Wie der Median wird auch die mittlere absolute Abweichung vom Median nicht durch Extremwerte beeinflusst. Es ist auch möglich, eine getrimmte Standardabweichung analog zum getrimmten Mittelwert zu berechnen (siehe »Mittelwert« auf Seite 9).

Die Varianz, die Standardabweichung, die mittlere absolute Abweichung und die mittlere absolute Abweichung vom Median sind keine äquivalenten Streuungsmaße – selbst dann nicht, wenn die Daten normalverteilt sind. So ist die Standardabweichung immer größer als die mittlere absolute Abweichung, die ihrerseits größer als die mittlere absolute Abweichung vom Median ist. Manchmal wird die mittlere absolute Abweichung vom Median mit einem konstanten Skalierungsfaktor multipliziert, um den Wert für den Fall, dass die Daten normalverteilt sind, genau so zu skalieren wie die Standardabweichung. Der üblicherweise verwendete Faktor von 1,4826 bedeutet, dass 50% der Normalverteilung in den Bereich ±MAD fallen (siehe z. B. *https://oreil.ly/SfDk2*).

Streuungsmaße auf Basis von Perzentilen

Ein anderer Ansatz zur Schätzung der Streuung basiert auf der Betrachtung der Streuung der sortierten Daten. Statistiken, die auf sortierten (d. h. in einer Rangfolge geordneten) Daten basieren, werden als *Ordnungsstatistiken* bezeichnet. Das grundlegende Maß ist die *Spannweite*: die Differenz zwischen dem größten und dem kleinsten Wert. Die Minimal- und Maximalwerte selbst sind zwar durchaus interessant und bei der Identifizierung von Ausreißern nützlich, aber die Spannweite erweist sich als äußerst empfindlich gegenüber Ausreißern und ist als allgemeines Streuungsmaß nicht sehr hilfreich.

Um der Anfälligkeit gegenüber Ausreißern vorzubeugen, können wir vor der Ermittlung der Spannweite Werte an beiden Enden der Daten weglassen. Formal basieren diese Arten von Schätzern auf Unterschieden zwischen *Perzentilen*. In einem Datensatz ist das P%-Perzentil so definiert, dass mindestens P % der Werte diesen Wert oder weniger und mindestens $(100 - P)$ % der Werte diesen Wert oder mehr annehmen. Um zum Beispiel das 80%-Perzentil zu ermitteln, müssen Sie die Daten zunächst sortieren. Dann gehen Sie, beginnend beim kleinsten Wert, 80% der Strecke zum größten Wert weiter. Der Median ist übrigens ein und dasselbe wie das 50%-Perzentil. Ein Perzentil ist im Wesentlichen dasselbe wie ein *Quantil*, wobei Quantile durch Bruchzahlen angegeben werden (das 0,8-Quantil ist also dasselbe wie das 80%-Perzentil).

Ein gebräuchliches Streuungsmaß ist die Differenz zwischen dem 25%-Perzentil und dem 75%-Perzentil, der sogenannte *Interquartilsabstand* (engl. *Interquartile Range*, IQR). Hier ist ein einfaches Zahlenbeispiel: {3,1,5,3,6,7,2,9}. Wir sortieren diese Zahlenfolge, um {1,2,3,3,5,6,7,9} zu erhalten. Das 25%-Perzentil liegt bei 2,5 und das 75%-Perzentil bei 6,5, sodass der Interquartilsabstand 6,5 – 2,5 = 4 beträgt. Die Softwareprogramme können leicht unterschiedliche Ansätze haben, die dann unterschiedliche Ergebnisse hervorbringen (siehe folgenden Hinweis); in der Regel fallen diese Unterschiede jedoch gering aus.

Bei sehr großen Datensätzen kann die Berechnung der genauen Perzentile rechnerisch sehr aufwendig sein, da dazu alle Datenwerte sortiert werden müssen. Maschinelle Lern- und Statistikprogramme verwenden spezielle Algorithmen, wie [Zhang-Wang-2007], um einen Näherungswert für ein Perzentil zu erhalten, der sehr schnell berechnet werden kann und eine gewisse Genauigkeit gewährleistet.

Perzentile: Genaue Definition

Wenn wir eine gerade Anzahl an Werten haben (n ist gerade), dann ist das Perzentil im Sinne der vorhergehenden Definition mehrdeutig. Tatsächlich könnten wir jeden Wert zwischen der Ordnungsstatistik $x_{(j)}$ und $x_{(j+1)}$ nehmen, wobei j Folgendes erfüllt:

$$100 * \frac{j}{n} \leq P < 100 * \frac{j+1}{n}$$

In formaler Hinsicht ist das Perzentil ein gewichteter Durchschnitt:

$$\text{Perzentil}(P) = (1 - w)x_{(j)} + wx_{(j+1)}$$

für ein gegebenes Gewicht w zwischen 0 und 1. In den verschiedenen verfügbaren Statistikprogrammen gibt es leicht unterschiedliche

Ansätze für die Auswahl von *w*. Tatsächlich bietet die *R*-Funktion `quantile` neun verschiedene Alternativen zur Berechnung des Quantils. Von kleinen Datensätzen abgesehen, brauchen Sie sich in der Regel keine Gedanken darüber zu machen, wie ein Perzentil genau berechnet wird. In *Python* unterstützt das `numpy.quantile` fünf Ansätze, wobei die lineare Interpolation voreingestellt ist.

Beispiel: Streuungsmaße für die Einwohnerzahlen der Bundesstaaten in den USA

Tabelle 1-3 (Tabelle 1-2 wird der Einfachheit halber erneut dargestellt) zeigt die ersten paar Zeilen im Datensatz, in dem die Einwohnerzahlen und Mordraten für jeden US-Bundesstaat enthalten sind.

Tabelle 1-3: Die ersten Zeilen des data.frame mit den Einwohnerzahlen und Mordraten nach Bundesstaaten

	Bundesstaat	Einwohnerzahl	Mordrate	Abkürzung
1	Alabama	4.779.736	5,7	AL
2	Alaska	710.231	5,6	AK
3	Arizona	6.392.017	4,7	AZ
4	Arkansas	2.915.918	5,6	AR
5	California	37.253.956	4,4	CA
6	Colorado	5.029.196	2,8	CO
7	Connecticut	3.574.097	2,4	CT
8	Delaware	897.934	5,8	DE

Unter Verwendung der in *R* integrierten Funktionen für die Standardabweichung, den Interquartilsabstand (IQR) und die mittlere absolute Abweichung vom Median können wir Streuungsmaße für die Einwohnerstatistiken der Bundesstaaten berechnen:

```
> sd(state[['Population']])
[1] 6848235
> IQR(state[['Population']])
[1] 4847308
> mad(state[['Population']])
[1] 3849870
```

Für ein Data-Frame-Objekt stehen uns in der `pandas`-Bibliothek verschiedene Methoden zur Berechnung der Standardabweichung und der Quantile zur Verfügung. Nach Ermittlung der Quantilswerte können wir den IQR berechnen. Für die robuste mittlere absolute Abweichung vom Median verwenden wir die Funktion `robust.scale.mad` aus dem `statsmodels`-Paket:

```
state['Population'].std()
state['Population'].quantile(0.75) - state['Population'].quantile(0.25)
robust.scale.mad(state['Population'])
```

Die Standardabweichung ist fast doppelt so groß wie die MAD (in *R* wird die Skalierung der mittleren absoluten Abweichung vom Median standardmäßig so angepasst, dass der Mittelwert die gleiche Skalierung besitzt). Dies ist nicht weiter verwunderlich, da die Standardabweichung gegenüber Ausreißern sensibel ist.

Kernideen

- Die Varianz und die Standardabweichung sind die am weitesten verbreiteten und routinemäßig berichteten Streuungsmaße.
- Beide sind empfindlich gegenüber Ausreißern.
- Zu den robusteren Maßen gehören die mittlere absolute Abweichung, die mittlere absolute Abweichung vom Median und Perzentile (Quantile).

Weiterführende Literatur

- David Lanes Online-Statistik-Ratgeber hat einen Abschnitt über Perzentile (*https://oreil.ly/o2fBI*).
- Kevin Davenport hat einen nützlichen Beitrag auf *R*-Bloggers (*https://oreil.ly/E7zcG*) über Abweichungen vom Median und ihre robusten Eigenschaften verfasst.

Exploration der Datenverteilung

Alle von uns behandelten Maße fassen die Daten in einer einzigen Zahl zusammen, um die Lage oder die Streuung der Daten zu beschreiben. Es ist auch wertvoll, zu untersuchen, wie die komplette Verteilung der Daten aussieht.

Schlüsselbegriffe zur Exploration von Verteilungen

Box-Plot
: Ein von Tukey eingeführtes Diagramm zur schnellen Visualisierung der Datenverteilung.

  Synonyme
  : Box-Whisker-Plot, Kastengrafik

Häufigkeitstabelle
: Eine Übersicht über die Anzahl der numerischen Werte, die in eine Menge von Intervallen (Klassen, engl. *Bins*) fallen.

Histogramm
: Ein Diagramm der Häufigkeitstabelle mit den Intervallen auf der x-Achse und der Anzahl (oder dem relativen Anteil) auf der y-Achse. Balkendiagramme sind zwar ähnlich, sollten aber nicht mit Histogrammen verwechselt werden (siehe »Binäre und kategoriale Daten untersuchen« auf Seite 28 für eine Erläuterung des Unterschieds).

Dichtediagramm
: Eine geglättete Version des Histogramms, oft basierend auf einer *Kerndichteschätzung* (engl. *Kernel Density Estimate*).

Perzentile und Box-Plots

In »Streuungsmaße auf Basis von Perzentilen« auf Seite 17 sind wir der Frage nachgegangen, wie Perzentile zur Messung der Streuung der Daten verwendet werden können. Perzentile sind auch nützlich, um die gesamte Verteilung zusammenfassend darzustellen. Es ist üblich, die Quartile (25%-, 50%- und 75%-Perzentile) und die Dezile (10%-, 20%-, ..., 90%-Perzentile) anzugeben. Perzentile sind besonders aussagekräftig, wenn man die *Enden* bzw. *Ränder* (die äußeren Bereiche) der Verteilung zusammenzufassend darstellen möchte. In der breiten Öffentlichkeit ist in diesem Zusammenhang oft von der Redewendung »das eine Prozent« die Rede, die genutzt wird, um Reiche im obersten 99%-Perzentil der Vermögens- bzw. Einkommensverteilung zu charakterisieren.

Tabelle 1-4 stellt einige Perzentile der Mordraten in den Bundesstaaten dar. In *R* können wir uns die Werte mithilfe der Funktion `quantile` ausgeben lassen:

```
quantile(state[['Murder.Rate']], p=c(.05, .25, .5, .75, .95))
   5%   25%   50%   75%   95%
1.600 2.425 4.000 5.550 6.510
```

In *Python* können Sie für einen Data Frame die pandas-Methode `quantile` nutzen, um sich die Perzentile ausgeben zu lassen:

```
state['Murder.Rate'].quantile([0.05, 0.25, 0.5, 0.75, 0.95])
```

Tabelle 1-4: Perzentile der Mordraten in den Bundesstaaten

5%	25%	50%	75%	95%
1,60	2,42	4,00	5,55	6,51

Der Median liegt bei vier Morden pro 100.000 Einwohner. In den Daten gibt jedoch eine beträchtliche Streuung: Das 5%-Perzentil beträgt nur 1,6 und das 95%-Perzentil 6,51.

Die von Tukey [Tukey-1977] eingeführten *Box-Plots* stützen sich auf Perzentile und bieten eine rasche Möglichkeit, die Verteilung Ihrer Daten zu visualisieren. Abbildung 1-2 zeigt einen in *R* erstellten Box-Plot für die Einwohnerzahlen der Bundesstaaten:

```
boxplot(state[['Population']]/1000000, ylab='Einwohnerzahl (in Millionen)')
```

Die pandas-Bibliothek bietet eine Reihe von grundlegenden informativen Diagrammen, die für Data Frames genutzt werden können; darunter auch Box-Plots:

```
ax = (state['Population']/1_000_000).plot.box()
ax.set_ylabel('Einwohnerzahl (in Millionen)')
```

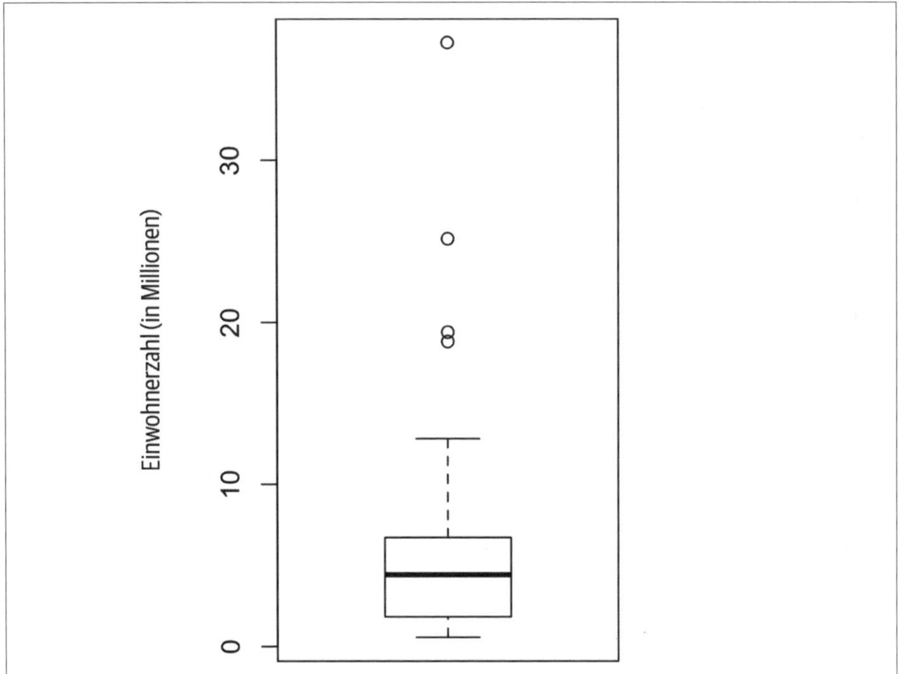

Abbildung 1-2: Box-Plot für die Einwohnerzahlen der Bundesstaaten

Bei diesem Box-Plot können wir auf einen Blick erkennen, dass die mittlere Einwohnerzahl der Bundesstaaten etwa fünf Millionen beträgt (Median), die Einwohnerzahl für die Hälfte der Staaten zwischen etwa zwei und sieben Millionen liegt und dass es einige bevölkerungsreiche Ausreißer gibt. Der obere und der untere Rand des Rechtecks (Box) kennzeichnen jeweils das 75%- bzw. 25%-Perzentil. Der Median wird durch die fett gehaltene horizontale Linie in der Box angezeigt. Die beiden vertikalen gestrichelten Linien, die als *Whisker* oder auch Antennen bezeichnet werden, erstrecken sich über den oberen und unteren Rand der Box, um den Bereich, in dem der überwiegende Teil der Daten liegt, zu kennzeichnen. Es gibt zahlreiche Varianten von Box-Plots (siehe z.B. die Dokumentation der *R*-Funktion `boxplot` [R-base-2015]). Standardmäßig verlängert die *R*-Funktion die Whisker bis zu dem Datenpunkt, der am weitesten über die Box hinausgeht – jedenfalls immer dann, wenn dieser Wert nicht mehr als das 1,5-Fache des IQR beträgt. Die matplotlib-Bibliothek verwendet die gleiche Implementierung. In anderen Softwareprogrammen kann eine abweichende Regel angewandt werden.

Alle Datenpunkte außerhalb der Whisker werden als einzelne Punkte oder Kreise dargestellt (die in der Regel als Ausreißer angesehen werden).

Häufigkeitstabellen und Histogramme

Eine Häufigkeitstabelle teilt den Wertebereich einer Variablen bzw. eines Merkmals in gleich große Intervalle auf und gibt uns Auskunft darüber, wie viele Werte jeweils in jedes Intervall fallen. Tabelle 1-5 zeigt Ihnen eine in *R* erstellte Häufigkeitstabelle für die Einwohnerzahlen der Bundesstaaten:

```
breaks <- seq(from=min(state[['Population']]),
                to=max(state[['Population']]), length=11)
pop_freq <- cut(state[['Population']], breaks=breaks,
                right=TRUE, include.lowest=TRUE)
table(pop_freq)
```

Die Funktion pandas.cut erzeugt eine Zahlenfolge (Series-Objekt), die die Werte auf die einzelnen Intervalle abbildet. Mit der Methode value_counts erhalten wir die Häufigkeitstabelle:

```
binnedPopulation = pd.cut(state['Population'], 10)
binnedPopulation.value_counts()
```

Tabelle 1-5: Eine Häufigkeitstabelle für die Einwohnerzahlen der Bundesstaaten

Intervallnummer	Intervall	Häufigkeit	Bundesstaaten
1	563.626–4.232.658	24	WY,VT,ND,AK,SD,DE,MT,RI,NH,ME,HI,ID,NE,WV,NM,NV,UT,KS,AR,MS,IA,CT,OK,OR
2	4.232.659–7.901.691	14	KY,LA,SC,AL,CO,MN,WI,MD,MO,TN,AZ,IN,MA,WA
3	7.901.692–11.570.724	6	VA,NJ,NC,GA,MI,OH
4	11.570.725–15.239.757	2	PA,IL
5	15.239.758–18.908.790	1	FL
6	18.908.791–22.577.823	1	NY
7	22.577.824–26.246.856	1	TX
8	26.246.857–29.915.889	0	
9	29.915.890–33.584.922	0	
10	33.584.923–37.253.956	1	CA

Der Bundesstaat mit der geringsten Einwohnerzahl ist Wyoming mit 563.626 Menschen, und der bevölkerungsreichste ist Kalifornien mit 37.253.956 Einwohnern. Daraus ergibt sich ein Wertebereich von 37.253.956 – 563.626 = 36.690.330, den wir in gleich große Klassen – sagen wir 10 – aufteilen müssen. Bei 10 gleich großen Klassen hat jede Klasse eine Breite von 3.669.033, sodass das erste Intervall von

563.626 bis 4.232.658 reicht. Im Gegensatz dazu liegt in der obersten Klasse für das Intervall 33.584.923 bis 37.253.956 Einwohnern nur ein einziger Bundesstaat: Kalifornien. Die beiden nächstkleineren Klassen sind unbesetzt, bis als Nächstes der Bundesstaat Texas erreicht wird. Es ist wichtig, die leeren Klassen mit einzubeziehen; die Tatsache, dass sich in diesen Intervallen keine Werte befinden, ist eine nützliche Information. Es kann auch hilfreich sein, mit verschiedenen Klassenbreiten bzw. Intervallgrößen zu experimentieren. Wenn sie zu groß sind, treten wichtige Merkmale der Verteilung gegebenenfalls nicht mehr sichtbar hervor. Werden sie zu klein gewählt, ist das Ergebnis zu feingliedrig, und die Fähigkeit, ein adäquates Gesamtbild zu liefern, geht verloren.

Sowohl Häufigkeitstabellen als auch Perzentile fassen die Daten durch die Einteilung in Klassen bzw. Intervalle übersichtlich zusammen. Im Allgemeinen haben Quartile und Dezile in jeder Klasse die gleiche Anzahl an Beobachtungen (Klassen mit gleicher Anzahl – *equal-count bins*), aber die Klassenbreite ist für gewöhnlich unterschiedlich. Bei der Häufigkeitstabelle umfassen die Klassen hingegen eine unterschiedliche Anzahl an Beobachtungen, wohingegen die Klassenbreite identisch ist (gleich breite Klassen – *equal-size bins*).

Ein Histogramm bietet die Möglichkeit, eine Häufigkeitstabelle zu visualisieren. Dabei werden die Klassen auf der x-Achse abgetragen und die Anzahl der Beobachtungen bzw. Häufigkeiten auf der y-Achse. In Abbildung 1-3 erstreckt sich die bei zehn Millionen (1e+07) Einwohnern in der Mitte befindliche Klasse von ungefähr acht bis zwölf Millionen Einwohnern und umfasst insgesamt sechs Beobachtungen. Um ein Histogramm in *R* zu erstellen, das dem in Tabelle 1-5 entspricht, müssen Sie lediglich die Funktion `hist` mit dem Argument `breaks` verwenden:

```
hist(state[['Population']], breaks=breaks)
```

Die `pandas`-Bibliothek unterstützt die Erstellung von Histogrammen für DataFrame-Objekte mit der Methode `DataFrame.plot.hist`. Mit dem Schlüsselwortargument `bins` können Sie die Anzahl der Klassen bestimmen. Die verfügbaren `plot`-Methoden geben jeweils ein Objekt zurück, das die Koordinaten in Bezug auf die Achsen bereithält und eine weitere Feinabstimmung des Diagramms mithilfe der `matplotlib`-Bibliothek ermöglicht:

```
ax = (state['Population'] / 1_000_000).plot.hist(figsize=(4, 4))
ax.set_xlabel('Einwohnerzahl (in Millionen)')
```

Das Histogramm wird in Abbildung 1-3 gezeigt. Im Allgemeinen werden Histogramme so erstellt:

- Auch unbesetzte Klassen werden in die Darstellung mit einbezogen.
- Die Klassen sind gleich breit.
- Die Wahl der Anzahl der Klassen (oder, äquivalent, der Klassenbreite) ist dem Anwender überlassen.

- Die Balken sind direkt aneinander angrenzend – es entsteht kein Abstand zwischen den Balken, es sei denn, es liegt eine unbesetzte Klasse vor.

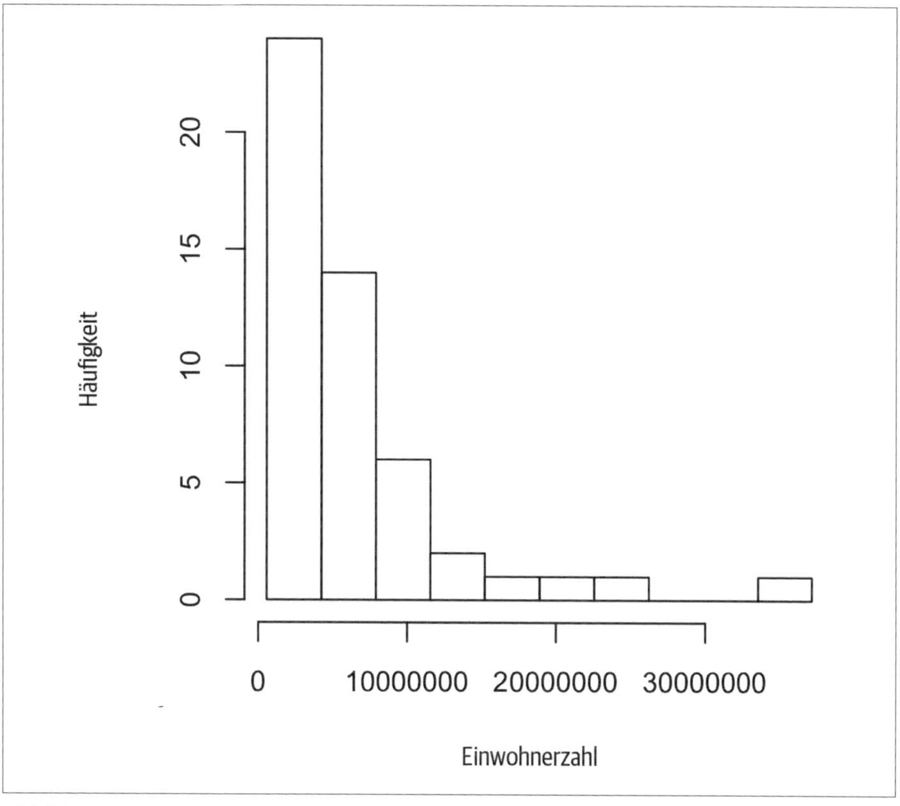

Abbildung 1-3: Ein Histogramm der Einwohnerzahlen der Bundesstaaten

Statistische Momente

In der statistischen Theorie werden die Lage und die Streuung als die ersten und zweiten *Momente* einer Verteilung bezeichnet. Das dritte Moment ist als *Schiefe* (engl. *Skewness*) und vierte als *Wölbung* (engl. *Kurtosis*) bekannt. Die Schiefe bezieht sich darauf, ob die Daten zu größeren oder kleineren Werten verzerrt sind, und die Wölbung gibt die Tendenz der Daten zu Extremwerten an. In der Regel werden Metriken zur Messung von Schiefe und Wölbung nicht herangezogen; stattdessen werden diese durch Visualisierungen wie die in den Abbildungen 1-2 und 1-3 erkundet.

Dichtediagramme und -schätzer

Eng verwandt mit dem Histogramm ist das Dichtediagramm, das die Verteilung der Datenwerte in Form einer durchgängigen Linie zeigt. Ein Dichtediagramm kann man sich als geglättetes Histogramm vorstellen, wobei es jedoch normalerweise direkt aus den Daten durch eine *Kerndichteschätzung* berechnet wird (siehe

[Duong-2001] für ein kurzes Einführungsbeispiel).Abbildung 1-4 stellt ein Histogramm dar, das von einer Dichteschätzung überlagert ist. In *R* können Sie eine Kerndichteschätzung mithilfe der Funktion +density()+ vornehmen:

```
hist(state[['Murder.Rate']], freq=FALSE)
lines(density(state[['Murder.Rate']]), lwd=3, col='blue')
```

pandas bietet ebenfalls eine density-Methode zur Erstellung eines Dichtediagramms. Mit dem Argument bw_method steuern Sie die Glättung der Dichtekurve:

```
ax = state['Murder.Rate'].plot.hist(density=True, xlim=[0,12], bins=range(1,12))
state['Murder.Rate'].plot.density(ax=ax) ❶
ax.set_xlabel('Mordrate (pro 100.000)')
```

❶ In den plot-Funktionen können Sie meist ein optionales Argument (ax) bereitstellen, das bewirkt, dass die Abbildung in dasselbe Diagramm eingezeichnet wird.

Ein wesentlicher Unterschied zu dem Histogramm, das in Abbildung 1-3 gezeigt wird, besteht in der Skalierung der y-Achse: Ein Dichtediagramm entspricht der Darstellung des Histogramms, das einen relativen Anteil wiedergibt, und keine Absolutwerte (Anzahl bzw. Häufigkeit; Sie geben dies in *R* mit dem Argument freq=FALSE an). Beachten Sie, dass die Gesamtfläche unter der Dichtekurve 1 beträgt, und anstelle der Klassenanzahl berechnen Sie hierbei Flächen, die unterhalb der Kurve zwischen zwei beliebigen Punkten auf der x-Achse liegen, die dem relativen Anteil der zwischen diesen beiden Punkten liegenden Verteilung zur Gesamtverteilung entspricht.

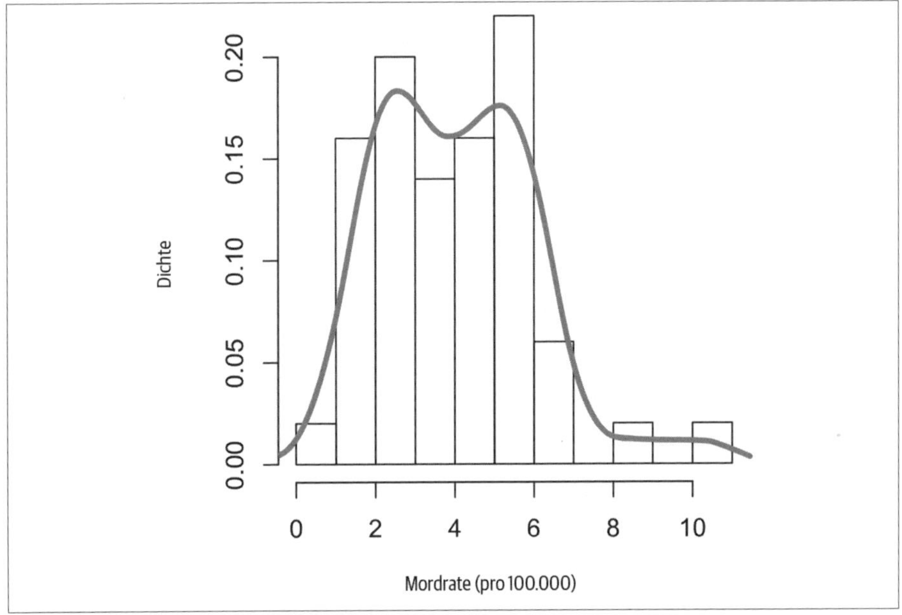

Abbildung 1-4: Die geschätzte Dichtefunktion für die Mordraten aller Bundesstaaten

Dichteschätzung

Die Dichteschätzung ist ein weitreichendes Thema mit einer langen Geschichte in der statistischen Literatur. Tatsächlich wurden über 20 *R* Pakete veröffentlicht, die Funktionen zur Dichteschätzung bereitstellen. [Deng-Wickham-2011] geben einen umfassenden Überblick über die verschiedenen Implementierungen in *R*, wobei sie insbesondere die Pakete `ASH` und `KernSmooth` empfehlen. Auch `pandas` und `scikit-learn` bieten hervorragende Methoden zur Dichteschätzung. Für viele datenwissenschaftliche Fragestellungen braucht man sich über die verschiedenen Arten von Dichteschätzern keine Gedanken zu machen; es genügt meist, die Basisfunktionen zu verwenden.

Kernideen

- In einem Histogramm werden die Häufigkeit der Beobachtungen auf der y-Achse und die jeweiligen Variablenwerte auf der x-Achse abgetragen. Es vermittelt auf einen Blick einen Eindruck von der Datenverteilung.
- Eine Häufigkeitstabelle entspricht der tabellarischen Darstellung der in einem Histogramm dargestellten Häufigkeiten.
- Ein Box-Plot – bei dem der obere Rand der Box beim 75%- und der untere beim 25%-Perzentil liegen – vermittelt ebenfalls einen schnellen Überblick über die Datenverteilung; er wird oft nebeneinander dargestellt, um Verteilungen zu vergleichen.
- Ein Dichtediagramm ist eine geglättete Version eines Histogramms; es erfordert eine Funktion zur Schätzung der Kurve auf Grundlage der Daten (wobei natürlich mehrere Schätzverfahren möglich sind).

Weiterführende Literatur

- Ein Professor der SUNY Oswego hat eine Schritt-für-Schritt-Anleitung zum Erstellen eines Box-Plots (*https://oreil.ly/wTpnE*) zur Verfügung gestellt.
- Die verschiedenen in *R* zur Verfügung stehenden Ansätze zur Dichteschätzung werden in Henry Dengs und Hadley Wickhams Artikel (*https://oreil.ly/TbWYS*) »Density estimation in R« behandelt.
- In dem Blog »*R*-Bloggers« finden Sie einen hilfreichen Beitrag zur Erstellung von Histogrammen in *R* (*https://oreil.ly/Ynp-n*), der auch Anpassungselemente wie die Einteilung in Klassen (*Binning*) bzw. die Auswahl der Klassengrenzen (engl. *Breaks*) erläutert.
- Das Blog hält auch einen ähnlichen Blogbeitrag zu Box-Plots in *R* (*https://oreil.ly/0DSb2*) bereit.

- Matthew Conlen hat eine interaktive Webpräsentation (*https://oreil.ly/bC9nu*) veröffentlicht, die die Auswirkungen der Wahl verschiedener Kerne und Bandbreiten auf die Kerndichteschätzer demonstriert.

Binäre und kategoriale Daten untersuchen

Bei kategorialen Daten genügen einfache Angaben in Form von relativen Anteilen bzw. Prozentsätzen, um die Datenlage nachvollziehbar wiederzugeben.

> ### Schlüsselbegriffe zur Exploration kategorialer Daten
>
> *Modus*
> : Die am häufigsten vorkommende Kategorie oder der am häufigsten vorkommende Wert in einem Datensatz (engl. *Mode*).
>
> *Erwartungswert*
> : Wenn die Kategorien mit einem numerischen Wert verknüpft werden können, ergibt sich ein Durchschnittswert auf Basis der Eintrittswahrscheinlichkeiten der Kategorien (engl. *Expected Value*).
>
> *Balkendiagramm*
> : Die Häufigkeiten oder relativen Anteile aller Kategorien, in Form von Balken dargestellt (engl. *Bar Chart*).
>
> *Kreisdiagramm*
> : Die Häufigkeiten oder relativen Anteile aller Kategorien in Form von Kreissektoren als Teile eines Kreises, auch als Kuchen- oder Tortendiagramm bekannt (engl. *Pie Chart*).

Sich eine Übersicht über eine binäre Variable oder eine kategoriale Variable mit einigen wenigen Kategorien zu verschaffen, ist eine ziemlich einfache Angelegenheit: Wir müssen nur den Anteil von »Einsen« bzw. Erfolgen im binären Fall oder in Bezug auf kategoriale Daten die Anteile der im Fokus stehenden Kategorien ermitteln. Zum Beispiel zeigt Tabelle 1-6 die prozentuale Verteilung der verspäteten Flüge am Flughafen Dallas/Fort Worth im Jahr 2010, aufgeschlüsselt nach ihrem Verspätungsgrund. Die Verspätungen werden dabei in Kategorien unterteilt, die Aufschluss über den Grund der Verspätung geben. Hierzu zählen solche, die dem Verantwortungsbereich der Fluggesellschaft unterliegen, Verspätungen, die auf die Flugverkehrskontrolle (FVK) zurückzuführen sind, auf das Wetter, auf die Sicherheitsvorkehrungen oder auch auf ein verspätet eintreffendes Flugzeug für einen Anschlussflug.

Tabelle 1-6: Prozentuale Verteilung der Verspätungen am Flughafen Dallas/Fort Worth, aufgeschlüsselt nach ihrem Verspätungsgrund

Fluggesellschaft	FVK	Wetter	Sicherheit	Anschluss
23.02	30.40	4.03	0.12	42.43

Die auch häufig in der Tagespresse anzutreffenden Balkendiagramme sind ein gängiges visuelles Hilfsmittel zur Darstellung einer einzelnen kategorialen Variablen. Die Kategorien werden auf der x-Achse und die jeweiligen Häufigkeiten oder die relativen Anteile auf der y-Achse dargestellt. Abbildung 1-5 zeigt die Flugverspätungen, sortiert nach Verspätungsgrund, für den Flughafen Dallas/Fort Worth (DFW) im Jahr 2010. Sie kann relativ simpel mit der *R*-Funktion `barplot` erstellt werden:

```
barplot(as.matrix(dfw) / 6, cex.axis=0.8, cex.names=0.7,
        xlab='Verspätungsgrund', ylab='Anzahl')
```

Die pandas-Bibliothek unterstützt ebenfalls Balkendiagramme:

```
ax = dfw.transpose().plot.bar(figsize=(4, 4), legend=False)
ax.set_xlabel('Verspätungsgrund')
ax.set_ylabel('Anzahl')
```

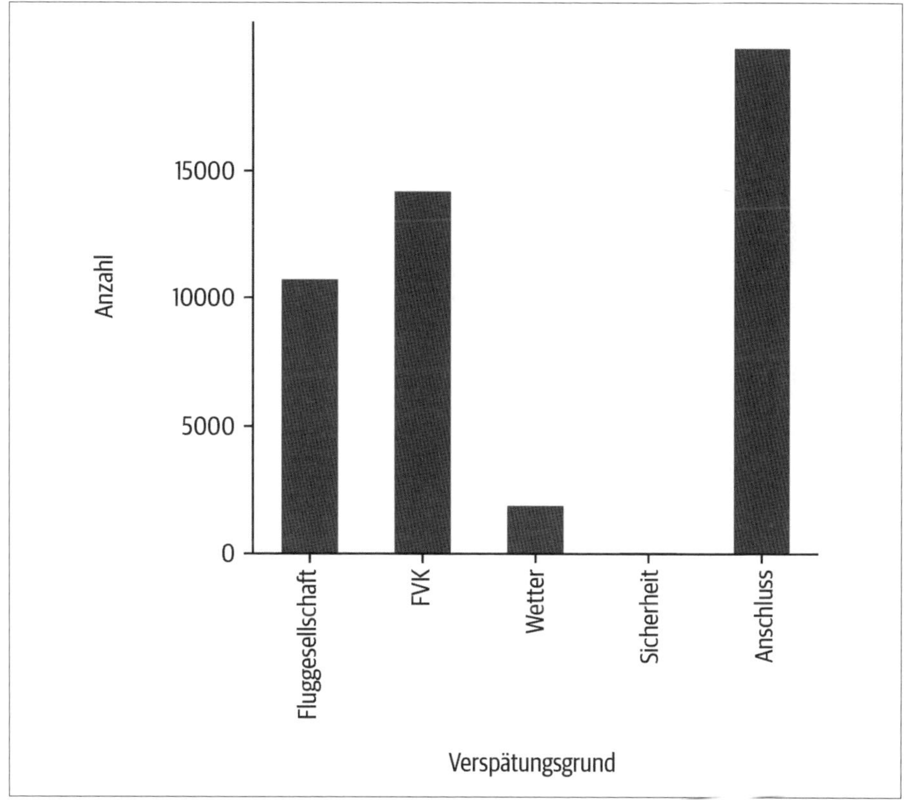

Abbildung 1-5: Balkendiagramm der Flugverspätungen am DFW nach Verspätungsgrund

Beachten Sie, dass ein Balkendiagramm einem Histogramm ähnelt; in einem Balkendiagramm repräsentiert die x-Achse verschiedene Kategorien einer Faktorvariablen, während in einem Histogramm die x-Achse die Werte einer einzelnen Variablen numerisch skaliert darstellt. In einem Histogramm werden die Balken typischerweise aneinander angrenzend dargestellt, wobei Lücken auf Werte hinweisen, die in den Daten nicht vorkommen. In einem Balkendiagramm werden die Balken getrennt voneinander dargestellt.

Kreisdiagramme stellen eine Alternative zu Balkendiagrammen dar, obwohl Statistiker und Datenvisualisierungsexperten im Allgemeinen Kreisdiagramme als weniger informativ ansehen (siehe [Few-2007]).

Numerische Daten als kategoriale Daten

In »Häufigkeitstabellen und Histogramme« auf Seite 23 betrachteten wir Häufigkeitstabellen, die auf einer Klasseneinteilung der Daten basieren. Dadurch werden die numerischen Daten implizit in einen geordneten Faktor umgewandelt. In diesem Sinne sind Histogramme und Balkendiagramme einander ähnlich, außer dass die Kategorien auf der x-Achse im Balkendiagramm nicht geordnet sind. Die Konvertierung numerischer Daten in kategoriale Daten ist ein wichtiger und weitverbreiteter Schritt in der Datenanalyse, da er die Komplexität (und die Größe bzw. den Umfang) der Daten verringert. Dies hilft beim Aufdecken von Beziehungen zwischen Merkmalen, insbesondere in den ersten Schritten einer Analyse.

Modus

Der Modus ist der Wert – bzw. die Werte für den Fall, dass verschiedene Werte gleich häufig auftreten –, der am häufigsten in den Daten auftritt. Zum Beispiel ist der Modus des Verspätungsgrunds am Flughafen Dallas/Fort Worth der »verzögerte Anschlussflug«. Ein weiteres Beispiel: In den meisten Teilen der Vereinigten Staaten wäre der Modus der religiösen Gesinnung »christlich«. Der Modus ist eine einfache, zusammenfassende Statistik für kategoriale Daten. Bei numerischen Daten wird er im Allgemeinen nicht verwendet.

Erwartungswert

Ein besonderer Typ kategorialer Daten sind Daten, bei denen die Kategorien diskrete Werte auf derselben Skala repräsentieren oder diesen zugeordnet werden können. Ein Vermarkter für eine neue Cloud-Technologie bietet zum Beispiel zwei Servicevarianten an, eine zum Preis von 300 $ pro Monat und eine weitere zum Preis von 50 $ pro Monat. Der Vermarkter bietet kostenlose Webinare an, um Leads zu generieren, und das Unternehmen geht davon aus, dass sich 5 % der Teilnehmer für den Service für 300 $, 15 % für den Service für 50 $ und 80 % für keinen Service anmelden werden. Diese Daten lassen sich zu Zwecken der Wirtschaftlichkeitsberechnung in einem einzigen »Erwartungswert« zusammenfassen, der eine Art gewichteter Mittelwert ist, bei dem die Gewichte Wahrscheinlichkeiten entsprechen.

Der Erwartungswert wird wie folgt berechnet:

1. Multiplizieren Sie jedes der einzelnen Ergebnisse mit seiner Eintrittswahrscheinlichkeit.
2. Summieren Sie die ermittelten Werte.

Im Beispiel des Cloud-Service beträgt der Erwartungswert eines Webinar-Teilnehmers somit 22,50 $ pro Monat, der sich wie folgt ergibt:

$$EW = (0,05)(300) + (0,15)(50) + (0,80)(0) = 22,5$$

Der Erwartungswert ist in Wirklichkeit eine Art gewichteter Mittelwert: Er spiegelt künftige Erwartungen wider, wobei die Berechnung auf Wahrscheinlichkeitsgewichten basiert, die oft auf einem subjektiven Urteil beruhen. Der Erwartungswert stellt ein grundlegendes Konzept in der Unternehmensbewertung und Kapitalbedarfsrechnung dar, wo es z. B. darum geht, den Erwartungswert der Gewinne aus einer Neuanschaffung für einen Zeithorizont von fünf Jahren oder die erwarteten Kosteneinsparungen durch eine neue Patientenverwaltungssoftware in einer Klinik zu ermitteln.

Wahrscheinlichkeiten

Wir sind zuvor auf die *Wahrscheinlichkeit* des Auftretens eines Ereignisses eingegangen (die sogenannte Eintrittswahrscheinlichkeit). Die meisten Menschen haben ein intuitives Verständnis von Wahrscheinlichkeit und begegnen dem Konzept häufig bei Wettervorhersagen (Regenwahrscheinlichkeit) oder Sportanalysen (Gewinnwahrscheinlichkeit). Sport- und Spielergebnisse werden häufiger als Quoten ausgedrückt, die sich leicht in Wahrscheinlichkeiten umformulieren lassen. (Wenn die Wahrscheinlichkeit, dass eine Mannschaft gewinnt, 2 zu 1 ist, ist ihre Gewinnwahrscheinlichkeit 2/(2+1) = 2/3.) Überraschenderweise kann das Konzept der Wahrscheinlichkeit jedoch bei seiner Begriffsbestimmung Anlass zu tiefgreifenden philosophischen Diskussionen geben.

Glücklicherweise brauchen wir hier keine formale mathematische oder philosophische Definition. Aus unserer Perspektive ist die Wahrscheinlichkeit, dass ein Ereignis eintritt, einfach die relative Häufigkeit, mit der es auftreten würde – jedenfalls dann, wenn die Situation immer und immer wieder, und zwar unzählige Male, wiederholt werden könnte. Meistens handelt es sich dabei um ein imaginäres Konstrukt, aber es bietet uns die Möglichkeit, ein angemessenes praktisches Verständnis für Wahrscheinlichkeiten zu entwickeln.

auf. Beachten Sie, dass sich auf der Diagonalen nur Einsen befinden (die Korrelation einer Aktie mit sich selbst ist 1) und dass die Informationen oberhalb und unterhalb der Diagonalen redundant sind.

Tabelle 1-7: Korrelation zwischen den Tagesrenditen von Aktien der Telekommunikationsbranche

	T	CTL	FTR	VZ	LVLT
T	1.000	0.475	0.328	0.678	0.279
CTL	0.475	1.000	0.420	0.417	0.287
FTR	0.328	0.420	1.000	0.287	0.260
VZ	0.678	0.417	0.287	1.000	0.242
LVLT	0.279	0.287	0.260	0.242	1.000

Korrelationstabellen wie Tabelle 1-7 werden üblicherweise visualisiert, um die Beziehung zwischen mehreren Variablen anschaulicher darzustellen. Abbildung 1-6 zeigt die Korrelation der Tagesrenditen der wichtigsten börsengehandelten Indexfonds (ETFs). In *R* können wir dies leicht mit dem Paket `corrplot` umsetzen:

```
etfs <- sp500_px[row.names(sp500_px) > '2012-07-01',
                 sp500_sym[sp500_sym$sector == 'etf', 'symbol']]
library(corrplot)
corrplot(cor(etfs), method='ellipse')
```

Es ist möglich, das gleiche Diagramm in *Python* zu erstellen. Es gibt jedoch leider keine Implementierung in einem der gängigen Pakete. Die meisten unterstützen allerdings die Visualisierung von Korrelationsmatrizen mithilfe von Heatmaps. Der folgende Code zeigt Ihnen die Umsetzung mithilfe des Moduls `seaborn.heatmap`. Im GitHub-Repository des Buchs stellen wir Ihnen zusätzlich eine *Python*-Implementierung der umfassenderen Visualisierung zur Verfügung:

```
etfs = sp500_px.loc[sp500_px.index > '2012-07-01',
                    sp500_sym[sp500_sym['sector'] == 'etf']['symbol']]
sns.heatmap(etfs.corr(), vmin=-1, vmax=1,
            cmap=sns.diverging_palette(20, 220, as_cmap=True))
```

Die ETFs für den S&P 500 (SPY) und den Dow-Jones-Index (DIA) weisen eine hohe Korrelation auf. In ähnlichem Maße sind der QQQ und der XLK, die hauptsächlich aus Technologieunternehmen bestehen, positiv korreliert. Defensive ETFs, wie z.B. diejenigen, die den Goldpreis (GLD), den Ölpreis (USO) oder die Marktvolatilität (VXX) abbilden, neigen dazu, nur schwach oder negativ mit den anderen ETFs korreliert zu sein. Die Ausrichtung der Ellipsen zeigt an, ob zwei Variablen positiv (Ellipse zeigt nach rechts oben) oder negativ korreliert sind (Ellipse zeigt nach links oben). Die Schattierung und die Breite der Ellipsen zeigen die Stärke der Korrelation an: Dünnere und dunklere Ellipsen bilden einen stärkeren Zusammenhang ab.

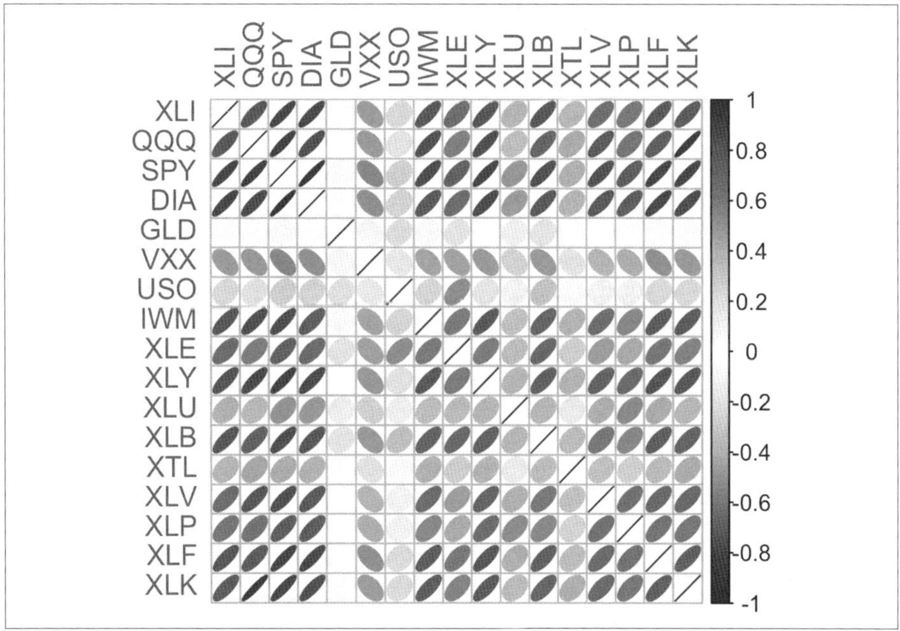

Abbildung 1-6: Die Korrelation zwischen ETF-Renditen

Wie der Mittelwert und die Standardabweichung ist auch der Korrelationskoeffizient empfindlich gegenüber Ausreißern in den Daten. Die Softwarepakete bieten robuste Alternativen zum herkömmlichen Korrelationskoeffizienten. Beispielsweise verwendet das *R*-Paket `robust` (*https://oreil.ly/isORz*) die Funktion `covRob` zur Berechnung eines robusten Korrelationsmaßes. Die Methoden im `scikit-learn`-Modul *sklearn.covariance* (*https://oreil.ly/su7wi*) implementieren eine Vielzahl von Ansätzen.

Weitere Korrelationsmaße

Bereits vor langer Zeit schlugen Statistiker andere Korrelationskoeffizienten vor, wie z. B. das *Spearman'sche Rho* oder das *Kendall'sche Tau*. Diese Korrelationskoeffizienten basieren auf dem Rang der Daten. Da sie mit Rängen und nicht mit den Werten arbeiten, sind diese Maße robust gegenüber Ausreißern und können mit bestimmten Arten von Nichtlinearitäten umgehen. Data Scientists können sich bei explorativen Analysen jedoch im Allgemeinen an dem Korrelationskoeffizienten nach Pearson und seinen robusten Alternativen orientieren. Rangbasierte Maße eignen sich vor allem bei kleineren Datensätzen und bestimmten Hypothesentests.

Streudiagramme

Die standardmäßige Vorgehensweise bei der Visualisierung des Zusammenhangs von zwei beobachteten Variablen ist die Verwendung eines Streudiagramms. Die x-Achse stellt eine Variable und die y-Achse eine andere dar, und jeder Punkt auf dem Diagramm entspricht einer Beobachtung. In Abbildung 1-7 sehen Sie ein Diagramm, das die Korrelation der Tagesrenditen der Unternehmen ATT und Verizon abbildet. In *R* können Sie das Diagramm mit dem folgenden Befehl erstellen:

```
plot(telecom$T, telecom$VZ, xlab='ATT (T)', ylab='Verizon (VZ)')
```

Das gleiche Diagramm kann in *Python* mit der pandas-Methode `scatter` erzeugt werden:

```
ax = telecom.plot.scatter(x='T', y='VZ', figsize=(4, 4), marker='$\u25EF$')
ax.set_xlabel('ATT (T)')
ax.set_ylabel('Verizon (VZ)')
ax.axhline(0, color='grey', lw=1)
ax.axvline(0, color='grey', lw=1)
```

Die Renditen stehen in einer positiven Beziehung: Obwohl sie sich um den Wert null gruppieren, steigen oder sinken die Aktien an den meisten Tagen gleichzeitig (oberer rechter und unterer linker Quadrant). Es gibt weniger Tage, an denen eine Aktie deutlich sinkt, während die andere steigt oder umgekehrt (unterer rechter und oberer linker Quadrant).

Obwohl in dem Diagramm in Abbildung 1-7 nur 754 Datenpunkte angezeigt werden, wird es offenbar schwierig, Details in der Mitte des Diagramms zu erkennen. Wir werden später noch sehen, wie wir die Transparenz der Punkte verändern oder Hexagonal-Binning- sowie Dichtediagramme verwenden können, um weitere Strukturen in den Daten aufzudecken.

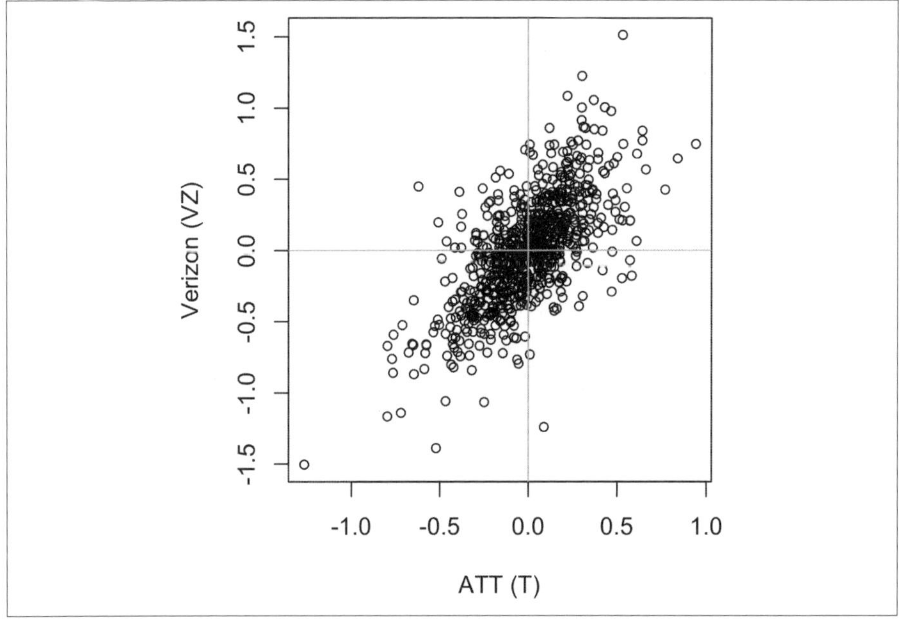

Abbildung 1-7: Streudiagramm zur Darstellung der Korrelation der Tagesrenditen von ATT und Verizon

Kernideen

- Der Korrelationskoeffizient misst, wie stark zwei gepaarte Variablen (z. B. Größe und Gewicht von Individuen) miteinander in Zusammenhang stehen.
- Wenn hohe Werte der einen Variablen mit hohen Werten der anderen einhergehen, stehen sie in einem positiven Zusammenhang.
- Wenn hohe Werte der einen Variablen mit niedrigen Werten der anderen einhergehen, stehen sie in einem negativen Zusammenhang.
- Der Korrelationskoeffizient ist ein standardisiertes Maß, das immer zwischen –1 (perfekte negative Korrelation) und +1 (perfekte positive Korrelation) liegt.
- Ein Korrelationskoeffizient von null bedeutet, dass die Variablen unkorreliert sind. Seien Sie sich dennoch bewusst, dass auch zufällig generierte Daten positive oder negative Werte für den Korrelationskoeffizienten aufweisen können.

Weiterführende Literatur

Eine ausgezeichnete Behandlung des Themas bietet das Buch *Statistics* von David Freedman, Robert Pisani und Roger Purves (4. Auflage, W. W. Norton, 2007).

Zwei oder mehr Variablen untersuchen

Vertraute Maße wie der Mittelwert und die Varianz beziehen sich immer nur eine einzelne Variable (*univariate Analyse*). Die Korrelationsanalyse (siehe »Korrelation« auf Seite 32) ist eine wichtige Methode, um zwei Variablen miteinander zu vergleichen (*bivariate Analyse*). In diesem Abschnitt befassen wir uns weiterhin mit Maßen und Diagrammen, und zwar insbesondere mit solchen, die auf die Exploration von mehr als zwei Variablen abzielen (*multivariate Analyse*).

Schlüsselbegriffe zur Exploration von zwei oder mehr Variablen

Kontingenztafeln
: Eine Kreuztabelle mit den Häufigkeiten von zwei oder mehr kategorialen Variablen (engl. *Contingency Table*).

Hexagonal-Binning-Diagramm
: Ein Diagramm für zwei numerische Variablen, wobei die Beobachtungen in Sechsecken zusammengefasst sind.

Konturdiagramm
: Ein Diagramm, bei dem die Wahrscheinlichkeitsdichtefunktion zweier numerischer Variablen wie eine topografische Karte abgebildet wird (engl. *Contour Plot*).

Violin-Plot
: Ähnlich wie ein Box-Plot, zeigt allerdings darüber hinaus noch die geschätzte Dichtefunktion.

Wie bei der univariaten Analyse möchten wir auch bei der bivariaten Analyse einerseits zusammenfassende statistische Kenngrößen ermitteln und andererseits anschauliche Visualisierungen erstellen. Die geeignete Art der bi- bzw. multivariaten Analyse hängt vom Datentyp ab – je nachdem, ob die Daten als numerische oder kategoriale Variablen vorliegen.

Hexagonal-Binning- und Konturdiagramme (Diagramme für mehrere numerische Variablen)

Streudiagramme sind durchaus geeignet, solange die Anzahl an Datenpunkten relativ gering ist. Das Diagramm mit den Aktienrenditen in Abbildung 1-7 bildet nur etwa 750 Datenpunkte ab. Bei Datensätzen, die Hunderttausende oder Millionen von Datenpunkten haben, erweist sich ein Streudiagramm als zu stark verdichtend, weshalb wir ein anderes Verfahren benötigen, um den Zusammenhang adäquat visualisieren zu können. Betrachten wir zur Veranschaulichung den Datensatz `kc_tax`, der die Steuerbemessungswerte von Wohnimmobilien in King County, Washington, wiedergibt. Um uns auf den wesentlichen Teil der Daten zu konzentrieren, entfernen wir mit der Funktion `subset` zunächst Beobachtungen für sehr teure und sehr kleine sowie auch große Wohnungen:

```
kc_tax0 <- subset(kc_tax, TaxAssessedValue < 750000 &
                  SqFtTotLiving > 100 &
                  SqFtTotLiving < 3500)
nrow(kc_tax0)
432693
```

In pandas filtern wir den Datensatz wie folgt:

```
kc_tax0 = kc_tax.loc[(kc_tax.TaxAssessedValue < 750000) &
                     (kc_tax.SqFtTotLiving > 100) &
                     (kc_tax.SqFtTotLiving < 3500), :]
kc_tax0.shape
(432693, 3)
```

Abbildung 1-8 zeigt ein *Hexagonal-Binning-Diagramm*, das die Beziehung zwischen der fertiggestellten Wohnfläche und dem steuerlich geschätzten Wert von Immobilien in King County abbildet. Anstatt einfach die einzelnen Datenpunkte abzubilden, die sich als dunkle, zusammenhängende Wolke darstellen würden, sind sie in sechseckige Felder gruppiert, die so eingefärbt werden, dass die Anzahl der Beobachtungen in diesem Feld widergespiegelt wird. In diesem Diagramm ist der positive Zusammenhang zwischen der Anzahl der fertiggestellten Wohnfläche und dem steuerlich geschätzten Wert deutlich zu erkennen. Ein interessantes Detail ist, dass wir zusätzliche Verdunklungen über dem (dunkelsten) unteren Hauptbereich erkennen können, die auf Häuser schließen lassen, die zwar jenen im Hauptbereich flächenmäßig gleichen, aber einen höheren steuerlich ermittelten Wert aufweisen.

Abbildung 1-8 wurde mit dem beeindruckenden *R*-Paket `ggplot2` erzeugt, das von Hadley Wickham entwickelt wurde [ggplot2]. `ggplot2` ist eines von mehreren modernen Softwarepaketen, die zur anspruchsvollen explorativen visuellen Datenanalyse entwickelt wurden (siehe »Mehrere Variablen visualisieren« auf Seite 44):

```
ggplot(kc_tax0, (aes(x=SqFtTotLiving, y=TaxAssessedValue))) +
  stat_binhex(color='white') +
  theme_bw() +
  scale_fill_gradient(low='white', high='black') +
  labs(x='Fertiggestellte Wohnfläche (in Quadratfuß)',
       y='Steuerlich geschätzter Wert')
```

In *Python* können Hexagonal-Binning-Diagramme mit der `pandas`-Data-Frame-Methode `hexbin` leicht erstellt werden:

```
ax = kc_tax0.plot.hexbin(x='SqFtTotLiving', y='TaxAssessedValue',
                         gridsize=30, sharex=False, figsize=(5, 4))
ax.set_xlabel('Fertiggestellte Wohnfläche (in Quadratfuß)')
ax.set_ylabel('Steuerlich geschätzter Wert')
```

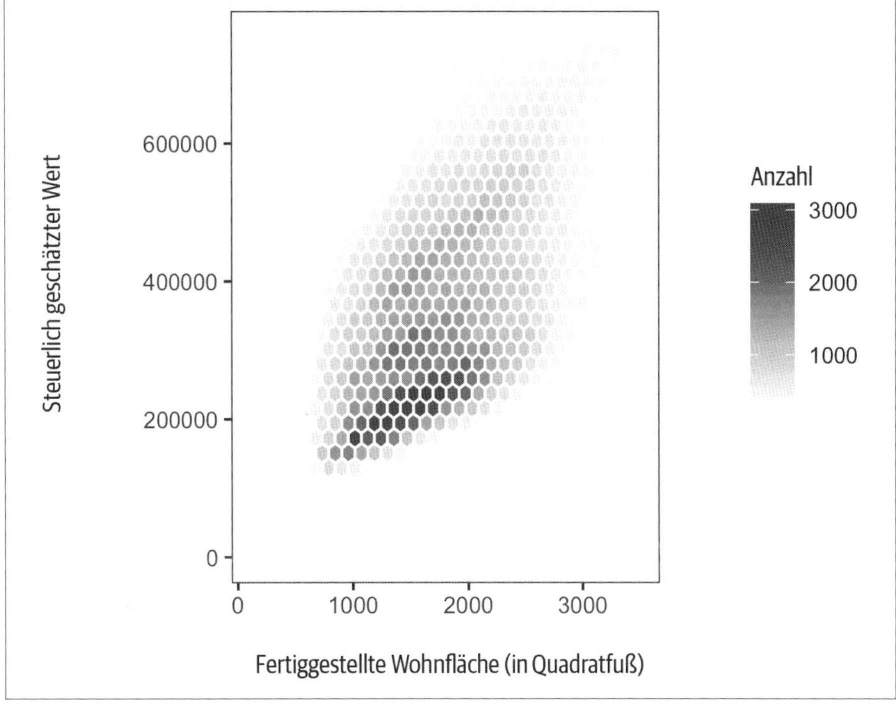

Abbildung 1-8: Hexagonal-Binning-Diagramm zur Darstellung des Zusammenhangs zwischen dem steuerlich geschätzten Wert und der fertiggestellten Wohnfläche von Immobilien

In Abbildung 1-9 werden Konturen (Niveau- bzw. Höhenlinien) verwendet, die einem Streudiagramm überlagert sind, um die Beziehung zwischen zwei numerischen Variablen zu visualisieren. Die Höhenlinien bilden im Wesentlichen eine topografische Karte für zwei Variablen ab; jedes Höhenlinienband stellt eine bestimmte Dichte von Punkten dar, die zunimmt, wenn man sich dem »Peak« nähert. Dieses Diagramm offenbart einen ähnlichen Zusammenhang wie das in Abbildung 1-8: Es gibt einen zweiten Peak »nördlich« des Hauptpeaks. Dieses Diagramm wurde ebenfalls mit dem ggplot2-Paket mit der integrierten Funktion geom_density2d erstellt:

```
ggplot(kc_tax0, aes(SqFtTotLiving, TaxAssessedValue)) +
  theme_bw() +
  geom_point(alpha=0.1) +
  geom_density2d(color='white') +
  labs(x='Fertiggestellte Wohnfläche (in Quadratfuß)',
       y='Steuerlich geschätzter Wert')
```

In *Python* können Sie ein Konturdiagramm mit der seaborn-Funktion kdeplot erzeugen:

```
ax = sns.kdeplot(kc_tax0.SqFtTotLiving, kc_tax0.TaxAssessedValue, ax=ax)
ax.set_xlabel('Fertiggestellte Wohnfläche (in Quadratfuß)')
ax.set_ylabel('Steuerlich geschätzter Wert')
```

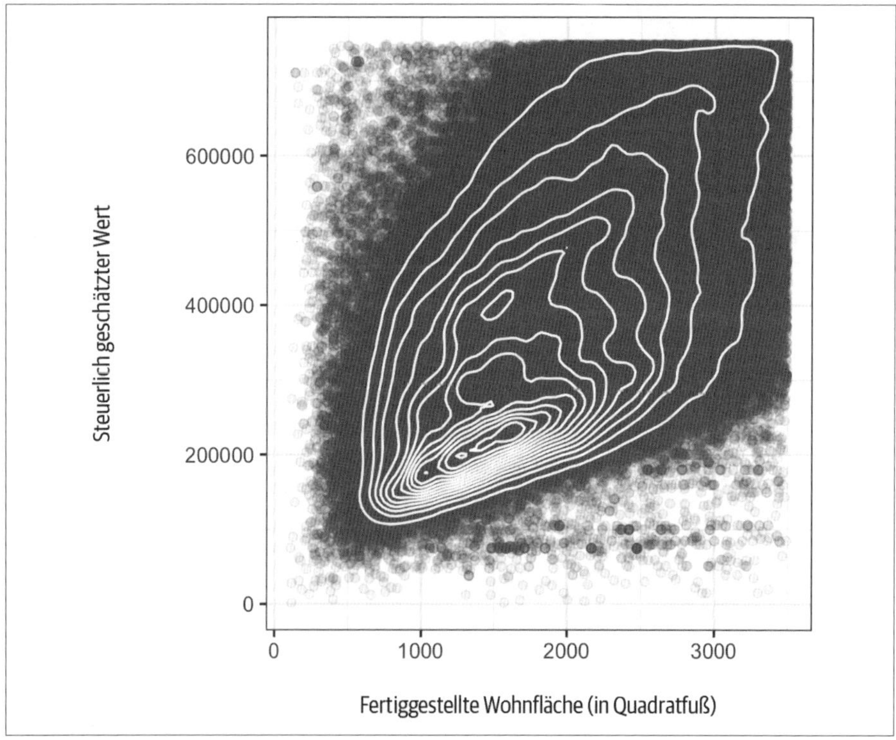

Abbildung 1-9: Konturdiagramm zur Darstellung des Zusammenhangs zwischen dem steuerlich geschätzten Wert und der fertiggestellten Wohnfläche von Immobilien

Es gibt noch weitere Diagrammtypen, die die Beziehung zwischen zwei numerischen Variablen aufzeigen können, unter anderem *Heatmaps*. Heatmaps, Hexagonal-Binning- und Konturdiagramme bilden alle eine zweidimensionale Dichtefunktion ab. Daher sind sie die natürlichen Analoga zu Histogrammen und Dichtediagrammen.

Zwei kategoriale Variablen

Einen gebräuchlichen Ansatz, den Zusammenhang zweier kategorialer Variablen zusammenzufassen, bietet die Kontingenztafel – eine Tabelle, die die absoluten Häufigkeiten der verschiedenen Kombinationen der Kategorien (bzw. der Ausprägungen der beiden kategorialen Variablen) angibt. Die Kontingenztabelle in Tabelle 1-8 zeigt den Zusammenhang von zwei kategorialen Daten, zum einen solche, die das Rating eines Privatkredits angeben, und zum anderen solche, die das Ergebnis bzw. den Erfolg hinsichtlich der Rückzahlung dieses Kredits wiedergeben. Sie basiert auf Daten, die vom Lending Club, einem führenden Unternehmen im Peer-to-Peer-Kreditgeschäft, zur Verfügung gestellt wurden. Das Rating bzw. die Einstufung hat die Ausprägungen A (hoch) bis G (niedrig). Die Ausprägung des Ergebnisses der Kreditrückzahlung ist entweder »vollständig bezahlt«, »zurzeit in Rückzahlung«, »verspätet zurückgezahlt« oder »abgeschrieben« (also ein Kreditausfall – der Restbetrag des Darlehens wird voraussichtlich nicht eingetrieben). Die Tabelle zeigt sowohl die absolute als auch – in Bezug auf die jeweiligen Zeilen – die relative Häufigkeit. Besser eingestufte Kredite weisen im Vergleich zu schlechter eingestuften Krediten einen sehr niedrigen Prozentsatz an verspäteten bzw. abgeschriebenen Rückzahlungen auf.

Tabelle 1-8: Kontingenztabelle der Krediteinstufung in Bezug auf den tatsächlichen Status

Einstufung	abgeschrieben	zurzeit in Rückzahlung	vollständig zurückgezahlt	verspätet	Total
A	1562	50051	20408	469	72490
	0.022	0.690	0.282	0.006	0.161
B	5302	93852	31160	2056	132370
	0.040	0.709	0.235	0.016	0.294
C	6023	88928	23147	2777	120875
	0.050	0.736	0.191	0.023	0.268
D	5007	53281	13681	2308	74277
	0.067	0.717	0.184	0.031	0.165
E	2842	24639	5949	1374	34804
	0.082	0.708	0.171	0.039	0.077
F	1526	8444	2328	606	12904
	0.118	0.654	0.180	0.047	0.029
G	409	1990	643	199	3241
	0.126	0.614	0.198	0.061	0.007
Total	22671	321185	97316	9789	450961

Zusätzlich zu den absoluten Häufigkeiten können bei Kontingenztafeln auch relative Häufigkeiten für die Spalten- und Gesamtwerte dargestellt werden. Die wahrscheinlich gebräuchlichste Nutzung von Kontingenztafeln sind Pivot-Tabellen in Excel. In *R* können Kontingenztafeln mithilfe der Funktion `CrossTable` des Pakets `descr` erzeugt werden; der folgende Code wurde zur Erstellung von Tabelle 1-8 verwendet:

```
library(descr)
x_tab <- CrossTable(lc_loans$grade, lc_loans$status,
                    prop.c=FALSE, prop.chisq=FALSE, prop.t=FALSE)
```

In *Python* können wir die Pivot-Tabelle mit der Methode `pivot_table` erzeugen. Das Argument `aggfunc` erlaubt uns, die absoluten Häufigkeiten zu ermitteln. Die Berechnung der relativen Häufigkeiten gestaltet sich etwas aufwendiger:

```
crosstab = lc_loans.pivot_table(index='grade', columns='status',
                                aggfunc=lambda x: len(x), margins=True) ❶

df = crosstab.loc['A':'G',:].copy() ❷
df.loc[:,'Charged Off':'Late'] = df.loc[:,'Charged Off':'Late'].div(df['All'],
                                                                    axis=0) ❸
df['All'] = df['All'] / sum(df['All']) ❹
perc_crosstab = df
```

❶ Mit dem Schlüsselwortargument `margins` werden die Werte spalten- und zeilenweise summiert.

❷ Wir erstellen eine Kopie der Pivot-Tabelle und lassen die ermittelten Gesamtsummen der Spalten außen vor.

❸ Wir teilen die Werte der einzelnen Zeilen durch die Gesamtsumme der jeweiligen Zeile.

❹ Wir dividieren die Spalte `'All'` durch die Gesamtsumme.

Kategoriale und numerische Variablen

Mit Box-Plots (siehe »Perzentile und Box-Plots« auf Seite 21) lassen sich Verteilungen numerischer Variablen, die anhand einer kategorialen Variablen gruppiert wurden, auf einfache Weise visuell vergleichen. Beispielsweise könnten wir vergleichen, wie der prozentuale Anteil der Flugverspätungen für die einzelnen Fluggesellschaften variiert. Abbildung 1-10 zeigt den prozentualen Anteil der Flüge der verschiedenen Fluggesellschaften, die innerhalb eines Monats verspätet waren und bei denen die Verspätung auf die Fluggesellschaft selbst zurückzuführen ist:

```
boxplot(pct_carrier_delay ~ airline, data=airline_stats, ylim=c(0, 50))
```

Die `pandas`-`boxplot`-Methode nimmt das Argument `by` entgegen, wodurch der Datensatz in verschiedene Gruppen aufgeteilt wird und sich die einzelnen Box-Plots erstellen lassen:

```
ax = airline_stats.boxplot(by='airline', column='pct_carrier_delay')
ax.set_xlabel('')
ax.set_ylabel('Tägliche Flugverspätungen (in %)')
plt.suptitle('')
```

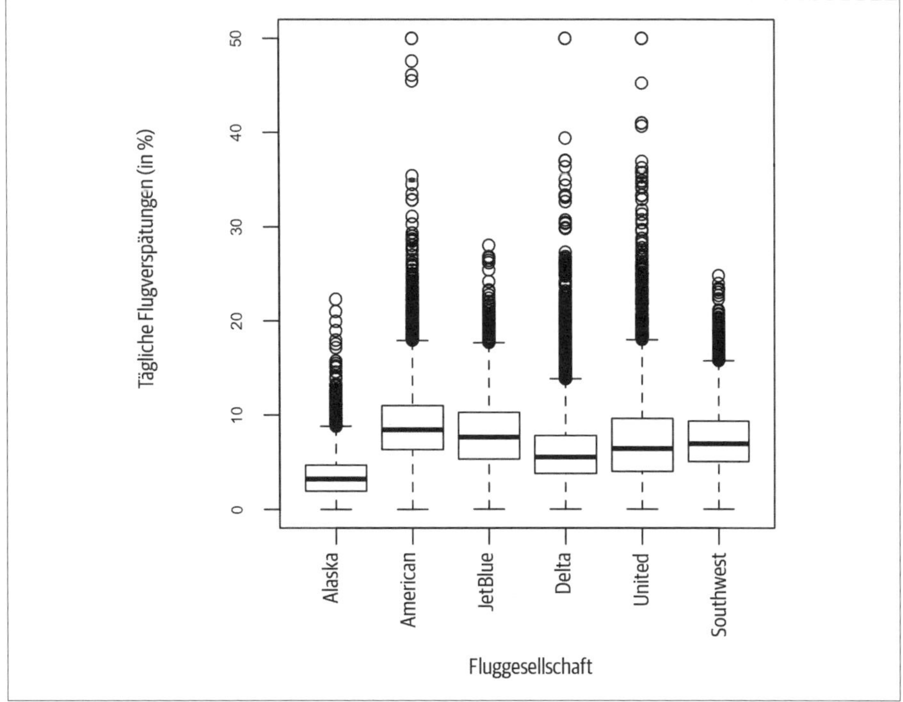

Abbildung 1-10: Ein Box-Plot des prozentualen Anteils der Flüge, die verspätet waren und bei denen die Verspätung auf die Fluggesellschaft zurückzuführen ist

Die Fluggesellschaft Alaska Airlines hat die geringsten Verspätungen, bei American Airlines gab es die größten: Das untere Quartil für American Airlines ist höher als das obere Quartil für Alaska Airlines.

Der *Violin-Plot*, eingeführt von [Hintze-Nelson-1998], ist eine Erweiterung des Box-Plots und bildet die geschätzte Dichtefunktion ab, wobei die Wahrscheinlichkeitsdichte auf der y-Achse abgetragen wird. Die Dichtefunktion wird zusätzlich gespiegelt und die resultierende Silhouette ausgefüllt. Dadurch entsteht eine Grafik, die einer Violine ähnelt. Der Vorteil des Violin-Plots ist, dass er besser als der Box-Plot in der Lage ist, Nuancen in der Verteilung aufzuzeigen. Andererseits werden im Box-Plot die Ausreißer in den Daten deutlicher hervorgehoben. Im Paket `ggplot2` steht die Funktion `geom_violin` bereit, um einen Violin-Plot zu erstellen:

```
ggplot(data=airline_stats, aes(airline, pct_carrier_delay)) +
  ylim(0, 50) +
  geom_violin() +
  labs(x='', y='Tägliche Flugverspätungen (in %)')
```

Im seaborn-Paket können Violin-Plots durch Nutzung der violinplot-Methode erstellt werden:

```
ax = sns.violinplot(airline_stats.airline, airline_stats.pct_carrier_delay,
                    inner='quartile', color='white')
ax.set_xlabel('')
ax.set_ylabel('Tägliche Flugverspätungen (in %)')
```

Das entsprechende Diagramm wird in Abbildung 1-11 dargestellt. Der Violin-Plot zeigt eine Ballung in der Verteilung nahe null für Alaska Airlines und, in geringerem Ausmaß, für Delta Airlines. Dieses Merkmal ist im Box-Plot nicht so offensichtlich. Sie können auch einen Violin-Plot mit einem Box-Plot kombinieren, indem Sie die Funktion geom_boxplot (in *R*) als zusätzliche Komponente dem Diagramm hinzufügen (obwohl dies am besten funktioniert, wenn Farben verwendet werden).

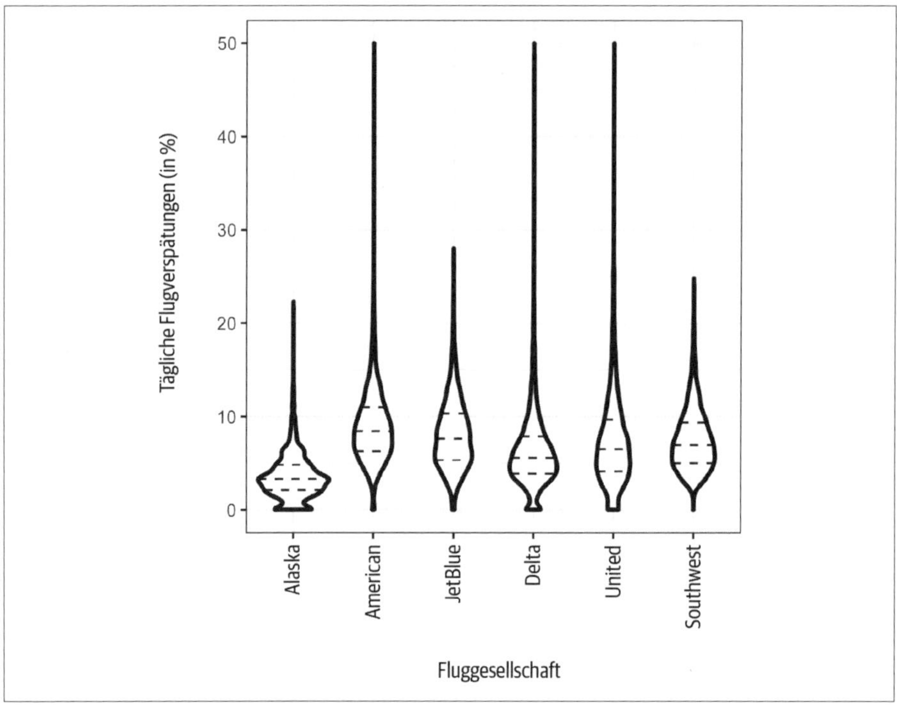

Abbildung 1-11: Ein Violin-Plot des prozentualen Anteils der Flüge, die verspätet waren und bei denen die Verspätung auf die Fluggesellschaft selbst zurückzuführen ist

Mehrere Variablen visualisieren

Die Diagrammtypen, die für den Vergleich zweier Variablen verwendet werden – Streu-, Hexagonal-Binning-Diagramme und Box-Plots –, lassen sich allesamt mithilfe des Ansatzes der *Konditionierung* leicht auf weitere Variablen erweitern. Ein Beispiel hierfür war in Abbildung 1-8 zu sehen, hier wurde die Beziehung zwischen der fertiggestellten Wohnfläche von Immobilien (in Quadratfuß) und ihrem steuerlich geschätzten Wert aufgezeigt. Wir hatten festgestellt, dass es eine Häufung von Immobilien zu geben scheint, die einen höheren steuerlich geschätzten Wert pro Quadratfuß haben. Wenn wir die Daten weiter unterteilen und wie in Abbildung 1-12 zusätzlich die Postleitzahl der jeweiligen Immobilie als Drittvariable berücksichtigen, können wir den Effekt der Lage der Immobilie aufdecken. Jetzt ist das Bild viel klarer: Der steuerlich geschätzte Wert ist bei einigen Postleitzahlen (98105, 98126) viel höher als bei anderen (98108, 98188). Diese Diskrepanz erklärt auch die in Abbildung 1-8 beobachtete Clusterbildung.

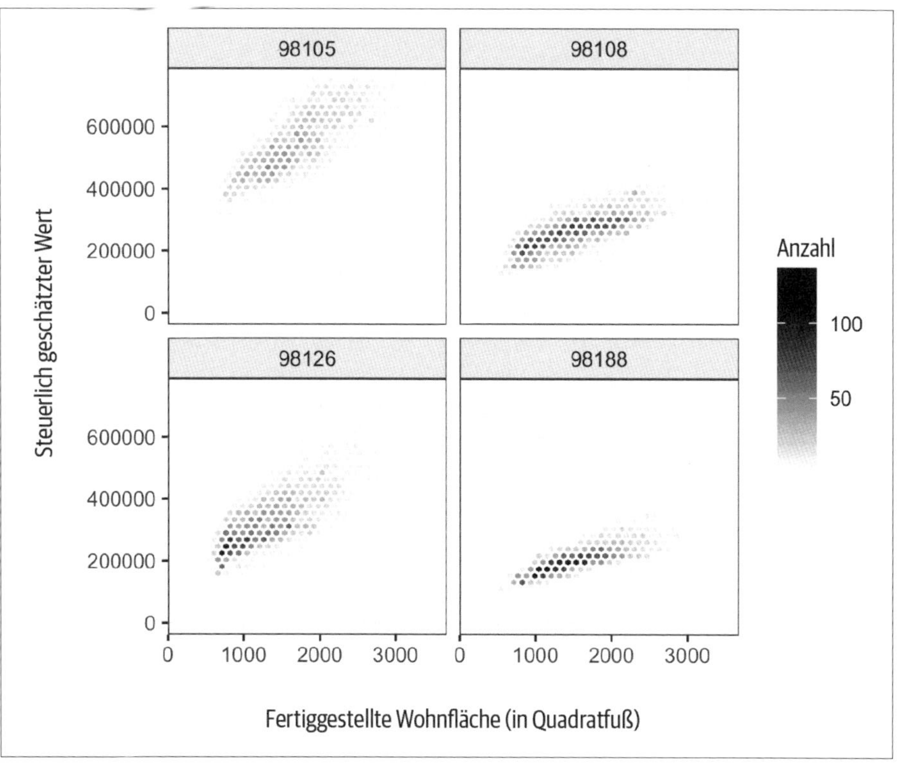

Abbildung 1-12: Steuerlich geschätzter Immobilienwert in Abhängigkeit von der fertiggestellten Wohnfläche (in Quadratfuß), nach Postleitzahlen unterteilt

Abbildung 1-12 haben wir mithilfe des `ggplot2`-Pakets unter Verwendung von *facets*, d.h. mit einer Drittvariablen (in diesem Fall der Postleitzahl), erstellt:

```
ggplot(subset(kc_tax0, ZipCode %in% c(98188, 98105, 98108, 98126)),
         aes(x=SqFtTotLiving, y=TaxAssessedValue)) +
  stat_binhex(color='white') +
  theme_bw() +
  scale_fill_gradient(low='white', high='blue') +
  labs(x='Fertiggestellte Wohnfläche (in Quadratfuß)',
       y='Steuerlich geschätzter Wert') +
  facet_wrap('ZipCode') ❶
```

❶ Verwenden Sie die ggplot-Funktionen `facet_wrap` bzw. `facet_grid`, um die Drittvariable zu spezifizieren.

Die meisten *Python*-Pakete stützen sich für ihre Visualisierungen auf die Bibliothek `matplotlib`. Obwohl es prinzipiell auch mit der `matplotlib`-Bibliothek möglich ist, differenziertere Darstellungen zu erstellen, kann der Code schnell komplex werden. Glücklicherweise bietet `seaborn` eine relativ einfache Möglichkeit, diese Diagramme zu erzeugen:

```
zip_codes = [98188, 98105, 98108, 98126]
kc_tax_zip = kc_tax0.loc[kc_tax0.ZipCode.isin(zip_codes),:]
kc_tax_zip

def hexbin(x, y, color, **kwargs):
    cmap = sns.light_palette(color, as_cmap=True)
    plt.hexbin(x, y, gridsize=25, cmap=cmap, **kwargs)

g = sns.FacetGrid(kc_tax_zip, col='ZipCode', col_wrap=2) ❶
g.map(hexbin, 'SqFtTotLiving', 'TaxAssessedValue',
      extent=[0, 3500, 0, 700000]) ❷
g.set_axis_labels('Fertiggestellte Wohnfläche (in Quadratfuß)',
                  'Steuerlich geschätzter Wert')
g.set_titles('Postleitzahl {col_name:.0f}')
```

❶ Verwenden Sie die Argumente `col` und `row`, um die Drittvariable anzugeben. Für eine einzelne Drittvariable können Sie das Argument `col` zusammen mit `col_wrap` nutzen, um das Facettendiagramm in mehrere Quadranten aufzuteilen.

❷ Mit der Methode `map` wird die Funktion `hexbin` auf die hinsichtlich der verschiedenen Postleitzahlen untergliederten Teilmengen des ursprünglichen Datensatzes angewandt. Durch die Angabe von `extent` definieren Sie, wie weit sich die x- und y-Achsen erstrecken sollen.

Das Konzept der Konditionierung von Variablen in grafischen Darstellungen wurde mit *Trellis-Grafiken*, die von Rick Becker, Bill Cleveland und anderen bei Bell Labs entwickelt wurden, eingeführt [Trellis-Graphics]. Diese Idee hat sich auf verschiedene moderne Visualisierungsprogramme übertragen, wie z.B. dem `lattice`- [lattice] und dem `ggplot2`-Paket in *R* und den `seaborn`- [seaborn] und `Bokeh`-Modulen [bokeh] in *Python*. Drittvariablen stellen ebenfalls einen integralen Bestandteil von Business-Intelligence-Plattformen wie Tableau und Spotfire dar. Mit dem Aufkommen enormer Rechenleistung haben moderne Visualisierungsplattformen die bescheidenen Anfänge der explorativen Datenanalyse weit hinter sich gelassen. Die Schlüsselkonzepte und Werkzeuge, die vor einem halben Jahrhundert entwickelt wurden (z.B. einfache Box-Plots), bilden jedoch immer noch eine Grundlage solcher Systeme.

Kernideen

- Hexagonal-Binning- und Konturdiagramme sind nützliche Werkzeuge, die eine gleichzeitige visuelle Exploration zweier numerischer Variablen ermöglichen, ohne von riesigen Datenmengen überwältigt zu werden.
- Kontingenztabellen sind das gängigste Werkzeug, um die Häufigkeiten von zwei kategorialen Variablen zu betrachten.
- Box-Plots und Violin-Plots ermöglichen Ihnen, den Zusammenhang zwischen einer numerischen Variablen und einer kategorialen Variablen darzustellen.

Weiterführende Literatur

- Das Buch *Modern Data Science with R* von Benjamin Baumer, Daniel Kaplan und Nicholas Horton (Chapman & Hall/CRC Press, 2017) bietet eine ausgezeichnete Präsentation von »einer Grammatik für Grafiken« (das »gg« in `ggplot`).
- Ein weiteres, vom Entwickler des `ggplot2`-Pakets geschriebenes Buch mit dem Titel *ggplot2: Elegant Graphics for Data Analysis* von Hadley Wickham (Springer, 2009) ist ebenfalls eine ausgezeichnete Ressource.
- Josef Fruehwald hat eine webbasierte Anleitung für das `ggplot2`-Paket (*https://oreil.ly/zB2Dz*) bereitgestellt.

Zusammenfassung

Die von John Tukey begründete explorative Datenanalyse (EDA) schuf den Grundstein für unser heutiges Verständnis der Data Science. Der Kerngedanke der EDA ist, dass der erste und wichtigste Schritt in jedem Projekt, bei dem mit Daten gearbeitet wird, darin liegt, sich die Daten anzusehen. Durch die Zusammenfassung und Visualisierung der Daten können Sie wertvolle Erkenntnisse für das Projekt gewinnen.

In diesem Kapitel wurden mehrere Konzepte vorgestellt, die von einfachen statistischen Maßzahlen, z. B. Lage- und Streuungsmaßen, bis hin zu aussagekräftigen visuellen Darstellungen reichen, die die Beziehungen zwischen mehreren Variablen, wie in Abbildung 1-12, untersuchen. Die vielfältigen Werkzeuge und Verfahren, die von der Open-Source-Gemeinschaft entwickelt wurden (und werden), haben in Verbindung mit der Ausdruckskraft der Programmiersprachen *R* und *Python* eine Fülle von Möglichkeiten zur Exploration und zur Analyse von Daten geschaffen. Die explorative Datenanalyse sollte ein Grundpfeiler jedes datenwissenschaftlichen Projekts sein.

KAPITEL 2

Daten- und Stichprobenverteilungen

Ein weitverbreiteter Irrglaube besagt, dass die Ära der großen Datenmengen gleichzeitig zur Folge hat, dass keine Stichproben mehr gezogen werden müssen. Tatsächlich verstärkt die Verbreitung von Daten unterschiedlicher Qualität und Relevanz die Notwendigkeit der Stichprobenziehung als Instrument, um effizient mit einer Vielzahl von Daten zu arbeiten und Verzerrungen zu minimieren. Sogar in einem Projekt mit großen Datenmengen (»Big Data«) werden typischerweise prädiktive Modelle entwickelt und mithilfe von Stichproben getestet. Stichproben werden auch im Rahmen von verschiedenen Arten von Tests verwendet (z.B. beim Vergleich der Wirkung von verschiedenen Webseitendesigns auf die Anzahl von Klicks).

Abbildung 2-1 verdeutlicht schematisch die Konzepte, die wir in diesem Kapitel diskutieren werden – Verteilungen von Daten und Stichproben. Die linke Seite stellt eine Grundgesamtheit, auch als Population bezeichnet, dar, von der in der Statistik angenommen wird, dass sie einer zugrunde liegenden, aber *unbekannten* Verteilung folgt. Alles, was uns zur Verfügung steht, sind die Daten, die wir aus einer *Stichprobe* erhalten, und ihre empirische Verteilung, die auf der rechten Seite dargestellt sind. Um von der linken Seite auf die rechte Seite zu gelangen, wird ein *Stichprobenziehungsverfahren* verwendet (dargestellt durch einen Pfeil). Die klassische Statistik konzentrierte sich sehr stark auf die linke Seite, und ihr liegt eine Theorie zugrunde, die auf strengen Annahmen hinsichtlich der Grundgesamtheit basiert. Die moderne Statistik hat sich auf die rechte Seite verlagert, bei der solche Annahmen nicht erforderlich sind.

Im Allgemeinen brauchen sich Data Scientists nicht um die theoretischen Aspekte der linken Seite zu kümmern und sollten sich stattdessen auf die Stichprobenziehungsverfahren und die zur Verfügung stehenden Daten konzentrieren. Es gibt einige nennenswerte Ausnahmen. Manchmal werden Daten aus einem physikalischen Prozess generiert, der modelliert werden kann. Das einfachste Beispiel ist das Werfen einer Münze, die einer Binomialverteilung folgt. Jedes binomialverteilte Ereignis aus dem wirklichen Leben (kaufen oder nicht kaufen, Betrug oder kein Betrug, klicken oder nicht klicken) kann effektiverweise durch eine Münze modelliert werden (natürlich mit veränderbaren Eintrittswahrscheinlichkeiten von Kopf und Zahl). In diesen Fällen können wir zusätzliche Erkenntnisse gewinnen, indem wir unser Wissen über die Population nutzen.

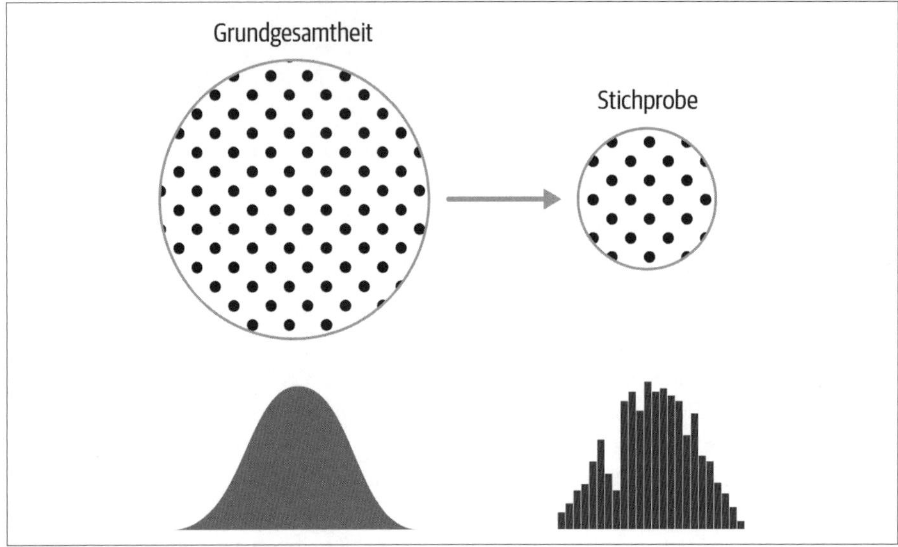

Abbildung 2-1: Der Unterschied zwischen der Grundgesamtheit und einer Stichprobe

Zufallsstichprobenziehung und Stichprobenverzerrung

Eine *Stichprobe* entspricht einer Teilmenge eines größeren Datensatzes; Statistiker bezeichnen diesen größeren Datensatz als *Grundgesamtheit* bzw. *Population*. In Bezug auf den Begriff *Population* herrscht in der Statistik ein anderes Verständnis als in der Biologie – sie ist ein großer, definierter (aber manchmal theoretischer oder imaginärer) Datensatz.

Das *Ziehen einer Zufallsstichprobe* ist ein Verfahren, bei dem jedes gezogene Element der ausgewählten Grundgesamtheit bei jeder Ziehung mit der gleichen Wahrscheinlichkeit als Stichprobe ausgewählt werden kann. Die daraus resultierende Stichprobe wird als *einfache Zufallsstichprobe* bezeichnet. Die Stichprobenziehung kann *mit Zurücklegen* (engl. *with Replacement*) durchgeführt werden, wobei die Beobachtungen nach jeder Ziehung für eine mögliche spätere erneute Ziehung wieder in die Grundgesamtheit aufgenommen werden. Das Verfahren kann auch *ohne Zurücklegen* durchgeführt werden – in dem Fall stehen einmal ausgewählte Beobachtungen für spätere Ziehungen nicht mehr zur Verfügung.

Bei der Erstellung einer Schätzung oder eines auf einer Stichprobe basierenden Modells ist die Qualität der Daten oft wichtiger als die Menge an Daten. In der Data Science sind als Aspekte der Datenqualität insbesondere die Vollständigkeit, die

Konsistenz des Formats sowie die Sauberkeit und die Genauigkeit der einzelnen Datenpunkte zu nennen. Die Statistik setzt in diesem Zusammenhang das Konzept der *Repräsentativität* voraus.

Schlüsselbegriffe für Zufallsstichproben

Stichprobe
: Eine Teilmenge eines größeren Datensatzes (engl. *Sample*).

Grundgesamtheit
: Der größere Datensatz oder die Vorstellung von einem Datensatz, auch Population genannt.

N (*n*)
: Die Größe der Grundgesamtheit (Stichprobe), d.h. die Anzahl der Beobachtungen.

Zufallsstichprobenziehung
: Das Ziehen von Elementen nach dem Zufallsprinzip, um eine Stichprobe zu erhalten.

Geschichtete Stichprobe
: Unterteilung der Grundgesamtheit in verschiedene Untergruppen bzw. Schichten (Strata) und Ziehen zufälliger Stichproben aus diesen Strata, auch stratifizierte Stichproben genannt.

Stratum (Pl. Strata)
: Eine homogene Untergruppe einer Grundgesamtheit mit gemeinsamen Merkmalen.

Einfache Zufallsstichprobe
: Eine Stichprobe, die sich aus einer Zufallsstichprobenziehung ohne Stratifizierung der Grundgesamtheit ergibt (engl. *Simple Random Sample*).

Verzerrung
: Systematischer Fehler (engl. *Bias*).

Stichprobenverzerrung
: Eine Stichprobe, die die Grundgesamtheit nicht korrekt repräsentiert (engl. *Sample Bias*).

Ein Paradebeispiel einer Stichprobenverzerrung ist die *Literary-Digest-Umfrage* aus dem Jahr 1936, auf deren Basis ein Sieg von Alf Landon über Franklin Roosevelt vorhersagt wurde. Die *Literary Digest*, ein damals führendes Tageblatt, befragte seinen gesamten Abonnentenstamm sowie weitere Personen, die bei ihm gelistet waren – insgesamt über zehn Millionen Menschen –, und sagte einen überwältigenden Sieg Landons voraus. George Gallup, der Initiator der Gallup-Umfrage, führte alle zwei Wochen Umfragen mit nur 2.000 Personen durch und sagte den Sieg Roosevelts korrekt voraus. Der Unterschied zwischen den beiden Befragungen lag insbesondere in der Auswahl der Befragten.

Beim Ansatz von *Literary Digest* wurde der Fokus vor allem auf Quantität gelegt; der Auswahlmethode wurde hingegen wenig Aufmerksamkeit geschenkt. Am Ende wurden vor allem Personen mit einem relativ hohen sozioökonomischen Status befragt (ihre eigenen Abonnenten sowie diejenigen, die aufgrund des Besitzes von Luxusgütern wie Telefonen und Autos in den Listen der Vermarkter auftauchten). Daraus resultierend war die *Stichprobe verzerrt*, d.h., die Stichprobe unterschied sich in einer bedeutsamen und nicht zufälligen Weise von der Population, die sie repräsentieren sollte. Die Feststellung »nicht zufällig« ist wichtig – kaum eine Stichprobe kann die Population vollkommen repräsentativ abbilden. Das gilt auch für Zufallsstichproben. Eine Stichprobenverzerrung liegt vor, wenn der Unterschied bedeutsam ausfällt, und zu erwarten ist, dass er sich bei anderen Stichproben, die auf die gleiche Weise wie die erste erhoben werden, fortsetzt.

Stichprobenverzerrung aufgrund von Selbstselektion

Die Rezensionen für Restaurants, Hotels, Cafés usw., die Sie auf Social-Media-Webseiten wie Yelp finden, sind anfällig für Verzerrungen, da die Personen, die sie verfassen, nicht zufällig ausgewählt werden. Vielmehr haben sie selbst die Initiative ergriffen. Dies führt zu einer Verzerrung aufgrund von Selbstselektion (engl. *Self-Selection Sampling Bias*) – Menschen, die von sich aus Rezensionen verfassen, haben vielleicht schlechte Erfahrungen gemacht, stehen möglicherweise in Verbindung mit dem Unternehmen oder sind einfach ein anderer Typ Mensch als diejenigen, die keine Rezensionen verfassen. Beachten Sie, dass Stichproben, die auf Selbstselektion basieren, zwar unzuverlässige Indikatoren für den wahren Sachverhalt sein können, dass sich aber durchaus ein einfacher Vergleich einer Einrichtung mit einer ähnlichen Einrichtung verlässlich durchführen lässt; bei jeder Einrichtung könnte die gleiche Verzerrung in Bezug auf die Selbstselektion vorliegen.

Verzerrung

Eine statistische Verzerrung (engl. *Bias*) bezieht sich auf Mess- oder Stichprobenfehler, die systematisch auftreten und durch die Messung oder die Stichprobenerhebung verursacht werden. Dabei ist es wichtig, zwischen Fehlern, die zufällig auftreten, und Fehlern, die infolge von Verzerrungen auftreten, zu unterscheiden. Betrachten Sie den physikalischen Vorgang des Schießens mit einem Gewehr auf ein bestimmtes Ziel. Es wird nicht jedes Mal die Mitte des Ziels treffen, manchmal vielleicht überhaupt nicht. Auch bei einem unverzerrten Prozess wird es Fehler geben, aber diese sind zufällig und haben keine starke Tendenz in irgendeine Richtung (siehe Abbildung 2-2). Die in Abbildung 2-3 gezeigten Einschusslöcher weisen auf einen verzerrten Prozess hin – es gibt immer noch zufällige Fehler sowohl in x- als auch in y-Richtung, aber es ist auch eine Verzerrung zu erkennen. Die Schüsse tendieren dazu, in den oberen rechten Quadranten zu streuen.

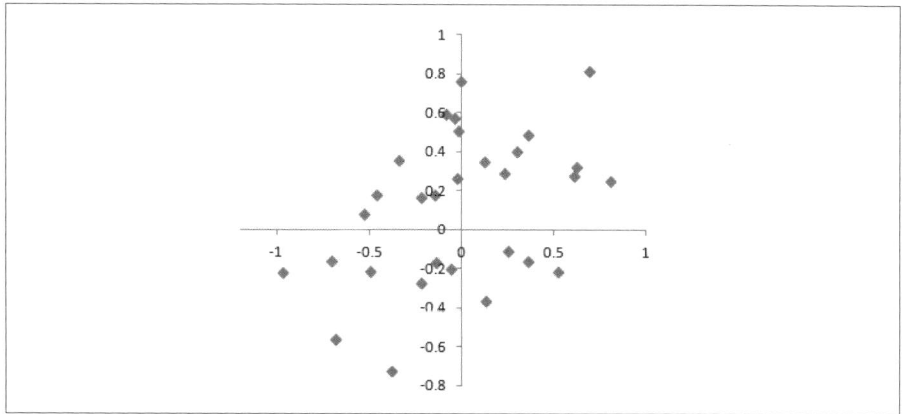

Abbildung 2-2: Streudiagramm von Gewehrschüssen mit korrekter Zielausrichtung

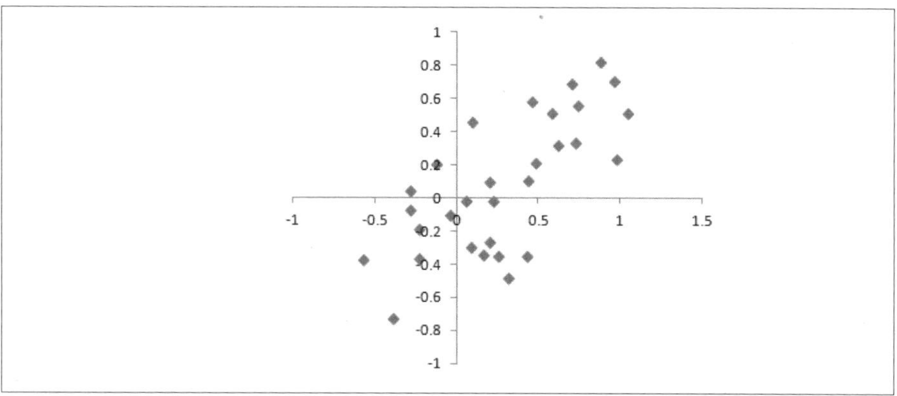

Abbildung 2-3: Streudiagramm von Gewehrschüssen mit verzerrter Zielausrichtung

Statistische Verzerrungen gibt es in verschiedenen Formen, sie können beobachtbar oder auch nicht beobachtbar sein. Wenn ein Ergebnis auf eine Verzerrung hindeutet (z.B. bezüglich eines Referenzwerts oder tatsächlicher Werte), ist dies oft ein Indikator dafür, dass ein statistisches oder maschinelles Lernmodell falsch spezifiziert oder eine wichtige Variable nicht berücksichtigt wurde.

Zufallsauswahl

Um eine Stichprobenverzerrung wie die, die den *Literary Digest* dazu veranlasste, Landon und nicht Roosevelt vorherzusagen, zu vermeiden, entschied sich George Gallup (dargestellt in Abbildung 2-4) für eine wissenschaftlichere Auswahl an Methoden, um eine repräsentative Stichprobe für die US-Wahlberechtigten zu erhalten. Es gibt inzwischen eine Vielzahl von Methoden, um Repräsentativität zu erreichen, aber im Mittelpunkt aller Methoden steht die *Zufallsauswahl* bzw. die *Zufallsstichprobenziehung* (engl. *Random Selection* bzw. *Random Sampling*).

Abbildung 2-4: George Gallup, dem der misslungene »Big-Data-Ansatz« des Literary Digest zu Ruhm verholfen hat

Zufallsstichproben sind nicht immer einfach zu erheben. Die sachgerechte Definition einer zugänglichen Population ist entscheidend. Angenommen, wir möchten ein repräsentatives Kundenprofil erstellen und müssen dafür eine Pilotkundenbefragung durchführen. Damit die Umfrage repräsentativ gestaltet werden kann, muss zunächst viel Aufwand betrieben werden.

Zuerst müssen wir definieren, wer genau ein Kunde ist. Wir könnten alle Kundendaten auswählen, bei denen der Kaufbetrag positiv ist. Schließen wir alle früheren Kunden ein? Beziehen wir Rückerstattungen mit ein? Interne Testkäufe? Vertriebspartner? Sowohl den Rechnungssteller als auch den Kunden?

Als Nächstes müssen wir uns auf ein Stichprobenverfahren festlegen. Beispielsweise könnten wir »100 Kunden nach dem Zufallsprinzip auswählen«. Wenn es sich um eine Stichprobe aus einem Datenstrom handelt (z.B. Kundentransaktionen in Echtzeit oder Website-Besucher), können zeitliche Erwägungen wichtig sein (z.B. unterscheidet sich ein Website-Besucher um 10 Uhr morgens an einem Wochentag von einem Website-Besucher um 22 Uhr am Wochenende).

Bei der *geschichteten Stichprobe* wird die Grundgesamtheit in *Schichten* unterteilt, und aus jeder Schicht werden Zufallsstichproben gezogen. Politische Meinungsforscher könnten versuchen, die Wahlpräferenzen von Weißen, Schwarzen und Hispanics in Erfahrung zu bringen. Eine einfache Zufallsstichprobe aus der Bevölkerung würde zu wenige Schwarze und Hispanics enthalten, sodass diese Schichten in einer geschichteten Stichprobe übergewichtet werden müssten, um eine Äquivalenz der Stichprobengrößen zu gewährleisten.

Größe versus Qualität: Wann spielt die Stichprobengröße eine Rolle?

Im Zeitalter von Big Data mag es überraschend klingen, dass kleiner manchmal besser ist. Die Zeit und der Arbeitsaufwand, der in eine Zufallsstichprobe investiert wird, reduziert nicht nur Verzerrungen, sondern ermöglicht auch einen stärkeren

Fokus auf die Datenexploration und -qualität. Beispielsweise können fehlende Daten und Ausreißer nützliche Informationen enthalten. Es kann unter Umständen unverhältnismäßig kostspielig sein, fehlende Werte aufzuspüren oder Ausreißer in Millionen von Beobachtungen auszuwerten. In einer Stichprobe von nur mehreren Tausend Beobachtungen ist dies durchaus umsetzbar. Die Visualisierung und die händische (also manuelle) Prüfung von Daten gestalten sich schwierig, wenn zu viele Daten vorhanden sind.

Wann bedarf es also äußerst *großer* Datenmengen?

Ein typisches Anwendungsszenario, in dem der Wert von Big Data zum Tragen kommt, besteht dann, wenn die Daten nicht nur massenhaft vorliegen, sondern auch dünn besetzt sind. Führen Sie sich einmal bei Google eingehende Suchanfragen vor Augen: Fassen Sie die einzelnen Suchanfragen als Zeilen und die möglichen Suchbegriffe als Spalten auf – die Zellwerte sind dann entweder 0 oder 1, je nachdem, ob eine Suchanfrage den jeweiligen Begriff enthält. Das Ziel ist, den am besten vorhergesagten Suchbegriff für eine bestimmte Anfrage zu ermitteln. Es gibt über 150.000 Wörter in der englischen Sprache, und Google verarbeitet über eine Billion Suchanfragen pro Jahr. Daraus ergibt sich eine riesige Matrix, von der die überwiegende Mehrheit der Beobachtungen den Wert 0 hat.

Dies ist in der Tat eine Problemstellung, bei der das Potenzial großer Datenmengen zum Tragen kommt – nur wenn so enorme Datenmengen anfallen, können für die meisten Anfragen belastbare Suchergebnisse zurückgegeben werden. Und je mehr Daten vorliegen, desto besser sind die Ergebnisse. Bei gängigen Suchbegriffen stellt dies kein großes Problem dar – für die Handvoll sehr bekannter Themen, die zu einem bestimmten Zeitpunkt aktuell sind, können die entsprechenden Daten relativ schnell gefunden werden. Der wahre Wert moderner Suchtechnologie liegt in der Fähigkeit, detaillierte und nützliche Ergebnisse für eine Vielzahl von Suchanfragen zu liefern, und zwar auch für solche, die mit einer Häufigkeit von z.B. nur eins zu einer Million vorkommen.

Betrachten wir den Suchbegriff »Ricky Ricardo und Rotkäppchen« (»Ricky Ricardo and Little Red Riding Hood«). In der Anfangsphase des Internets hätte diese Suchanfrage wahrscheinlich Ergebnisse über den Bandleader Ricky Ricardo, die Sitcom *I Love Lucy*, in der diese fiktive Person auftrat, und die Kindergeschichte *Rotkäppchen* geliefert. Beide einzelnen Begriffe hatten zuvor viele Suchanfragen, auf die man sich hätte beziehen können, aber die Kombination aus beiden gab es wohl nur sehr selten. Inzwischen, d.h. einige Jahre später, haben sich Billionen von Suchanfragen angesammelt, und diese Suchanfrage gibt genau die Episode von *I Love Lucy* zurück, in der Ricky seinem kleinen Sohn in einer lustigen Mischung aus Englisch und Spanisch auf dramatische Weise die Geschichte von *Rotkäppchen* erzählt.

Behalten Sie also im Hinterkopf, dass die Anzahl der tatsächlich *relevanten* Einträge, in denen genau diese Suchanfrage oder etwas sehr Ähnliches erscheint (zusammen mit Informationen darüber, auf welchen Link die Menschen letztendlich geklickt haben), nur im Tausenderbereich liegen muss, damit das System funktioniert. Es werden jedoch viele Billionen von Datenpunkten benötigt, um ausreichend relevante Einträge zu erhalten – und die Zufallsstichprobenziehung wird in diesem Zusammenhang natürlich nicht helfen (siehe auch »Verteilungen mit langen Verteilungsenden« auf Seite 76).

Unterschied zwischen dem Stichproben- und dem Populationsmittelwert

Das Symbol $\bar{x}$ (ausgesprochen als »x-quer«) wird verwendet, um den Mittelwert einer Stichprobe aus einer Population darzustellen, während μ genutzt wird, um den Populationsmittelwert darzustellen. Wozu dient diese Unterscheidung? Informationen über Stichproben können direkt beobachtet werden, und Informationen über große Populationen werden oft aus kleineren Stichproben abgeleitet. Statistiker halten die beiden unterschiedlichen Sachverhalte in der Symbolik gerne getrennt.

Kernideen

- Auch in der Ära großer Datenmengen bleibt die Zufallsstichprobe ein wichtiger Pfeil im Köcher des Data Scientists.
- Eine statistische Verzerrung entsteht, wenn Messungen oder Beobachtungen systematisch fehlerhaft sind, weil sie nicht repräsentativ für die gesamte Population sind.
- Die Datenqualität ist oft wichtiger als die Datenquantität. Die Zufallsstichprobenziehung kann Verzerrungen reduzieren und Qualitätsverbesserungen ermöglichen, die sonst unerschwinglich teuer wären.

Weiterführende Literatur

- Eine nützliche Übersicht zu den verschiedenen Stichprobenverfahren findet sich im Kapitel »Sampling Methods for Online Surveys« von Ronald Fricker in *The SAGE Handbook of Online Research Methods*, 2. Auflage, herausgegeben von Nigel G. Fielding, Raymond M. Lee und Grant Blank (SAGE Publications, 2016). Dieses Kapitel enthält auch einen Überblick über die Modifikationen der Zufallsstichprobenziehung, die aus praktischen Erwägungen, etwa aus Kosten- oder Machbarkeitsgründen, häufig verwendet werden.
- Die genaueren Umstände des Scheiterns der Literary-Digest-Umfrage können auf der Website Capital Century (*https://oreil.ly/iSoQT*) nachgelesen werden.

Auswahlverzerrung

Um Yogi Berra zu zitieren: »Wenn Sie nicht wissen, wonach Sie suchen, dann suchen Sie nur intensiver, und Sie werden es finden.«

Die Auswahlverzerrung (engl. *Selection Bias*) bezieht sich auf die Praxis der selektiven Datenauswahl – sowohl bewusst als auch unbewusst – in einer Weise, die zu einer fehlleitenden oder zu kurz greifenden Schlussfolgerung führt.

> **Schlüsselbegriffe zur Auswahlverzerrung**
>
> *Auswahlverzerrung*
> Eine Verzerrung, die sich aus der Art und Weise ergibt, wie die Beobachtungen ausgewählt werden.
>
> *Datenschnüffelei*
> Ausgiebige Jagd auf Daten auf der Suche nach etwas Interessantem (engl. *Data Snooping*).
>
> *Vast-Search-Effekt*
> Eine Verzerrung oder Nicht-Reproduzierbarkeit, die aus wiederholter Datenmodellierung oder aus der Modellierung von Daten mit einer großen Anzahl von Vorhersagevariablen resultiert.

Wenn Sie eine Hypothese aufstellen und einen wohldurchdachten statistischen Versuch durchführen, um sie zu testen, können Sie der Schlussfolgerung mit großer Gewissheit vertrauen. Dies ist jedoch häufig nicht der Fall. Oft schaut man sich verfügbare Daten an und versucht, gewisse Muster zu erkennen. Aber sind die Muster real? Oder sind sie nur das Ergebnis von *Datenschnüffelei* – also einer ausgiebigen Jagd durch die Daten, bis etwas Interessantes herauskommt? Es gibt ein Sprichwort unter Statistikern: »Wenn man die Daten nur lange genug foltert, gestehen sie früher oder später.«

Der Unterschied zwischen einem Phänomen, das Sie verifizieren, wenn Sie eine Hypothese mit einem statistischen Versuch testen, und einem Phänomen, das Sie durch die Betrachtung verfügbarer Daten entdecken, kann mit dem folgenden Gedankenexperiment beleuchtet werden.

Stellen Sie sich vor, jemand sage Ihnen, er könne eine Münze werfen und sie bei den nächsten zehn Würfen so fallen lassen, dass sie dabei immer Kopf zeigt. Sie fordern ihn heraus (was einem statistischen Versuch entspricht), und er wirft die Münze zehnmal, wobei bei alle Versuchen die Münze Kopf zeigt. Offensichtlich müssten Sie dieser Person eine besondere Begabung zuschreiben – die Wahrscheinlichkeit, dass zehn Münzwürfe zufällig Kopf zeigen, liegt bei 1 zu 1.000.

Stellen Sie sich nun vor, dass Ihr Herausforderer in einem Sportstadion alle 20.000 Anwesenden auffordert, jeweils zehnmal eine Münze zu werfen und sich bei zehnmal Kopf nacheinander bei einem Platzanweiser zu melden. Die Wahrscheinlichkeit, dass *irgendjemand* im Stadion zehnmal nacheinander Kopf wirft, ist extrem hoch (mehr als 99% – es ist eins minus der Wahrscheinlichkeit, dass niemand zehnmal Kopf wirft). Es liegt auf der Hand, dass diejenigen, die im Stadion zehnmal Kopf werfen, nicht unbedingt ein besonderes Talent haben – hier ist höchstwahrscheinlich Glück im Spiel.

Da die wiederholte Überprüfung großer Datensätze ein zentraler Bestandteil der Data Science ist, ist die Auswahlverzerrung etwas, worüber man sich Sorgen machen sollte. Eine Form der Auswahlverzerrung, die insbesondere Datenwissenschaftlern Schwierigkeiten bereitet, ist das, was John Elder (Gründer von Elder Research, einem angesehenen Data-Mining-Beratungsunternehmen) den *Vast-Search-Effekt* nennt. Wenn Sie immer wieder verschiedene Modelle laufen lassen und bezogen auf einen großen Datensatz unterschiedliche Fragen stellen, werden Sie sicher etwas Interessantes finden. Aber ist das Ergebnis, das Sie gefunden haben, wirklich etwas Interessantes, oder ist es ein zufälliger Ausreißer?

Wir können uns davor schützen, indem wir einen oder manchmal auch mehrere Hold-out-Datensätze verwenden (d.h. den ursprünglichen Datensatz in mehrere Teildatensätze aufteilen), um die Leistung zu bewerten. Elder befürwortet auch die Verwendung dessen, was er *Target Shuffling* nennt (im Wesentlichen ein Permutationstest), um die Gültigkeit von prädiktiven Assoziationen zu testen, die ein Data-Mining-Modell vorschlägt.

Typische Formen der Auswahlverzerrung in der Statistik sind neben dem Vast-Search-Effekt die nicht zufällige Stichprobenziehung (siehe »Zufallsstichprobenziehung und Stichprobenverzerrung« auf Seite 50), das Herauspicken von Daten, die bewusste Auswahl von Zeitintervallen, die einen bestimmten statistischen Effekt akzentuieren, und das Beenden eines statistischen Versuchs, sobald die Ergebnisse »interessant« aussehen.

Regression zur Mitte

Die *Regression zur Mitte* (engl. *Regression to the Mean*) ist ein Phänomen, das bei aufeinanderfolgenden Messungen einer bestimmten Variablen auftritt: Extremen Beobachtungen folgen tendenziell zentralere. Würde man den Extremwerten eine besondere Bedeutung beimessen, kann dies zu einer Form der Auswahlverzerrung führen.

Sportfans ist wahrscheinlich der Ausdruck »Sophomore Slump« geläufig, der auf ein Phänomen abzielt, dass sich häufig beim »Rookie des Jahres« beobachten lässt. Unter den Athleten, die ihre Karriere in einer bestimmten Saison beginnen (der »Rookie«-Saison), gibt es immer einen, der mit seiner Leistung besonders hervorsticht. Üblicherweise schneidet dieser »Rookie des Jahres« in seinem zweiten Jahr leistungsmäßig nicht so gut ab. Warum nicht?

In fast allen wichtigen Sportarten, zumindest in denen, bei denen mit einem Ball oder einem Puck gespielt wird, spielen (vor allem) zwei Elemente für die Gesamtleistung eine Rolle:

- Können
- Glück

Die Regression zur Mitte ist auf eine bestimmte Form der Auswahlverzerrung zurückzuführen. Zur Leistung des zum »Rookie des Jahres« ausgezeichneten Spielers tragen wahrscheinlich Können und Glück bei. In seiner nächsten Saison wird sein Können nach wie vor vorhanden sein, aber sehr oft geht ihm das Glück abhanden, sodass seine Leistung abnimmt. Das Phänomen wurde erstmals im Jahr 1886 von Francis Galton [Galton-1886] entdeckt, der darüber im Zusammenhang mit gewissen Tendenzen, die er bei der Vererbung beobachten konnte, berichtete; so sind zum Beispiel die Kinder extrem großer Männer in der Regel nicht so groß wie ihre Väter (siehe Abbildung 2-5).

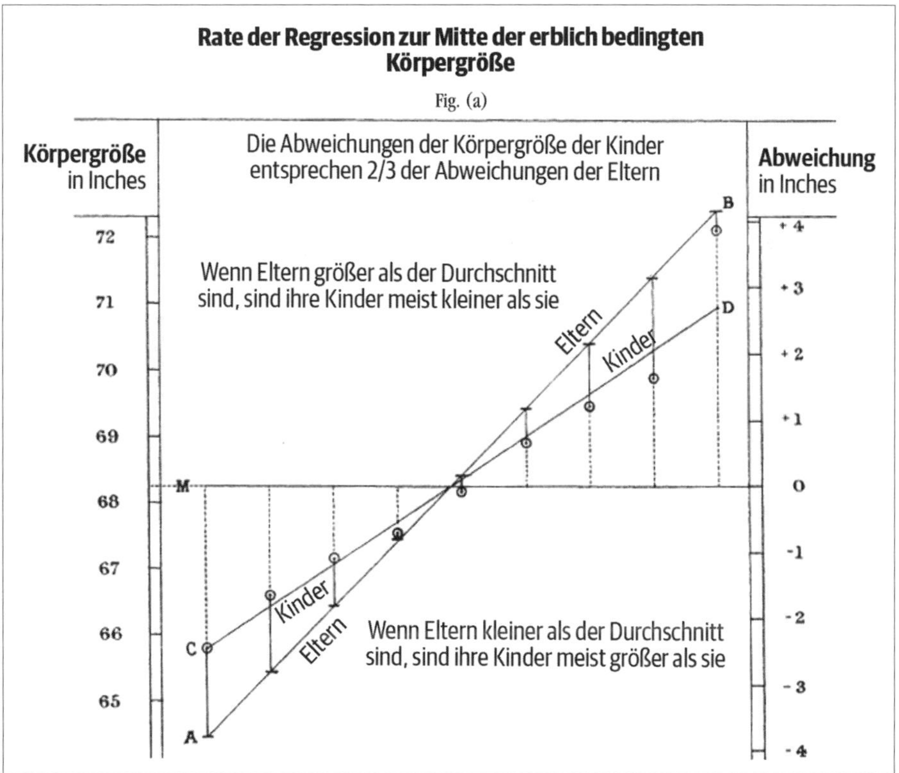

Abbildung 2-5: Galtons Analyse, mit der das Phänomen der Regression zur Mitte aufgezeigt wurde (Originaldarstellung übersetzt)

Die Regression zur Mitte, die sich darauf bezieht, dass man zu einem Wert wieder »zurückkehrt«, unterscheidet sich von dem statistischen Modellierungsverfahren der linearen Regression, bei der ein linearer Zusammenhang zwischen Prädiktorvariablen und einer Zielvariablen geschätzt wird.

Kernideen

- Die Spezifizierung einer Hypothese und das anschließende Sammeln von Daten nach den Prinzipien der Randomisierung und der zufälligen Stichprobenerhebung stellen sicher, dass keine Verzerrungen auftreten.
- Alle anderen Formen der Datenanalyse bergen das Risiko einer Verzerrung, das auf den Prozess der Datenerhebung bzw. -analyse zurückzuführen ist (wiederholte Ausführung von Modellen im Data Mining, Datenschnüffelei in der Forschung und Auswahl interessanter Ereignisse im Nachhinein).

Weiterführende Literatur

- Der Beitrag »Identifying and Avoiding Bias in Research« von Christopher J. Pannucci und Edwin G. Wilkins, der überraschenderweise in keinem Statistikjournal, sondern im *Plastic and Reconstructive Surgery* (August 2010) erschienen ist, bietet eine hervorragende Übersicht zu verschiedenen Arten der Verzerrung, die es in der Forschung zu berücksichtigen gilt, einschließlich der Auswahlverzerrung.
- Michael Harris' Artikel »Fooled by Randomness Through Selection Bias« (*https://oreil.ly/v_Q0u*) enthält eine interessante Erläuterung verschiedener Gesichtspunkte der Auswahlverzerrung bei Börsenhandelssystemen – aus der Perspektive von Händlern.

Stichprobenverteilung einer statistischen Größe

Der Begriff *Stichprobenverteilung* einer statistischen Größe bezieht sich auf die Verteilung einer Stichprobenstatistik über viele aus derselben Grundgesamtheit gezogene Stichproben. Ein großer Teil der klassischen Statistik befasst sich damit, Rückschlüsse anhand von (kleinen) Stichproben auf (sehr große) Populationen zu ziehen.

Schlüsselbegriffe zur Stichprobenverteilung

Stichprobenstatistik
: Ein Maß, das für eine aus einer größeren Grundgesamtheit gezogene Stichprobe von Daten berechnet wird.

Datenverteilung
: Die Häufigkeitsverteilung einzelner *Werte* in einem Datensatz.

Stichprobenverteilung
: Die Häufigkeitsverteilung einer *Stichprobenstatistik* über viele Stichproben bzw. Resamples hinweg.

Zentraler Grenzwertsatz
: Die Tendenz der Stichprobenverteilung, mit steigendem Stichprobenumfang eine normalverteilte Größe anzunehmen.

Standardfehler
: Die Streuung (Standardabweichung) einer *Stichprobenstatistik* über viele Stichproben (nicht zu verwechseln mit der *Standardabweichung*, die sich auf die Streuung einzelner *Datenwerte* bezieht).

Normalerweise erhebt man eine Stichprobe mit dem Ziel, etwas zu messen (mit einer *Stichprobenstatistik* bzw. einem statistischen *Maß*) oder etwas zu modellieren (mit einem statistischen oder maschinellen Lernmodell). Da unser Maß oder unser Modell auf einer Stichprobe basiert, könnte es fehlerhaft sein; es könnte anders sein, wenn wir eine andere Stichprobe ziehen würden. Wir sind daher daran interessiert, wie unterschiedlich die Stichprobe sein könnte – ein Hauptanliegen ist die Ermittlung des *Zufallsfehlers der Stichprobe*. Hätten wir viele Daten, könnten wir zusätzliche Stichproben ziehen und die Verteilung einer Stichprobenstatistik direkt beobachten. Typischerweise werden wir unser Maß oder unser Modell unter Verwendung von so vielen Daten berechnen, wie ohne Weiteres verfügbar sind. Die Option, zusätzliche Stichproben aus der Population zu erheben, kommt meist nicht unmittelbar infrage.

Es ist wichtig, zwischen der Verteilung der einzelnen Datenpunkte, die als *Datenverteilung* bezeichnet wird, und der Verteilung einer Stichprobenstatistik, die als *Stichprobenverteilung* bezeichnet wird, zu unterscheiden.

Die Verteilung einer Stichprobenstatistik wie dem Mittelwert ist wahrscheinlich gleichmäßiger und glockenförmiger als die Verteilung der Daten selbst. Je größer die Stichprobe ist, auf der die Statistik basiert, desto eher trifft dies zu, und je größer die Stichprobe ist, desto enger ist auch die Verteilung der Stichprobenstatistik.

Dies lässt sich leicht anhand eines Beispiels veranschaulichen. Betrachten wir die Jahreseinkommen von Kreditantragstellern beim Lending Club (siehe »Ein kleines Beispiel: Vorhersage von Kreditausfällen« auf Seite 249 für eine Beschreibung der Daten). Wir erheben drei Stichproben aus diesen Daten: eine Stichprobe mit 1.000 Werten, eine Stichprobe mit 1.000 Mittelwerten basierend auf 5 Werten und eine Stichprobe mit 1.000 Mittelwerten, die auf Basis von 20 Werten ermittelt wurden. Anschließend erstellen wir für jede Stichprobe ein Histogramm, wodurch wir Abbildung 2-6 erhalten.

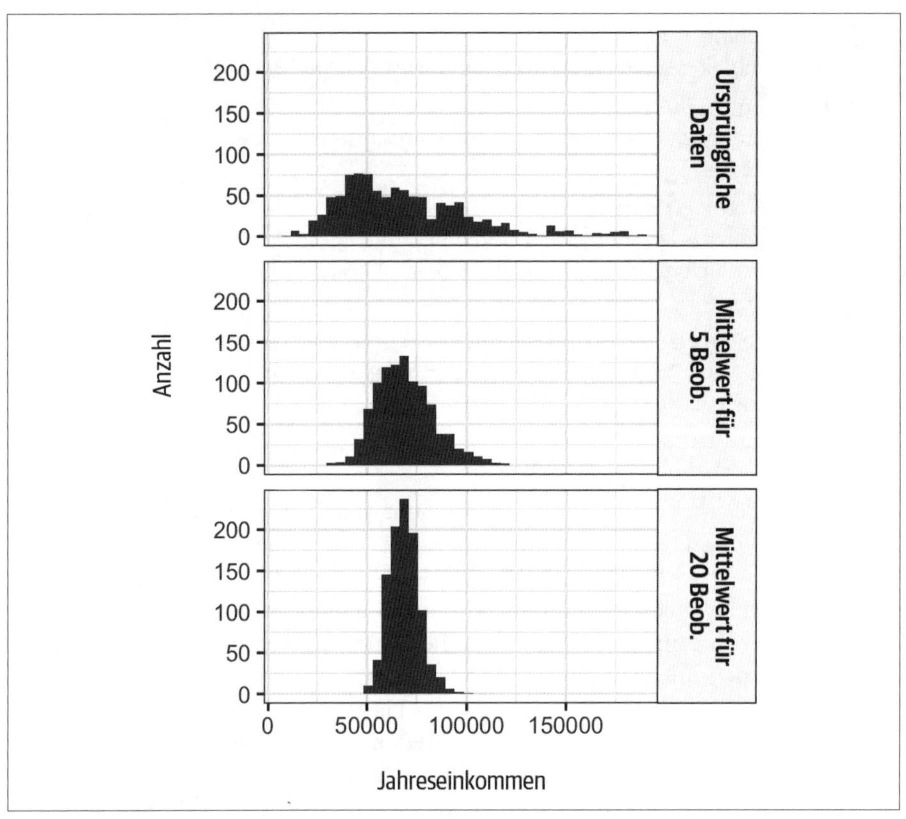

Abbildung 2-6: Histogramm der Jahreseinkommen von 1.000 Kreditantragstellern (oben), dann 1.000 Mittelwerte von n = 5 Antragstellern (Mitte) und schließlich 1.000 Mittelwerte von n = 20 Antragstellern (unten)

Das Histogramm der einzelnen Werte weist eine starke Streuung auf und ist zu höheren Werten hin verzerrt (rechtsschief), wie es bei Einkommensdaten zu erwarten ist. Die Histogramme der Mittelwerte von 5 und 20 Antragstellern weisen hingegen eine geringere Streuung auf und sind glockenförmig. Hier ist der *R*-Code zur Erzeugung dieser Histogramme unter Verwendung des Visualisierungspakets ggplot2:

```
library(ggplot2)
# Ziehen einer einfachen Stichprobe
samp_data <- data.frame(income=sample(loans_income, 1000),
                        type='data_dist')
# Ziehen einer Stichprobe mit Mittelwerten für 5 Werte
samp_mean_05 <- data.frame(
  income = tapply(sample(loans_income, 1000*5),
                  rep(1:1000, rep(5, 1000)), FUN=mean),
  type = 'mean_of_5')
# Ziehen einer Stichprobe mit Mittelwerten für 20 Werte
samp_mean_20 <- data.frame(
  income = tapply(sample(loans_income, 1000*20),
                  rep(1:1000, rep(20, 1000)), FUN=mean),
  type = 'mean_of_20')
```

```
# Zusammenführen der Daten in einen data.frame und
# Konvertierung in eine Faktorvariable
income <- rbind(samp_data, samp_mean_05, samp_mean_20)
income$type = factor(income$type,
                     levels=c('data_dist', 'mean_of_5', 'mean_of_20'),
                     labels=c('Daten', 'Mittelwert für 5',
                              'Mittelwert für 20'))
# Histogramm erstellen
ggplot(income, aes(x=income)) +
  geom_histogram(bins=40) +
  facet_grid(type ~ .)
```

Mit *Python* können Sie sich die drei Histogramme erstellen, indem Sie die `FacetGrid`-Methode der seaborn-Bibliothek verwenden:

```
import pandas as pd
import seaborn as sns

sample_data = pd.DataFrame({
    'income': loans_income.sample(1000),
    'type': 'Data',
})
sample_mean_05 = pd.DataFrame({
    'income': [loans_income.sample(5).mean() for _ in range(1000)],
    'type': 'Mean of 5',
})
sample_mean_20 = pd.DataFrame({
    'income': [loans_income.sample(20).mean() for _ in range(1000)],
    'type': 'Mean of 20',
})
results = pd.concat([sample_data, sample_mean_05, sample_mean_20])

g = sns.FacetGrid(results, col='type', col_wrap=1, height=2, aspect=2)
g.map(plt.hist, 'income', range=[0, 200000], bins=40)
g.set_axis_labels('Jahreseinkommen', 'Anzahl')
g.set_titles('{col_name}')
```

Zentraler Grenzwertsatz

Das Phänomen, das wir gerade wahrgenommen haben, wird als *zentraler Grenzwertsatz* bezeichnet. Er besagt, dass die Verteilung der aus mehreren Stichproben gezogenen Mittelwerte der bekannten glockenförmigen Kurve der Normalverteilung ähnelt (siehe »Normalverteilung« auf Seite 73), selbst wenn die zugrunde liegende Population nicht normalverteilt ist, vorausgesetzt, dass die Stichprobengröße groß genug ist und die Abweichung der Daten von der Normalverteilung nicht zu groß ist. Der zentrale Grenzwertsatz erlaubt es, Approximationen für die Normalverteilung wie die t-Verteilung bei der Berechnung von Stichprobenverteilungen zur Inferenz, d. h. für Konfidenzintervalle und Hypothesentests, zu verwenden.

Dem zentralen Grenzwertsatz wird in traditionellen Statistikbüchern eine besondere Bedeutung beigemessen, insbesondere da er der Methodologie der Hypothesentests und Konfidenzintervalle zugrunde liegt, die ihrerseits die Hälfte des Inhalts in solchen Büchern beanspruchen. Data Scientists sollten ihn durchaus kennen. Dennoch ist der zentrale Grenzwertsatz in praktischen datenwissenschaftlichen Anwendungen nicht von zentraler Bedeutung, da formale Hypothesentests und Konfidenzintervalle in der Data Science eine geringere Rolle spielen und außerdem *Bootstrap-Verfahren* (siehe »Bootstrap-Verfahren« auf Seite 65) zur Verfügung stehen.

Standardfehler

Der *Standardfehler* ist eine einzelne Maßzahl, die die Streuung in der Stichprobenverteilung für eine bestimmte Statistik zusammenfasst. Der Standardfehler kann mittels einer Statistik geschätzt werden, die auf der Standardabweichung s der Stichprobenwerte und der Stichprobengröße n basiert:

$$\text{Standardfehler} = SE = \frac{s}{\sqrt{n}}$$

Mit zunehmender Stichprobengröße nimmt der Standardfehler ab, so wie wir es in Abbildung 2-6 beobachten können. Die Beziehung zwischen dem Standardfehler und der Stichprobengröße wird manchmal auch als *Wurzel-n*-Gesetz bezeichnet: Um den Standardfehler um den Faktor 2 zu reduzieren, muss die Stichprobengröße um den Faktor 4 erhöht werden.

Die Gültigkeit der Formel für den Standardfehler ergibt sich aus dem zentralen Grenzwertsatz. Eigentlich ist es nicht nötig, sich auf den zentralen Grenzwertsatz zu konzentrieren, um das Verhalten des Standardfehlers nachvollziehen zu können. Betrachten Sie den folgenden Ansatz zur Bestimmung des Standardfehlers:

1. Ziehen Sie eine Reihe vollkommen neuer Stichproben aus der Population.
2. Berechnen Sie für jede neue Stichprobe die Stichprobenstatistik, für die Sie sich interessieren (z.B. den Mittelwert).
3. Berechnen Sie die Standardabweichung des in Schritt 2 berechneten Maßes und verwenden Sie diese als Ihren Schätzwert für den Standardfehler.

In der Praxis ist diese Vorgehensweise des Ziehens neuer Stichproben zur Schätzung des Standardfehlers in der Regel nicht praktikabel (und statistisch gesehen sehr verschwenderisch). Glücklicherweise ist es nicht notwendig, vollkommen neue Stichproben zu ziehen; stattdessen können Sie sogenannte *Bootstrap*-Resamples verwenden. In der modernen Statistik ist das Bootstrap-Verfahren eine Standardmethode zur Schätzung von Standardfehlern geworden. Das Verfahren kann für beinahe jede Statistik genutzt werden und beruht nicht auf dem zentralen Grenzwertsatz oder anderen Verteilungsannahmen.

Standardabweichung im Vergleich zum Standardfehler

Verwechseln Sie die Standardabweichung (die die Streuung der einzelnen Datenpunkte misst) nicht mit dem Standardfehler (der die Streuung einer Stichprobenstatistik misst).

Kernideen

- Die Häufigkeitsverteilung einer Stichprobenstatistik sagt uns, wie unterschiedlich diese von Stichprobe zu Stichprobe ausfällt.
- Diese Stichprobenverteilung kann mithilfe des Bootstrap-Verfahrens oder über Formeln, die auf dem zentralen Grenzwertsatz beruhen, geschätzt werden.
- Ein wichtiges Maß, das die Streuung einer Stichprobenstatistik angibt, ist ihr Standardfehler.

Weiterführende Literatur

David Lane hat online eine interessante Simulation (*https://oreil.ly/pe7ra*) bereitgestellt, die es Ihnen ermöglicht, die Stichprobenstatistik, die Stichprobengröße und die Anzahl der Iterationen auszuwählen und sich ein Histogramm der resultierenden Häufigkeitsverteilung anzeigen zu lassen.

Bootstrap-Verfahren

Eine einfache und effektive Möglichkeit, die Stichprobenverteilung einer Stichprobenstatistik oder der Modellparameter zu schätzen, besteht darin, zusätzliche Stichproben mit Zurücklegen aus der Stichprobe selbst zu ziehen und die Statistik oder das Modell für jede neue Stichprobe (Resample) erneut zu berechnen. Dieses Verfahren wird als *Bootstrap* bezeichnet und erfordert nicht zwingend die Annahme, dass die Daten oder die Stichprobenstatistik normalverteilt sind.

Schlüsselbegriffe zum Bootstrap-Verfahren

Bootstrap-Stichprobe
: Eine Stichprobe, die mit Zurücklegen aus einem vorliegenden Datensatz entnommen wurde (engl. *Bootstrap Sample*).

Resampling
: Der Prozess der wiederholten Stichprobennahme aus den vorliegenden Daten; umfasst sowohl Bootstrap- als auch Permutationsverfahren (Shuffling).

Konzeptionell können Sie sich Bootstrap-Verfahren so vorstellen, dass dabei die ursprüngliche Stichprobe Tausende oder Millionen Mal repliziert wird, sodass Sie eine hypothetische Population haben, die das gesamte Wissen über Ihre ursprüngliche Stichprobe abbildet (sie ist nur größer). Sie können dann aus dieser hypothetischen Population Stichproben erheben, um eine Stichprobenverteilung zu schätzen (siehe Abbildung 2-7).

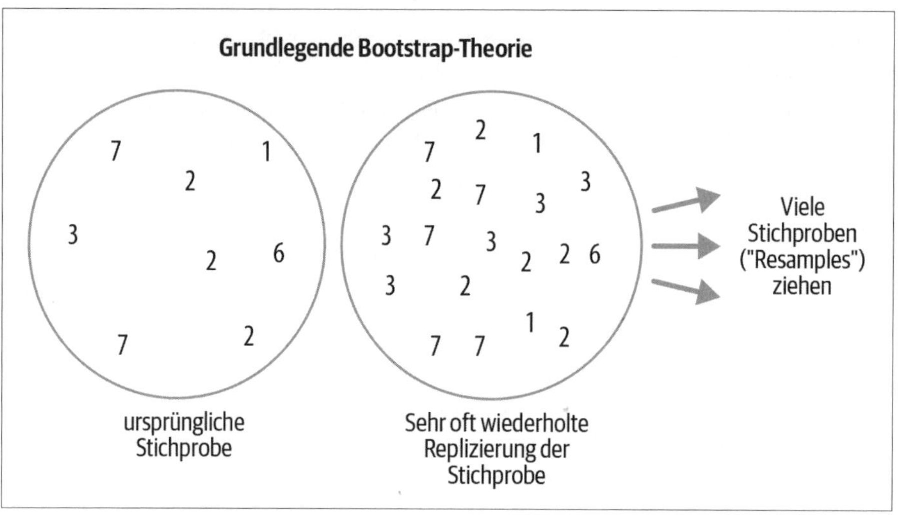

Abbildung 2-7: Die Grundidee beim Bootstrap

In der Praxis ist es nicht notwendig, die Stichprobe tatsächlich mehrfach zu replizieren. Wir legen einfach jede gezogene Beobachtung nach jeder Ziehung wieder zurück (*Ziehen mit Zurücklegen*). Auf diese Weise erstellen wir im Grunde eine unendliche Population, bei der die Wahrscheinlichkeit, dass ein Element gezogen wird, von Ziehung zu Ziehung unverändert bleibt Der Algorithmus für das Bootstrap-Resampling des Mittelwerts für eine Stichprobe der Größe *n* sieht wie folgt aus:

1. Ziehen Sie einen Wert aus der Stichprobe, notieren Sie ihn und legen Sie ihn wieder zurück (in die Stichprobe).
2. Wiederholen Sie das Vorgehen *n* Mal.
3. Berechnen und speichern Sie den Mittelwert der *n* neu gezogenen Werte.
4. Wiederholen Sie die Schritte 1 bis 3 *R* Mal.
5. Verwenden Sie die *R* Schätzwerte, um:
   a. ihre Standardabweichung zu berechnen (diese schätzt den Standardfehler des Mittelwerts der Stichprobe),
   b. ein Histogramm oder einen Box-Plot zu erstellen,
   c. ein Konfidenzintervall zu berechnen.

Die Anzahl der Iterationen im Rahmen des Bootstrap-Verfahrens, *R*, ist etwas willkürlich festgelegt. Je mehr Iterationen durchlaufen werden, desto genauer ist die Schätzung des Standardfehlers oder des Konfidenzintervalls. Im Endeffekt erhalten Sie durch das Verfahren einen Satz von Bootstrap-Stichprobenstatistiken oder geschätzten Modellparametern, die Sie anschließend hinsichtlich ihrer Streuung begutachten können.

Das *R*-Paket `boot` vereint alle Schritte in einer einzigen Funktion. Beispielsweise können wir das Bootstrap-Verfahren auf die Einkommen von Kreditnehmern anwenden:

```
library(boot)
stat_fun <- function(x, idx) median(x[idx])
boot_obj <- boot(loans_income, R=1000, statistic=stat_fun)
```

Die Funktion `stat_fun` berechnet den Median für eine gegebene Stichprobe, die mithilfe des Index `idx` referenziert wird. Die Ausgabe sieht wie folgt aus:

```
Bootstrap Statistics :
    original   bias    std. error
t1*    62000 -70.5595    209.1515
```

Die ursprüngliche Schätzung des Medians liegt bei 62.000 $. Die Bootstrap-Verteilung deutet darauf hin, dass die Schätzung eine *Verzerrung* (Bias) von etwa –70 $ und einen Standardfehler von 209 $ aufweist. Die Ergebnisse werden geringfügig zwischen den (aufeinanderfolgenden) Durchläufen des Algorithmus voneinander abweichen.

Die gängigen Pakete in *Python* halten keine vollumfänglichen Implementierungen des Bootstrap-Verfahrens bereit. Mit ein paar Zeilen Code können Sie das Verfahren jedoch mit der `scikit-learn`-Methode `resample` selbst implementieren:

```
results = []
for nrepeat in range(1000):
    sample = resample(loans_income)
    results.append(sample.median())
results = pd.Series(results)
print('Bootstrap-Statistiken:')
print(f'Original: {loans_income.median()}')
print(f'Verzerrung: {results.mean() - loans_income.median()}')
print(f'Standardfehler: {results.std()}')
```

Das Bootstrap-Verfahren kann auch bei multivariaten Daten verwendet werden, wobei dann die jeweiligen Zeilen zur Stichprobenziehung herangezogen werden (siehe Abbildung 2-8). Um beispielsweise die Stabilität (Variabilität) der Modellparameter abzuschätzen oder die Vorhersagekraft zu verbessern, können die Daten, die aus dem Bootstrap-Verfahren gewonnen wurden, dann für ein Modell genutzt werden. Bei Klassifikations- und Regressionsbäumen (auch *Entscheidungsbäume* genannt) ist es im Allgemeinen besser, mehrere Bäume mit den Bootstrap-Stichproben anzuwenden und dann deren Vorhersagen zu mitteln (bzw. im Rahmen der Klassifikation eine Mehrheitsentscheidung zu treffen), als nur einen einzelnen

Baum zu verwenden. Dieser Prozess wird als *Bagging* bezeichnet (kurz für *Bootstrap Aggregating*, siehe »Bagging und Random Forests« auf Seite 271).

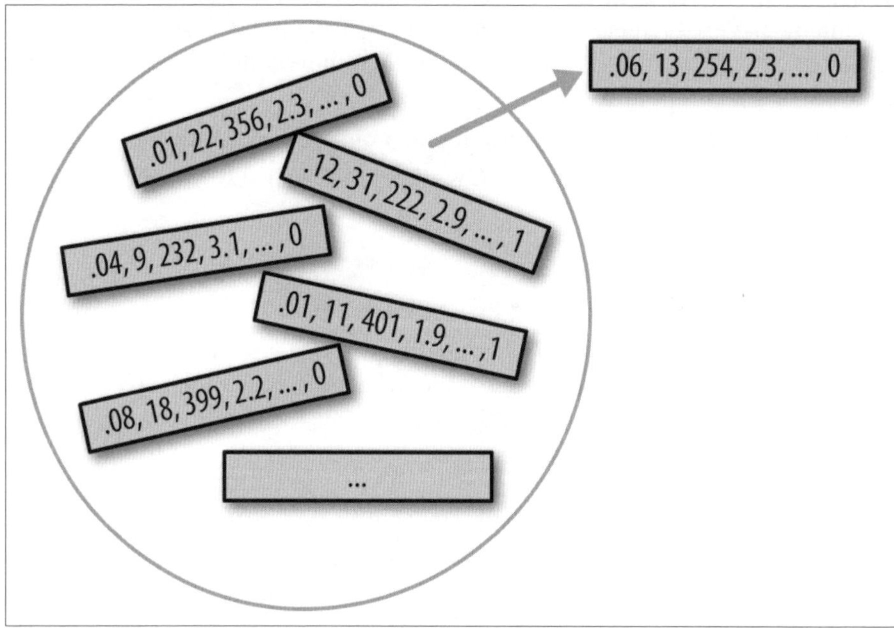

Abbildung 2-8: Bootstrap-Stichprobenziehung bei multivariaten Daten

Konzeptionell ist das wiederholte Ziehen mit Zurücklegen beim Bootstrap-Verfahren simpel. Julian Simon, ein Ökonom und Demograf, veröffentlichte im Jahr 1969 ein Kompendium mit Resampling-Beispielen mit dem Titel *Basic Research Methods in Social Science* (Random House), in dem auch das Bootstrap-Verfahren aufgegriffen wird. Allerdings ist das Verfahren rechenintensiv und war vor der weitverbreiteten Verfügbarkeit von Rechenleistung noch keine realisierbare Option. Das Verfahren bekam seinen Namen und setzte sich mit der Veröffentlichung mehrerer Fachzeitschriftenartikel und eines Buchs des Stanford-Statistikers Bradley Efron in den späten 1970er- und frühen 1980er-Jahren durch. Besonders beliebt war es bei Forschern, die sich statistischer Methoden bedienten, aber keine Statistiker waren, sowie für die Verwendung bei Metriken oder Modellen, für die mathematische Approximationen nicht ohne Weiteres verfügbar sind. Die Stichprobenverteilung des Mittelwerts hat sich bereits seit dem Jahr 1908 etabliert; die Stichprobenverteilung vieler anderer Maße nicht. Das Bootstrap-Verfahren kann zur Bestimmung der Stichprobengröße verwendet werden; probieren Sie verschiedene Werte für *n* aus, um zu sehen, wie die Stichprobenverteilung beeinflusst wird.

Bei seiner Einführung stieß das Bootstrap-Verfahren auf erhebliche Skepsis; es hatte für viele tendenziell die Anmutung, Gold aus Stroh zu spinnen. Diese Skepsis rührte von einem Missverständnis über den Zweck des Bootstrap-Verfahrens her.

Das Bootstrap-Verfahren kompensiert nicht eine kleine Stichprobengröße. Es werden weder neue Daten erzeugt noch Lücken in einem bereits vorhandenen Datensatz gefüllt. Es informiert uns lediglich darüber, wie sich viele zusätzliche Stichproben verhalten würden, wenn sie aus einer Population wie die unserer ursprünglichen Stichprobe gezogen würden.

Unterschiede zwischen Resampling und dem Bootstrap-Verfahren

Wie zuvor erwähnt, wird der Begriff *Resampling* manchmal synonym mit dem Begriff *Bootstrap* verwendet. Häufiger umfasst der Begriff *Resampling* zudem auch Permutationsverfahren (siehe »Permutationstest« auf Seite 101), bei denen mehrere Stichproben kombiniert werden und die Stichprobennahme ohne Zurücklegen erfolgen kann. In jedem Fall impliziert der Begriff *Bootstrap* immer eine Stichprobenziehung mit Zurücklegen aus einem vorliegenden Datensatz.

Kernideen

- Der Bootstrap (Stichprobenziehung mit Zurücklegen aus einem vorliegenden Datensatz) ist eine leistungsfähige Methode, um die Variabilität einer Stichprobenstatistik zu erfassen.
- Auf ähnliche Weise lässt sich das Bootstrap-Verfahren in einem breiten Spektrum von Anwendungsfällen einsetzen, ohne dass dafür ein umfassendes Studium der mathematischen Approximationen für Stichprobenverteilungen erforderlich ist.
- Es ermöglicht uns auch, Stichprobenverteilungen von statistischen Maßen, für die keine mathematische Näherung entwickelt wurde, zu schätzen.
- Im Rahmen von Vorhersagemodellen erhalten Sie bessere Ergebnisse, wenn Sie Vorhersagen von mehreren Bootstrap-Stichproben verwenden (Bagging) anstelle von Vorhersagen eines einzelnen Modells.

Weiterführende Literatur

- Mit dem Buch *An Introduction to the Bootstrap* von Bradley Efron und Robert Tibshirani (Chapman & Hall, 1993) gab es erstmals eine Einführung zum Bootstrap-Verfahren in Buchform. Die Lektüre ist immer noch sehr verbreitet.
- Eine retrospektive Sichtweise zu Julian Simons erster Veröffentlichung des Bootstrap-Verfahrens im Jahr 1969 vermittelt unter anderem Peter Halls Beitrag »A Short Prehistory of the Bootstrap« im Journal *Statistical Science*, Mai 2003 (Bd. 18, Nr. 2).

- Auch das Buch *An Introduction to Statistical Learning* von Gareth James, Daniela Witten, Trevor Hastie und Robert Tibshirani (Springer, 2013) enthält Abschnitte zum Bootstrap-Verfahren, insbesondere zum Bagging.

Konfidenzintervalle

Häufigkeitstabellen, Histogramme, Box-Plots und Standardfehler sind alles Möglichkeiten, den potenziellen Fehler eines Stichprobenschätzers zu erfassen. Konfidenzintervalle, die auch als Vertrauensbereich bezeichnet werden, stellen hierfür eine weitere Möglichkeit dar.

Schlüsselbegriffe zu Konfidenzintervallen

Konfidenzniveau
: Der prozentuale Anteil der Konfidenzintervalle, die auf identische Weise aus derselben Population erhoben wurden und von denen angenommen wird, dass sie die im Interesse stehende Statistik enthalten.

Konfidenzschranke
: Der obere und der untere Rand des Konfidenzintervalls.

Es gibt eine natürliche menschliche Abneigung gegen Unsicherheit; viel zu selten antworten Menschen (insbesondere Experten) mit einem: »Ich weiß es nicht.« Analysten und Manager erkennen zwar einen gewissen Grad an Ungewissheit an, aber dennoch setzen sie ungebührliches Vertrauen in einen Schätzer, der als einzelne Zahl (ein *Punktschätzer*) dargestellt wird. Eine Möglichkeit, dieser Erscheinung entgegenzuwirken, ist, den Schätzer nicht als einzelne Zahl, sondern als einen Bereich darzustellen. Konfidenzintervalle bieten uns hierfür eine Möglichkeit, die auf statistischen Stichprobenprinzipien beruht.

Konfidenzintervalle sind immer mit einem »Abdeckungsgrad« (Konfidenzniveau) verbunden, der in Form eines (hohen) Prozentsatzes ausgedrückt wird, beispielsweise 90% oder 95%. Eine Möglichkeit, sich ein 90%-Konfidenzintervall vorzustellen, sieht so aus: Es ist das Intervall, das die mittleren 90% der Bootstrap-Stichprobenverteilung einer Stichprobenstatistik umschließt (siehe »Bootstrap-Verfahren« auf Seite 65). Allgemeiner ausgedrückt: Ein x%-Konfidenzintervall eines Stichprobenschätzers sollte im Durchschnitt in x% der Fälle die gleichen Stichprobenschätzer abdecken (sofern zur Stichprobenerhebung dasselbe Verfahren verwendet wird).

Angenommen, wir hätten eine Stichprobe der Größe n und interessierten uns für eine bestimmte Stichprobenstatistik. Dann gestaltet sich der Algorithmus, der uns ein Bootstrap-Konfidenzintervall liefert, wie folgt:

1. Ziehen Sie eine Zufallsstichprobe mit Zurücklegen der Größe *n* aus den Daten (ein Resample).
2. Erfassen Sie die im Fokus stehende Statistik für das Resample.
3. Wiederholen Sie die Schritte 1 und 2 viele (*R*) Male.
4. Zur Ermittlung des *x*%-Konfidenzintervalls müssen Sie nun [(100-*x*) / 2]% der (geordneten) Werte der *R* Resamples an beiden Enden der (Stichproben-)Verteilung abschneiden.
5. Die Werte, an denen die Verteilung jeweils gestutzt wurde, bilden die entsprechenden Konfidenzschranken eines *x*%-Bootstrap-Konfidenzintervalls.

Abbildung 2-9 zeigt das 90%-Konfidenzintervall der durchschnittlichen Jahreseinkommen von Kreditantragstellern, basierend auf einer Stichprobegröße von 20 Individuen, für die das arithmetische Mittel 55.734 $ betrug. Beachten Sie, dass sich dieser Mittelwert auf die Stichprobe mit den 20 Beobachtungen bezieht – der Mittelwert der Bootstrap-Stichprobe liegt bei 55.836 $.

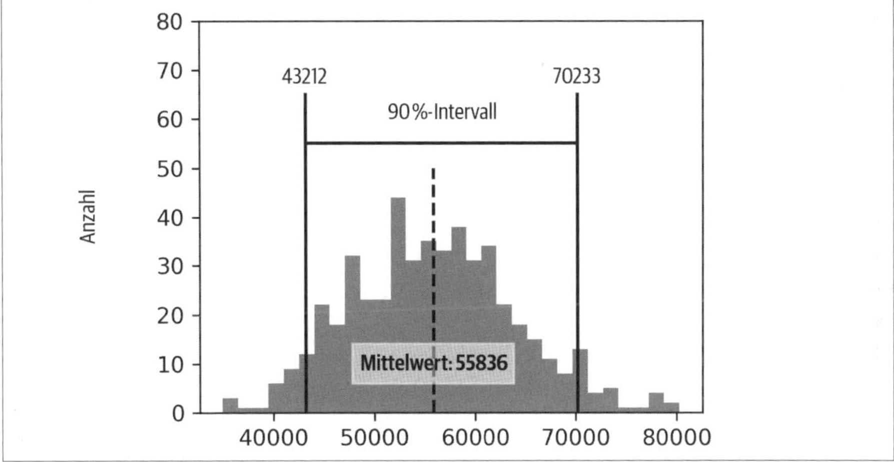

Abbildung 2-9: Bootstrap-Konfidenzintervall der Jahreseinkommen von Kreditantragstellern, basierend auf einer Stichprobe von 20 Individuen

Im Allgemeinen kann das Bootstrap-Verfahren zur Erzeugung von Konfidenzintervallen für die meisten Statistiken oder Modellparameter verwendet werden. Statistische Lehrbücher und Softwareprogramme, die ihre Wurzeln in mehr als einem halben Jahrhundert computerloser statistischer Analyse haben, beziehen sich auf Konfidenzintervalle, die durch Formeln, insbesondere mithilfe der t-Verteilung (siehe »Studentsche t-Verteilung« auf Seite 79), ermittelt werden.

Was uns natürlich wirklich interessiert, wenn wir ein Stichprobenschätzwert ermittelt haben, ist: Wie hoch ist die Wahrscheinlichkeit, dass der wahre Wert innerhalb eines bestimmten Intervalls liegt? Das ist nicht wirklich die Frage, die ein Konfidenzintervall beantwortet, doch am Ende geht es darum, wie die meisten Menschen die Antwort interpretieren.

Die Frage nach der Wahrscheinlichkeit, die mit einem Konfidenzintervall assoziiert ist, beginnt mit dem Satz: »Vorausgesetzt, wir nutzen ein bestimmtes Stichprobenerhebungsverfahren und unserer Fragestellung liegt eine bestimmte Population zugrunde, wie hoch ist die Wahrscheinlichkeit, dass ...?« Um diese Frage in entgegengesetzter Richtung zu formulieren (»Gegeben sei ein Stichprobenschätzwert, wie hoch ist dann die Wahrscheinlichkeit, dass etwas – bezogen auf die Population – wahr ist?«), sind komplexere Berechnungen und größere Unwägbarkeiten damit verbunden.

Der dem Konfidenzintervall zugeordnete Prozentsatz wird als *Konfidenzniveau* bezeichnet. Je höher das Konfidenzniveau, desto breiter ist das Intervall, und auch je kleiner die Stichprobe ist, desto breiter ist das Intervall (d. h., desto größer die Unsicherheit). Beides ergibt Sinn: Je größer Ihr Vertrauen in den geschätzten Wert sein soll und je weniger Daten Sie haben, desto breiter müssen Sie das Konfidenzintervall machen, um ausreichend sicher zu sein, den wahren Wert zu erfassen.

Dem Data Scientist hilft ein Konfidenzintervall vor allem dabei, eine Vorstellung davon zu erhalten, wie stark ein Stichprobenschätzer streut. Er würde diese Informationen jedoch nicht verwenden, um eine wissenschaftliche Arbeit zu veröffentlichen oder ein Ergebnis bei einer Aufsichtsbehörde einzureichen (wie es Forscher tun könnten), sondern höchstwahrscheinlich, um den potenziellen Fehler in einer Schätzung mitzuteilen und gegebenenfalls auch um in Erfahrung zu bringen, ob eine größere Stichprobe vonnöten ist.

Kernideen

- Konfidenzintervalle sind die übliche Art, um den Wertebereich eines Schätzers als Intervall darzustellen.
- Je mehr Daten Sie haben, desto geringer wird die Streuung eines Stichprobenschätzers sein.
- Je niedriger das Konfidenzniveau, das Sie tolerieren, desto schmaler wird das Konfidenzintervall sein.
- Das Bootstrap-Verfahren ist dafür geeignet, Konfidenzintervalle zu ermitteln.

Weiterführende Literatur

- Einen Ansatz zum Erstellen von Konfidenzintervallen, der auf dem Bootstrap-Verfahren beruht, bietet das Buch *Introductory Statistics and Analytics: A Resampling Perspective* von Peter Bruce (Wiley, 2014) und auch das Buch *Statistics: Unlocking the Power of Data*, 2. Auflage, von Robin Lock und vier weiteren Familienmitgliedern (Wiley, 2016).

- Insbesondere bei Ingenieuren, die oft an der Genauigkeit ihrer Schätzungen interessiert sind, werden Konfidenzintervalle vielleicht häufiger als in den meisten anderen Disziplinen genutzt. Das Buch *Modern Engineering Statistics* von Thomas Ryan (Wiley, 2007) bietet einen Einstieg in das Thema *Konfidenzintervalle* aus Sicht der Ingenieurwissenschaften. Dabei wird auch auf ein Konzept eingegangen, das zwar ebenso nützlich ist, aber weniger Aufmerksamkeit erhält: *Vorhersageintervalle* (Intervalle um einen einzelnen Wert herum, im Gegensatz zu einem Mittelwert oder anderen zusammenfassenden Statistiken).

Normalverteilung

Die glockenförmige Normalverteilung ist aus der traditionellen Statistik nicht wegzudenken.[1] Die Tatsache, dass die Verteilungen von Stichprobenstatistiken oft einer Normalverteilung folgen, hat sie zu einem mächtigen Werkzeug bei der Entwicklung mathematischer Formeln gemacht, die diese Verteilungen approximieren.

Schlüsselbegriffe zur Normalverteilung

Fehler
: Die Differenz zwischen einem Datenpunkt und dem vorhergesagten oder durchschnittlichen Wert (engl. *Error*).

Standardisieren
: Subtrahieren Sie den Mittelwert und dividieren Sie durch die Standardabweichung.

z-Wert
: Der Wert eines einzelnen Datenpunkts, nachdem er standardisiert wurde (engl. *z-Score*).

Standardnormalverteilung
: Eine Normalverteilung, die einen Mittelwert von 0 und eine Standardabweichung von 1 aufweist.

Q-Q-Diagramm
: Ein Diagramm zur Veranschaulichung, wie nah eine Stichprobenverteilung an einer bestimmten Verteilung, z. B. der Normalverteilung, liegt.

1 Die Glockenkurve mag zwar nicht wegzudenken sein, vielleicht wird sie jedoch überbewertet. George W. Cobb, Statistiker und Emeritus des Mount Holyoke College, der für seinen Beitrag zur Philosophie des Lehrens der einführenden Statistik bekannt ist, argumentierte in einem Leitartikel vom November 2015 im Journal *American Statistician*, dass der »Standard-Einführungskurs, der die Normalverteilung in den Mittelpunkt stellt, die Nützlichkeit seiner Zentralität überlebt hat«.

Bei einer Normalverteilung (siehe Abbildung 2-10) liegen 68% aller Datenpunkte innerhalb einer Standardabweichung vom Mittelwert und 95% innerhalb von zwei Standardabweichungen vom Mittelwert.

Es ist ein weitverbreiteter Irrglaube, dass die Normalverteilung so genannt wird, weil die meisten Daten einer Normalverteilung folgen – sie also das Normale ist. Die meisten Variablen, die in einem typischen datenwissenschaftlichen Projekt verwendet werden – wie die meisten Rohdaten als Ganzes –, sind *nicht* normalverteilt (siehe »Verteilungen mit langen Verteilungsenden« auf Seite 76). Die Nützlichkeit der Normalverteilung ergibt sich aus der Tatsache, dass viele Statistiken in ihrer Stichprobenverteilung *normalverteilt* sind. Dennoch ist die Annahme einer Normalverteilung im Allgemeinen als letzter Ausweg zu sehen, der verwendet wird, wenn auf empirische Wahrscheinlichkeitsverteilungen oder Bootstrap-Verteilungen nicht zurückgegriffen werden kann.

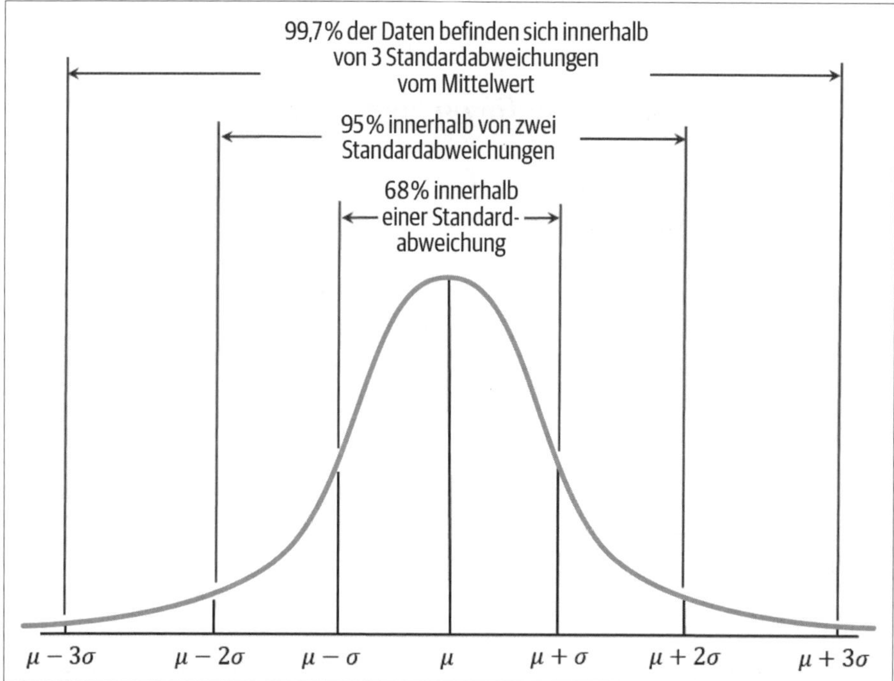

Abbildung 2-10: Glockenkurve (oder auch gaußsche Glocke)

Die Normalverteilung wird nach Carl Friedrich Gauß, einem herausragenden deutschen Mathematiker des späten 18. und frühen 19. Jahrhunderts, auch als *gaußsche* Verteilung bezeichnet. Ein anderer Name, der früher für die Normalverteilung verwendet wurde, war Fehlerverteilung. Statistisch gesehen, ist ein *Fehler* die Differenz zwischen dem tatsächlichen Wert und einem statistischen Schätzwert wie dem Stichprobenmittelwert. Zum Beispiel basiert die Standardabweichung (siehe »Streuungsmaße« auf Seite 14) auf den Fehlern hinsichtlich des Mittelwerts der Daten. Gauß' Entwicklung der Normalverteilung kam durch eine Untersuchung der Fehler von astronomischen Messungen zustande, bei denen sich herausstellte, dass sie normalverteilt waren.

Standardnormalverteilung und Q-Q-Diagramme

Die *Standardnormalverteilung* ist eine Verteilung, bei der die Einheiten auf der x-Achse in Form von Standardabweichungen vom Mittelwert ausgedrückt werden. Um die vorliegenden Daten mit einer Standardnormalverteilung zu vergleichen, subtrahieren Sie für alle Datenpunkte den Mittelwert und dividieren die jeweiligen Ergebnisse anschließend durch die Standardabweichung. Dies wird im Allgemeinen als *Normierung*, *z-Transformation* oder *Standardisierung* bezeichnet (siehe »Standardisierung (Normierung, z-Werte)« auf Seite 254). Beachten Sie, dass die Standardisierung in der Statistik nichts mit der Standardisierung von Datenbanken (Konvertierung in ein gemeinsames Format) zu tun hat. Die transformierten Werte werden jeweils als *z-Wert* bezeichnet und die Standardnormalverteilung manchmal auch als *Z-Verteilung*.

Mit einem *Q-Q-Diagramm* lässt sich visuell überprüfen, wie nahe die Verteilung einer Stichprobe an einer bestimmten Verteilung – im vorliegenden Fall der Normalverteilung – liegt. Beim Q-Q-Diagramm werden die *z-Werte* mit den niedrigsten Werten beginnend geordnet, und der *z-Wert* jedes Werts wird auf der y-Achse abgetragen; die x-Achse gibt das entsprechende Quantil unter der Annahme einer Normalverteilung bezogen auf den Rang dieses Werts wieder. Da die Daten normiert wurden, entspricht die Einheit der Anzahl der Standardabweichungen vom Mittelwert. Wenn die Punkte ungefähr auf die Diagonale fallen, kann die Stichprobenverteilung als nah an der Normalverteilung angesehen werden.Abbildung 2-11 zeigt ein Q-Q-Diagramm für eine Stichprobe mit 100 Werten, die nach dem Zufallsprinzip aus einer Normalverteilung gezogen wurden. Erwartungsgemäß liegen die Punkte nah an der Diagonale. Diese Abbildung kann in *R* mit der Funktion `qqnorm` erzeugt werden:

```
norm_samp <- rnorm(100)
qqnorm(norm_samp)
abline(a=0, b=1, col='grey')
```

In *Python* können Sie die Methode `scipy.stats.probplot` verwenden, um das entsprechende Q-Q-Diagramm zu erstellen:

```
fig, ax = plt.subplots(figsize=(4, 4))
norm_sample = stats.norm.rvs(size=100)
stats.probplot(norm_sample, plot=ax)
```

Die Transformation Ihrer Daten in *z-Werte* (d.h. die Standardisierung bzw. Normierung der Daten) bewirkt *nicht*, dass diese der Normalverteilung folgen. Sie überführt die Daten einfach auf die gleiche Skalierung wie eine Standardnormalverteilung, meist zu Vergleichszwecken.

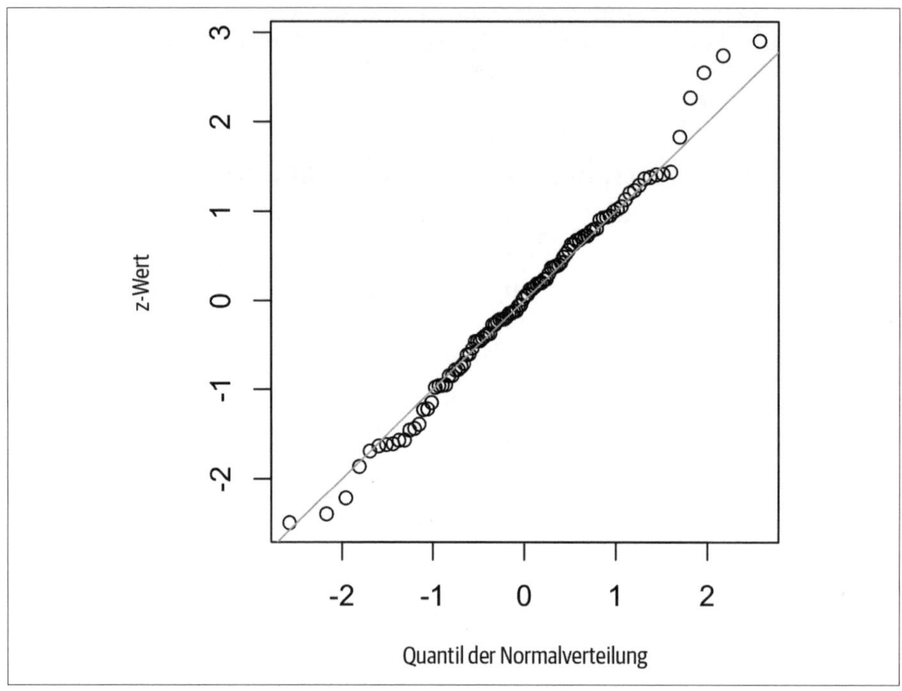

Abbildung 2-11: Ein Q-Q-Diagramm einer Stichprobe mit 100 Werten, die aus einer Standardnormalverteilung gezogen wurden

Kernideen

- Die Normalverteilung hatte für die historische Entwicklung der Statistik eine wesentliche Bedeutung, da sie eine mathematische Approximation der Unsicherheit und Streuung erlaubte.
- Während die Rohdaten in der Regel nicht normalverteilt sind, sind die Fehler, wie auch der Mittelwert und andere Metriken, bei großen Stichproben oftmals normalverteilt.
- Um die Werte Ihrer Daten in *z-Werte* umzuwandeln, subtrahieren Sie jeweils den Mittelwert der Daten und dividieren das Ergebnis durch die Standardabweichung. Dies ermöglicht einen Vergleich der Daten mit der Normalverteilung.

Verteilungen mit langen Verteilungsenden

Trotz der historischen Bedeutung der Normalverteilung in der Statistik und im Gegensatz zu dem, was der Name vermuten lässt, sind Daten im Normalfall nicht normalverteilt.

Schlüsselbegriffe für Verteilungen mit langen Verteilungsenden

Verteilungsende
: Der lange, schmale Teil einer Häufigkeitsverteilung, auch Verteilungsrand genannt, bei dem mit geringer Häufigkeit relativ extreme Werte auftreten.

Schief
: Wenn ein Verteilungsende länger als das andere ist.

Während sich die Normalverteilung im Hinblick auf die Verteilung von Fehlern und Stichprobenstatistiken oft als angemessen und nützlich erweist, charakterisiert sie in der Regel nicht die Verteilung der Rohdaten. Manchmal ist die Verteilung extrem *schief* (asymmetrisch), wie z. B. bei Einkommensdaten, oder sie verläuft diskret, wie bei binomialverteilten Daten. Sowohl symmetrische als auch asymmetrische Verteilungen können *lange Verteilungsenden* haben. Die Verteilungsenden entsprechen den Extremwerten (sehr kleine und große Werte). In der Praxis ist es durchaus üblich, lange Verteilungsenden anzutreffen und sie statistisch zu berücksichtigen. Nassim Taleb hat die Vermutung des *Schwarzen Schwans* angestellt, die voraussagt, dass anomale Ereignisse wie z. B. ein Börsencrash sehr viel wahrscheinlicher sind, als dies auf Basis der Normalverteilung vorhergesagt werden würde.

Ein gutes Beispiel für Daten mit langen Verteilungsenden sind Aktienrenditen.Abbildung 2-12 zeigt ein Q-Q-Diagramm für die täglichen Aktienrenditen von Netflix (NFLX), das wie folgt mit *R* erzeugt wurde:

```
nflx <- sp500_px[,'NFLX']
nflx <- diff(log(nflx[nflx>0]))
qqnorm(nflx)
abline(a=0, b=1, col='grey')
```

Der entsprechende Code in *Python* lautet:

```
nflx = sp500_px.NFLX
nflx = np.diff(np.log(nflx[nflx>0]))
fig, ax = plt.subplots(figsize=(4, 4))
stats.probplot(nflx, plot=ax)
```

Anders als in Abbildung 2-11 liegen die Punkte bei niedrigen Werten weit unter der Diagonale und bei hohen Werten weit über der Diagonale, was darauf hindeutet, dass die Daten nicht normalverteilt sind. Das bedeutet, dass wir mit bedeutend höherer Wahrscheinlichkeit Extremwerte beobachten, als dies bei normalverteilten Daten zu erwarten wäre.Abbildung 2-12 veranschaulicht ein weiteres häufig zu beobachtendes Phänomen: Die Punkte, die maximal eine Standardabweichung vom Mittelwert entfernt sind, liegen dicht an der Diagonale. Tukey beschrieb im Zusammenhang mit diesem Phänomen, dass die Daten zwar im mittleren Bereich der Verteilung normalverteilt seien (*normal in the middle*), aber viel längere Enden hätten, als dies bei der Normalverteilung der Fall sei (siehe [Tukey-1987]).

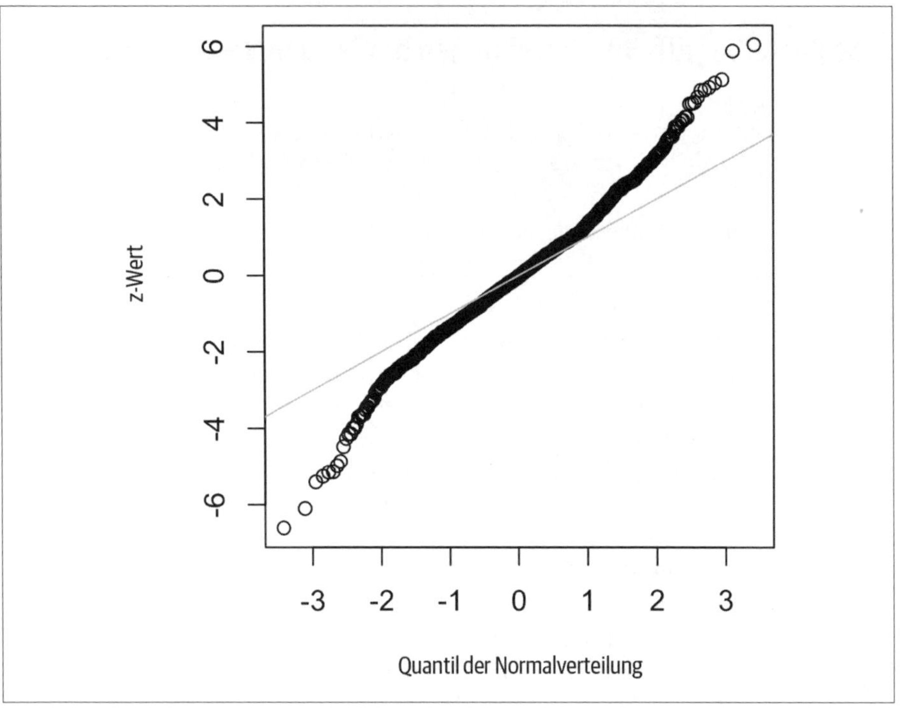

Abbildung 2-12: Q-Q-Diagramm der täglichen Aktienrenditen von Netflix (NFLX)

Es gibt zahlreiche statistische Bücher, bei denen der Ansatz verfolgt wird, statistische Verteilungen an beobachtete Daten anzupassen. Hüten Sie sich vor einer übermäßig datenzentrierten Herangehensweise (engl. *Data-Centric Approach*), die ebenso Kunst wie Wissenschaft ist. Daten können sehr variabel auftreten und scheinen oberflächlich betrachtet oft auch konsistent mit mehr als einer Form oder Art einer Verteilung zu sein. In der Regel müssen Sie domänenspezifisches und statistisches Wissen einbringen, um zu bestimmen, welche Art von Verteilung für die Modellierung einer gegebenen Situation geeignet ist. Zum Beispiel könnten wir Daten vorliegen haben, mit denen wir den Datenverkehr auf einem Server über viele aufeinanderfolgende Fünf-Sekunden-Zeiträume messen. Es ist nützlich, zu wissen, dass die beste Verteilung zur Modellierung von Fragestellungen, bei denen wir auf »Ereignisse pro Zeitperiode« abzielen, die Poisson-Verteilung ist (siehe »Poisson-Verteilung« auf Seite 87).

Kernideen

- Die meisten Daten sind nicht normalverteilt.
- Die Annahme einer Normalverteilung kann zu einer Unterschätzung der Wahrscheinlichkeit des Auftretens von Extremereignissen (»schwarze Schwäne«) führen.

Weiterführende Literatur

- Das Buch *Der Schwarze Schwan: Die Macht höchst unwahrscheinlicher Ereignisse* von Nassim Nicholas Taleb (Pantheon Verlag, 2018).
- Die 2. Auflage des Buchs *Handbook of Statistical Distributions with Applications* von K. Krishnamoorthy (Chapman & Hall/CRC Press, 2016).

Studentsche t-Verteilung

Die *t-Verteilung* ähnelt der Normalverteilung, jedoch mit dem Unterschied, dass sie an den Enden etwas dicker und länger ist, also mehr Masse besitzt. Sie wird weitgehend im Rahmen der Darstellung von Verteilungen von Stichprobenstatistiken verwendet. Die Verteilungen von Stichprobenmittelwerten haben typischerweise die Form einer t-Verteilung, und es gibt eine ganze Familie von t-Verteilungen, die sich je nach Stichprobengröße unterscheiden. Je größer die Stichprobe ist, desto stärker nähert sich die t-Verteilung der Normalverteilung an.

Schlüsselbegriffe zur studentschen t-Verteilung

n
: Stichprobenumfang bzw. -größe (engl. *Sample Size*).

Freiheitsgrade
: Ein Parameter, der es der t-Verteilung erlaubt, sich an unterschiedliche Stichprobengrößen, Statistiken und Anzahlen von Gruppen anzupassen (engl. *Degrees of Freedom*).

Die t-Verteilung wird oft auch als *studentsche t-Verteilung* bezeichnet, da im Jahr 1908 ein gewisser William S. Gosset einen Artikel im Journal *Biometrika* eingereicht hat und dieser unter dem Pseudonym »Student« veröffentlicht wurde. Gossets Arbeitgeber, die Guinness-Brauerei, wollte nicht, dass die Konkurrenten wussten, dass man sich statistischer Methoden bediente, und bestand deshalb darauf, dass Gosset seinen Namen in dem Artikel nicht bekannt gab.

Gosset ging der Frage nach: »Wie ist die Stichprobenverteilung des Mittelwerts auf Basis mehrerer Stichproben, die aus einer größeren Grundgesamtheit gezogen wurden?« Er stellte hierzu einen statistischen Versuch mit wiederholter Stichprobenziehung (Resampling) an, bei dem er zufällig Stichproben von jeweils vier Beobachtungen aus einem Datensatz mit 3.000 Messwerten für die Körpergröße und die Länge des linken Mittelfingers von Kriminellen zog. (Da zu dieser Zeit vielen Fragestellungen im Zusammenhang mit der Eugenik nachgegangen wurde, bestand ein großes Interesse an Daten über Kriminelle und an der Entdeckung von Zusammenhängen zwischen kriminellen Tendenzen und physischen oder psychologischen Merkmalen). Gosset trug die standardisierten Werte (die *z*-Werte) auf der x-Achse und die Häufigkeit auf der y-Achse ab. Darüber hinaus hatte er eine Funktion abgeleitet, die heutzutage als *studentsche t-Verteilung* bekannt ist. Er passte diese Funktion an die Werte seiner Stichprobenziehungen an und visualisierte beide Verteilungen zu Vergleichszwecken (siehe Abbildung 2-13).

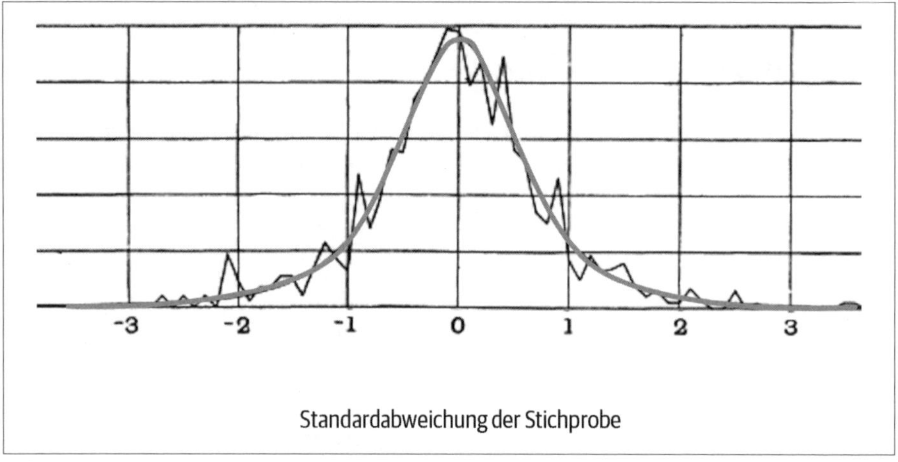

Abbildung 2-13: Ergebnisse von Gossets Resampling-Experiment, bei dem er die t-Verteilung an seine Daten angepasst hatte (aus seinem im Jahr 1908 erschienenen Biometrika-Artikel)

Infolge der Standardisierung ist es für eine ganze Reihe verschiedener Statistiken möglich, sie mit der t-Verteilung zu vergleichen, um Konfidenzintervalle, die Aufschluss über die Streuung der Stichproben geben, zu schätzen. Betrachten Sie eine Stichprobe der Größe *n*, für die der Stichprobenmittelwert $\bar{x}$ berechnet wurde. Wenn *s* die Standardabweichung der Stichprobe ist, ist das 90%-Konfidenzintervall um den Stichprobenmittelwert gegeben durch:

$$\bar{x} \pm t_{n-1}(0.05) \cdot \frac{s}{\sqrt{n}}$$

wobei $t_{n-1}(0.05)$ der Wert der t-Statistik mit $(n - 1)$ Freiheitsgraden ist (siehe »Die Anzahl der Freiheitsgrade« auf Seite 121), bei dem jeweils 5% der t-Verteilung an beiden Enden »abgeschnitten« werden. Die t-Verteilung wurde als Referenzgröße zur Untersuchung der Verteilung des Stichprobenmittelwerts, der Differenz zwischen zwei Stichprobenmittelwerten, bei Regressionsparametern und auch bei anderen Statistiken verwendet.

Hätte man bereits im Jahr 1908 auf Rechenleistung in einem großen Umfang zurückgreifen können, hätte sich die Statistik von Anfang an zweifelsohne viel stärker auf rechenintensive Resampling-Methoden konzentriert. In Ermangelung von Computern wandten sich die Statistiker der Mathematik und Funktionen wie der t-Verteilung zu, um Stichprobenverteilungen zu approximieren. Die Leistungsfähigkeit der Computer ermöglichte in den 1980er-Jahren praktische Resampling-

Methoden, doch bis dahin waren die Verwendung der t-Verteilung und ähnlicher Verteilungen in Lehrbüchern und Softwareprogrammen tief verankert.

Die Fähigkeit der t-Verteilung, das Verhalten einer Stichprobenstatistik abzubilden, erfordert, dass die Verteilung dieser Stichprobenstatistik wie eine Normalverteilung geformt ist. Es stellt sich heraus, dass Stichprobenstatistiken häufig normalverteilt sind, selbst wenn die zugrunde liegenden Populationsdaten nicht normalverteilt sind (eine Tatsache, die zu der sehr verbreiteten Anwendung der t-Verteilung führte). Dies bringt uns zurück zu dem Phänomen, das als *zentraler Grenzwertsatz* bekannt ist (siehe »Zentraler Grenzwertsatz« auf Seite 63).

Was müssen Data Scientists über die t-Verteilung und den zentralen Grenzwertsatz wissen? Nicht sonderlich viel. Die t-Verteilung wird in der klassischen statistischen Inferenz verwendet, ist aber für datenwissenschaftliche Zwecke nicht von besonderer Bedeutung. Für Data Scientists sind vorwiegend das Verständnis und die Quantifizierung von Unsicherheit und Streuung wichtig, wobei die meisten Fragen zu Stichprobenfehlern durch empirische Bootstrap-Stichprobenziehungen beantwortet werden können. Üblicherweise stößt man jedoch als Data Scientist in den Ausgaben statistischer Softwareprogramme wie *R* und *Python* auf t-Statistiken, z.B. bei A/B-Tests und Regressionen –, daher ist eine gewisse Vertrautheit mit ihnen durchaus hilfreich.

Kernideen

- Mit der t-Verteilung ist eigentlich eine Familie von Verteilungen gemeint, die der Normalverteilung ähneln, aber dickere Verteilungsenden (d.h. Ränder mit mehr Masse) haben.
- Die t-Verteilung wird weithin als Bezugsgröße für die Verteilung von Stichprobenmittelwerten, Differenzen zwischen zwei Stichprobenmittelwerten, Regressionsparametern und mehr verwendet.

Weiterführende Literatur

- Die Originalfassung des Artikels von W. S. Gosset, wie er im Jahr 1908 in *Biometrika* veröffentlicht wurde, ist als PDF (*https://oreil.ly/J6gDg*) verfügbar.
- Eine weitere Einführung in die t-Verteilung, die von David Lane verfasst wurde, können Sie sich online ansehen (*https://oreil.ly/QxUkA*).

Binomialverteilung

Fragestellungen, die mit Ja oder Nein beantwortet werden können (d.h. binomialverteilte Ergebnisse liefern), stehen oft im Mittelpunkt einer Analyse, da sie häufig den Abschluss einer Entscheidung oder eines anderen Prozesses darstellen – kaufen oder nicht kaufen, klicken oder nicht klicken, überleben oder sterben usw. Von zentraler Bedeutung für das Verständnis der Binomialverteilung ist die Grundidee einer Reihe von *Versuchen*, wobei mit jedem Versuch zwei mögliche Ergebnisse mit bestimmten Wahrscheinlichkeiten verbunden sind.

Beispielsweise entspricht das zehnmalige Werfen einer Münze einem binomialen Experiment (Bernoulli-Experiment) mit zehn Versuchen, wobei jeder Versuch zwei mögliche Ergebnisse (Kopf oder Zahl) hat (siehe Abbildung 2-14). Solche Ja-oder-Nein- bzw. 0/1-Ergebnisse werden als *binäre* Ergebnisse bezeichnet. Die Wahrscheinlichkeiten müssen dabei keineswegs 50/50 sein. Alle Wahrscheinlichkeiten, die in Summe 1,0 ergeben, sind möglich. In der Statistik ist es üblich, das Ergebnis »1« als »Erfolg« (engl. *Success*) zu bezeichnen, doch ebenso kommt es vor, dem selteneren Ergebnis »1« zuzuordnen. Die Verwendung des Begriffs *erfolgreich* impliziert nicht, dass das Ergebnis wünschenswerter oder vorteilhafter ist. Es deutet lediglich darauf hin, dass dieses das Ergebnis von Interesse ist. Zum Beispiel sind Kreditausfälle oder betrügerische Transaktionen zwar relativ seltene Ereignisse, dennoch ist es sinnvoll, sie als »1« bzw. als Erfolge zu bezeichnen, wenn wir an der Vorhersage dieser Werte interessiert sind.

Abbildung 2-14: Münzseite mit der Zahlangabe eines Fünf-Cent-Münzstücks (Buffalo Nickel)

Schlüsselbegriffe zur Binomialverteilung

Versuch
Ein Ereignis mit einem diskreten Ergebnis (z. B. ein Münzwurf).

Erfolg
Das im Rahmen eines Versuchs interessante Ergebnis.

Synonym
»1« (im Gegensatz zu »0«)

binomial
Mit zwei möglichen Ergebnissen.

Synonyme
ja oder nein, 0/1, binär

Bernoulli-Versuch
Ein Versuch mit zwei Ergebnissen.

Synonym
Bernoulli-Prozess

> ***Binomialverteilung***
> Die Verteilung der Anzahl von Erfolgen in *n* Versuchen.
>
> *Synonym*
> Bernoulli-Verteilung

Die Binomialverteilung gibt die Häufigkeitsverteilung für die Anzahl der Erfolge (*x*) bei einer gegebenen Anzahl von Versuchen (*n*) mit einer vorgegebenen Erfolgswahrscheinlichkeit (*p*) in jedem Versuch wieder. Es gibt eine ganze Reihe von Binomialverteilungen, abhängig von den Werten von *n* und *p*. Mit der Binomialverteilung lassen sich Fragestellungen beantworten wie:

> Wenn die Wahrscheinlichkeit, dass ein Klick zu einem Verkauf führt, 0,02 beträgt, wie hoch ist dann die Wahrscheinlichkeit, dass bei 200 Klicks 0 Verkäufe beobachtet werden?

In *R* können Sie die Funktion `dbinom` verwenden, um die Wahrscheinlichkeit einer binomialverteilten Größe zu berechnen. Der folgende Aufruf würde beispielsweise:

```
dbinom(x=2, size=5, p=0.1)
```

als Ausgabe den Wert 0,0729 liefern – die Wahrscheinlichkeit, exakt zwei Erfolge (`x`) in fünf Versuchen (`size`) zu beobachten, wobei bei jedem Versuch eine Erfolgswahrscheinlichkeit (`p`) von 0,1 bzw. 10% angenommen wird. Bezogen auf unser vorheriges Beispiel, müssten wir als Werte `x` = 0, `size` = 200 und `p` = 0,02 verwenden. Wenn wir die Argumente der `dbinom`-Funktion entsprechend anpassen, erhalten wir eine Wahrscheinlichkeit von 0,0176, also 1,76%.

Nicht selten sind wir daran interessiert, die Wahrscheinlichkeit zu bestimmen, dass `x` oder weniger Erfolge in *n* Versuchen auftreten. In diesem Fall können wir die Funktion `pbinom` nutzen:

```
pbinom(2, 5, 0.1)
```

Als Ergebnis erhalten wir 0,9914 – die Wahrscheinlichkeit, in fünf Versuchen zwei oder weniger Erfolge zu beobachten, wobei bei jedem Versuch eine Erfolgswahrscheinlichkeit von 0,1 unterstellt wird.

Das Modul `scipy.stats` bietet Implementierungen für eine ganze Vielzahl statistischer Verteilungen. Für die Binomialverteilung verwenden Sie die Funktionen `stats.binom.pmf` und `stats.binom.cdf`:

```
stats.binom.pmf(2, n=5, p=0.1)
stats.binom.cdf(2, n=5, p=0.1)
```

Der Mittelwert einer Binomialverteilung ist $n \times p$; man kann sich dies auch als die erwartete Anzahl von Erfolgen in *n* Versuchen für eine gegebene Erfolgswahrscheinlichkeit *p* vorstellen.

Die Varianz ist $n \times p(1 - p)$. Bei einer ausreichend großen Anzahl von Versuchen (insbesondere dann, wenn p nahe bei 0,50 liegt) ist die Binomialverteilung praktisch nicht von der Normalverteilung zu unterscheiden. In der Tat erweist sich die Berechnung von Wahrscheinlichkeiten für die Binomialverteilung bei großen Stichprobengrößen als sehr rechenaufwendig, weshalb die meisten statistischen Verfahren die Normalverteilung (mit den entsprechenden Werten für Mittelwert und Varianz) als Näherung verwenden.

Kernideen

- Binomiale Ergebnisse sind wichtig für die statistische Modellierung, da sie unter anderem grundlegende Entscheidungen abbilden können (kaufen oder nicht kaufen, klicken oder nicht klicken, überleben oder sterben usw.).
- Ein Bernoulli-Versuch ist ein Experiment mit zwei möglichen Ergebnissen: eines mit der Wahrscheinlichkeit p und ein anderes mit der Wahrscheinlichkeit $1 - p$.
- Sofern n ausreichend groß und p nicht zu nahe an 0 oder 1 ist, kann die Binomialverteilung mithilfe der Normalverteilung approximiert werden.

Weiterführende Literatur

- Sehen Sie sich die Anwendung »Quincunx« (*https://oreil.ly/nmkcs*) an, die Ihnen eine Simulation zur Veranschaulichung der Binomialverteilung bietet, die einem Flipperautomaten gleicht.
- Die Binomialverteilung ist ein wichtiger Bestandteil der einführenden Statistik, und alle einführenden Statistikbücher enthalten ein oder zwei Kapitel zu diesem Thema.

Chi-Quadrat-Verteilung

Die *Abweichung von der Erwartung* bzw. die Abweichung vom Erwartungswert nimmt in der Statistik eine zentrale Bedeutung ein, insbesondere im Hinblick auf die Häufigkeit des Auftretens von Beobachtungen verschiedener Kategorien. Die Erwartung ist grob definiert als »nichts Ungewöhnliches oder Bemerkenswertes in den Daten« (z.B. keine Korrelation zwischen Variablen oder keine vorhersehbaren Muster). Dies wird auch als »Nullhypothese« oder »Nullmodell« bezeichnet (siehe »Die Nullhypothese« auf Seite 99). Sie möchten z.B. testen, ob eine Variable (z.B. eine Zeilenvariable, die das Geschlecht angibt) unabhängig von einer anderen ist (z.B. einer Spaltenvariable, die »im Beruf befördert wurde« repräsentiert), und Sie haben die jeweiligen Häufigkeiten in den entsprechenden Zellen der Datentabelle. Die Statistik, die das Ausmaß der Abweichung der Ergebnisse unter Annahme der

Nullhypothese (Nullerwartung) der Unabhängigkeit misst, ist die Chi-Quadrat-Statistik. Sie entspricht der Differenz zwischen den beobachteten und den Erwartungswerten, dividiert durch die Quadratwurzel des Erwartungswerts, jeweils quadriert und dann über alle Kategorien summiert. Dieses Vorgehen standardisiert die vorliegende Statistik, sodass sie mit einer Referenzverteilung verglichen werden kann. Allgemeiner ausgedrückt, lässt sich das so ausdrücken, dass die Chi-Quadrat-Statistik ein Maß dafür ist, inwieweit ein Satz beobachteter Werte zu einer bestimmten Verteilung »passt« (ein »Anpassungsgütetest«, engl. *Goodness-of-fit-Test*). Sie ist nützlich, um festzustellen, ob sich mehrere Anwendungen (ein »A/B/C…-Test«) in ihrer Wirkung voneinander unterscheiden.

Bei wiederholter Stichprobenziehung (Resampling) aus dem Nullmodell folgt die Verteilung der Chi-Quadrat-Statistik einer Chi-Quadrat-Verteilung – in »Chi-Quadrat-Test« auf Seite 128 werden Sie den entsprechenden Algorithmus und – im Hinblick auf tabellarische Daten – die Formel für den Chi-Quadrat-Test noch ausführlich kennenlernen. Ein niedriger Wert der Chi-Quadrat-Teststatistik für einen Satz von Häufigkeiten zeigt an, dass diese nah der erwarteten Verteilung folgen. Ein hoher Wert der Chi-Quadrat-Teststatistik weist darauf hin, dass sie sich deutlich von dem unterscheiden, was zu erwarten ist. Es gibt eine Vielzahl von Chi-Quadrat-Verteilungen, die mit einer verschiedenen Anzahl von Freiheitsgraden einhergehen (und dementsprechend von der Anzahl der Beobachtungen abhängen – siehe »Die Anzahl der Freiheitsgrade« auf Seite 121).

Kernideen

- Bei der Anwendung der Chi-Quadrat-Verteilung geht es in der Regel darum, die Häufigkeit des Auftretens von bestimmten Subjekten oder Objekten, die in Kategorien unterteilt werden können, zu untersuchen.
- Die Chi-Quadrat-Prüfstatistik misst das Ausmaß der Abweichung von dem, was Sie – ausgehend von einem Nullmodell – erwarten würden.

Weiterführende Literatur

- Die Chi-Quadrat-Verteilung verdankt ihren Stellenwert in der modernen Statistik dem großen Statistiker Karl Pearson und der Entwicklung von Hypothesentests – lesen Sie dazu und mehr in David Salsburgs *The Lady Tasting Tea: How Statistics Revolutionized Science in the Twentieth Century* (W. H. Freeman, 2001).
- Eine detailliertere Darstellung des Chi-Quadrat-Tests finden Sie in dem entsprechenden Abschnitt in diesem Buch (siehe »Chi-Quadrat-Test« auf Seite 128).

F-Verteilung

Bei wissenschaftlichen Versuchen ist es üblich, mehrere Anwendungen an verschiedenen Gruppen zu testen – etwa um die Wirkung unterschiedlicher Düngemittel in verschiedenen Bereichen eines Felds zu vergleichen. Dies ähnelt dem A/B/C-Test, auf den wir im Abschnitt zur Chi-Quadrat-Verteilung Bezug genommen haben (siehe »Chi-Quadrat-Verteilung« auf Seite 84), jedoch mit dem Unterschied, dass wir es mit kontinuierlichen Messwerten und nicht mit (diskreten) Häufigkeitswerten zu tun haben. In diesem Fall sind wir daran interessiert, zu wissen, inwieweit die Unterschiede zwischen den Gruppenmittelwerten größer sind, als wir im Rahmen gewöhnlicher zufälliger Streuung erwarten würden. Dazu wird die F-Statistik herangezogen, die als das Verhältnis der Variabilität zwischen den Gruppenmittelwerten zur Variabilität innerhalb jeder Gruppe (auch Residualvariabilität genannt) definiert ist. Dieser Vergleich wird als *Varianzanalyse* bezeichnet (siehe »Varianzanalyse (ANOVA)« auf Seite 122). Die Verteilung der F-Statistik ist die Häufigkeitsverteilung aller Werte, die sich bei einer zufälligen Permutation der Daten ergeben würde unter der Annahme, dass alle Gruppenmittelwerte gleich sind (das Nullmodell). Es gibt eine Vielzahl von F-Verteilungen, die mit verschiedenen Freiheitsgraden verbunden sind (d. h. mit der Anzahl der Gruppen – siehe »Die Anzahl der Freiheitsgrade« auf Seite 121). Die Berechnung der F-Statistik wird im Abschnitt zum ANOVA-Verfahren veranschaulicht. Die F-Statistik wird auch im Rahmen der linearen Regression verwendet, um die durch das Regressionsmodell erklärte Varianz (Streuung) mit der Gesamtvarianz der Daten zu vergleichen. Sowohl in *R* als auch in *Python* werden die F-Statistiken bei der Verwendung der zur Verfügung stehenden Regressions- und ANOVA-Routinen automatisch mit ausgegeben.

Kernideen

- Die F-Verteilung wird bei statistischen Versuchen und linearen Modellen verwendet, wenn die Daten als Messdaten vorliegen.
- Die F-Statistik vergleicht die Variation, die auf die berücksichtigten Einflussfaktoren zurückzuführen ist, mit der Gesamtvariation.

Weiterführende Literatur

Um ein besseres Verständnis vom ANOVA-Verfahren und der F-Statistik zu gewinnen, empfiehlt sich das Buch *Introduction to Design and Analysis of Experiments* (Wiley, 2008) von George Cobb, das eine ausgezeichnete Erläuterung dazu bietet, wie sich die Varianz in einzelne Komponenten zerlegen lässt.

Poisson- und verwandte Verteilungen

Bei vielen Prozessen treten Ereignisse zufällig mit einer bestimmten Frequenz bzw. Rate auf. Beispiele dafür sind etwa Besucher, die eine Website besuchen, oder Autos, die an einer Mautstelle ankommen (Ereignisse, die zeitlich verteilt sind), bzw. Unvollkommenheiten in einem Quadratmeter Stoff oder Tippfehler pro 100 Codezeilen (Ereignisse, die räumlich verteilt sind).

> ### Schlüsselbegriffe zur Poisson- und verwandten Verteilungen
>
> *Lambda*
> Die Rate bzw. Frequenz (pro Einheit, zeitlich oder räumlich), mit der Ereignisse auftreten.
>
> *Poisson-Verteilung*
> Die Häufigkeitsverteilung der Anzahl von Ereignissen, die zeitlich oder räumlich verteilt sind.
>
> *Exponentialverteilung*
> Die zeitbezogene Häufigkeitsverteilung von Ereignissen bzw. die Modellierung der Dauer von einem Ereignis zum nächsten Ereignis.
>
> *Weibull-Verteilung*: Eine verallgemeinerte Version der Exponentialverteilung, bei der sich die Ereignisrate im Laufe der Zeit verändern darf.

Poisson-Verteilung

Aus zuvor aggregierten Daten (z.B. der Anzahl der Grippeinfektionen pro Jahr) lässt sich die durchschnittliche Anzahl an Ereignissen pro zeitliche bzw. räumliche Einheit (z.B. Infektionen pro Tag oder pro Einwohner) abschätzen. Wir möchten vielleicht auch wissen, wie unterschiedlich häufig die Ereignisse zwischen den zeitlichen bzw. räumlichen Einheiten auftreten könnten. Angenommen, wir hätten ausreichend viele solcher Einheiten aus Stichproben erhoben, dann kann die Poisson-Verteilung Aufschluss darüber geben, wie die Ereignisse pro zeitliche bzw. räumliche Einheit verteilt sind. Sie kann insbesondere der Beantwortung von Fragestellungen im Zusammenhang mit Wartesystemen dienen wie: »Wie viel Serverkapazität benötigen wir mit 95%iger Sicherheit, um den Internetverkehr, der in einem bestimmten Fünf-Sekunden-Zeitraum eintrifft, vollständig zu verarbeiten?«

Der entscheidende Parameter der Poisson-Verteilung ist λ bzw. Lambda. Er entspricht der durchschnittlichen Anzahl von Ereignissen, die in einem bestimmten zeitlichen oder räumlichen Intervall auftreten. Zudem ist auch die Varianz der Poisson-Verteilung λ.

Eine verbreitete Methode ist die Generierung von Zufallszahlen aus einer Poisson-Verteilung im Rahmen einer Warteschlangensimulation. In *R* müssen hierzu bei der rpois-Funktion nur zwei Argumente angegeben werden – die Menge der gesuchten Zufallszahlen und Lambda:

```
rpois(100, lambda=2)
```

Die entsprechende scipy-Funktion ist stats.poisson.rvs:

```
stats.poisson.rvs(2, size=100)
```

Mit diesem Code werden zufällig 100 Zahlen aus einer Poisson-Verteilung für $\lambda = 2$ generiert. Wenn zum Beispiel durchschnittlich zwei Kundenanrufe pro Minute eingehen, simuliert dieser Code 100 Minuten und gibt die Anzahl der Anrufe für jede dieser 100 Minuten zurück.

Exponentialverteilung

Unter Verwendung desselben Parameters, λ, den wir bei der Poisson-Verteilung verwendet haben, können wir auch die Verteilung der Zeit, die zwischen Ereignissen vergeht (d.h. die Dauer), modellieren: die Zeit, die zwischen Besuchen auf einer Website oder zwischen Autos, die an einer Mautstelle vorbeikommen, vergeht. Sie wird auch in den Ingenieurwissenschaften verwendet, um die Dauer bis zu einem möglichen Ausfall zu modellieren, und im Prozessmanagement, um z.B. die benötigte Zeit je Anruf beim Kundendienst zu modellieren. Die in *R* zur Erzeugung von Zufallszahlen aus einer Exponentialverteilung zur Verfügung stehende Funktion benötigt zwei Argumente: n (die Menge der zu generierenden Zahlen) und rate (die Anzahl der Ereignisse pro Periode bzw. Zeitspanne), zum Beispiel:

```
rexp(n=100, rate=0.2)
```

In der Implementierung der Exponentialfunktion in *Pythons* Bibliothek scipy wird der Parameter scale statt rate verwendet. Da scale als Kehrwert von rate definiert ist, müssen wir den folgenden Befehl aufrufen:

```
stats.expon.rvs(scale=1/0.2, size=100)  # bzw.
stats.expon.rvs(scale=5, size=100)
```

Mit diesem Code würden Sie 100 Zufallszahlen aus einer Exponentialverteilung erzeugen, bei der die durchschnittliche Anzahl der Ereignisse pro Zeitspanne 0,2 beträgt. Sie könnten dies im Hinblick auf unser Kundendienst-Beispiel so interpretieren, dass Sie 100 minütliche Intervalle simulieren und die durchschnittliche Rate der eingehenden Anrufe dabei 0,2 Anrufe pro Minute beträgt.

Eine wesentliche Annahme in jeder Simulationsstudie im Zusammenhang mit der Poisson- oder der Exponentialverteilung ist, dass die Rate, λ, über den betrachteten Zeitraum konstant bleibt. Dies ist im Allgemeinen nur selten angebracht; zum Beispiel variiert der Verkehr auf Straßen oder in Datennetzen je nach Tageszeit und Wochentag. Die Zeitspannen oder räumlichen Einheiten können jedoch in der Regel in Segmente unterteilt werden, die ausreichend homogen sind, sodass eine Analyse oder Simulation innerhalb dieser Segmente gültig ist.

Die Hazardrate schätzen

In vielen Anwendungen ist die Ereignisrate, λ, bekannt oder kann aus älteren Daten abgeschätzt werden. Bei seltenen Ereignissen ist dies jedoch nicht unbedingt der Fall. Der Ausfall eines Flugzeugtriebwerks zum Beispiel ist (glücklicherweise) so selten, dass es für einen bestimmten Triebwerkstyp nur wenige Daten gibt, auf denen eine Schätzung der Zeit zwischen Ausfällen basieren könnte. Da überhaupt keine Daten vorliegen, gibt es kaum eine Grundlage, mit der eine Ereignisrate geschätzt werden könnte. Sie können jedoch einige Vermutungen anstellen: Wenn nach 20 Stunden noch keine Ereignisse aufgetreten sind, können Sie ziemlich sicher sein, dass die Rate nicht 1 pro Stunde beträgt. Durch die Simulation oder die direkte Berechnung von Wahrscheinlichkeiten können Sie verschiedene hypothetische Ereignisraten und auch Schwellenwerte abschätzen, unter die die Rate höchstwahrscheinlich nicht fallen wird. Wenn es einige Daten gibt, aber nicht genug, um eine genaue und zuverlässige Schätzung der Rate zu liefern, kann mithilfe eines Anpassungsgütetests (siehe »Chi-Quadrat-Test« auf Seite 128) auf Basis verschiedener Raten abgeschätzt werden, wie gut sie zu den beobachteten Daten passen.

Weibull-Verteilung

In vielen Fällen ist die Ereignisrate über die Zeit nicht konstant. Wenn der Zeitraum, über den sie sich ändert, bedeutend länger als das Intervall zwischen den Ereignissen ist, besteht kein Problem. Sie unterteilen die Analyse einfach in Segmente, in denen die Raten, wie bereits erwähnt, relativ konstant sind. Wenn sich die Ereignisrate jedoch innerhalb der zeitlichen Intervalle ändert, ist die Verwendung der Exponentialverteilung (und auch die Poisson-Verteilung) nicht mehr zweckmäßig. Beispielsweise ist es bei mechanischem Versagen recht wahrscheinlich, dass die sogenannte Hazardrate, die eine Ausfallrate darstellt, mit der Zeit zunimmt. Die *Weibull-Verteilung* ist eine Erweiterung der Exponentialverteilung, bei der sich die Ereignisrate in Abhängigkeit von einem *Formparameter* (engl. *Shape Parameter*), β, ändern kann.

Wenn $\beta > 1$, nimmt die Wahrscheinlichkeit eines Ereignisses mit der Zeit zu, wenn $\beta < 1$, nimmt die Wahrscheinlichkeit ab. Da die Weibull-Verteilung zur Analyse der Zeit bis zu einem bestimmten Ereignis (Ereigniszeitanalyse) und nicht zur Analyse der Ereignisrate verwendet wird, wird der zweite Parameter in Form einer charakteristischen Lebensdauer und nicht in Form einer Ereignisrate pro Intervall ausgedrückt. Als Symbol wird der griechische Buchstabe eta, η, verwendet, der auch als *Skalenparameter* (engl. *Scale Parameter*) bezeichnet wird.

Bei der Weibull-Verteilung müssen beide Parameter, β und η, geschätzt werden. Auch hier ist es mit einem entsprechenden Softwareprogramm möglich, die Daten zu modellieren und die Schätzer für die am besten passende Weibull-Verteilung zu erhalten.

Um in *R* Zufallszahlen aus einer Weibull-Verteilung zu erzeugen, benötigen Sie drei Argumente: `n` (die Anzahl der zu erzeugenden Zahlen), den Formparameter shape und den Skalenparameter scale. Zum Beispiel würde der folgende Code 100 Zufallszahlen (die Lebensdauern entsprechen) aus einer Weibull-Verteilung mit einem Formparameter von 1,5 und einer charakteristischen Lebensdauer von 5.000 erzeugen:

```
rweibull(100, 1.5, 5000)
```

In *Python* erreichen Sie dies mithilfe der Funktion stats.weibull_min.rvs:

```
stats.weibull_min.rvs(1.5, scale=5000, size=100)
```

Kernideen

- Für Ereignisse, die mit einer gleichbleibenden Rate auftreten, kann die Anzahl der Ereignisse pro Zeit- oder Raumeinheit als Poisson-Verteilung modelliert werden.
- Sie können auch die Dauer oder den räumlichen Abstand zwischen einem Ereignis und dem nächsten mit der Exponentialverteilung modellieren.
- Eine sich im Laufe der Zeit ändernde Ereignisrate (z. B. eine zunehmende Wahrscheinlichkeit eines Geräteausfalls) kann mit der Weibull-Verteilung modelliert werden.

Weiterführende Literatur

- Das Buch *Modern Engineering Statistics* von Thomas Ryan (Wiley, 2007) enthält ein Kapitel über Wahrscheinlichkeitsverteilungen, die in ingenieurtechnischen Anwendungen eingesetzt werden.
- Eine ingenieurwissenschaftliche Perspektive zur Verwendung der Weibull-Verteilung finden Sie hier (*https://oreil.ly/1x-ga*) und hier (*https://oreil.ly/9bn-U*).

Zusammenfassung

Auch im Zeitalter großer Datenmengen (»Big Data«) bleiben die Prinzipien der Stichprobenziehung wichtig, wenn präzise Schätzwerte erforderlich sind. Die zufällige Auswahl von Daten kann Verzerrungen reduzieren und zu einem qualitativ hochwertigeren Datensatz führen, als dies allein durch die Verwendung der zur Verfügung stehenden Daten möglich wäre. Die Kenntnis verschiedener Stichproben und Daten generierender Verteilungen ermöglicht uns, potenzielle Fehler in einer Schätzung zu quantifizieren, die möglicherweise auf zufällige Abweichungen zurückzuführen sind. Gleichzeitig ist das Bootstrap-Verfahren (Stichprobenziehung mit Zurücklegen aus einem beobachteten Datensatz) eine reizvolle Universalmethode zur Bestimmung möglicher Fehler bei Stichprobenschätzungen.

KAPITEL 3

Statistische Versuche und Signifikanztests

Die statistische Versuchsplanung (engl. *Design of Experiments*, DOE) stellt in der Praxis der Statistik einen wichtigen Eckpfeiler dar – mit Anwendungen in praktisch allen Bereichen der Forschung. Das Ziel dabei ist es, einen statistischen Versuch zu entwerfen, mit dem eine Hypothese bestätigt bzw. verworfen werden soll. Auch Data Scientists müssen nicht selten fortlaufende Versuche durchführen, insbesondere im Hinblick auf die Benutzerschnittstelle und das Produktmarketing. Dieses Kapitel gibt einen Überblick über die traditionellen Ansätze der statistischen Versuchsplanung und erörtert einige Herausforderungen, die häufig in der Datenwissenschaft auftreten. Dabei werden auch einige weitverbreitete Konzepte der statistischen Inferenz behandelt und ihre Bedeutung und Relevanz (oder fehlende Relevanz) im Hinblick auf die Data Science hervorgehoben.

Wann immer Sie Hinweise auf statistische Signifikanz, d.h. t-Tests oder p-Werte, sehen, geschieht dies typischerweise im Kontext der klassischen statistischen Inferenz (siehe Abbildung 3-1). Dabei geht man so vor, dass man zunächst eine Hypothese (»Medikament A ist besser als das vorhandene Standardmedikament« oder »Preis A ist profitabler als der vorhandene Preis B«) aufstellt. Ein Versuch (z.B. ein A/B-Test) dient dazu, diese Hypothese zu testen. Das experimentelle Design muss so gewählt werden, dass es möglichst schlüssige Ergebnisse liefert. Die Daten werden erst gesammelt, anschließend analysiert, und dann wird eine Schlussfolgerung (Inferenz) daraus gezogen. Der Begriff *Inferenz* spiegelt die Absicht wider, die Ergebnisse des Versuchs, die sich auf einen bestimmten Datensatz beziehen, auf einen größeren Prozess bzw. eine größere Population zu übertragen.

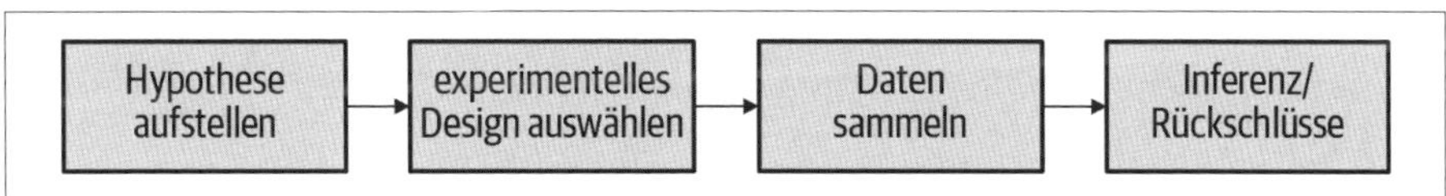

Abbildung 3-1: Das Vorgehen im Rahmen der klassischen statistischen Inferenz

A/B-Test

Ein A/B-Test ist ein mit zwei Gruppen durchgeführter Versuch, mit dem das Ziel verfolgt wird, festzustellen, welche(s) von zwei Behandlungen, Produkten, Verfahren oder Ähnlichem besser ist. Häufig wird als eine der beiden Behandlungen die bereits vorhandene (Standard-)Behandlung herangezogen bzw., sofern keine vorhanden ist, der Zustand mit keiner Behandlung, der als *Kontrollgruppe* dient. Eine häufig angestellte Hypothese ist, dass eine neue Behandlung besser ist als die bisherige (die Kontrollgruppe).

Schlüsselbegriffe zum A/B-Test

Behandlung
: Etwas (Medikament, Preis, Webschlagzeile), dem ein Subjekt ausgesetzt ist.

  Synonyme
  : Treatment, Variante, Intervention (nur bei klinischen Studien)

Behandlungsgruppe
: Eine Gruppe von Subjekten, die einer bestimmten Behandlung ausgesetzt sind.

Kontrollgruppe
: Eine Gruppe von Versuchssubjekten, die keiner (oder einer Standard-)Behandlung ausgesetzt sind.

Randomisierung
: Der Prozess der zufälligen Zuordnung von Subjekten zu Behandlungen.

Subjekte
: Die den Behandlungen ausgesetzten Individuen (Webbesucher, Patienten usw.).

Teststatistik
: Die Metrik, mit der die Wirkung bzw. der Effekt der Behandlung gemessen wird.

A/B-Tests sind vor allem in Webdesign und Marketing sehr verbreitet, da die Ergebnisse dort relativ schnell messbar sind. Einige Beispiele für A/B-Tests sind der Vergleich:

- zweier Bodenbehandlungen, um festzustellen, bei welcher das Saatgut besser keimt,
- zweier Therapien, um herauszufinden, welche eine Krebserkrankung wirksamer bekämpft,
- zweier verschiedener Preise, um zu ermitteln, welcher zu einem höheren Nettogewinn führt,

- zweier Schlagzeilen für einen Webartikel, um zu klären, welche mehr Klicks generiert (siehe Abbildung 3-2),
- zweier Webanzeigen, um zu untersuchen, welche mehr Konversionen bewirkt.

Abbildung 3-2: Marketingspezialisten testen fortlaufend eine Webpräsenz gegen eine andere.

Ein ordnungsgemäß durchgeführter A/B-Test sieht *Subjekte* vor, die entweder der einen oder der anderen Behandlung zugeordnet werden können. Das Subjekt kann eine Person sein, ein Pflanzensamen, ein Webbesucher usw. Der springende Punkt ist, dass das Subjekt der Behandlung ausgesetzt wird. Idealerweise werden die Subjekte *randomisiert* ausgewählt, d.h. zufällig den beiden Gruppen zugewiesen. Auf diese Weise wissen Sie, dass jeder Unterschied zwischen den Behandlungsgruppen auf (mindestens) einen von zwei Faktoren zurückzuführen ist:

- Die Wirkung der verschiedenen Behandlungen.
- Glück bei der Auslosung, bei der die Subjekte den beiden Behandlungen zugeordnet werden (d.h., die zufällige Zuordnung kann dazu geführt haben, dass die (in Bezug auf die Wirkung) von Natur aus leistungsfähigeren Subjekte in A oder B überrepräsentiert sind).

Sie müssen auch darauf achten, welche *Teststatistik* Sie zum Vergleich von Gruppe A mit Gruppe B heranziehen. Die vielleicht gebräuchlichste in der Data Science zielt auf binäre Variablen ab: Klick oder kein Klick, kaufen oder nicht kaufen, Betrug oder kein Betrug und so weiter. Die Ergebnisse würden in einer 2×2-Tabelle zusammengefasst werden. Tabelle 3-1 zeigt eine 2×2-Tabelle eines realen Versuchs für einen Preisvergleich (siehe »Statistische Signifikanz und p-Werte« auf Seite 108 für eine weitere Erläuterung dieser Ergebnisse).

Tabelle 3-1: 2×2-Tabelle mit den Ergebnissen eines statistischen Versuchs im E-Commerce

Ergebnis	Preis A	Preis B
Konversion	200	182
Keine Konversion	23.539	22.406

Wenn es sich bei der Metrik um eine kontinuierliche Variable (Kaufbetrag, Gewinn usw.) oder eine Häufigkeit (z. B. Krankenhaustage, besuchte Seiten) handelt, wird das Ergebnis möglicherweise anders dargestellt. Wäre man nicht an der Konversion, sondern am Umsatz pro Seitenaufruf interessiert, könnten die Ergebnisse des Preisvergleichs aus Tabelle 3-1 in den gängigen Softwarelösungen so aussehen:

Umsatz/Seitenaufruf bei Preis A: Mittelwert = 3.87, SD = 51.10

Umsatz/Seitenaufruf bei Preis B: Mittelwert = 4.11, SD = 62.98

SD bezieht sich auf die Standardabweichung (engl. *Standard Deviation*) der Werte innerhalb der jeweiligen Gruppe.

Nur weil Statistikprogramme – einschließlich *R* und *Python* – standardmäßig eine bestimmte Ausgabe erzeugen, bedeutet das nicht, dass alle Angaben darin nützlich oder relevant sind. Wie Sie sehen können, sind im vorherigen Beispiel die Angaben zur Standardabweichung nicht sonderlich hilfreich; auf den ersten Blick deuten sie darauf hin, dass zahlreiche Werte negativ sein könnten, obwohl negative Einnahmen in diesem Zusammenhang nicht plausibel sind. Die Daten bestehen zu einem sehr kleinen Teil aus relativ hohen Werten (Umsatz infolge von Seitenaufrufen mit Konversion) und einem großen Anteil von 0-Werten (kein Umsatz infolge von Seitenaufrufen ohne Konversion). Es ist schwierig, die Streuung solcher Daten mit einer einzigen Zahl zusammenzufassen. Doch in diesem Fall erscheint die mittlere absolute Abweichung vom Mittelwert (7,68 für A und 8,15 für B) sicherlich vernünftiger als die Standardabweichung.

Warum eine Kontrollgruppe nutzen?

Warum überspringen wir nicht einfach die Auswahl einer Kontrollgruppe und führen einen Versuch durch, bei dem die im Interesse stehende Behandlung nur auf eine Gruppe angewendet und das Ergebnis mit früheren Erfahrungen verglichen wird?

Ohne eine Kontrollgruppe gäbe es keine Sicherstellung dafür, dass »alle anderen Dinge gleich sind« und dass jeder Unterschied wirklich auf die Behandlung (oder den Zufall) zurückzuführen ist. Wenn Sie eine Kontrollgruppe haben, unterliegt diese den gleichen Bedingungen (mit Ausnahme der im Fokus stehenden Behandlung) wie die Behandlungsgruppe. Wenn Sie lediglich einen Vergleich mit dem »Ausgangswert« oder früheren Erfahrungen anstellen, können sich außer der Behandlung auch andere Faktoren unterscheiden.

»Verblindung« in Studien

Eine *Blindstudie* ist eine Studie, bei der die Subjekte nicht wissen, ob sie Behandlung A oder Behandlung B erhalten. Das bloße Bewusstsein, eine bestimmte Behandlung zu erhalten, kann die Wirkung beeinflussen. Eine *Doppelblindstudie* ist eine Studie, bei der die Forscher und weitere Beteiligte (z. B. Ärzte und Krankenschwestern in einer medizinischen Studie) ebenfalls nicht wissen, welche Subjekte welche Behandlung erhalten. Eine Verblindung ist nicht möglich, wenn die Art der Behandlung offensichtlich ist – z. B. bei einer Studie, bei der man eine kognitive Therapie an einem Computer mit der Behandlung durch einen Psychologen vergleicht.

In der Data Science finden A/B-Tests typischerweise in einem Webkontext Verwendung. Entsprechende Behandlungen könnten das Design einer Webseite, der Preis eines Produkts, der Wortlaut einer Schlagzeile oder ein anderer Aspekt sein. Es bedarf einiger Vorüberlegungen, um die Prinzipien der Randomisierung zu gewährleisten. Das Subjekt ist dabei typischerweise der Webbesucher, und die Ergebnisse (bzw. die Wirkung), an deren Messung wir interessiert sind, sind Klicks, Käufe, die Besuchsdauer, die Anzahl der besuchten Seiten, das Wissen, ob eine bestimmte Seite besucht wird, und ähnliche Fragestellungen. Bei einem gewöhnlichen A/B-Test müssen Sie sich im Voraus für eine Metrik entscheiden. Eigentlich könnten mehrere Verhaltensmetriken gesammelt werden und auch von Interesse sein. Doch wenn der Versuch zu einer validen Entscheidungsgrundlage bei der Wahl zwischen Behandlung A und Behandlung B führen soll, muss zuvor eine einzige Metrik bzw. *Teststatistik* festgelegt werden. Die Auswahl einer Teststatistik *nach* der Durchführung des Versuchs birgt die Gefahr von Verzerrungen, die auf den Forscher zurückzuführen sind.

Warum lediglich A/B? Warum nicht auch C, D usw.?

Auch wenn sich A/B-Tests in den Bereichen Marketing und E-Commerce großer Beliebtheit erfreuen, so sind sie bei Weitem nicht die einzige Art von statistischen Versuchen, die es gibt. Es ist möglich, auch zusätzliche Behandlungen einzubeziehen oder wiederholte Messungen an den Subjekten durchzuführen. Insbesondere pharmazeutische Versuche, bei denen nur wenige Subjekte zur Verfügung stehen und diese oft nur sehr kostspielig und zeitlich verzögert in den Versuch integriert werden können, sind manchmal so konzipiert, dass es mehrere Möglichkeiten gibt, den Versuch zu beenden und zu einem Schluss zu gelangen.

In der herkömmlichen statistischen Versuchsplanung liegt der Schwerpunkt auf der Beantwortung einer statischen Frage hinsichtlich der Wirksamkeit bestimmter

Behandlungen. Data Scientists sind weniger an der Antwort auf diese Frage interessiert:

> Ist der Unterschied zwischen Preis A und Preis B statistisch signifikant?

als viel mehr an der Antwort hierauf:

> Welcher von mehreren möglichen Preisen ist der beste?

Für Fragestellungen dieser Art wird eine relativ neue Art des experimentellen Designs benötigt: der *n-armige Bandit* (engl. *Multi-Armed Bandit*) (siehe »Mehrarmige Banditen« auf Seite 136).

Erlaubnis einholen

Wenn menschliche Versuchspersonen in der wissenschaftlichen und medizinischen Forschung einbezogen werden, ist es in der Regel erforderlich, ihre Erlaubnis und die Zustimmung eines institutionellen Prüfungsausschusses einzuholen. Bei statistischen Versuchen im Unternehmensbereich, die im Rahmen des laufenden Betriebs durchgeführt werden, ist dies eher selten Usus. In den meisten Fällen (z. B. bei Versuchen zur Preisgestaltung oder bei Versuchen dazu, welche Schlagzeile gezeigt oder welches Angebot gemacht werden sollte) wird diese Praxis weitgehend akzeptiert. Facebook ist jedoch im Jahr 2014 durch diese verbreitete Praktik in die öffentliche Kritik geraten, als es mit der Emotionalität der Nachrichtenfeeds seiner Nutzer experimentierte. Facebook nutzte die Stimmungsanalyse, um die Posts im Nachrichtenfeed als positiv oder negativ zu klassifizieren, und änderte dann das positive bzw. negative Gleichgewicht hinsichtlich dessen, was der Nutzer zu sehen bekam. Einige nach dem Zufallsprinzip ausgewählte Nutzer erhielten mehr positive Beiträge, während anderen mehr negative Beiträge eingeblendet wurden. Facebook stellte fest, dass die Nutzer, die einen positiveren Newsfeed erlebten, mit größerer Wahrscheinlichkeit selbst positiv konnotierte Posts schreiben und umgekehrt. Das Ausmaß des Effekts war jedoch gering. Zudem sah sich Facebook einer großen Kritik ausgesetzt, da die Nutzer keine Kenntnis über den Versuch bekamen. Einige hatten sogar darüber spekuliert, dass Facebook einige extrem depressive Nutzer über die Klippe geschubst haben könnte, wenn sie mit der negativen Version ihres Feeds konfrontiert waren.

Kernideen

- Die Subjekte werden zwei (oder mehr) Gruppen zugeordnet, die exakt gleich behandelt werden mit der Ausnahme, dass die Behandlung, die untersucht wird, von einer Gruppe zur anderen unterschiedlich ist.
- Im Idealfall werden die Subjekte den Gruppen nach dem Zufallsprinzip zugeteilt.

Weiterführende Literatur

- Vergleiche zweier Gruppen (A/B-Tests) gehören zum Grundrepertoire der klassischen Statistik. Dementsprechend werden die entsprechenden Gestaltungsprinzipien und Inferenzverfahren in so gut wie jedem einführenden Statistikbuch ausführlich vermittelt. In dem Buch *Introductory Statistics and Analytics: A Resampling Perspective* von Peter Bruce (Wiley, 2014) können Sie mehr zu Resampling-Methoden und A/B-Tests im datenwissenschaftlichen Kontext erfahren.
- Beim Testen von Webinhalten können die logistischen Aspekte des Testens genauso herausfordernd sein wie die statistischen. Eine gute erste Orientierung hierzu bietet der Google-Analytics-Hilfeabschnitt zu statistischen Versuchen (*https://oreil.ly/mAbqF*).
- Beherzigen Sie am besten nicht alle Ratschläge, auf die Sie im Internet in den unzähligen Leitfäden zur Durchführung von A/B-Tests stoßen; dort finden Sie z. B. Ratschläge wie: »Warten Sie auf insgesamt etwa 1.000 Besucher und stellen Sie sicher, dass Sie den Test eine Woche lang durchführen.« Solche allgemeinen Faustregeln sind statistisch nicht aussagekräftig; weitere Einzelheiten finden Sie in »Trennschärfe und Stichprobengröße« auf Seite 140.

Hypothesentests

In Forschungsartikeln sind Hypothesentests, die auch *Signifikanztests* genannt werden, im Rahmen von klassischen statistischen Analysen häufig anzutreffen. Ihr Zweck ist es, Ihnen Aufschluss darüber zu geben, ob der Zufall für einen beobachtbaren Effekt verantwortlich sein könnte.

Schlüsselbegriffe für Hypothesentests

Nullhypothese
: Die Hypothese, dass der Zufall verantwortlich ist.

Alternativhypothese
: Gegensatz der Nullhypothese (was Sie zu beweisen hoffen).

Einseitiger Hypothesentest
: Ein Hypothesentest, bei dem Zufallsereignisse nur in eine Richtung berücksichtigt werden.

Zweiseitiger Hypothesentest
: Ein Hypothesentest, der Zufallsereignisse in beide Richtungen berücksichtigt.

Ein A/B-Test (siehe »A/B-Test« auf Seite 92) wird typischerweise mit einer Hypothese im Sinn entwickelt. Die Hypothese könnte zum Beispiel lauten, dass Preis B einen höheren Gewinn abwirft. Wozu benötigen wir überhaupt eine Hypothese? Warum sehen wir uns nicht einfach das Ergebnis des Versuchs an und entscheiden uns für die Behandlung, die in unseren Augen besser abschneidet?

Die Antwort liegt in der Tendenz des menschlichen Geistes, das Ausmaß des natürlichen zufälligen Verhaltens zu unterschätzen. Folglich fällt es uns schwer, Extremereignisse, sogenannte »schwarze Schwäne«, vorherzusehen (siehe »Verteilungen mit langen Verteilungsenden« auf Seite 76). Eine weitere Erscheinung ist die menschliche Neigung, zufällige Ereignisse fälschlicherweise als bedeutungsvolle Muster zu deuten. Statistische Hypothesentests wurden entwickelt, um Forscher davor zu schützen, vom Zufall fehlgeleitet zu werden.

Den Zufall fehldeuten

Führen Sie folgendes Experiment durch, und Sie werden die menschliche Neigung beobachten können, den Zufall zu unterschätzen. Bitten Sie mehrere Freunde, sich eine beliebige zufällige Abfolge von 50 Münzwürfen auszudenken und zu notieren. Bitten Sie sie dann, tatsächlich 50 Mal eine Münze zu werfen und die Ergebnisse ebenfalls festzuhalten. Lassen Sie sie die Ergebnisse für die echten Münzwürfe auf einen Stapel legen und die ausgedachten Ergebnisse auf einen anderen. Es ist leicht zu erkennen, welche Ergebnisse die echten sind: die mit längeren Abfolgen aufeinanderfolgender Kopf- bzw. Zahl-Würfen. Bei 50 *tatsächlich* durchgeführten Münzwürfen ist es keineswegs ungewöhnlich, fünf- oder sechsmal »Kopf« bzw. »Zahl« in Folge zu sehen. Wenn sich die meisten von uns jedoch zufällige Münzwürfe ausdenken und wir drei oder vier Mal »Kopf« in Folge angegeben haben, sagen wir uns, dass wir besser zu »Zahl« wechseln sollten, damit die Zahlenfolge zufällig erscheint.

Die Kehrseite dieser Medaille ist, dass wir, wenn wir *tatsächlich* etwas Vergleichbares wie sechsmal »Kopf« in Folge sehen (z. B. wenn eine Schlagzeile eine andere um 10% übertrifft), geneigt sind, es auf etwas Reales zurückzuführen und nicht auf bloßen Zufall.

In einem sorgfältig konzipierten A/B-Test sammeln Sie die Daten zu den Behandlungen A und B in solch einer Weise, dass jeder wahrzunehmende Unterschied zwischen A und B auf eine der folgenden beiden Ursachen zurückzuführen sein muss:

- Zufall bei der Zuordnung der Subjekte
- ein tatsächlicher Unterschied zwischen A und B

Ein statistischer Hypothesentest dient als weitere Analysemöglichkeit eines A/B-Tests oder eines beliebigen randomisierten Versuchs, um zu beurteilen, ob der Zufall eine vernünftige Erklärung für den beobachteten Unterschied zwischen den Gruppen A und B bietet.

Die Nullhypothese

Hypothesentests folgen einer gewissen Logik: »Angesichts der menschlichen Neigung, auf ungewöhnliches, aber dennoch zufälliges Verhalten zu reagieren und es als etwas Sinnvolles und Reales zu interpretieren, verlangen wir in unseren Versuchen den Nachweis, dass der Unterschied zwischen den Gruppen ausgeprägter ist als das, was der Zufall vernünftigerweise hervorbringen könnte.« Dabei trifft man die Grundannahme, dass die Behandlungen an sich gleichwertig sind und jeder Unterschied zwischen den Gruppen auf Zufall zurückzuführen ist. Diese Grundannahme bezeichnet man als *Nullhypothese*. Unsere Hoffnung ist also, dass wir die Nullhypothese tatsächlich *widerlegen* und aufzeigen können, dass die Ergebnisse der Gruppen A und B unterschiedlicher ausfallen als das, was der Zufall hervorbringen könnte.

Eine Möglichkeit dazu bietet das Resampling-Permutationsverfahren, bei dem wir die Ergebnisse aus den Gruppen A und B zunächst miteinander vermischen (engl. *shuffle*), um die Daten anschließend wiederholt (zufällig) in Gruppen gleicher Größe einzuteilen und zu beobachten, wie oft der Unterschied so stark ausgeprägt ist wie der ursprünglich ermittelte. Die Vermischung der Ergebnisse aus den Gruppen A und B und die wiederholte Stichprobenziehung (Resampling) aus ihnen verkörpert unsere Nullhypothese, dass die Gruppen A und B (hinsichtlich eines Ergebnisses) gleich und austauschbar sind – auch bezeichnet als Nullmodell (siehe »Resampling« auf Seite 101).

Die Alternativhypothese

Hypothesentests beinhalten ihrer Natur nach nicht nur eine Nullhypothese, sondern auch eine gegensätzliche Alternativhypothese. Hier einige Beispiele:

- Nullhypothese = »kein Unterschied zwischen den Mittelwerten von Gruppe A und Gruppe B«; Alternativhypothese = »A unterscheidet sich von B« (größer oder kleiner)
- Nullhypothese = »A ≤ B«; Alternativhypothese = »A > B«
- Nullhypothese = »B ist nicht X% größer als A«; Alternativhypothese = »B ist X% größer als A«

Zusammengenommen, müssen die Null- und Alternativhypothesen alle Möglichkeiten abdecken. Die Art der Nullhypothese bestimmt die Struktur des Hypothesentests.

Einseitige und zweiseitige Hypothesentests

Häufig testet man im Rahmen eines A/B-Tests eine neue Variante (beispielsweise B) gegen eine etablierte Standardvariante (A) und geht davon aus, bei der Standardvariante zu bleiben, es sei denn, die neue Variante erweist sich definitiv als besser. Ein Hypothesentest schützt Sie davor, sich vom Zufall geleitet für Variante B zu entscheiden. Dabei kann es Ihnen egal sein, ob Sie der Zufall in die andere Richtung zu Variante A leitet, da Sie annahmegemäß bei A bleiben würden, es sei denn, B erweist sich definitiv als besser. Sie möchten also eine *gerichtete* Alternativhypothese (B ist besser als A). In einem solchen Fall verwenden Sie einen *einseitigen* Hypothesentest. Das bedeutet, dass extreme Zufallsergebnisse zur Berechnung des p-Werts nur hinsichtlich einer Richtung berücksichtigt werden.

Wenn Sie sich durch einen Hypothesentest davor schützen wollen, durch Zufall entweder in die eine oder auch in die andere Richtung geleitet zu werden, ist die alternative Hypothese *zweiseitig* (A ist anders als B, also größer oder kleiner). Dementsprechend spricht man in einem solchen Fall von einer *zweiseitigen* (bzw. ungerichteten) Hypothese. Das bedeutet, dass extreme zufällige Ergebnisse zur Ermittlung des p-Werts in beide Richtungen herangezogen werden.

Ein einseitiger Hypothesentest deckt sich oft mit der Vorgehensweise zur Entscheidungsfindung im Zusammenhang mit A/B-Tests, bei denen eine Entscheidung getroffen werden muss, eine Option in der Regel die »Standardvariante« darstellt und sich die andere erst als besser erweisen muss. In statistischen Programmen wie z.B. *R* und `scipy` in *Python* sind zweiseitige Tests als Standardausgabe vorgesehen, und viele Statistiker entscheiden sich für den konservativeren zweiseitigen Test, nur um Diskussionen zu vermeiden. Ob nun einseitiger oder zweiseitiger Test, das bleibt oftmals eine verwirrende Frage, die nicht so relevant für die Data Science ist, da dort die Genauigkeit der ermittelten p-Werte nicht sonderlich ins Gewicht fällt.

Kernideen

- Eine Nullhypothese ist ein logisches Konstrukt, das die Vorstellung widerspiegelt, dass nichts Besonderes passiert, und jeder Effekt, den Sie beobachten, auf Zufall zurückzuführen ist.
- Beim Hypothesentest geht man – basierend auf einem »Nullmodell« (einem Wahrscheinlichkeitsmodell) – davon aus, dass die Nullhypothese wahr ist, und prüft, ob der beobachtete Effekt auf Grundlage des Modells vertretbar ist.

Weiterführende Literatur

- Eine lesenswerte Darstellung, wie unser Leben »vom Zufall regiert wird«, bietet das Buch *The Drunkard's Walk* von Leonard Mlodinow (Pantheon, 2008).
- David Freedmans, Robert Pisanis und Roger Purves' Buchklassiker *Statistics*, 4. Auflage (W. W. Norton, 2007), besticht durch einen hervorragenden nicht mathematischen Ansatz zu den meisten statistischen Themen, insbesondere Hypothesentests.
- In dem Buch *Introductory Statistics and Analytics: A Resampling Perspective* von Peter Bruce (Wiley, 2014) finden Sie eine Erläuterung zu Hypothesentests, die auf Resampling-Verfahren basieren.

Resampling

In der Statistik bedeutet *Resampling*, dass Werte mittels Stichprobenziehung wiederholt aus einem beobachteten Datensatz erhoben werden mit dem allgemeinen Ziel, die zufällige Streuung einer bestimmten Statistik zu beurteilen. Es kann auch herangezogen werden, um die Genauigkeit einiger Modelle im Bereich des maschinellen Lernens zu bewerten und zu verbessern (z.B. können die Vorhersagen von Entscheidungsbäumen, die auf mehreren Bootstrap-Datensätzen fußen, in einem Verfahren gemittelt werden, das als *Bagging* bekannt ist, siehe »Bagging und Random Forests« auf Seite 271).

Es gibt zwei grundlegende Arten von Resampling-Verfahren: das *Bootstrap-Verfahren* und *Permutationstests*. Bootstrap-Verfahren werden verwendet, um die Reliabilität einer Schätzung zu beurteilen; das Verfahren wurde bereits im vorherigen Kapitel aufgezeigt (siehe »Bootstrap-Verfahren« auf Seite 65). Permutationstests werden zum Testen von Hypothesen verwendet, in die typischerweise zwei oder mehr Gruppen einbezogen werden. Sie werden in diesem Abschnitt erläutert.

Schlüsselbegriffe zum Resampling

Permutationstest
: Das Verfahren, bei dem zwei oder mehr Stichproben miteinander kombiniert werden und die Beobachtungen zufällig (oder vollständig) auf neue Stichproben (sogenannte Resamples) verteilt werden.

  Synonyme
  : Randomisierungstest, zufälliger Permutationstest, exakter Test

Resampling
: Das wiederholte Ziehen von Stichproben (Resamples) aus einem beobachteten Datensatz.

Mit oder ohne Zurücklegen
: Festlegung, ob ein Element im Rahmen der Stichprobenziehung vor der nächsten Ziehung in die Stichprobe, aus der die Elemente gezogen werden, zurückgelegt wird oder nicht.

Permutationstest

Bei einem *Permutationsverfahren* sind zwei oder mehr Stichproben involviert, die typischerweise die Gruppen in einem A/B- oder anderen Hypothesentest darstellen. *Permutieren* bedeutet, die Reihenfolge einer gegebenen Menge von Werten zu ändern. Der erste Schritt in einem *Permutationstest* zum Testen einer Hypothese besteht darin, die Ergebnisse aus den Gruppen A und B (und, falls verwendet, C, D usw.) zu vermischen. Dies ist praktisch die logische Ausgestaltung der Nullhypothese, dass sich die Behandlungen, denen die Gruppen ausgesetzt waren, nicht unterscheiden. Wir testen dann diese Hypothese, indem wir zufällig Gruppen aus diesem kombinierten Datensatz ziehen und sehen, wie sehr sie sich voneinander unterscheiden. Das Permutationsverfahren läuft wie folgt ab:

1. Fassen Sie die Ergebnisse aus den verschiedenen Gruppen zu einem einzigen Datensatz zusammen.
2. Mischen Sie die zusammengeführten Daten und ziehen Sie dann nach dem Zufallsprinzip (ohne Zurücklegen) eine Stichprobe (Resample), die die gleiche Größe wie Gruppe A aufweist (und sicherlich auch einige Daten aus den anderen Gruppen enthalten wird).
3. Ziehen Sie erneut eine Zufallsstichprobe aus den verbleibenden Daten (ohne Zurücklegen), die den gleichen Stichprobenumfang wie Gruppe B hat.
4. Verfahren Sie für die Gruppen C, D usw. identisch. Sie haben nun einen Satz von Resamples vorliegen, die jeweils die gleiche Größe wie die ursprünglichen Stichproben haben.
5. Berechnen Sie die Statistik, die Sie für die ursprünglichen Gruppen (Stichproben) ermittelt hatten (z.B. den Unterschied in den Anteilen der Gruppen), nun auf Basis der Resamples und halten Sie sie fest; dies entspricht einer Iteration im Rahmen des Permutationsverfahrens.
6. Wiederholen Sie die vorherigen Schritte *R*-mal, um schließlich eine Permutationsverteilung der Teststatistik zu erhalten.

Vergleichen Sie anschließend den ursprünglichen, tatsächlich ermittelten Unterschied zwischen den Gruppen mit den Werten, die sich für die permutierten Gruppen ergibt. Wenn der tatsächliche Unterschied innerhalb der permutierten Unterschiede liegt, haben wir nichts bewiesen – der beobachtete Unterschied liegt im Bereich dessen, was der Zufall herbeiführen könnte. Liegt der tatsächliche Unterschied hingegen größtenteils außerhalb der Permutationsverteilung, schlussfolgern wir, dass der Zufall *nicht* für den beobachteten Unterschied verantwortlich ist. Technisch ausgedrückt, ist der Unterschied dann *statistisch signifikant* (siehe »Statistische Signifikanz und p-Werte« auf Seite 108.)

Beispiel: Die Affinität von Nutzern zu einem Webinhalt messen (Web-Stickiness)

Ein Unternehmen, das einen relativ hochwertigen Service anbietet, möchte testen, welche von zwei Webpräsenzen sich besser verkauft. Aufgrund des hohen Preises der Dienstleistung, die verkauft wird, sind Verkäufe selten und der Verkaufsprozess langwierig; es würde zu lange dauern, genügend viele Verkäufe zu erzielen, um abschätzen zu können, welche Webpräsenz die bessere ist. Daher beschließt das Unternehmen, die Ergebnisse mit einer Proxy-Variablen zu messen, indem es eine detaillierte Landingpage (*Interior Page*) verwendet, auf der die Dienstleistung beschrieben wird.

Eine *Proxy-Variable* ist eine Variable, die die eigentliche im Fokus stehende Variable repräsentiert und ersetzt, da diese möglicherweise nicht verfügbar, zu teuer oder zu zeitaufwendig zu erfassen ist. In der Klimaforschung wird z. B. der Sauerstoffgehalt von sehr alten Eiskernen als Proxy für die Temperatur verwendet. Es ist nützlich, zumindest ein paar Daten über die eigentliche Variable zur Hand haben, um das Ausmaß des Zusammenhangs zur Proxy-Variablen beurteilen zu können.

Eine mögliche Proxy-Variable, die wir als Unternehmen heranziehen könnten, ist die Anzahl der Klicks auf die detaillierte Landingpage. Eine noch bessere Variable wäre die Verweildauer eines Besuchers auf einer Seite. Man kann davon ausgehen, dass eine Webpräsenz (als einzelne Seite), die die Aufmerksamkeit der Besucher länger hält, zu mehr Verkäufen führt. Daher nehmen wir als Metrik die durchschnittliche Besuchsdauer auf einer Seite, um Seite A mit Seite B zu vergleichen.

Aufgrund der Tatsache, dass es sich um eine tiefer liegende Spezialseite handelt, gibt es keine große Anzahl von Besuchern. Zudem müssen wir bedenken, dass Google Analytics, das wir zur Messung der durchschnittlichen Besuchsdauer einsetzen, bei einer Sitzung eines Nutzers nicht die Besuchsdauer auf der letzten Seite misst, sondern als Wert null abspeichert, sofern der Nutzer auf dieser Seite keine Aktion vornimmt (wie Klicken oder Scrollen). Gleiches gilt für Sitzungen, die sich auf den Besuch einer einzigen Seite beschränken. Dementsprechend müssen wir die Daten noch bereinigen. Insgesamt erhalten wir 36 Sitzungen für die beiden unterschiedlichen Webpräsenzen – 21 für Seite A und 15 für Seite B. Mit `ggplot` können wir die Sitzungszeiten visuell vergleichen, indem wir nebeneinanderliegende Box-Plots verwenden:

```
ggplot(session_times, aes(x=Page, y=Time)) +
  geom_boxplot()
```

Beim entsprechenden `pandas`-Befehl `boxplot` können Sie das Schlüsselwortargument `by` nutzen, um die Abbildung zu erstellen:

```
ax = session_times.boxplot(by='Page', column='Time')
ax.set_xlabel('')
ax.set_ylabel('Zeit (in Sekunden)')
plt.suptitle('')
```

Der Box-Plot in Abbildung 3-3 zeigt, dass Sitzungen auf Seite B länger dauern als auf Seite A. Den Unterschied der Gruppenmittelwerte können wir in *R* wie folgt berechnen:

```
mean_a <- mean(session_times[session_times['Page'] == 'Page A', 'Time'])
mean_b <- mean(session_times[session_times['Page'] == 'Page B', 'Time'])
mean_b - mean_a
[1] 35.66667
```

In *Python* filtern wir die Werte des `pandas`-Data-Frame zunächst für die entsprechende Seite und bestimmen dann den Mittelwert der Spalte `Time`:

```
mean_a = session_times[session_times.Page == 'Page A'].Time.mean()
mean_b = session_times[session_times.Page == 'Page B'].Time.mean()
mean_b - mean_a
```

Seite B hat im Durchschnitt eine um 35,67 Sekunden längere Besuchsdauer als Seite A. Es stellt sich die Frage, ob dieser Unterschied im Bereich dessen liegt, was der Zufall hervorbringen könnte, d.h., ob er statistisch signifikant ist. Eine Möglichkeit, dies zu beantworten, besteht darin, einen Permutationstest anzuwenden, also alle Werte für die Besuchsdauern zusammenzufassen, sie dann wiederholt zu mischen und in Gruppen von 21 (erinnern Sie sich, dass $n_A = 21$ für Seite A) und 15 ($n_B = 15$ für Seite B) zu unterteilen.

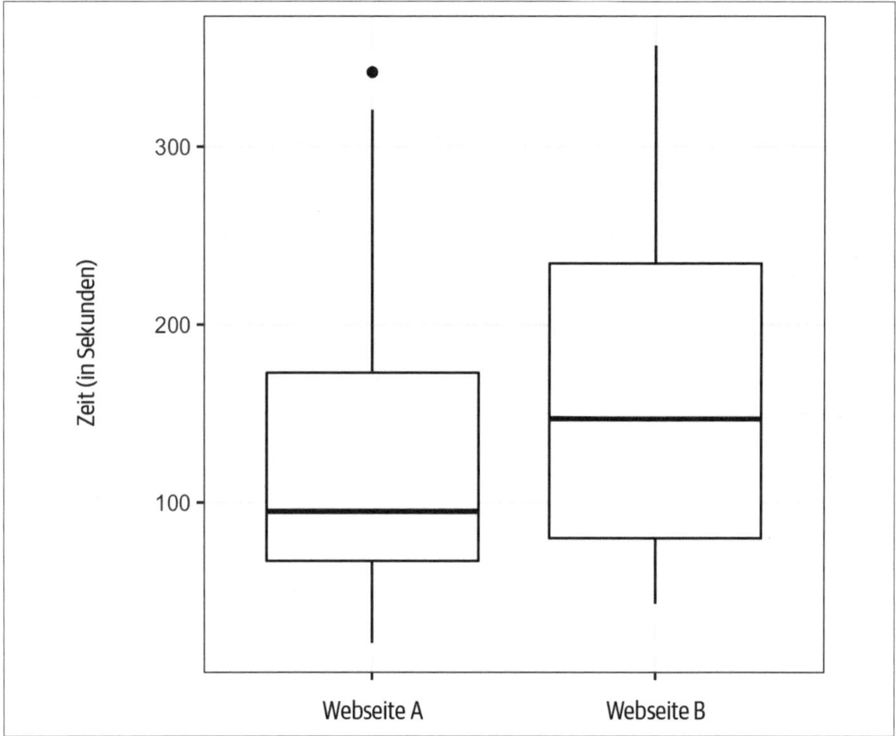

Abbildung 3-3: Besuchsdauern auf den Webseiten A und B

Um einen Permutationstest durchzuführen, benötigen wir eine Funktion, mit der wir die 36 Besuchsdauern nach dem Zufallsprinzip einer Gruppe von 21 (Seite A) und einer Gruppe von 15 Beobachtungen (Seite B) zuweisen können. In *R* lässt sich diese Funktion wie folgt formulieren:

```
perm_fun <- function(x, nA, nB)
{
  n <- nA + nB
  idx_b <- sample(1:n, nB)
  idx_a <- setdiff(1:n, idx_b)
  mean_diff <- mean(x[idx_b]) - mean(x[idx_a])
```

```
  return(mean_diff)
}
```

Mit dem folgenden Ansatz können Sie den Permutationstest in *Python* vornehmen:

```
def perm_fun(x, nA, nB):
    n = nA + nB
    idx_B = set(random.sample(range(n), nB))
    idx_A = set(range(n)) - idx_B
    return x.loc[idx_B].mean() - x.loc[idx_A].mean()
```

Mit dieser Funktion werden die Werte von n_B zufällig gewählten Indizes gezogen und Gruppe B zugeordnet (ohne Zurücklegen); die Werte der restlichen n_A-Indizes werden Gruppe A zugewiesen. Dann wird die Differenz zwischen beiden Mittelwerten berechnet und vorgemerkt. Der R = 1.000-malige Aufruf dieser Funktion mit den Argumenten $n_A = 21$ und $n_B = 15$ liefert uns eine Verteilung der Unterschiede in den Besuchsdauern, die wir uns als Histogramm darstellen lassen können. In *R* ist das relativ simpel mithilfe der Funktion `hist`:

```
perm_diffs <- rep(0, 1000)
for (i in 1:1000) {
  perm_diffs[i] = perm_fun(session_times[, 'Time'], 21, 15)
}
hist(perm_diffs, xlab='Unterschiede in Besuchsdauer (in Sekunden)')
abline(v=mean_b - mean_a)
```

In *Python* können wir mit der `matplotlib`-Bibliothek ein ähnliches Diagramm erstellen:

```
perm_diffs = [perm_fun(session_times.Time, nA, nB) for _ in range(1000)]

fig, ax = plt.subplots(figsize=(5, 5))
ax.hist(perm_diffs, bins=11, rwidth=0.9)
ax.axvline(x = mean_b - mean_a, color='black', lw=2)
ax.text(50, 190, 'Beobachteter\nUnterschied', bbox={'facecolor':'white'})
ax.set_xlabel('Unterschiede in Besuchsdauer (in Sekunden)')
ax.set_ylabel('Häufigkeit')
```

Aus dem Histogramm in Abbildung 3-4 ist ersichtlich, dass der Unterschied der Mittelwerte aus den zufälligen Permutationen häufig den tatsächlich beobachteten Unterschied in der Besuchsdauer (die vertikale Linie) übersteigt. Bei den vorliegenden Daten ist dies in 12,6 % aller Fälle so:

```
mean(perm_diffs > (mean_b - mean_a))
---
0.126
```

Da im Rahmen der Simulation Zufallszahlen verwendet werden, variiert der Prozentsatz, den man erhält. In der *Python*-Version haben wir zum Beispiel 12,1 % als Wert erhalten:

```
np.mean(perm_diffs > mean_b - mean_a)
---
0.121
```

Dies deutet darauf hin, dass der beobachtete Unterschied in der Besuchsdauer zwischen Seite A und Seite B durchaus im Bereich der rein zufälligen Abweichung liegt und somit statistisch nicht signifikant ist.

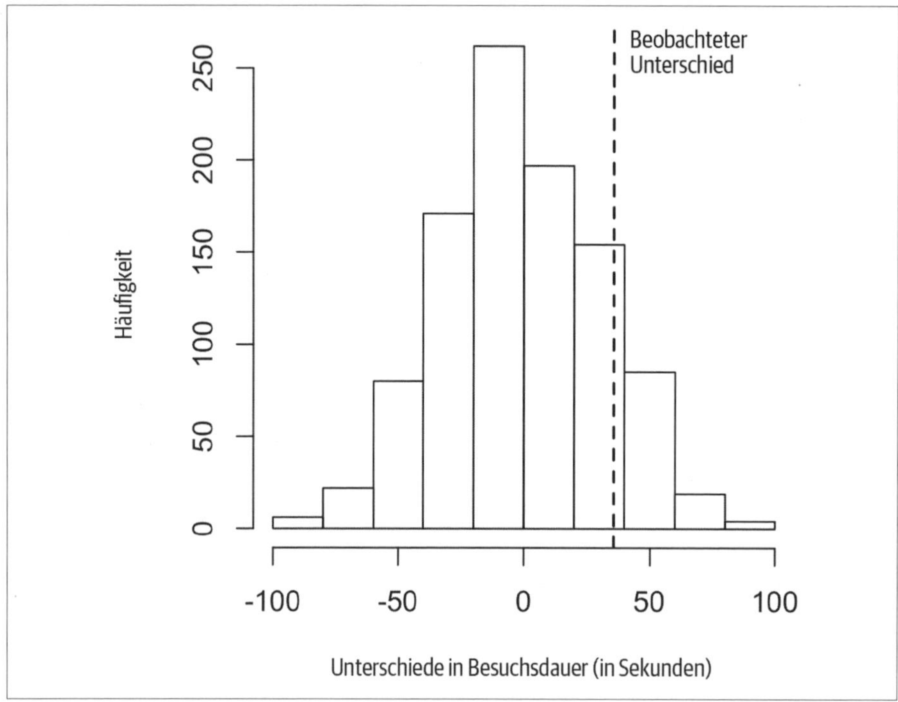

Abbildung 3-4: Häufigkeitsverteilung der Unterschiede in den durchschnittlichen Besuchsdauern auf den Seiten A und B; die vertikale Linie zeigt den tatsächlich beobachteten Unterschied.

Exakte und Bootstrap-Permutationstests

Zusätzlich zum vorhergehenden zufälligen Mischverfahren, auch *zufälliger Permutationstest* oder *Randomisierungstest* genannt, gibt es zwei weitere Varianten des Permutationstests:

- die *exakte Methode* mit vollständiger Permutation (engl. *Exhaustive Permutation Test*) und
- die *Bootstrap-Methode* (engl. *Bootstrap Permutation Test*).

In einem exakten Permutationstest werden die Daten nicht einfach zufällig gemischt und unterteilt, es werden alle Möglichkeiten bei der Unterteilung berücksichtigt. Dies ist nur bei relativ kleinen Stichprobengrößen sinnvoll. Je öfter wiederholt gemischt und zufällig unterteilt wird, desto stärker nähern sich die Ergebnisse des zufälligen Permutationstests denen des exakten Permutationstests an (in der Grenzwertbetrachtung). Permutationstests, bei denen die Permutationen vollständig vollzogen werden, bezeichnet man deshalb auch als *exakte Tests* – sie weisen die statistische Eigenschaft auf, dass sie gewährleisten, dass das Signifikanzniveau des Tests nicht über die eigentliche »Signifikanz« des Nullmodells hinausgeht (siehe »Statistische Signifikanz und p-Werte« auf Seite 108).

Bei der Bootstrap-Methode des Permutationstests werden die in den Schritten 2 und 3 des zufälligen Permutationstests beschriebenen Ziehungen *mit Zurücklegen* und nicht ohne Zurücklegen durchgeführt. Auf diese Weise wird durch das Resampling-Verfahren nicht nur die Zuweisung der Behandlung für die Subjekte, sondern auch die Auswahl der Subjekte aus einer Population als zufälliges Element modelliert. Beide Verfahren sind in der Statistik anzutreffen. Lediglich die Unterscheidung zwischen ihnen ist, was für die datenwissenschaftliche Praxis jedoch unerheblich ist, etwas verworren.

Permutationstests: ein geeigneter Ausgangspunkt in der Data Science

Permutationstests sind nützliche heuristische Verfahren zur Untersuchung der Rolle der zufälligen Streuung. Sie sind relativ einfach zu programmieren, zu interpretieren und zu erklären – und sie bieten einen nützlichen Umweg um den Formalismus und »falschen Determinismus« formelbasierter Statistiken, bei denen die Genauigkeit der »Formelantworten« uns dazu verleitet, ungerechtfertigte Gewissheit zu implizieren.

Eine der Vorzüge des Resamplings besteht darin, dass es im Gegensatz zu formelbasierten Ansätzen einem »One-size-fits-all«-Ansatz für Schlussfolgerungen viel näher kommt. Die Daten können sowohl numerisch als auch binär vorliegen. Die Stichprobengrößen können gleich oder unterschiedlich sein. Annahmen über eine Normalverteilung der Daten sind nicht erforderlich.

Kernideen

- Bei einem Permutationstest werden mehrere Stichproben miteinander kombiniert und dann gemischt.
- Die gemischten Werte werden dann in erneute Stichproben unterteilt, und die gewünschte Statistik wird berechnet.
- Dieser Vorgang wird dann wiederholt und die neue Statistik auf Grundlage der Resamples tabellarisch dargestellt.
- Durch den Vergleich des beobachteten Werts der Statistik mit der neuen Stichprobenverteilung (auf Basis der Resamples) können Sie beurteilen, inwieweit ein beobachteter Unterschied zwischen den Stichproben zufällig auftreten könnte.

Weiterführende Literatur

- Das Buch *Randomization Tests* von Eugene Edgington und Patrick Onghena, 4. Auflage (Chapman & Hall/CRC Press, 2007) – aber tauchen Sie vorerst lieber nicht zu tief in die Thematik der nicht zufälligen Stichprobenziehung (engl. *Nonrandom Sampling*) ein.
- Das einführende Buch von Peter Bruce, *Introductory Statistics and Analytics: A Resampling Perspective* (Wiley, 2014).

Statistische Signifikanz und p-Werte

Statistische Signifikanz bezeichnet die Art und Weise, wie Statistiker messen, ob ein Versuch (oder eine Studie mit vorhandenen Daten) ein Ergebnis liefert, das extremer ist als das, was durch Zufall entstehen könnte. Liegt das Ergebnis außerhalb des Bereichs der zufälligen Abweichung, gilt es als statistisch signifikant.

Schlüsselbegriffe zu statistischer Signifikanz und p-Werten

p-Wert
: Bei einem Wahrscheinlichkeitsmodell, das unserer Nullhypothese unterliegt, entspricht der p-Wert der Wahrscheinlichkeit, Ergebnisse zu erhalten, die mindestens so ungewöhnlich oder extrem wie die beobachteten Ergebnisse sind.

Irrtumswahrscheinlichkeit
: Der kritische Wahrscheinlichkeitswert (d. h. das Signifikanzniveau, das festgelegt wird), den Zufallsergebnisse überschreiten müssen, damit die tatsächlich beobachteten Ergebnisse als statistisch signifikant angesehen werden.

  Synonyme
  : Signifikanzniveau, Alpha, Alphaniveau

Fehler 1. Art
: Die irrtümliche Schlussfolgerung, dass tatsächlich ein Effekt vorhanden ist (obwohl er rein zufällig ist); wird auch als Alphafehler bezeichnet.

Fehler 2. Art
: Die irrtümliche Schlussfolgerung, dass ein Effekt auf Zufall beruht (obwohl er tatsächlich vorhanden ist), auch Betafehler genannt.

Betrachten Sie in Tabelle 3-2 die zuvor gezeigten Ergebnisse unseres Webtests.

Tabelle 3-2: 2×2-Tabelle mit Ergebnissen des E-Commerce-Versuchs

Ergebnis	Preis A	Preis B
Konversion	200	182
Keine Konversion	23,539	22,406

Preis A bewirkt fast 5% mehr Konversionen als Preis B (0,8425% = 200/(23539 + 200) × 100 gegenüber 0,8057% = 182/(22406 + 182) × 100 – ein Unterschied von 0,0368 Prozentpunkten). Bei hohem Geschäftsvolumen würde dies einen beträchtlichen Unterschied ausmachen. Wir haben über 45.000 Datenpunkte vorliegen. Es ist verlockend, dies als »große Datenmenge« abzutun, die keine Tests zur statistischen Signifikanz erfordern würde (die vor allem zur Berücksichtigung der Stichprobenvariabilität bei kleinen Stichproben erforderlich sind). Die Konversionsraten fallen jedoch so gering aus (niedriger als 1%), dass die eigentlich aussagekräftigen Werte – die Anzahl der Konversionen – nur im Hunderterbereich liegen und diese die Werte darstellen, die die erforderliche Stichprobengröße bestimmen. Wir können mithilfe eines Resampling-Verfahrens testen, ob der Unterschied in den Konversionen bei den Preisen A und B innerhalb des Bereichs der *zufälligen Abweichung* liegt. Unter zufälliger Abweichung verstehen wir die Abweichung, die durch ein Wahrscheinlichkeitsmodell erzeugt wird, das die Nullhypothese widerspiegelt, dass es keinen Unterschied in den Konversionsraten gibt (siehe »Die Nullhypothese« auf Seite 99). Mit dem Permutationsverfahren wird der Frage nachgegangen: »Angenommen, beide Preise hätten die gleiche Konversionsrate – könnten zufällige Abweichungen dann für einen Unterschied von fast 5% verantwortlich sein?«

1. Legen Sie mehrere Karten, die entweder mit 1 oder mit 0 beschriftet sind, in einem Verhältnis in eine Urne, das der gemeinsamen Konversionsrate von 382 Einsen zu 45.945 Nullen entspricht (= 0,008246 = 0,8246%).
2. Mischen Sie die Karten und ziehen Sie eine Stichprobe (Resample) mit 23.739 Karten (selbes *n* wie Preis A) und vermerken Sie die Anzahl an Einsen.
3. Notieren Sie sich die Anzahl an Einsen, die sich in den verbleibenden 22.588 Karten befinden (selbes *n* wie Preis B).
4. Vermerken Sie die Differenz beider Stichproben hinsichtlich des Anteils an Einsen.
5. Wiederholen Sie die Schritte 2 bis 4.
6. Wie oft war die Differenz >= 0,0368?

Um ein Histogramm der zufällig permutierten Unterschiede in der Konversionsrate in *R* zu erstellen, können wir erneut die zuvor in »Beispiel: Die Affinität von Nutzern zu einem Webinhalt messen (Web-Stickiness)« auf Seite 102 definierte Funktion `perm_fun` heranziehen:

```
obs_pct_diff <- 100 * (200 / 23739 - 182 / 22588)
conversion <- c(rep(0, 45945), rep(1, 382))
perm_diffs <- rep(0, 1000)
for (i in 1:1000) {
  perm_diffs[i] = 100 * perm_fun(conversion, 23739, 22588)
}
hist(perm_diffs, xlab='Konversionsrate (in Prozent)', main='')
abline(v=obs_pct_diff)
```

In *Python* lautet der entsprechende Code:

```
obs_pct_diff = 100 * (200 / 23739 - 182 / 22588)
print(f'Beobachtete Differenz: {obs_pct_diff:.4f}%')
conversion = [0] * 45945
conversion.extend([1] * 382)
conversion = pd.Series(conversion)

perm_diffs = [100 * perm_fun(conversion, 23739, 22588)
              for _ in range(1000)]

fig, ax = plt.subplots(figsize=(5, 5))
ax.hist(perm_diffs, bins=11, rwidth=0.9)
ax.axvline(x=obs_pct_diff, color='black', lw=2)
ax.text(0.06, 200, 'Beobachteter\nUnterschied', bbox={'facecolor':'white'})
ax.set_xlabel('Konversionsrate (in Prozent)')
ax.set_ylabel('Häufigkeit')
```

Sehen Sie sich das Histogramm für 1.000 Werte, die wir auf Basis der Resamples erhalten, in Abbildung 3-5 an. Wie es der Zufall will, liegt in diesem Fall die beobachtete Differenz von 0,0368 % deutlich im Bereich der zufälligen Abweichung.

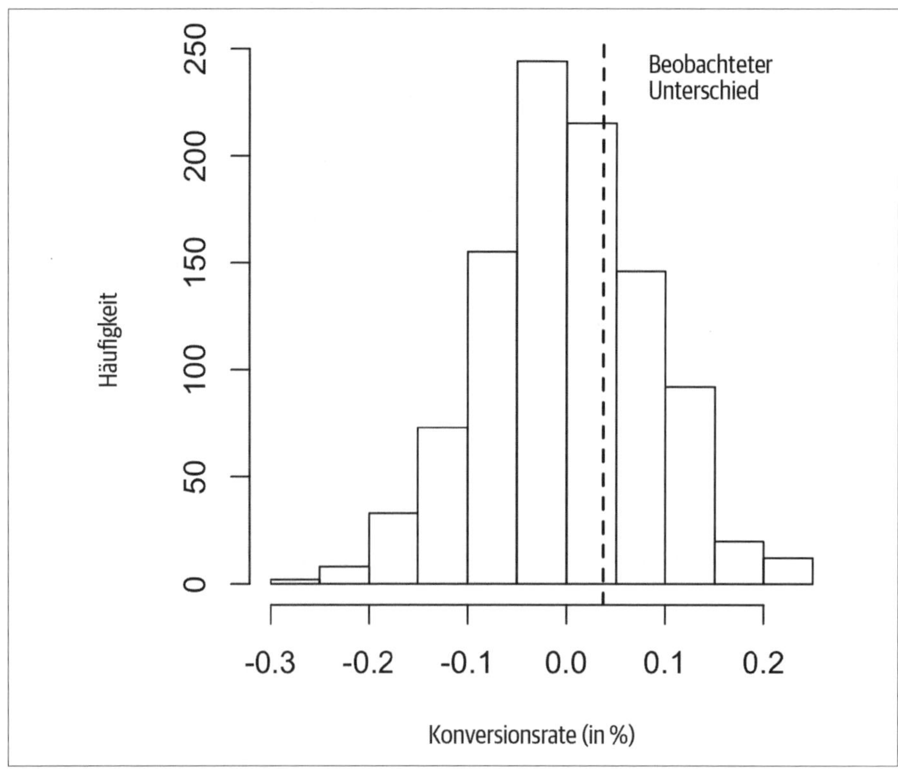

Abbildung 3-5: Häufigkeitsverteilung der Differenzen zwischen den Konversionsraten von Preis A und B

p-Wert

Ein Diagramm zu betrachten, ist keine sehr präzise Art und Weise, die statistische Signifikanz zu messen. Dementsprechend ist der *p-Wert* von größerem Interesse. Dies ist die Häufigkeit, mit der das Wahrscheinlichkeitsmodell ein Ergebnis liefert, das extremer als das beobachtete Ergebnis ist. Wir können den p-Wert mit unserem Permutationstest schätzen. Hierzu nehmen wir den Anteil der Fälle, in denen der Permutationstest eine Differenz erzeugt, die gleich der beobachteten Differenz oder größer ist:

```
mean(perm_diffs > obs_pct_diff)
[1] 0.308
np.mean([diff > obs_pct_diff for diff in perm_diffs])
```

Dabei machen wir uns den Umstand zunutze, das sowohl *R* als auch *Python* einen wahren Ausdruck als 1 (wenn die Differenz größer ist) und einen falschen als 0 interpretiert. Der p-Wert beläuft sich auf 0,308. Das bedeutet, dass wir erwarten würden, ein so extremes Ergebnis wie dieses oder ein extremeres in mehr als 30 % der Fälle zufällig zu erhalten.

In diesem Fall hätten wir keinen Permutationstest benötigt, um den p-Wert zu erhalten. Da wir eine binomialverteilte Größe vorliegen haben, können wir den p-Wert näherungsweise bestimmen. In *R* steht uns die Funktion `prop.test` zur Verfügung:

```
> prop.test(x=c(200, 182), n=c(23739, 22588), alternative='greater')

	2-sample test for equality of proportions with continuity correction

data:  c(200, 182) out of c(23739, 22588)
X-squared = 0.14893, df = 1, p-value = 0.3498
alternative hypothesis: greater
95 percent confidence interval:
 -0.001057439  1.000000000
sample estimates:
     prop 1      prop 2
0.008424955 0.008057376
```

Das Argument `x` entspricht der Anzahl der Erfolge jeder Gruppe und das Argument `n` der Anzahl der Versuche.

Die Methode `scipy.stats.chi2_contingency` sieht vor, dass die Werte wie in Tabelle 3-2 gezeigt vorliegen:

```
survivors = np.array([[200, 23739 - 200], [182, 22588 - 182]])
chi2, p_value, df, _ = stats.chi2_contingency(survivors)

print(f'p-Wert für einseitigen Test: {p_value / 2:.4f}')
```

Die auf der Normalverteilung basierende Approximation liefert einen p-Wert von 0,3498, was dem p-Wert nahe kommt, den wir beim Permutationstest erhalten haben.

Signifikanzniveau

Statistiker missbilligen die Praxis, es dem Forscher zu überlassen, zu bestimmen, ob ein Ergebnis »zu ungewöhnlich« ist, um zufällig zu passieren. Vielmehr wird im Voraus ein Schwellenwert festgelegt wie etwa »extremer als 5% der Zufallsergebnisse (Nullhypothese)«; dieser Schwellenwert wird als *Irrtumswahrscheinlichkeit* bzw. *Signifikanzniveau* (engl. *Alpha*) bezeichnet. Typische Werte für das Signifikanzniveau sind 5% und 1%. Jedes gewählte Niveau ist eine willkürliche Entscheidung – wir wissen nichts über den Prozess, der uns x% der Zeit korrekte Entscheidungen garantiert. Das liegt daran, dass die Wahrscheinlichkeitsfrage, die beantwortet wird, *nicht* lautet: »Wie hoch ist die Wahrscheinlichkeit, dass dies zufällig geschehen ist?«, sondern: »Gegeben sei ein Zufallsmodell, wie hoch ist die Wahrscheinlichkeit eines so extremen Ergebnisses?« Wir leiten dann Rückschlüsse über die Angemessenheit des Zufallsmodells ab, aber dieses Urteil ist nicht mit einer Wahrscheinlichkeit verbunden. Dieser Punkt hat schon oft für Verwirrung gesorgt.

Die Kontroverse um den p-Wert

Die Verwendung des p-Werts wurde in den letzten Jahren sehr kontrovers diskutiert. Eine psychologische Zeitschrift ist so weit gegangen, die Verwendung von p-Werten in eingereichten Arbeiten mit der Begründung zu »verbieten«, dass allein auf dem p-Wert basierende Publikationsentscheidungen zur Veröffentlichung schlechter Forschung führten. Zu viele Forscher, denen nur wenig bewusst ist, was ein p-Wert wirklich bedeutet, suchen in den Daten und zwischen verschiedenen möglichen Hypothesen, die es zu testen gilt, bis sie eine Kombination finden, die einen signifikanten p-Wert und damit einen für die Veröffentlichung geeigneten Artikel ermöglichen.

Das eigentliche Problem besteht darin, dass die Leute dem p-Wert mehr Bedeutung beimessen, als ihm beigemessen werden sollte. *Am liebsten* würden wir mit dem p-Wert gern Folgendes darstellen:

> Die Wahrscheinlichkeit, dass das Ergebnis auf Zufall zurückzuführen ist.

Wir hoffen auf einen niedrigen Wert, damit wir zu dem Schluss kommen können, dass wir etwas bewiesen haben. So haben auch viele Herausgeber von Fachzeitschriften den p-Wert interpretiert. Aber hier folgt nun, was der p-Wert *wirklich* darstellt:

> Die Wahrscheinlichkeit, dass, *unter Annahme eines Zufallsmodells*, so extreme Ergebnisse wie die beobachteten Ergebnisse auftreten könnten.

Der Unterschied ist zwar subtil, aber durchaus von Bedeutung. Ein signifikanter p-Wert bringt Sie auf dem Weg zum »Beweis« nicht ganz so weit, wie er zu versprechen scheint. Die logische Grundlage für die Schlussfolgerung »statistischer Signifikanz« ist etwas schwächer, wenn man die tatsächliche Bedeutung des p-Werts versteht.

Im März 2016 veröffentlichte die *American Statistical Association* (ASA) nach langen internen Beratungen eine mahnende Stellungnahme zur Verwendung von p-

Werten, in der sie das Ausmaß der Missverständnisse über sie aufzeigte. In der Stellungnahme der ASA (*https://oreil.ly/WVfYU*) wurden sechs Grundsätze für Forscher und Herausgeber von wissenschaftlichen Zeitschriften hervorgehoben:

1. P-Werte können darauf hindeuten, wie unvereinbar die Daten mit einem bestimmten statistischen Modell sind.
2. P-Werte messen weder die Wahrscheinlichkeit, dass die untersuchte Hypothese wahr ist, noch die Wahrscheinlichkeit, dass die Ergebnisse allein auf Zufall zurückzuführen sind.
3. Wissenschaftliche Schlussfolgerungen und geschäftliche oder politische Entscheidungen sollten nicht nur darauf basieren, ob ein p-Wert einen bestimmten Schwellenwert überschreitet.
4. Korrekte Schlussfolgerungen erfordern eine vollständige Berichterstattung und Transparenz.
5. Ein p-Wert bzw. die statistische Signifikanz misst nicht die Größe eines Effekts oder die Tragweite eines Ergebnisses.
6. Ein p-Wert an sich ist kein gutes Maß für die Evidenz eines Modells oder einer Hypothese.

Praktische Bedeutung

Selbst wenn ein Ergebnis statistisch signifikant ist, bedeutet dies nicht, dass es eine praktische Bedeutung besitzt. Ein kleiner Unterschied, der keine praktische Bedeutung hat, kann statistisch signifikant sein, wenn er aus ausreichend großen Stichproben ermittelt wurde. Große Stichproben stellen sicher, dass kleine, nicht bedeutende Effekte dennoch groß genug sein können, um den Zufall als Erklärung ausschließen zu können. Durch den Ausschluss von Zufälligkeit wird ein Ergebnis, das in seinem Wesen unwichtig ist, nicht auf magische Weise wichtig.

Fehler 1. und 2. Art

Bei der Beurteilung statistischer Signifikanz sind zwei Arten von Fehlern möglich:

- Ein Fehler 1. Art, bei dem irrtümlicherweise angenommen wird, dass ein Effekt existiert, wenn er in Wirklichkeit nur auf Zufall zurückzuführen ist.
- Ein Fehler 2. Art, bei dem Sie irrtümlicherweise annehmen, dass kein Effekt vorhanden ist (d.h. ihn auf Zufall zurückführen), obwohl er in Wirklichkeit vorhanden ist.

Eigentlich ist der Fehler 2. Art weniger ein Fehler als vielmehr die Einschätzung, dass die Stichprobengröße zu klein ist, um den Effekt zu erkennen. Wenn ein p-Wert darauf hinweist, dass keine statistische Signifikanz vorliegt (z.B. bei Überschreiten von 5%), schließen wir daraus eigentlich nur, dass der »Effekt nicht bewiesen« ist. Es könnte sein, dass eine größere Stichprobe einen kleineren p-Wert zur Folge hätte.

Die grundlegende Aufgabe von *Hypothesentests* (auch Signifikanztests genannt) besteht darin, davor zu schützen, vom Zufall getäuscht zu werden. Daher sind sie typischerweise so strukturiert, dass der Fehler 1. Art minimiert wird.

Data Science und p-Werte

Die Arbeit, die Data Scientists leisten, ist in der Regel nicht zur Veröffentlichung in wissenschaftlichen Fachzeitschriften bestimmt. Deshalb ist die Debatte über den Wert des p-Werts eher akademischer Natur. Für Sie als Data Scientist ist der p-Wert immer dann eine nützliche Metrik, wenn Sie wissen möchten, ob ein Modellergebnis, das interessant oder nützlich erscheint, innerhalb des Bereichs der normalen zufälligen Abweichung liegt. Im Rahmen eines Versuchs sollte der p-Wert nicht als entscheidende Größe betrachtet, sondern lediglich als ein weiterer informativer Anhaltspunkt zur Entscheidungsfindung gesehen werden. Beispielsweise dienen p-Werte manchmal als Zwischeneingaben in einigen statistischen oder maschinellen Lernmodellen – je nach p-Wert kann ein Merkmal in ein Modell einbezogen oder herausgelassen werden.

Kernideen

- Signifikanztests werden verwendet, um zu bestimmen, ob, unter der Annahme eines Nullhypothesenmodells, ein beobachteter Effekt innerhalb der Bandbreite der zufälligen Abweichung liegt.
- Der p-Wert entspricht der Wahrscheinlichkeit, dass, unter der Annahme eines Nullhypothesenmodells, Ergebnisse auftreten könnten, die so extrem sind wie die beobachteten Ergebnisse.
- Das Signifikanzniveau stellt in dem Wahrscheinlichkeitsmodell, das die Nullhypothese abbildet, die »Schwelle der Ungewöhnlichkeit« dar.
- Signifikanztests sind im Rahmen der formalen Auswertung von Forschungsergebnissen sehr viel relevanter als in der Data Science (aber in letzter Zeit selbst bei Ersterem tendenziell weniger).

Weiterführende Literatur

- Stephen Stiglers Beitrag »Fisher and the 5% Level«, erschienen in *Chance* 21, Nr. 4 (2008): 12. Dieser Artikel ist ein kurzer Kommentar zu Ronald Fishers Buch *Statistical Methods for Research Workers* aus dem Jahr 1925 (Oliver & Boyd) und geht insbesondere auf Fishers Hervorhebung des 5%-Signifikanzniveaus ein.
- Vergleichen Sie hierzu auch »Hypothesentests« auf Seite 97 und die dort erwähnte Zusatzliteratur.

t-Tests

Es gibt zahlreiche Arten von Signifikanztests, die sich je nachdem, ob die Daten als Zähl- oder Messdaten vorliegen, wie viele Stichproben es gibt und was gemessen wird, unterscheiden. Ein recht gängiger ist der *t-Test*, benannt nach der studentschen t-Verteilung, die ursprünglich von W. S. Gosset entwickelt wurde, um die Verteilung eines Stichprobenmittelwerts zu approximieren (siehe »Studentsche t-Verteilung« auf Seite 79).

> ### Schlüsselbegriffe zum t-Test
>
> ***Teststatistik***
> Eine Metrik zur Beurteilung eines Unterschieds oder eines Effekts, den man messen möchte.
>
> ***t-Statistik***
> Eine standardisierte Form gängiger Teststatistiken wie z. B. Mittelwerten.
>
> ***t-Verteilung***
> Eine Referenzverteilung (in diesem Fall von der Nullhypothese abgeleitet), mit der die beobachtete t-Statistik verglichen werden kann.

Alle Signifikanztests erfordern, dass Sie eine *Teststatistik* angeben, um den Effekt zu messen, an dem Sie interessiert sind, und um Ihnen zu helfen, zu bestimmen, ob der beobachtete Effekt innerhalb des Bereichs der normalen zufälligen Abweichung liegt. Bei einem Resampling-Test (siehe Erläuterung zu Permutationsverfahren in »Permutationstest« auf Seite 101) spielt der Umfang der Daten keine Rolle. Sie erzeugen die Referenzverteilung (Nullhypothese) aus den Daten selbst und verwenden die Teststatistik so, wie sie ist.

In den 1920er- und 1930er-Jahren, als statistische Hypothesentests entwickelt wurden, war es nicht möglich, Daten nach dem Zufallsprinzip Tausende Male zu mischen, um einen Resampling-Test durchzuführen. Die Statistiker fanden heraus, dass der t-Test eine gute Näherung für die Permutationsverteilung (die auf gemischten Daten basiert) darstellt, die auf der t-Verteilung von Gosset basiert. Er wird für den häufig genutzten A/B-Test zum Vergleich von zwei Stichproben verwendet, bei dem die Daten numerisch vorliegen. Damit die t-Verteilung ungeachtet der Skalierung der Daten genutzt werden kann, muss die Teststatistik in standardisierter Form verwendet werden.

In konventionellen Statistikbüchern würden in diesem Zusammenhang verschiedene Formeln gezeigt werden, die Gossets Verteilung einbeziehen und zeigen, wie Sie Ihre Daten standardisieren können, um sie mit der gewöhnlichen t-Verteilung zu vergleichen. Diese Formeln werden hier nicht gezeigt, da jedes Statistikprogramm, wie auch *R* und *Python*, Befehle enthält, die die Formel für uns implementieren. In *R* lautet die Funktion `t.test`:

```
> t.test(Time ~ Page, data=session_times, alternative='less')

        Welch Two Sample t-test

data:  Time by Page
t = -1.0983, df = 27.693, p-value = 0.1408
alternative hypothesis: true difference in means is less than 0
95 percent confidence interval:
     -Inf 19.59674
sample estimates:
mean in group Page A mean in group Page B
            126.3333             162.0000
```

In *Python* steht die Funktion `scipy.stats.ttest_ind` bereit:

```
res = stats.ttest_ind(session_times[session_times.Page == 'Page A'].Time,
                      session_times[session_times.Page == 'Page B'].Time,
                      equal_var=False)
print(f'p-Wert für einseitigen Test: {res.pvalue / 2:.4f}')
```

Die Alternativhypothese lautet, dass der Mittelwert der Besuchsdauer für Seite A geringer ist als der für Seite B. Der p-Wert von 0,1408 liegt ziemlich nahe an den p-Werten vom Permutationstest mit 0,121 und 0,126 (siehe »Beispiel: Die Affinität von Nutzern zu einem Webinhalt messen (Web-Stickiness)« auf Seite 102).

Beim Resampling-Verfahren wird die Lösung so strukturiert, dass sie die beobachteten Daten und die zu prüfende Hypothese widerspiegelt, ohne dass wir uns Gedanken darüber machen müssen, ob die Daten numerisch oder binär vorliegen, ob die Stichprobengrößen gleich sind oder nicht, wie es um die Stichprobenvarianzen bestellt ist oder ob eine Vielzahl anderer Faktoren vorliegen. In dem Formeldschungel gibt es etliche Feinheiten, die verwirrend sein können. Statistiker müssen sich zwangsläufig in dieser Welt zurechtfinden und ihre Landkarte kennenlernen, aber Data Scientists nicht – sie sind normalerweise nicht in der Situation, dass sie die Details von Hypothesentests und Konfidenzintervallen so minutiös nachvollziehen müssen wie ein Forscher, der einen Forschungsbeitrag im Rahmen einer Konferenz vorstellen möchte.

Kernideen

- Vor der Einführung von Computern waren Resampling-Tests nicht durchführbar, wodurch Statistiker auf Referenzverteilungen angewiesen waren.
- Eine Teststatistik konnte dann standardisiert und mit einer Referenzverteilung verglichen werden.
- Eine weitverbreitete standardisierte Statistik ist die t-Statistik.

Weiterführende Literatur

- Jedes einführende Statistikbuch enthält Darstellungen zur t-Statistik und ihrer Verwendung; zwei gute sind zum einen *Statistics* von David Freedman, Robert Pisani und Roger Purves, 4. Auflage (W. W. Norton, 2007), und zum anderen *The Basic Practice of Statistics* von David S. Moore, William I. Notz und Michael A. Fligner, 8. Auflage (W. H. Freeman, 2017).
- Für eine gemeinsame Behandlung des t-Tests und des Resampling-Verfahrens siehe *Introductory Statistics and Analytics: A Resampling Perspective* von Peter Bruce (Wiley, 2014) oder *Statistics: Unlocking the Power of Data* von Robin Lock und vier weiteren Familienmitgliedern, 2. Auflage (Wiley, 2016).

Testen mehrerer Hypothesen

Wie bereits erwähnt, gibt es ein Sprichwort in der Statistik: »Foltere die Daten lange genug, und sie werden gestehen.« Das bedeutet, dass man, wenn man die Daten nur aus ausreichend verschiedenen Perspektiven betrachtet und genügend Fragen stellt, fast ausnahmslos einen statistisch signifikanten Effekt finden wird.

Wenn Sie beispielsweise 20 Prädiktorvariablen und eine Zielvariable haben, die alle *zufällig* erzeugt wurden, stehen die Chancen ziemlich gut, dass sich mindestens ein Prädiktor (irrtümlicherweise) als statistisch signifikant herausstellt, wenn Sie 20 Signifikanztests mit einem Signifikanzniveau von 5 % durchführen. Wie zuvor erläutert, wird dies als *Fehler 1. Art* bezeichnet. Sie können diese Wahrscheinlichkeit berechnen, indem Sie zunächst die Wahrscheinlichkeit ermitteln, dass, ausgehend von einem Signifikanzniveau von 5 %, *alle korrekterweise* als insignifikant getestet werden. Die Wahrscheinlichkeit, dass *einer korrekterweise* als insignifikant getestet wird, beträgt 0,95, sodass die Wahrscheinlichkeit, dass alle 20 korrekterweise als insignifikant getestet werden, $0{,}95 \times 0{,}95 \times 0{,}95 \ldots$ bzw. $0{,}95^{20} = 0{,}36$ beträgt.[1] Die Wahrscheinlichkeit, dass sich mindestens ein Prädiktor (irrtümlicherweise) als signifikant erweist, ist die Gegenwahrscheinlichkeit bzw. 1 – (*Wahrscheinlichkeit, dass alle insignifikant sind*) = 0,64. Dies wird als *Alphafehlerinflation* bzw. *Alphainflation* bezeichnet.

Dieser Effekt spielt auch bei dem Problem der Überanpassung (engl. *Overfitting*) beim Data Mining bzw. der »Anpassung des Modells an das Rauschen« eine Rolle. Je mehr Variablen Sie hinzufügen bzw. je mehr Modelle Sie ausprobieren, desto größer ist die Wahrscheinlichkeit, dass sich etwas allein durch Zufall als »signifikant« herausstellt.

---

1 Der Multiplikationssatz besagt, dass die Wahrscheinlichkeit, dass *n* unabhängige Ereignisse allesamt eintreten, dem Produkt der einzelnen Wahrscheinlichkeiten entspricht. Wenn Sie und ich beispielsweise jeweils einmal eine Münze werfen, beträgt die Wahrscheinlichkeit, dass Ihre Münze und meine Münze beide auf dem Kopf landen, $0{,}5 \times 0{,}5 = 0{,}25$.

Schlüsselbegriffe zum mehrfachen Testen

Fehler 1. Art
Die irrtümliche Schlussfolgerung, dass ein Effekt statistisch signifikant ist.

Falscherkennungsrate
Die Rate, mit der ein Fehler 1. Art über mehrere Tests hinweg auftritt (engl. *False Discovery Rate*).

Alphafehlerkumulierung
Das Phänomen des mehrfachen Testens, bei dem die *Irrtumswahrscheinlichkeit* – die Wahrscheinlichkeit, einen Fehler 1. Art zu machen – mit zunehmender Anzahl von Tests zunimmt, auch Alphafehlerinflation genannt.

Korrektur der p-Werte
Die Berücksichtigung, dass mehrere Tests mit denselben Daten durchgeführt werden.

Überanpassung
Anpassung an das Rauschen in den Daten (engl. *Overfitting*).

Bei überwachten Lernaufgaben verringert ein sogenannter Hold-out-Datensatz, bei dem die Modelle anhand von Daten bewertet werden, die das Modell zuvor noch nicht gesehen hat, dieses Risiko. Bei statistischen und maschinellen Lernaufgaben, bei denen auf keinen Hold-out-Datensatz zurückgegriffen werden kann, besteht weiterhin das Risiko, Schlussfolgerungen aufgrund von statistischem Rauschen zu ziehen.

In der Statistik gibt es einige Verfahren, die sich mit diesem Problem unter ganz bestimmten Umständen befassen. Wenn Sie beispielsweise die Ergebnisse mehrerer Behandlungsgruppen vergleichen, können Sie ein paar Fragen stellen. Bei den Behandlungen A bis C könnten Sie fragen:

- Unterscheidet sich A von B?
- Unterscheidet sich B von C?
- Unterscheidet sich A von C?

Oder Sie möchten im Rahmen einer klinischen Studie vielleicht die Ergebnisse einer Therapie für verschiedene Stadien untersuchen. Auf jeden Fall würden Sie mehrere Fragen stellen, und mit jeder zusätzlichen Frage erhöhen Sie die Wahrscheinlichkeit, vom Zufall getäuscht zu werden. Statistische Korrekturverfahren kompensieren diesen Effekt, indem sie die Messlatte für die statistische Signifikanz strenger setzen, als dies bei einem einzelnen Hypothesentest der Fall ist. Diese Korrekturverfahren beinhalten in der Regel eine »Aufteilung des Signifikanzniveaus« entsprechend der Anzahl der Tests. Dies führt zu einem geringeren Signifikanzniveau (d.h. einem strengeren Maßstab für die statistische Signifikanz) bei jedem Test. Bei einem dieser Verfahren, der Bonferroni-Korrektur, teilt man das Signifikanzniveau einfach durch die Anzahl der Vergleiche. Ein anderes Verfahren, das zum Vergleich der Mittelwerte mehrerer Gruppen verwendet wird, ist der Honest-Significant-Difference-Test von Tukey (auch Tukeys HSD-Test). Dieser Test bezieht sich auf die maximale Differenz zweier Gruppenmittelwerte und vergleicht diese mit einem Referenzwert, der sich aus der *t-Verteilung* ergibt. Dies entspricht in etwa dem Mischen aller Werte, der Neuaufteilung in Stichproben (Resamples) mit jeweils gleicher Größe wie die ursprünglichen Gruppen und dem Ermitteln der maximalen Differenz zwischen den Gruppenmittelwerten der Resamples.

Die Problematik, die sich bei mehrfachen Vergleichen ergibt, geht jedoch über diese klar strukturierten Fälle hinaus und hängt mit dem Phänomen des wiederhol ten »Ausschöpfens« von Daten zusammen, das gedanklich den Spruch über die Folterung der Daten in einem weckt. Anders ausgedrückt: Wenn man bei hinreichend komplexen Daten nicht etwas Interessantes gefunden hat, hat man einfach nicht lange und gründlich genug gesucht. Heute stehen mehr Daten zur Verfügung als je zuvor, und die Anzahl jährlich veröffentlichter Journalartikel hat sich zum Beispiel zwischen den Jahren 2002 und 2010 fast verdoppelt. Daraus ergeben sich viele Möglichkeiten, in den Daten etwas Interessantes zu finden, darunter eine Vielzahl von Themen wie:

- Paarweise mehrere Unterschiede zwischen Gruppen prüfen.
- Die Ergebnisse mehrerer Untergruppen betrachten (»Wir fanden insgesamt keinen signifikanten Behandlungseffekt, aber wir fanden einen Effekt für unverheiratete Frauen unter 30 Jahren.«).
- Viele statistische Modelle ausprobieren
- Viele Variablen in Modelle einbeziehen.
- Eine Reihe verschiedener Fragen stellen (d.h. mit verschiedenen möglichen Ergebnissen).

Falscherkennungsrate

Der Begriff *Falscherkennungsrate* (engl. *False Discovery Rate*) wurde ursprünglich verwendet, um die Rate zu beschreiben, mit der ein gegebener Satz von Hypothesentests irrtümlicherweise einen signifikanten Effekt identifizieren würde. Besonders nützlich wurde er mit dem Aufkommen der Genomforschung, bei der im Rahmen eines Gensequenzierungsprojekts eine große Anzahl statistischer Tests durchgeführt wird. In diesen Fällen bezieht sich der Begriff auf das Testprotokoll und eine einzelne falsche »Entdeckung« (*Discovery*) auf das Ergebnis eines Hypothesentests (z.B. zwischen zwei Stichproben). Die Forscher versuchten dabei, die Parameter des Testverfahrens so festzulegen, dass die Falscherkennungsrate auf einem bestimmten Niveau kontrolliert werden konnte. Der Begriff wurde auch im Rahmen von Klassifikationsverfahren im Data Mining angewandt; es handelt sich dabei um die Falschklassifikationsrate bei den Vorhersagen für die Kategorie mit dem Label »1«. Oder sie ist, anders ausgedrückt, die Wahrscheinlichkeit, dass eine »Entdeckung« (d.h., dass das Label einer Beobachtung »1« ist) inkorrekt ist. Typischerweise liegen in diesem Fall viele Beobachtungen der Kategorie 0 vor und für Kategorie 1, die im eigentlichen Interesse steht, nur wenige (siehe Kapitel 5 und »Die Problematik seltener Kategorien« auf Seite 230).

Aus einer Vielzahl von Gründen, darunter vor allem diese allgemeine Frage der »Multiplizität«, bedeutet mehr Forschung nicht unbedingt bessere Forschung. Beispielsweise stellte das Pharmaunternehmen Bayer im Jahr 2011 fest, dass es beim Versuch, 67 wissenschaftliche Studien zu replizieren, nur 14 davon vollständig replizieren konnte. Nahezu zwei Drittel konnten überhaupt nicht repliziert werden.

In jedem Fall sind die Korrekturverfahren bei exakt definierten und strukturierten statistischen Tests zu spezifisch und unflexibel, um für Data Scientists von allgemeinem Nutzen zu sein. Das Fazit für Data Scientists zur Multiplizität lautet:

- Bei der prädiktiven Modellierung kann das Risiko, ein täuschendes Modell zu erhalten, bei dem der scheinbare Effekt weitgehend ein Zufallsprodukt ist, durch Kreuzvalidierung (siehe »Kreuzvalidierung« auf Seite 158) und durch die Verwendung einer Hold-out-Stichprobe verringert werden.
- Bei anderen Verfahren, bei denen kein gelabelter Hold-out-Datensatz zur Überprüfung des Modells zur Verfügung steht, müssen Sie sich darauf verlassen:
  - auf das Bewusstsein, dass der Zufall eine umso größere Rolle spielen kann, je mehr Daten Sie abfragen und manipulieren, sowie
  - auf Resampling- und Simulationsheuristiken, um zufällige Referenzwerte bereitzustellen, mit denen die beobachteten Ergebnisse verglichen werden können.

Kernideen

- Multiplizität in einer Forschungsstudie oder einem Data-Mining-Projekt (mehrere Vergleiche, viele Variablen, zahlreiche Modelle usw.) erhöht das Risiko, durch Zufall bedingt zu dem Schluss zu kommen, dass etwas von Bedeutung ist.
- Für Situationen, die mehrere statistische Vergleiche (d.h. mehrere Signifikanztests) erfordern, gibt es statistische Korrekturverfahren.
- Im Rahmen des Data Mining kann die Verwendung einer Hold-out-Stichprobe mit gelabelten Ergebnisvariablen dazu beitragen, irrtümliche Ergebnisse zu vermeiden.

Weiterführende Literatur

- Für eine kurze Darstellung eines Verfahrens zur Korrektur bei mehreren Vergleichen (Dunnett-Test) siehe David Lanes Online-Statistikbuch (*https://oreil.ly/hd_62*).
- Megan Goldman bietet eine etwas längere Behandlung des Bonferroni-Korrekturverfahrens (*https://oreil.ly/Dt4Vi*).
- Für eine eingehende Behandlung flexiblerer statistischer Verfahren zur Korrektur von p-Werten siehe *Resampling-Based Multiple Testing* von Peter Westfall und Stanley Young (Wiley, 1993).

- Für eine Erörterung, wie sich Daten aufteilen lassen und Hold-out-Stichproben bei der prädiktiven Modellierung verwendet werden können, siehe Kapitel 2 des Buchs *Data Mining for Business Analytics* von Galit Shmueli, Peter Bruce, Nitin Patel, Peter Gedeck, Inbal Yahav und Kenneth Lichtendahl (Wiley, 2007–2020, mit Ausgaben für R, Python, Excel und JMP).

Die Anzahl der Freiheitsgrade

In der Dokumentation und den Definitionen zahlreicher statistischer Tests und Wahrscheinlichkeitsverteilungen finden Sie einen Verweis auf die sogenannten Freiheitsgrade. Das Konzept wird auf Statistiken angewandt, die für Daten aus Stichproben berechnet werden, und bezieht sich auf die Anzahl der Werte, die frei variabel sind. Wenn Sie z.B. den Mittelwert für eine Stichprobe von zehn Werten kennen, gibt es neun Freiheitsgrade (sobald Sie neun der Stichprobenwerte kennen, kann der zehnte Wert berechnet werden und ist nicht frei veränderbar). Der Parameter, der auf der Anzahl der Freiheitsgrade beruht, findet bei vielen Wahrscheinlichkeitsverteilungen Anwendung und wirkt sich auf die Form der Verteilung aus.

Die Anzahl der Freiheitsgrade ist eine Eingabegröße bei vielen statistischen Tests. Sie wird z.B. im Nenner in den Formeln für die Varianz und die Standardabweichung ($n - 1$) verwendet. Warum ist das relevant? Wenn Sie eine Stichprobe nutzen, um die Varianz einer Population zu schätzen, erhalten Sie am Ende eine Schätzung, die leicht nach unten verzerrt ist, wenn Sie n im Nenner verwenden. Wenn Sie stattdessen $n - 1$ einsetzen, wird die Schätzung unverzerrt sein.

Schlüsselbegriffe zu Freiheitsgraden

n (Stichprobengröße bzw. -umfang)
: Die Anzahl der Beobachtungen in den Daten (auch *Zeilen* oder *Datenpunkte* genannt).

d.f.
: Aus dem Englischen, bedeutet *Degrees of Freedom* (Freiheitsgrade).

Ein großer Teil eines traditionellen Statistikkurses bzw. -buchs wird durch verschiedene Standardtests für Hypothesen (t-Test, F-Test usw.) ausgefüllt. Wenn Stichprobenstatistiken vor ihrer Verwendung in traditionellen statistischen Formeln standardisiert werden, sind Freiheitsgrade Teil der Standardisierungsberechnung, um sicherzustellen, dass Ihre standardisierten Daten mit der entsprechenden Referenzverteilung (t-Verteilung, F-Verteilung usw.) übereinstimmen.

Ist dies für die Data Science wichtig? Nicht wirklich, zumindest nicht im Zusammenhang mit Signifikanztests. Zum einen werden formale statistische Tests in der

Datenwissenschaft nur in geringem Umfang eingesetzt, und zum anderen ist die Datenmenge in der Regel so umfangreich, dass es für einen Data Scientist selten einen nennenswerten Unterschied macht, ob z.B. im Nenner n oder $n - 1$ steht. (Wenn n groß genug ist, verschwindet die Verzerrung, die sich aus der Verwendung von n im Nenner ergeben würde).

In einem Kontext ist es jedoch relevant: für die Verwendung von Faktorvariablen in der Regression (einschließlich der logistischen Regression). Einige Regressionsverfahren versagen, wenn vollständig redundante Prädiktorvariablen vorhanden sind. Dies tritt am häufigsten bei der Faktorisierung kategorialer Variablen in binäre Indikatorvariablen (Dummy-Variablen) auf. Betrachten Sie beispielsweise die Variable »Wochentag«. Obwohl es sieben Wochentage gibt, gibt es nur sechs Freiheitsgrade bei der Angabe des Wochentags. Wenn Sie zum Beispiel wissen, dass der Wochentag nicht Montag bis Samstag ist, wissen Sie, dass es Sonntag sein muss. Beziehen wir Indikatorvariablen für die Wochentage Montag bis Samstag ein, würde die Berücksichtigung einer *zusätzlichen* Indikatorvariablen für Sonntag dazu führen, dass die Regression aufgrund eines *Multikollinearitätsfehlers* scheiterte.

Kernideen

- Die Anzahl der Freiheitsgrade (d.f.) wird in der Berechnung der Teststatistiken berücksichtigt, die standardisiert werden, um sie mit Referenzverteilungen (t-Verteilung, F-Verteilung usw.) vergleichen zu können.
- Das Konzept von Freiheitsgraden findet bei der Faktorisierung von kategorialen Variablen in $n - 1$ Indikator- bzw. Dummy-Variablen im Rahmen der Regression Anwendung (um Multikollinearität zu vermeiden).

Weiterführende Literatur

Es gibt zahlreiche Tutorien zum Thema Freiheitsgrade im Internet (*https://oreil.ly/VJyts*).

Varianzanalyse (ANOVA)

Angenommen, anstatt eines A/B-Tests möchten wir einen Vergleich mehrerer Gruppen vornehmen, z.B. A/B/C/D, und zwar jeweils auf Basis numerischer Daten. Das statistische Verfahren, das auf einen statistisch signifikanten Unterschied zwischen Gruppen testet, wird *Varianzanalyse* (engl. *Analysis of Variance*, *ANOVA*) genannt.

Schlüsselbegriffe zur Varianzanalyse

Paarweiser Vergleich
: Ein Hypothesentest zwischen zwei von mehreren Gruppen (z.B. von Mittelwerten).

Omnibustest
: Ein einzelner Hypothesentest, um auf Unterschiede zwischen Mittelwerten mehrerer Gruppen auf Basis der Gesamtvarianz zu testen.

Varianzzerlegung
: Die Aufteilung in Komponenten, die zu einem individuellen Wert beitragen (z.B. in einen Gesamtmittelwert, einen Behandlungsmittelwert und einen Residualfehler).

F-Statistik
: Eine standardisierte Statistik, die das Ausmaß misst, mit dem die Unterschiede zwischen den Gruppenmittelwerten über das hinausgehen, was im Rahmen eines Zufallsmodells erwartet werden könnte.

SS
: Die Summe der Abweichungsquadrate (kurz Quadratsumme), d.h. die Summe der quadrierten Abweichungen vom Mittelwert (engl. *Sum of Squares*, SS).

Tabelle 3-3 zeigt das Nutzerverhalten (die Web-Stickiness) für vier Webseiten, definiert als die Anzahl der Sekunden, die ein Besucher auf einer Seite verbracht hat. Die vier Seiten werden so geschaltet, dass jedem Webbesucher eine Seite nach dem Zufallsprinzip angezeigt wird. Es gibt insgesamt fünf Besucher auf jeder Seite, und in Tabelle 3-3 ist jede Spalte ein unabhängiger Datensatz. Der erste Besucher auf Seite 1 hat keine Verbindung zum ersten Besucher auf Seite 2. Beachten Sie, dass wir in einem Test wie diesem, mit dem wir Webinhalte testen, das klassische randomisierte Stichprobendesign, bei dem jeder Besucher nach dem Zufallsprinzip aus einer riesigen Population ausgewählt wird, nicht vollständig umsetzen können. Wir müssen die Besucher so nehmen, wie sie kommen. Besucher können sich systematisch unterscheiden, je nach Tages- und Wochenzeit, Jahreszeit, Bedingungen ihres Internets, welches Gerät sie nutzen, und so weiter. Diese Faktoren sollten bei der Überprüfung der Ergebnisse des Versuchs als potenzielle Verzerrung berücksichtigt werden.

Tabelle 3-3: Nutzerverhalten (Besuchsdauer in Sekunden) für vier Webseiten

Webseite 1	Webseite 2	Webseite 3	Webseite 4
164	178	175	155
172	191	193	166
177	182	171	164

Tabelle 3-3: Nutzerverhalten (Besuchsdauer in Sekunden) für vier Webseiten (Fortsetzung)

	Webseite 1	Webseite 2	Webseite 3	Webseite 4
	156	185	163	170
	195	177	176	168
Mittelwert	172	185	176	162
Gesamtmittelwert				173.75

Hier besteht ein gewisser Klärungsbedarf (siehe Abbildung 3-6). Wenn wir nur zwei Gruppen miteinander vergleichen wollten, war das eine einfache Sache; wir haben uns lediglich die Differenz beider Gruppenmittelwerte angesehen. Bei vier Mittelwerten gibt es jedoch sechs mögliche Gruppenvergleiche:

- Seite 1 im Vergleich zu Seite 2
- Seite 1 im Vergleich zu Seite 3
- Seite 1 im Vergleich zu Seite 4
- Seite 2 im Vergleich zu Seite 3
- Seite 2 im Vergleich zu Seite 4
- Seite 3 im Vergleich zu Seite 4

Je mehr solcher *paarweisen* Vergleiche wir anstellen, desto größer ist das Potenzial, vom Zufall getäuscht zu werden (siehe »Testen mehrerer Hypothesen« auf Seite 117). Anstatt uns über all die verschiedenen Vergleiche zwischen einzelnen Seiten, die wir möglicherweise machen könnten, Gedanken zu machen, können wir einen einzigen Gesamttest durchführen, der sich mit der Frage befasst: »Könnten alle Seiten das gleiche zugrunde liegende Nutzerverhalten aufweisen und die Unterschiede zwischen ihnen auf zufällige Art und Weise zurückzuführen sein, mit der ein gemeinsamer Satz von Besuchsdauern auf die vier Seiten verteilt wurde?«

Das hierfür verwendete Verfahren ist die Varianzanalyse. Die Grundlage dafür beruht auf dem folgenden Resampling-Verfahren (hier für den A/B/C/D-Test des Nutzerverhaltens spezifiziert):

1. Kombinieren Sie alle Daten in einer einzigen Urne.
2. Mischen Sie die Daten und ziehen Sie vier Stichproben (Resamples) mit jeweils fünf Werten.
3. Notieren Sie die Mittelwerte der vier Gruppen.
4. Notieren Sie die Varianz zwischen den Mittelwerten der vier Gruppen.
5. Wiederholen Sie die Schritte 2 bis 4 viele (sagen wir 1.000) Male.

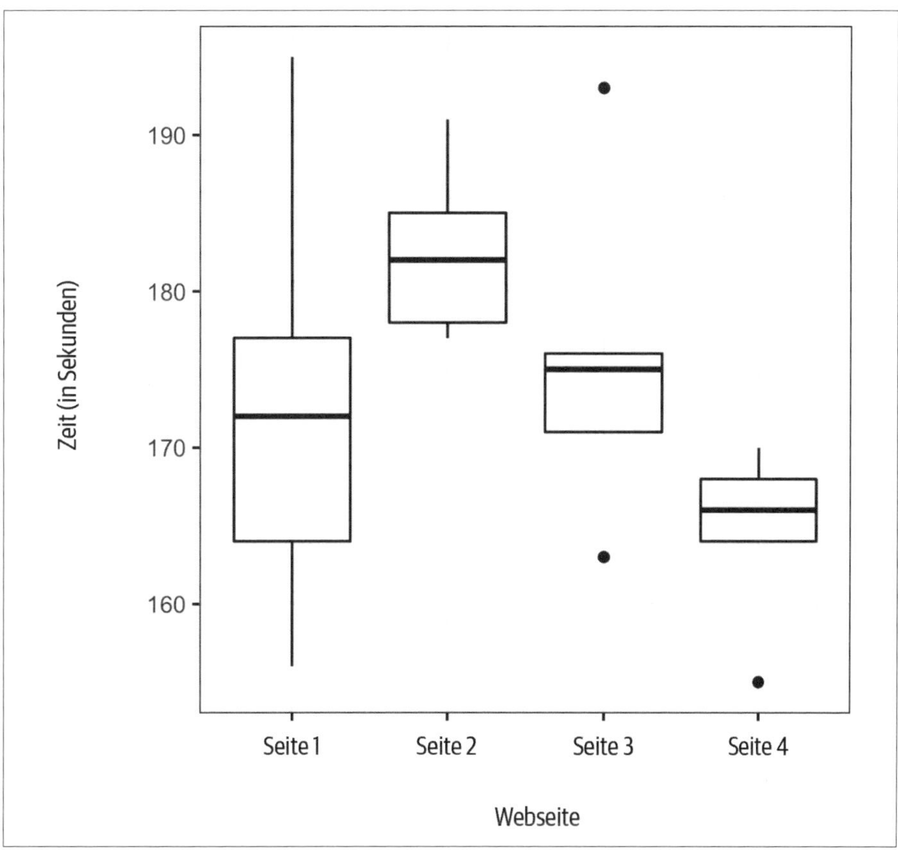

Abbildung 3-6: Die Box-Plots der vier Gruppen zeigen erhebliche Unterschiede auf.

In wie viel Prozent der Fälle überstieg die Varianz, die wir auf Basis der Resamples ermittelt haben, die beobachtete Varianz? Dies ist der p-Wert.

Diese Art von Permutationstest ist etwas aufwendiger als der in »Permutationstest« auf Seite 101 verwendete Ansatz. Glücklicherweise können wir den Permutationstest in diesem Fall durch die Funktion aovp des Pakets `lmPerm` berechnen lassen:

```
> library(lmPerm)
> summary(aovp(Time ~ Page, data=four_sessions))
[1] "Settings:  unique SS "
Component 1 :
            Df R Sum Sq R Mean Sq Iter Pr(Prob)
Page         3    831.4    277.13 3104  0.09278 .
Residuals   16   1618.4    101.15
---
Signif. codes:  0 '***' 0.001 '**' 0.01 '*' 0.05 '.' 0.1 ' ' 1
```

Der p-Wert, ausgegeben als `Pr(Prob)`, beträgt 0,09278. Mit anderen Worten: Bei gleichem zugrunde liegendem Nutzerverhalten kann die Besuchsdauer auf den vier Seiten in 9,3 % der Fälle zufällig so stark voneinander abweichen, wie wir tatsächlich beobachten konnten. Dieser Wert liegt oberhalb des gewöhnlichen statistischen Schwellenwerts von 5 %, sodass wir daraus schließen können, dass der Unterschied zwischen den vier Seiten zufällig entstanden sein könnte.

In der Spalte `Iter` ist die Anzahl der im Permutationstest durchgeführten Iterationen aufgeführt. Die anderen Spalten entsprechen einer traditionellen ANOVA-Tabelle und werden im nächsten Abschnitt beschrieben.

In *Python* können wir den Permutationstest mit dem folgenden Befehlen berechnen:

```
observed_variance = four_sessions.groupby('Page').mean().var()[0]
print('Beobachtete Mittelwerte:', four_
sessions.groupby('Page').mean().values.ravel())
print('Varianz:', observed_variance)

def perm_test(df):
    df = df.copy()
    df['Time'] = np.random.permutation(df['Time'].values)
    return df.groupby('Page').mean().var()[0]

perm_variance = [perm_test(four_sessions) for _ in range(3000)]
print('Pr(Prob)', np.mean([var > observed_variance for var in perm_variance]))
```

F-Statistik

Genau so, wie der t-Test anstelle eines Permutationstests zum Vergleich des Mittelwerts zweier Gruppen verwendet werden kann, so gibt es einen statistischen Test für die Varianzanalyse auf Grundlage der *F-Statistik*. Die F-Statistik basiert auf dem Verhältnis der Varianz der Gruppenmittelwerte (d. h. dem Behandlungseffekt) zur Varianz der Residualfehler. Je höher dieses Verhältnis ist, desto statistisch signifikanter ist das Ergebnis. Wenn die Daten einer Normalverteilung folgen, geht aus der statistischen Theorie hervor, dass die Statistik eine bestimmte Verteilung haben sollte. Auf dieser Grundlage ist es möglich, einen p-Wert zu berechnen.

In *R* können wir eine *ANOVA-Tabelle* mit der aov-Funktion berechnen:

```
> summary(aov(Time ~ Page, data=four_sessions))
            Df Sum Sq Mean Sq F value Pr(>F)
Page         3  831.4   277.1    2.74 0.0776 .
Residuals   16 1618.4   101.2
---
Signif. codes:  0 '***' 0.001 '**' 0.01 '*' 0.05 '.' 0.1 ' ' 1
```

In *Python* bietet uns das Paket `statsmodels` eine ANOVA-Implementierung:

```
model = smf.ols('Time ~ Page', data=four_sessions).fit()

aov_table = sm.stats.anova_lm(model)
aov_table
```

Die Ausgabe des *Python*-Codes ist fast identisch mit der von *R*.

`Df` steht für *Degrees of Freedom*, also für die Anzahl der Freiheitsgrade, `Sum Sq` für die Summe der Abweichungsquadrate (SS), `Mean Sq` für die mittleren Quadrate (Kurzform für mittlere quadratische Abweichung, engl. *Mean Squares*, MS), und `F value` entspricht dem Wert der F-Statistik. Bezogen auf den Gesamtmittelwert, entspricht die Summe der Abweichungsquadrate der quadrierten Abweichung des Gesamtmittelwerts von 0, multipliziert mit 20 (der Anzahl der Beobachtungen). Die Anzahl der Freiheitsgrade für den Gesamtmittelwert beträgt per definitionem 1.

Für den Behandlungsmittelwert beträgt die Anzahl der Freiheitsgrade 3 (wenn drei Werte gegeben sind und zusätzlich der Gesamtmittelwert gegeben ist, kann der vierte Behandlungsmittelwert nicht variieren). Die Summe der Abweichungsquadrate für den Behandlungsmittelwert entspricht der Summe der quadrierten Abweichungen von den Behandlungsmittelwerten zum Gesamtmittelwert.

Für die Residuen beträgt die Anzahl der Freiheitsgrade 16 (wir haben 20 Beobachtungen, von denen 16 variieren können, nachdem der Gesamt- und die Behandlungsmittelwerte gegeben sind), und die SS entspricht der Summe der quadrierten Abweichungen der einzelnen Beobachtungen von dem jeweiligen Behandlungsmittelwert. Die mittleren Quadrate (MS) entsprechen der Summe der Quadrate geteilt durch die Anzahl der Freiheitsgrade.

Die F-Statistik ist definiert als Quotient: MS(Behandlung)/MS(Fehler). Der F-Wert hängt also nur von diesem Verhältnis ab und kann mit einer gewöhnlichen F-Verteilung verglichen werden, um festzustellen, ob die Unterschiede zwischen den Behandlungsmittelwerten größer sind, als im Rahmen der zufälligen Abweichung zu erwarten wäre.

Varianzzerlegung

Die beobachteten Werte in einem Datensatz können als Summen verschiedener Komponenten betrachtet werden. Jeden beobachteten Wert eines Datensatzes können wir in den Gesamtmittelwert, den Behandlungseffekt und den Residualfehler aufschlüsseln. Wir nennen dies eine Varianzzerlegung:

1. Beginnen Sie mit dem Gesamtmittelwert (173,75 für die Daten zum Nutzerverhalten auf Webseiten).
2. Addieren Sie den Behandlungseffekt, der negativ sein könnte (unabhängige Variable = Webseite).
3. Addieren Sie den Residualfehler, der negativ sein könnte (unabhängige Variable = Webseite).

Somit ist die Varianzzerlegung für den Wert oben links in der A/B/C/D-Testtabelle wie folgt:

1. Beginnen Sie mit dem Gesamtmittelwert: 173.75.
2. Addieren Sie den Effekt der Behandlung (Abweichung des Gruppenmittelwerts): –1.75 (172 – 173.75).
3. Addieren Sie das Residuum: –8 (164 – 172).
4. Dies entspricht 164.

Zweifaktorielle Varianzanalyse

Der soeben beschriebene A/B/C/D-Test ist eine einfaktorielle ANOVA, bei der wir einen Faktor haben, der variiert. Wir könnten einen zweiten Faktor – z.B. »Wochenende im Vergleich zu Wochentagen« – mit Daten einbeziehen, die zu jeder Kombination (Gruppe A Wochenende, Gruppe A Wochentag, Gruppe B Wochenende usw.) gesammelt wurden. Dies wäre eine zweifaktorielle ANOVA, und wir würden sie ähnlich wie die einfaktorielle ANOVA behandeln, indem wir den »Interaktionseffekt« ermitteln. Nachdem wir den Gesamtmittelwert und den Behandlungseffekt identifiziert haben, trennen wir dann die Beobachtungen am Wochenende und an den Wochentagen für jede Gruppe und finden die Differenz zwischen den Mittelwerten für diese Untergruppen und dem Behandlungsmittelwert.

Die einfaktorielle und die zweifaktorielle ANOVA stellen die ersten Schritte in Richtung eines vollständigen statistischen Modells dar, wie z.B. der Regression und der logistischen Regression, bei der mehrere Faktoren und ihre Effekte modelliert werden können (siehe Kapitel 4).

Kernideen

- Die ANOVA ist ein statistisches Verfahren zur Analyse der Ergebnisse eines statistischen Versuchs mit mehreren Gruppen.
- Sie kann als Erweiterung des A/B-Tests betrachtet werden, mit dem beurteilt wird, ob die Gesamtvariation zwischen den Gruppen innerhalb der Bandbreite der zufälligen Abweichung liegt.
- Ein nützliches Ergebnis der ANOVA ist die Identifizierung von Varianzkomponenten im Zusammenhang mit (Gruppen-)Behandlungs- und Interaktionseffekten sowie Fehlern.

Weiterführende Literatur

- Das Buch *Introductory Statistics and Analytics: A Resampling Perspective* von Peter Bruce (Wiley, 2014) hat ein Kapitel zur ANOVA.
- Eine umfassende und verständliche Aufbereitung des Themas bietet das Buch *Introduction to Design and Analysis of Experiments* von George Cobb (Wiley, 2008).

Chi-Quadrat-Test

Tests für Webinhalte gehen oft über A/B-Tests hinaus und testen mehrere (Behandlungs-)Varianten auf einmal. Der Chi-Quadrat-Test wird zusammen mit Zähldaten verwendet, um zu testen, wie gut sie zu einer erwarteten Verteilung passen. In der statistischen Praxis wird die *Chi-Quadrat-Statistik* am häufigsten mit $r \times c$-Kontingenztafeln verwendet, um zu beurteilen, ob die Nullhypothese der Unabhängigkeit zwischen den Variablen vertretbar ist (siehe auch »Chi-Quadrat-Verteilung« auf Seite 84).

Der Chi-Quadrat-Test wurde ursprünglich im Jahr 1900 von Karl Pearson entwickelt (*https://oreil.ly/cEubO*). Der Begriff *chi* leitet sich vom griechischen Buchstaben X ab – er wurde von Pearson in dem Artikel verwendet.

Schlüsselbegriffe zum Chi-Quadrat-Test

Chi-Quadrat-Statistik
: Ein Maß dafür, inwieweit bestimmte beobachtete Daten von der Erwartung abweichen.

Erwartung bzw. *erwartet*
: Wie wir erwarten würden, dass die Daten unter einer bestimmten Annahme, typischerweise der Nullhypothese, ausfallen.

$r \times c$ bedeutet »Zeilen-mal-Spalten« – eine 2×3-Tabelle hat zwei Zeilen und drei Spalten.

Chi-Quadrat-Test: ein Resampling-Ansatz

Angenommen, Sie testeten drei verschiedene Schlagzeilen – A, B und C – und ließen sie jeweils für 1.000 Besucher anzeigen, wobei die Ergebnisse in Tabelle 3-4 dargestellt werden.

Tabelle 3-4: Webtestergebnisse für drei verschiedene Schlagzeilen

	Schlagzeile A	Schlagzeile B	Schlagzeile C
Klick	14	8	12
Kein Klick	986	992	988

Die Schlagzeilen scheinen durchaus unterschiedlich zu sein. Schlagzeile A erzielt eine fast doppelt so hohe Klickrate wie Schlagzeile B. Die tatsächlichen Zahlen sind jedoch gering. Mit dem Resampling-Verfahren kann getestet werden, ob sich die Klickraten in größerem Ausmaß voneinander unterscheiden, als es der Zufall verursachen könnte. Für diesen Test benötigen wir die »erwartete« Verteilung der Klicks, die unsere Nullhypothese abbildet, dass alle drei Schlagzeilen dieselbe Klickrate aufweisen – bei einer Gesamtklickrate von 34/3.000. Unter dieser Annahme würde die Kontingenztabelle wie die in Tabelle 3-5 aussehen.

zahl der Freiheitsgrade« auf Seite 121). Für eine Kontingenztafel wird die Anzahl der Freiheitsgrade wie folgt auf die Anzahl der Zeilen (*r*) und Spalten (*c*) bezogen:

$$\text{Anzahl der Freiheitsgrade} = (r - 1) \times (c - 1)$$

Die Chi-Quadrat-Verteilung ist für gewöhnlich schief – mit einem langen rechten Rand (siehe Abbildung 3-7 für die Verteilung mit 1, 2, 5 und 20 Freiheitsgraden). Je weiter außen auf der Chi-Quadrat-Verteilung die beobachtete Statistik liegt, desto niedriger ist der p-Wert.

Die Funktion `chisq.test` kann zur Berechnung des p-Werts unter Verwendung der Chi-Quadrat-Verteilung als Referenz verwendet werden:

```
> chisq.test(clicks, simulate.p.value=FALSE)

        Pearson's Chi-squared test

data:  clicks
X-squared = 1.6659, df = 2, p-value = 0.4348
```

In *Python* können Sie die Funktion `scipy.stats.chi2_contingency` verwenden:

```
chisq, pvalue, df, expected = stats.chi2_contingency(clicks)
print(f'chi2 beobachtet: {chi2observed:.4f}')
print(f'p-Wert: {pvalue:.4f}')
```

Der p-Wert ist etwas kleiner als der p-Wert beim Test mit Resampling; dies liegt daran, dass die Chi-Quadrat-Verteilung nur eine Näherung der tatsächlichen Verteilung der Statistik ist.

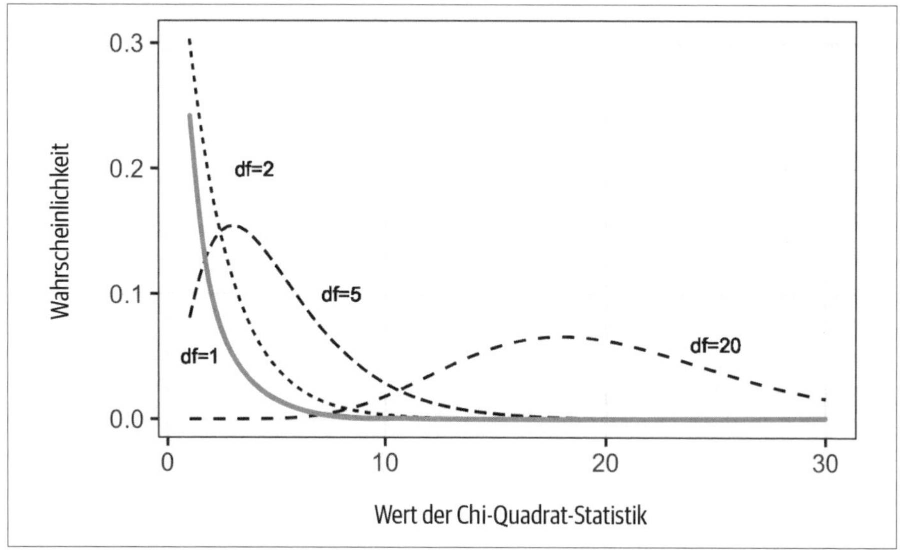

Abbildung 3-7: Die Chi-Quadrat-Verteilung für eine verschiedene Anzahl von Freiheitsgraden

Exakter Test nach Fisher

Die Chi-Quadrat-Verteilung bietet eine gute Approximation des gerade beschriebenen Shuffled-Resampling-Tests, es sei denn, die Zählungen bzw. Häufigkeiten sind extrem niedrig (einstellig, insbesondere fünf oder weniger). In solchen Fällen wird das Resampling-Verfahren genauere p-Werte liefern. Die meisten Statistikprogramme verfügen sogar über die Option, tatsächlich *alle* möglichen Neuanordnungen (Permutationen), die auftreten können, zu erfassen, ihre Häufigkeiten tabellarisch darzustellen und genau zu bestimmen, wie extrem das beobachtete Ergebnis ist. Dies wird nach dem berühmten Statistiker R. A. Fisher als *exakter Test nach Fisher* bezeichnet. Der Code in *R* gestaltet sich für den exakten Test nach Fisher in seiner Grundform einfach:

```
> fisher.test(clicks)

        Fisher's Exact Test for Count Data

data:  clicks
p-value = 0.4824
alternative hypothesis: two.sided
```

Der p-Wert kommt dem p-Wert von 0,4853, den wir mit der Resampling-Methode erhalten haben, sehr nahe.

Wenn einige Häufigkeiten sehr niedrig, andere jedoch recht hoch sind (z.B. der Nenner in einer Konversionsrate), kann es aufgrund der Schwierigkeit, alle möglichen Permutationen zu berechnen, notwendig sein, einen Shuffled-Permutationstest statt eines vollständigen exakten Tests durchzuführen. Die vorhergehende *R*-Funktion hat mehrere Argumente, die angeben, ob diese Approximation verwendet werden soll (`simulate.p.value=TRUE oder FALSE`), wie viele Iterationen verwendet werden sollen (`B=...`), sowie eine Berechnungseinschränkung (`workspace=...`), die begrenzt, wie viele Berechnungen für das *exakte* Ergebnis durchgeführt werden sollen.

Es gibt keine Implementierung von Fishers exaktem Test, der ohne Weiteres in *Python* verfügbar ist.

Wissenschaftlichen Betrug aufdecken

Ein interessantes Beispiel ist der Fall der Forscherin Thereza Imanishi-Kari von der Tufts University, die im Jahr 1991 beschuldigt wurde, in ihrer Forschung Daten erfunden zu haben. Der Fall führte schließlich zum Rücktritt ihres Kollegen David Baltimore vom Präsidentenamt der Rockefeller University.

Ein Element in dem Fall stützte sich auf statistische Beweise in Bezug auf die erwartete Verteilung von Ziffern in ihren Labordaten, wobei jede Beobachtung aus vielen Ziffern bestand. Die Ermittler konzentrierten sich auf die *inneren* Ziffern (wobei sie die erste und letzte Ziffer einer Zahl ignorierten), von denen erwartet wurde, dass sie einer *zufälligen Gleichverteilung* folgen würden. Das heißt, sie würden zufällig auftreten, wobei jede Ziffer die gleiche Wahrscheinlichkeit hat, aufzutreten (die führende Ziffer könnte überwiegend ein Wert sein, und die Endziffern könnten durch Rundung beeinträchtigt werden). Tabelle 3-7 listet die Häufigkeiten der inneren Ziffern aus den Originaldaten des Falls auf.

Tabelle 3-7: Häufigkeit von inneren Ziffern in Labordaten

Ziffer	Häufigkeit
0	14
1	71
2	7
3	65
4	23
5	19
6	12
7	45
8	53
9	6

Die Verteilung der 315 Ziffern, die in Abbildung 3-8 zu sehen ist, sieht keineswegs zufällig aus.

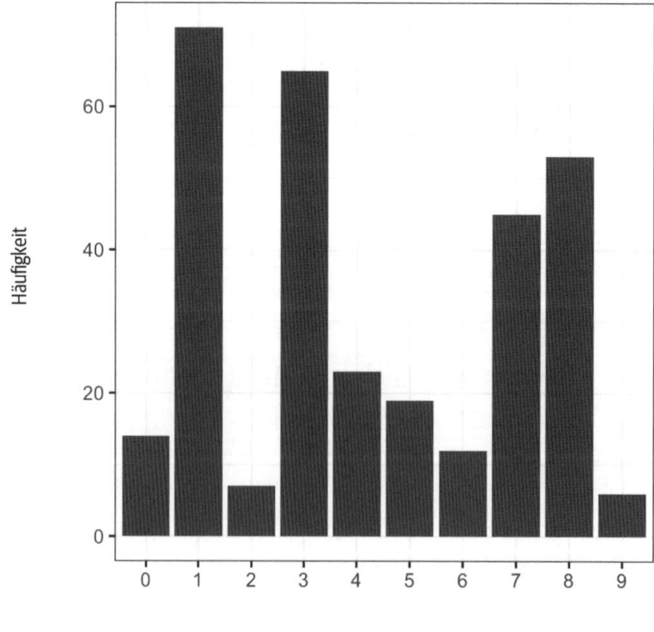

Abbildung 3-8: Histogramm (mit Häufigkeiten) für die Labordaten von Imanishi-Kari

Die Ermittler berechneten die Abweichung vom Erwartungswert (31,5 – so oft würde jede Ziffer in einer Gleichverteilung auftreten) und verwendeten einen Chi-Quadrat-Test (ein Resampling-Verfahren hätte ebenso verwendet werden können), um zu zeigen, dass die tatsächliche Verteilung weit außerhalb des Bereichs der normalen zufälligen Abweichung lag, was darauf hindeutete, dass die Daten möglicherweise erfunden wurden. (Anmerkung: Imanishi-Kari wurde schließlich nach einem langwierigen Verfahren entlastet).

Relevanz in der Data Science

Der Chi-Quadrat-Test, oder der exakte Test nach Fisher, wird verwendet, wenn Sie wissen möchten, ob ein Effekt real ist oder das Ergebnis zufällig sein könnte. In den meisten klassischen statistischen Anwendungen des Chi-Quadrat-Tests besteht seine Rolle darin, die statistische Signifikanz festzustellen, was in der Regel vor der Veröffentlichung einer Studie oder eines Versuchs erforderlich ist. Für Data Scientists ist dies nicht so wichtig. Bei den meisten datenwissenschaftlichen Versuchen, egal ob A/B oder A/B/C ..., besteht das Ziel nicht einfach darin, die statistische Signifikanz festzustellen, sondern vielmehr darin, die beste Behandlung zu finden. Zu diesem Zweck bieten mehrarmige Banditen (siehe »Mehrarmige Banditen« auf Seite 136) eine vollständigere Lösung.

Eine datenwissenschaftliche Anwendung des Chi-Quadrat-Tests, insbesondere der exakten Version von Fisher, besteht in der Bestimmung geeigneter Stichprobenumfänge bei Webversuchen. Diese Versuche haben oft sehr niedrige Klickraten, und trotz Tausender Aufrufe könnten die Häufigkeiten zu gering sein, um in einem Versuch endgültige Schlussfolgerungen ziehen zu können. In solchen Fällen können der exakte Test nach Fisher, der Chi-Quadrat-Test und andere Tests als Bestandteil von Berechnungen der Leistungsfähigkeit und der Stichprobengröße nützlich sein (siehe »Trennschärfe und Stichprobengröße« auf Seite 140).

Chi-Quadrat-Tests werden (in der Forschung) von Forschern, die auf der Suche nach dem schwer zu bestimmenden statistisch signifikanten p-Wert sind, der eine Veröffentlichung ermöglicht, häufig verwendet. Chi-Quadrat-Tests oder ähnliche Resampling-Simulationen werden in datenwissenschaftlichen Anwendungen dagegen eher als Filter genutzt, um zu bestimmen, ob ein Effekt oder ein Merkmal weitere Überlegungen wert ist, und nicht als formaler Signifikanztest. Beispielsweise werden sie in der räumlichen Statistik und Kartierung verwendet, um zu bestimmen, ob räumliche Daten einer vorgegebenen Nullverteilung entsprechen (z.B. sind Straftaten in einem bestimmten Gebiet in größerem Maße konzentriert, als es der Zufall erlauben würde?) Sie können auch bei der automatisierten Auswahl von Merkmalen im maschinellen Lernen verwendet werden, um die Klassenprävalenz über Merkmale hinweg zu beurteilen und Merkmale zu identifizieren, bei denen die Häufigkeit einer bestimmten Kategorie ungewöhnlich hoch oder niedrig ist, und zwar in einer Weise, die nicht mit einer zufälligen Abweichung vereinbar ist.[2]

Kernideen

- Ein übliches Verfahren in der Statistik besteht darin, zu prüfen, ob beobachtete Häufigkeiten mit der Annahme der Unabhängigkeit vereinbar sind (z. B. dass die Neigung, einen bestimmten Artikel zu kaufen, unabhängig vom Geschlecht ist).
- Die Chi-Quadrat-Verteilung ist die Referenzverteilung (die die Annahme der Unabhängigkeit abbildet), mit der die berechnete Chi-Quadrat-Statistik (für die beobachteten Daten) verglichen werden muss.

Weiterführende Literatur

- R. A. Fishers berühmtes »Lady Tasting Tea«-Beispiel vom Anfang des 20. Jahrhunderts ist nach wie vor eine einfache und effektive Illustration seines exakten Tests. Googeln Sie »Lady Tasting Tea«, und Sie werden eine Reihe von guten Beiträgen finden.
- Stat Trek bietet ein gutes Tutorium zum Chi-Quadrat-Test (*https://oreil.ly/77DUf*).

Mehrarmige Banditen

Mehrarmige Banditen (engl. *Multi-Arm Bandits*) bieten einen Ansatz zum Testen, insbesondere für Webtests, der eine explizite Optimierung und schnellere Entscheidungsfindung ermöglicht als der traditionelle statistische Ansatz zur Gestaltung von Versuchen.

Schlüsselbegriffe für mehrarmige Banditen

Mehrarmiger Bandit
Ein imaginärer Spielautomat mit mehreren Armen, die der Anwender wählen kann, jeweils mit unterschiedlichen Auszahlungen – hier als Analogie für ein Mehrfachbehandlungsversuch verstanden.

Arm
Eine Behandlung in einem Versuch (z. B. »Schlagzeile A in einem Webtest«).

2 Anm. d. Übersetzers: In den meisten Fällen werden die Begriffe Klasse und Kategorie synonym eingesetzt, insbesondere im Hinblick auf die Klassifikation. In diesem Buch wird primär der Begriff Kategorie verwendet, auch um keine unnötige Verwirrung im Hinblick auf Klassen, die in einer Programmiersprache genutzt werden, zu stiften.

Erfolg
: Das experimentelle Analogon eines Gewinns am Spielautomaten (z.B. »Kunde klickt auf den Link«).

Ein konventioneller A/B-Test bezieht sich auf Daten, die in einem Versuch nach einem vorgegebenen Design gesammelt werden, um eine bestimmte Frage zu beantworten, wie z.B. »Was ist besser, Behandlung A oder Behandlung B?« Es wird davon ausgegangen, dass, sobald wir eine Antwort auf diese Frage erhalten haben, der statistische Versuch beendet ist und wir mit den Ergebnissen weiterarbeiten.

Sie können wahrscheinlich einige Schwierigkeiten bei diesem Ansatz erkennen. Erstens ist unsere Antwort vielleicht nicht schlüssig: »Wirkung nicht erwiesen.« Mit anderen Worten, die Ergebnisse des Versuchs können auf einen Effekt hindeuten, aber wenn es einen Effekt gibt, haben wir keine ausreichend große Stichprobe, um ihn zu beweisen (zur Zufriedenheit der traditionellen statistischen Standards). Welche Entscheidung treffen wir? Zweitens möchten wir vielleicht schon vor Abschluss des Versuchs mit der Nutzung von Ergebnissen beginnen. Drittens möchten wir eventuell das Recht haben, unsere Meinung zu ändern, oder auf der Grundlage zusätzlicher Daten, die nach Abschluss des Versuchs eintreffen, etwas anderes ausprobieren. Der traditionelle Ansatz für Versuche und Hypothesentests stammt aus den 1920er-Jahren und ist ziemlich unflexibel. Das Aufkommen von Computerleistung und Software hat leistungsfähigere, flexiblere Ansätze ermöglicht. Darüber hinaus ist die Data Science (und die Wirtschaft im Allgemeinen) nicht so sehr um die statistische Signifikanz besorgt, sondern mehr um die Optimierung des Gesamtaufwands und der Ergebnisse.

Bandit-Algorithmen, die beim Testen von Webinhalten sehr beliebt sind, ermöglichen Ihnen, mehrere Behandlungen gleichzeitig zu testen, um schneller zu Schlussfolgerungen zu kommen als bei konventionellen statistischen Designs. Sie haben ihren Namen von den im Glücksspiel verwendeten Spielautomaten, die auch als einarmige Banditen bezeichnet werden (da sie so konfiguriert sind, dass sie dem Spieler in einem stetigen Fluss Geld entlocken). Wenn Sie sich einen Spielautomaten mit mehr als einem Arm vorstellen, wobei jeder Arm mit einer anderen Rate zur Auszahlung führt, hätten Sie einen mehrarmigen Banditen, was dem vollständige Namen für diesen Algorithmus entspricht.

Ihr Ziel ist es, so viel Geld wie möglich zu gewinnen und, genauer gesagt, den gewinnbringenden Arm eher früher als später zu identifizieren und sich für ihn zu entscheiden. Die Herausforderung besteht darin, dass Sie nicht wissen, wie viel Geld die Arme insgesamt auszahlen – Sie kennen nur die Ergebnisse der einzelnen Züge an den Armen. Angenommen, jeder »Gewinn« wäre gleich hoch, egal bei welchem Arm. Was sich unterscheidet, ist die Wahrscheinlichkeit eines Gewinns. Nehmen wir weiter an, dass Sie zunächst jeden Arm 50 Mal betätigen und die folgenden Ergebnisse erhalten:

- Arm A: 10 von 50 erfolgreich
- Arm B: 2 von 50 erfolgreich
- Arm C: 4 von 50 erfolgreich

Ein drastischer Ansatz besteht darin, zu sagen: »Sieht aus, als wäre Arm A ein Gewinner – hören wir auf, die anderen Arme auszuprobieren, und bleiben wir bei A.« Auf diese Weise werden die Informationen aus dem ersten Versuch voll ausgeschöpft. Wenn A wirklich besser ist, profitieren wir schon früh davon. Wenn andererseits B oder C wirklich besser sind, verpassen wir jegliche Gelegenheit, das herauszufinden. Ein anderer extremer Ansatz besteht darin, zu sagen: »Das scheint alles im Bereich des Zufalls zu liegen – lassen Sie uns einfach weiter an allen gleichmäßig ziehen.« Das gibt den Alternativen von A die größtmögliche Gelegenheit, sich zu erweisen. Dabei wenden wir jedoch scheinbar schlechtere Behandlungsmethoden an. Wie lange lassen wir das zu? Die Bandit-Algorithmen verfolgen einen hybriden Ansatz: Wir fangen an, A öfter zu ziehen, um seine vermeintliche Vorteilhaftigkeit auszunutzen, aber wir lassen B und C nicht außen vor – wir ziehen sie nur seltener. Wenn A weiterhin besser abschneidet, verlagern wir weiter Ressourcen (Ziehungen) von B und C weg und ziehen A häufiger. Wenn C hingegen besser und A schlechter abschneidet, können wir die Ziehungen von A zurück zu C verlagern. Wenn sich einer von ihnen gegenüber A als überlegen erweist und dies im ersten Versuch durch Zufall verborgen blieb, hat er jetzt die Gelegenheit, in weiteren Tests zu beweisen, dass er besser abschneidet.

Überlegen Sie nun, wie sich dies auf Webtests ummünzen lässt. Statt mehrerer Spielautomatenarme haben Sie vielleicht mehrere Angebote, Schlagzeilen, Farben usw., die auf einer Webseite getestet werden. Kunden klicken (ein »Erfolg« für den Anbieter), oder sie klicken nicht. Zunächst werden die Angebote nach dem Zufallsprinzip und gleichermaßen angezeigt. Wenn jedoch ein Angebot beginnt, die anderen zu übertreffen, kann es öfter gezeigt (»gezogen«) werden. Doch wie sollten die Parameter des Algorithmus, der die »Ziehungsraten« anpasst, aussehen? Bei welchen »Ziehungsraten« sollten wir wechseln, und wann sollten wir dann wechseln?

Hier ist ein einfacher Algorithmus, der sogenannte Epsilon-Greedy-Algorithmus, für einen A/B-Test:

1. Generieren einer gleichverteilten Zufallszahl zwischen 0 und 1.
2. Wenn die Zahl zwischen 0 und Epsilon liegt (wobei Epsilon eine Zahl zwischen 0 und 1 ist, normalerweise ziemlich klein), werfen Sie eine »faire« Münze (50/50-Wahrscheinlichkeit), und ...
   a. ... wenn die Münze Kopf zeigt, zeigen Sie Angebot A.
   b. ... wenn die Münze Zahl zeigt, zeigen Sie Angebot B.
3. Wenn die Zahl ≥ Epsilon ist, zeigen Sie das Angebot mit der bisher höchsten Response-Rate an.

Der einzige Parameter, der diesen Algorithmus bestimmt, ist Epsilon. Wenn Epsilon gleich 1 ist, erhalten wir ein einfaches A/B-Standardversuch (zufällige Zuordnung der Subjekte zwischen A und B). Wenn Epsilon 0 ist, haben wir einen reinen

Greedy-Algorithmus – einen Algorithmus, der die beste verfügbare unmittelbare Option (ein lokales Optimum) auswählt. Dabei wird kein weiterer Versuch angestrebt, sondern es werden einfach die Subjekte (Webnutzer) der am besten geeigneten Behandlung zugeordnet.

Ein ausgefeilterer Algorithmus verwendet »Thompson Sampling«. Bei dieser Prozedur erfolgt in jedem Schritt eine Ziehung (Ziehen eines Banditenarms), um die Wahrscheinlichkeit zu maximieren, den besten Arm zu wählen. Natürlich wissen Sie nicht, welcher Arm der beste ist – darin besteht das ganze Problem! Aber wenn Sie das Ergebnis bei jeder aufeinanderfolgenden Ziehung beobachten, erhalten Sie mehr Informationen. Beim Thompson Sampling wird ein bayesscher Ansatz gewählt: Zunächst wird eine gewisse vorherige Verteilung der Belohnungen angenommen, wobei eine sogenannte *Betaverteilung* verwendet wird (dies ist ein übliches Verfahren zur Spezifizierung von Vorinformationen beim bayesschen Ansatz). Da sich die Informationen aus den einzelnen Ziehungen mehren, können diese aktualisiert werden, wodurch die Auswahl hinsichtlich des vielversprechendsten Arms im Hinblick auf die nächste Ziehung optimiert werden kann.

Bandit-Algorithmen können auch mit mehr als drei Behandlungen effizient verfahren und die optimale Wahl finden. Bei traditionellen statistischen Testverfahren für mehr als drei Behandlungen übertrifft die Komplexität der Entscheidungsfindung bei Weitem die des traditionellen A/B-Tests, wodurch der Vorteil von Bandit-Algorithmen stärker zum Tragen kommt.

Kernideen

- Bei traditionellen A/B-Tests wird ein zufälliges Stichprobenverfahren genutzt, das zu einer übermäßigen Berücksichtigung der unterlegenen Behandlung führen kann.
- Mehrarmige Banditen hingegen ändern den Stichprobenziehungsprozess, um Informationen, die während des Versuchs gelernt wurden, einzubeziehen und die Häufigkeit der unterlegenen Behandlung zu reduzieren.
- Sie erleichtern auch die effektive Handhabung von mehr als zwei Behandlungen.
- Es gibt verschiedene Algorithmen zur Verlagerung der Ziehungswahrscheinlichkeit weg von der bzw. den unterlegenen Behandlung(en) hin zu (vermeintlich) überlegenen Behandlung(en).

Weiterführende Literatur

- Eine ausgezeichnete, kurze Darstellung von Algorithmen mehrarmiger Banditen findet sich in dem Buch *Bandit Algorithms for Website Optimization* von John Myles White (O'Reilly, 2012). Das Buch umfasst auch den entsprechenden *Python*-Code sowie Ergebnisse von Simulationen zur Bewertung der Leistung von Banditen.

- Weitere Informationen (etwas technischerer Natur) zum Thompson Sampling finden Sie in dem Beitrag »Analysis of Thompson Sampling for the Multiarmed Bandit Problem« (*https://oreil.ly/OgWrG*) von Shipra Agrawal und Navin Goyal.

Trennschärfe und Stichprobengröße

Wenn Sie einen Test für einen Webinhalt durchführen, entscheiden Sie auch, wie lange er durchgeführt werden soll (d.h. wie viele Beobachtungen je Behandlung benötigt werden). Ungeachtet dessen, was Sie vielleicht in vielen Leitfäden für Webtests lesen, gibt es keine gute allgemeine Anleitung – es hängt hauptsächlich von der Häufigkeit der Beobachtungen ab, die benötigt wird, um das gewünschte Ziel zu erreichen.

Schlüsselbegriffe zur Trennschärfe und zur Stichprobengröße

Effektstärke
: Die Mindestgröße des Effekts, die Sie hoffen, in einem statistischen Test feststellen zu können, z.B. »eine Verbesserung der Klickraten um 20%«, auch Effektgröße genannt (engl. *Effect Size*).

Trennschärfe
: Die Wahrscheinlichkeit, eine bestimmte Effektstärke mit einer bestimmten Stichprobengröße zu identifizieren (engl. *Power*).

: *Synonyme*
: : Güte, Macht, Power, Teststärke

Signifikanzniveau
: Die dem Test zugrunde gelegte Irrtumswahrscheinlichkeit, d. h. die Wahrscheinlichkeit, mit der die Nullhypothese fälschlicherweise verworfen wird, obwohl sie zutrifft (Fehler 1. Art).

Einer der Schritte bei der statistischen Ermittlung des (erforderlichen) Stichprobenumfangs ist die Frage: »Ist der Hypothesentest tatsächlich in der Lage, einen Unterschied zwischen den Behandlungen A und B aufzudecken?« Das Ergebnis eines Hypothesentests – der p-Wert – hängt davon ab, wie groß der tatsächliche Unterschied zwischen Behandlung A und Behandlung B ausfällt. Es hängt auch vom Losglück ab – nämlich davon, wer für welche Gruppen im Versuch ausgewählt wird. Je größer der tatsächliche Unterschied zwischen den Behandlungen A und B ist, desto großer ist auch die Wahrscheinlichkeit, dass unser Versuch ihn aufdeckt; und je kleiner der Unterschied ist, desto mehr Daten werden benötigt, um ihn aufzudecken. Um beim Baseball zwischen Spielern mit einem Schlagdurchschnitt von .350 und .200 (nur in einem von fünf Schlagversuchen – At-Bats – wird ein Hit erzielt) zu unterscheiden, müssen nicht so viele At-Bats beobachtet werden.

Um zwischen einem Schlagdurchschnitt von .300 und .280 unterscheiden zu können, müssen Sie bedeutend mehr Schlagversuche beobachten.

Die *Trennschärfe* (auch Güte, Macht oder Power) ist die Wahrscheinlichkeit, eine bestimmte *Effektstärke* bei gegebenen Stichprobenmerkmalen (Stichprobengröße und Streuung) zu ermitteln. Zum Beispiel könnten wir (hypothetisch) unterstellen, dass die Wahrscheinlichkeit der Unterscheidung zwischen einem Spieler mit einem Schlagdurchschnitt von 0,330 und einem mit einem Schlagdurchschnitt von 0,200 bei 25 Schlagversuchen 0,75 (75%) beträgt. Die Effektstärke entspricht hier der Differenz von 0,130. Und »ermitteln« bedeutet, dass ein Hypothesentest die Nullhypothese, dass es »keinen Unterschied« gibt, verwirft und zu dem Schluss kommt, dass es einen realen Effekt gibt. Der Versuch mit 25 Schlagversuchen (n = 25), zwei Spielern und einer Effektgröße von 0,130 hat also eine (hypothetische) Trennschärfe von 0,75 bzw. 75%.

Wie Sie sehen, gibt es hier mehrere variable Elemente. Es kann schnell passieren, dass Sie sich in den zahlreichen statistischen Annahmen und Formeln, die benötigt werden, um die Stichprobenstreuung, die Effektstärke, die Stichprobengröße, das Signifikanzniveau für den Hypothesentest usw. festzulegen und die Trennschärfe zu berechnen, verzetteln. In der Tat gibt es spezielle statistische Programme zur Berechnung der Trennschärfe. Die meisten Data Scientists müssen nicht alle formalen Schritte vornehmen, um z.B. in einer veröffentlichten Arbeit die Trennschärfe anzugeben. Es kann jedoch vorkommen, dass Sie einige Daten für einen A/B-Test sammeln möchten und das Sammeln oder Verarbeiten der Daten mit gewissen Kosten verbunden ist. In diesem Fall kann das Wissen um die ungefähre Menge der zu erhebenden Daten dazu beitragen, Situationen zu vermeiden, in denen Sie mit großem Aufwand Daten erheben und das Ergebnis am Ende dennoch nicht schlüssig ist. Hier ist ein ziemlich intuitiver alternativer Ansatz:

1. Beginnen Sie mit einigen hypothetischen Daten, die Ihre beste Einschätzung der Daten darstellen, für die Sie sich interessieren (gegebenenfalls auf der Grundlage früherer Daten) – z.B. eine Urne mit 20 Einsen und 80 Nullen, um einen Spieler mit einem Schlagdurchschnitt von .200 abzubilden, oder eine Urne mit einigen Beobachtungen, die die »auf der Webseite verbrachte Zeit« quantifizieren.
2. Erstellen Sie eine zweite Stichprobe, bei der Sie zusätzlich die gewünschte Effektstärke berücksichtigen – z.B. eine zweite Urne mit 33 Einsen und 67 Nullen bzw. eine zweite Urne, bei der zu jeder anfänglichen »auf der Webseite verbrachten Zeit« 25 Sekunden hinzuaddiert werden.
3. Ziehen Sie aus jeder Urne eine Stichprobe der Größe n mittels Bootstrap-Verfahren.
4. Führen Sie einen Permutations- (oder formelbasierten) Hypothesentest mit beiden Bootstrap-Stichproben durch und halten Sie fest, ob sich der Unterschied zwischen ihnen als statistisch signifikant erweist.
5. Wiederholen Sie die beiden vorhergehenden Schritte zahlreiche Male und bestimmen Sie, wie oft der Unterschied signifikant war – das ist die geschätzte Trennschärfe.

Stichprobengröße

Am häufigsten spielt die Trennschärfe eine Rolle, wenn wir den erforderlichen Stichprobenumfang abschätzen müssen.

Nehmen Sie zum Beispiel an, Sie betrachten die Klickraten (Klicks als Prozentsatz wahrgenommener Einblendungen), um eine neue Anzeige im Vergleich zu einer bestehenden Anzeige zu testen. Wie viele Klicks müssen Sie in Ihrer Studie sammeln? Wenn Sie nur an Ergebnissen interessiert sind, bei denen ein großer Unterschied aufzeigt werden soll (z. B. ein Unterschied von 50 %), könnte eine relativ kleine Stichprobe ausreichen. Wäre dagegen schon ein kleiner Unterschied von Interesse, ist eine bedeutend größere Stichprobe erforderlich. Ein Standardansatz besteht darin, einen Richtwert festzulegen, der besagt, dass eine neue Anzeige um einen gewissen Prozentsatz (z. B. 10 %) besser sein muss als eine bestehende Anzeige; andernfalls halten wir an der bestehenden Anzeige fest. Dieser Richtwert, die Effektstärke, bestimmt dann die Größe der Stichprobe.

Nehmen wir zum Beispiel an, die aktuellen Klickraten liegen bei etwa 1,1 %, und Sie streben eine Steigerung um 10 % auf 1,21 % an. Wir haben also zwei Urnen: Urne A mit 1,1 % Einsen (z. B. 110 Einsen und 9.890 Nullen) und Urne B mit 1,21 % Einsen (z. B. 121 Einsen und 9.879 Nullen). Versuchen wir es zunächst mit 300 Ziehungen aus jeder Urne (dies entspräche 300 »Einblendungen« jeder Anzeige). Angenommen, unsere erste Ziehung ergäbe Folgendes:

- Urne A: 3 Einsen
- Urne B: 5 Einsen

Wir können sofort erkennen, dass jeder Hypothesentest diesen Unterschied (fünf Einsen im Vergleich zu drei) innerhalb der gewöhnlichen zufälligen Abweichung sehen würde. Die Kombination aus Stichprobengröße (n = 300 Beobachtungen in jeder Gruppe) und Effektstärke (10 % Unterschied) fällt zu gering aus, als dass irgendein Hypothesentest zuverlässig einen Unterschied identifizieren könnte.

Wir können also versuchen, den Stichprobenumfang zu erhöhen (versuchen wir es mit 2.000 Einblendungen), um einen größeren Effekt (50 % statt 10 %) bestätigt zu sehen.

Nehmen wir zum Beispiel an, die aktuellen Klickraten liegen immer noch bei 1,1 %, aber wir streben jetzt eine 50%ige Steigerung auf 1,65 % an. Wir haben also zwei Urnen: Urne A immer noch mit 1,1 % Einsen (z. B. 110 Einsen und 9.890 Nullen) und Urne B mit 1,65 % Einsen (z. B. 165 Einsen und 9.868 Nullen). Nun ziehen wir 2.000 Mal aus jeder Urne. Angenommen, unsere (erste) Ziehung sähe wie folgt aus:

- Urne A: 19 Einsen
- Urne B: 34 Einsen

Ein Signifikanztest zeigt, dass diese Differenz (34 – 19) immer noch als »nicht signifikant« ausgewiesen wird (obwohl sie bedeutend näher an der Signifikanzschwelle liegt als die vorherige Differenz von 5 – 3). Um die Trennschärfe zu berechnen, müssten wir die vorherige Prozedur viele Male wiederholen oder ein statistisches Programm verwenden, das die Trennschärfe berechnen kann, aber unsere anfängliche Ziehung legt uns nahe, dass selbst die Feststellung einer 50%igen Verbesserung mehrere Tausend Anzeigeneinblendungen erfordert.

Zusammenfassend, lässt sich sagen, dass für die Berechnung der Trennschärfe oder der erforderlichen Stichprobengröße vier variable Komponenten erforderlich sind:

- die Stichprobengröße
- die Effektstärke, die Sie ermitteln möchten
- das Signifikanzniveau, mit dem der Test durchgeführt werden soll
- die Trennschärfe

Sobald Sie drei davon festlegen, kann die vierte Komponente berechnet werden. In den meisten Fällen möchten Sie die Stichprobengröße berechnen, daher müssen Sie die Werte für die anderen drei angeben. In *R* und *Python* müssen Sie auch die Alternativhypothese mit »greater« bzw. »larger« angeben, um den Wert für einen einseitigen Test zu erhalten (siehe »Einseitige und zweiseitige Hypothesentests« auf Seite 99 für eine weitere Erläuterung von einseitigen im Vergleich zu zweiseitigen Tests). Hier ist der *R*-Code für den Test unserer zwei Anteilswerte, wobei wir davon ausgehen, dass beide Stichproben die gleiche Größe haben (hier wird das `pwr`-Paket verwendet):

```
effect_size = ES.h(p1=0.0121, p2=0.011)
pwr.2p.test(h=effect_size, sig.level=0.05, power=0.8, alternative='greater')
--
     Difference of proportion power calculation for binomial distribution
                                                   (arcsine transformation)


              h = 0.01029785
              n = 116601.7
      sig.level = 0.05
          power = 0.8
    alternative = greater

NOTE: same sample sizes
```

Die Funktion `ES.h` berechnet die Effektstärke. Wenn wir eine Trennschärfe von 80% wünschen, benötigen wir eine Stichprobengröße von fast 120.000 Einblendungen. Wenn wir eine 50%ige Steigerung (`p1=0,0165`) anstreben, verringert sich die erforderliche Stichprobengröße auf 5.500 Einblendungen.

Das Paket `statsmodels` enthält mehrere Methoden zur Berechnung der Trennschärfe. Hier verwenden wir `proportion_effectsize` zur Berechnung der Effektstärke und `TTestIndPower` zur Ermittlung der erforderlichen Stichprobengröße:

```
effect_size = sm.stats.proportion_effectsize(0.0121, 0.011)
analysis = sm.stats.TTestIndPower()
result = analysis.solve_power(effect_size=effect_size,
                              alpha=0.05, power=0.8, alternative='larger')
print('Stichprobengröße: %.3f' % result)
--
Stichprobengröße: 116602.393
```

> **Kernideen**
>
> - Um herauszufinden, wie groß der von Ihnen benötigte Stichprobenumfang ist, müssen Sie sich zuvor Gedanken über die Beschaffenheit des durchzuführenden statistischen Tests machen.
> - Sie müssen die Mindeststärke des Effekts angeben, den Sie nachweisen möchten.
> - Sie müssen auch die erforderliche Wahrscheinlichkeit angeben, mit der diese Effektstärke festgestellt werden soll (Trennschärfe).
> - Schließlich müssen Sie das Signifikanzniveau angeben, mit dem der Test durchgeführt werden soll.

Weiterführende Literatur

- Das Buch *Sample Size Determination and Power* von Thomas Ryan (Wiley, 2013) bietet eine umfassende und lesbare Übersicht zu diesem Thema.
- Steve Simon, ein statistischer Berater, hat einen sehr ansprechenden und anschaulichen Beitrag zu diesem Thema (*https://oreil.ly/18mtp*) geschrieben.

Zusammenfassung

Die Prinzipien der experimentellen Versuchsplanung, d.h. die Randomisierung von Subjekten in zwei oder mehr Gruppen, die unterschiedliche Behandlungen erhalten, erlauben uns valide Rückschlüsse darauf, wie gut die Behandlungen wirken. Am besten ist es, eine alternative Behandlung in Form einer Kontrollgruppe vorzusehen, die die Alternative abbildet, dass wir »keine Änderung vornehmen«. Die formale statistische Inferenz – Hypothesentests, p-Werte, t-Tests und viele mehr – nimmt in einem konventionellen Statistikkurs bzw. -textbuch viel Zeit und Platz in Anspruch. Aus datenwissenschaftlicher Sicht sind die formalen Aspekte meist nicht entscheidend. Dennoch bleibt es wichtig, sich der Bedeutung zufälliger Streuung im Klaren zu sein, da sie das menschliche Gehirn zum Narren halten kann. Intuitive Resampling-Verfahren (Permutation und Bootstrap) ermöglichen Data Scientists, das Ausmaß abzuschätzen, mit dem zufällige Streuung im Rahmen der Datenanalyse eine Rolle spielt.

KAPITEL 4

Regression und Vorhersage

Das vielleicht häufigste Ziel in der Statistik ist es, die Frage zu beantworten: »Steht Variable X (bzw. wahrscheinlicher $X_1, ..., X_p$) mit einer Variablen Y in Beziehung, und, wenn ja, wie lautet dieser Zusammenhang, und können wir ihn verwenden, um Y vorherzusagen?«

Nirgendwo ist die Verbindung zwischen Statistik und Data Science stärker als im Bereich der Vorhersage – insbesondere bei der Vorhersage einer Ergebnisvariablen bzw. Zielgröße auf der Grundlage der Werte anderer Vorhersage- bzw. Prädiktorvariablen. Diese Verfahren, bei denen ein Modell mit Daten trainiert wird, deren Ergebnis bekannt ist, um es anschließend auf Daten anzuwenden, deren Ergebnis nicht bekannt ist, wird als *überwachtes Lernen* (engl. *Supervised Learning*) bezeichnet. Eine weitere wichtige Verbindung zwischen der Data Science und der Statistik besteht im Bereich der *Anomalieerkennung*, wo die Regressionsdiagnostik, die ursprünglich zur Datenanalyse und zur Verbesserung des Regressionsmodells vorgesehen war, zur Erkennung ungewöhnlicher Fälle verwendet werden kann.

Lineare Einfachregression

Die lineare Einfachregression liefert ein Modell des Zusammenhangs zwischen der Ausprägung einer Variablen und der einer zweiten, z.B.: Wenn X ansteigt, dann steigt auch Y an. Oder auch: Wenn X ansteigt, dann verringert sich Y.[1] Die Korrelation ist eine weitere Möglichkeit, die Beziehung zwischen zwei Variablen zu messen (siehe Abschnitt »Korrelation« auf Seite 32). Der Unterschied besteht darin, dass die Korrelation die *Stärke* einer Beziehung zwischen zwei Variablen misst und eine Regression hingegen die *natürliche Beschaffenheit* der Beziehung quantifiziert.

1 Dieser und die nachfolgenden Abschnitte in diesem Kapitel unterliegen dem © 2020 Datastats, LLC, Peter Bruce, Andrew Bruce und Peter Gedeck; mit Genehmigung verwendet.

Schlüsselbegriffe zur linearen Einfachregression

Antwortvariable

Die Variable, die wir vorhersagen möchten (engl. *Response*).

Synonyme

abhängige Variable, *Y*-Variable, Zielgröße, Ergebnisvariable

Unabhängige Variable

Die Variable, die zur Vorhersage der Antwortvariablen verwendet wird (engl. *Independent Variable*).

Synonyme

X-Variable, Merkmal, Attribut, Prädiktorvariable, Prädiktor, Feature

Beobachtung

Der Vektor mit den Werten der Prädiktor- und Antwortvariablen für eine bestimmte Person oder einen bestimmten Fall (engl. *Record*).

Synonyme

Zeile, Fall, Instanz, Beispiel, Datenpunkt, Eintrag

Absolutglied

Der Schnittpunkt der Regressionsgeraden mit der y-Achse – d. h. der vorhergesagte Wert bei $X = 0$ (engl. *Intercept*).

Synonyme

Achsenabschnitt, Konstante, b_0, β_0, α

Regressionskoeffizient

Die Steigung der Regressionsgeraden.

Synonyme

Steigung, b_1, β_1, Parameterschätzer, Gewichte

Angepasste Werte

Der geschätzte Wert $\hat{Y}_i$, den man aus der Regressionsgeraden erhält (engl. *Fitted Values*).

Synonym

vorhergesagte Werte

Residuen

Die Differenz zwischen den beobachteten Werten und den angepassten Werten.

Synonym

Fehler

Methode der kleinsten Quadrate

Die Methode zur Anpassung einer Regression mittels Minimierung der Summe der quadrierten Residuen (engl. *Least Squares*).

Synonyme

gewöhnliche Methode der kleinsten Quadrate, KQ-Methode, OLS-Methode

Die Regressionsgleichung

Eine einfache lineare Regression schätzt ab, um wie viel sich *Y* ändert, wenn sich *X* um einen bestimmten Betrag ändert. Beim Korrelationskoeffizienten sind die Variablen *X* und *Y* vertauschbar. Bei der Regression versuchen wir, Variable *Y* mithilfe einer linearen Beziehung (d.h. einer Geraden) zu *X* vorherzusagen:

$$Y = b_0 + b_1 X$$

Dies liest sich: »Y ist gleich b_1 mal X, plus eine Konstante b_0.« Das Symbol b_0 ist bekannt als das *Absolutglied*[2] bzw. im Fall der Einfachregression als der *Achsenabschnitt* und das Symbol b_1 als die *Steigung* im Hinblick auf *X*. Beide werden in der Ausgabe in *R* als *Koeffizienten* (engl. *Coefficients*) ausgegeben, wobei der Begriff *Koeffizient* im allgemeinen Sprachgebrauch meist lediglich für b_1 genutzt wird. Die Variable *Y* wird als *Antwortvariable* oder *abhängige* Variable bezeichnet, da sie von *X* abhängt. Die Variable *X* wird *Prädiktorvariable* oder *unabhängige* Variable genannt. In Fachkreisen im Bereich des maschinellen Lernens neigt man dazu, andere Begriffe zu verwenden. Beispielsweise wird *Y* als *Zielvektor* (engl. *Target Vector*) und *X* als *Merkmalsvektor* (engl. *Feature Vector*) bezeichnet. In diesem Buch nutzen wir die Begriffe *Prädiktor* und *Merkmal* synonym.

Betrachten Sie das Streudiagramm in Abbildung 4-1, das die Anzahl der Jahre, die ein Arbeiter Baumwollstaub ausgesetzt war (`Exposure`, also Exposition), mit einem Messwert der Lungenkapazität (`PEFR` bzw. *Peak Exspiratory Flow Rate*) in Zusammenhang bringt. Wie hängt `PEFR` mit `Exposure` zusammen? Es fällt schwer, eine Aussage anhand des Diagramms zu treffen.

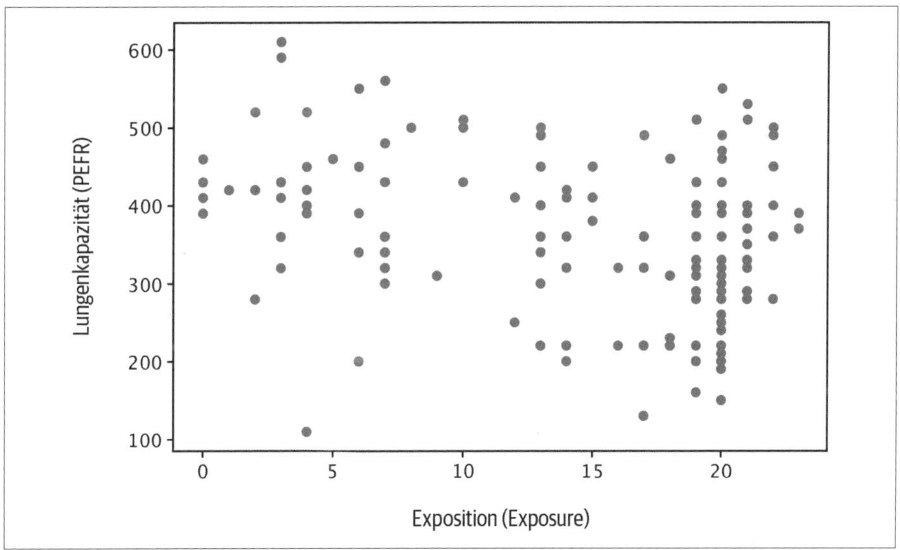

Abbildung 4-1: Baumwollexposition in Beziehung zur Lungenkapazität

2 Anm. d. Übers.: In manchen Statistik-Büchern wird das Absolutglied mit α symbolisiert.

Bei einer einfachen linearen Regression wird versucht, die »beste« Gerade zu finden, um die Antwortvariable PEFR als Funktion der Prädiktorvariablen Exposure vorherzusagen:

$$\text{PEFR} = b_0 + b_1 \text{Exposure}$$

In *R* kann die Funktion lm genutzt werden, um eine lineare Regression durchzuführen bzw. anzupassen:

```
model <- lm(PEFR ~ Exposure, data=lung)
```

Das Kürzel lm steht für *lineares Modell* (engl. *Linear Model*), und das Symbol ~ gibt an, dass PEFR durch Exposure vorhergesagt werden soll. Bei dieser Modelldefinition wird der Achsenabschnitt automatisch berücksichtigt und geschätzt. Wenn Sie den Achsenabschnitt bewusst aus dem Modell herauslassen möchten, müssen Sie die Modelldefinition wie folgt ändern:

```
PEFR ~ Exposure - 1
```

Mit der print-Funktion können wir uns das Objekt model ausgeben lassen:

```
Call:
lm(formula = PEFR ~ Exposure, data = lung)

Coefficients:
(Intercept)    Exposure
    424.583      -4.185
```

Der Achsenabschnitt, b_0, beträgt 424,583 und kann als der vorhergesagte PEFR-Wert für einen Arbeiter ohne jegliche Baumwollexposition (d. h. null Jahre) interpretiert werden. Der Regressionskoeffizient, b_1, kann wie folgt interpretiert werden: Für jedes zusätzliche Jahr, in dem ein Arbeiter Baumwollstaub ausgesetzt ist, verringert sich der gemessene PEFR-Wert des Arbeiters um –4,185.

In *Python* können wir die Klasse LinearRegression aus dem Paket scikit-learn verwenden. (Das Paket statsmodels hat ebenfalls eine Implementierung der linearen Regression, die der *R*-Variante (sm.OLS) ähnlicher ist; wir verwenden sie im weiteren Verlauf dieses Kapitels noch):

```
predictors = ['Exposure']
outcome = 'PEFR'

model = LinearRegression()
model.fit(lung[predictors], lung[outcome])

print(f'Achsenabschnitt: {model.intercept_:.3f}')
print(f'Koeffizient von Exposure: {model.coef_[0]:.3f}')
```

Die Regressionsgerade für dieses Modell wird in Abbildung 4-2 gezeigt.

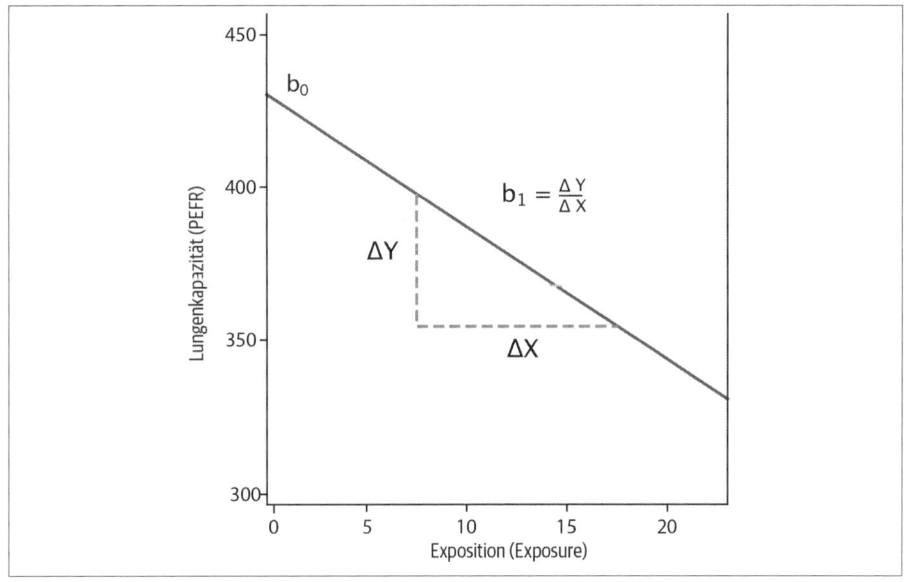

Abbildung 4-2: Steigung und Achsenabschnitt der Regression, angepasst an die Lungendaten

Angepasste Werte und Residuen

Wesentliche Elemente der Regressionsanalyse sind die *angepassten Werte* (die Vorhersagen) und die *Residuen* (die Vorhersagefehler). Im Allgemeinen werden die Daten nicht genau auf die Gerade fallen, daher sollte die Regressionsgleichung einen expliziten Fehlerterm bzw. Störterm e_i enthalten:

$$Y_i = b_0 + b_1 X_i + e_i$$

Die angepassten Werte werden auch als *vorhergesagte Werte* bezeichnet und üblicherweise als $\hat{Y}_i$ (»y-Dach«) notiert. Sie sind definiert als:

$$\hat{Y}_i = \hat{b}_0 + \hat{b}_1 X_i$$

Die Schreibweisen $\hat{b}_0$ und $\hat{b}_1$ signalisieren, dass die Koeffizienten geschätzt werden müssen und nicht bekannt sind.

Dachnotation: Unterscheidung von Schätzern und bekannten Werten

Die *Dachnotation* wird zur Unterscheidung zwischen Schätzern und bekannten Werten verwendet. Das Symbol $\hat{b}$ (»b-Dach«) ist also ein Schätzer des unbekannten Parameters b. Warum unterscheiden die Statistiker zwischen dem geschätzten und dem wahren Wert? Der Schätzwert ist mit Unsicherheit behaftet, während der wahre Wert feststeht.[3]

3 In der bayesschen Statistik wird angenommen, dass der wahre Wert eine Zufallsvariable mit einer bestimmten Verteilung darstellt. Im bayesschen Kontext gibt es anstelle von Schätzern und unbekannten Parametern die A-posteriori- und die A-priori-Verteilungen der Parameter.

Die Residuen $\hat{e}_i$ berechnen wir, indem wir die *vorhergesagten* Werte von den *tatsächlichen* Werten subtrahieren:

$$\hat{e}_i = Y_i - \hat{Y}_i$$

In *R* erhalten wir die angepassten Werte und die Residuen mithilfe der Funktionen `predict` und `residuals`:

```
fitted <- predict(model)
resid <- residuals(model)
```

Ausgehend von dem Modell `LinearRegression` aus dem `scikit-learn`-Paket, verwenden wir die Methode `predict` mit dem Trainingsdatensatz, um die angepassten Werte (`fitted`) und im Anschluss die `residuals` zu erhalten. Wie Sie sehen werden, folgt der Ansatz bei allen Modellen des `scikit-learn`-Pakets einem ähnlichen Muster:

```
fitted = model.predict(lung[predictors])
residuals = lung[outcome] - fitted
```

Abbildung 4-3 veranschaulicht die Residuen der an die Lungendaten angepassten Regressionsgeraden. Die Residuen entsprechen der Länge der vertikalen gestrichelten Linien von den jeweiligen Datenpunkten bis zur Geraden.

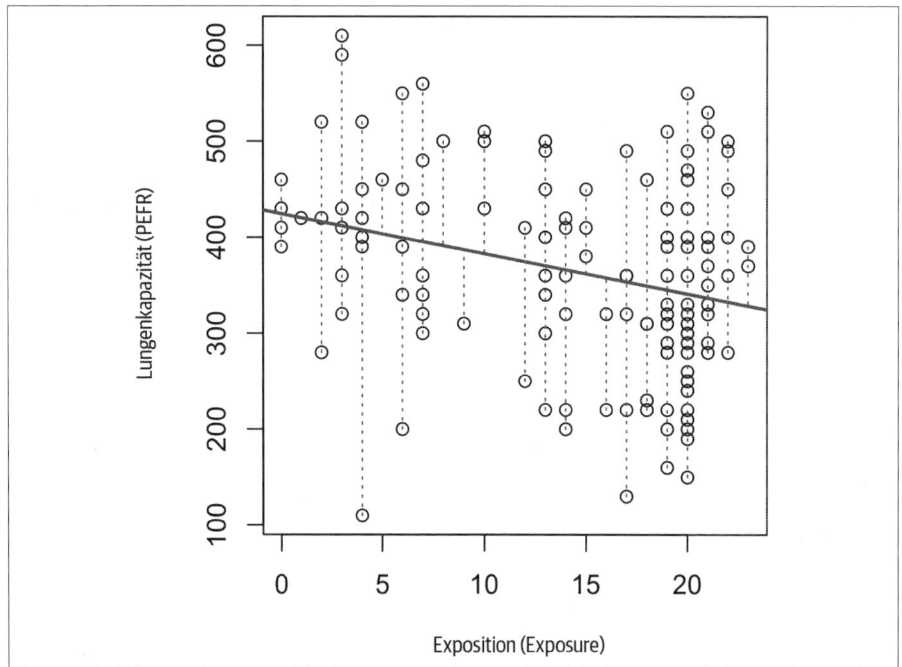

Abbildung 4-3: Die Residuen einer Regressionsgeraden (um alle Datenpunkte abbilden zu können, unterscheidet sich die Skalierung der y-Achse von der in Abbildung 4-2, daher die scheinbar unterschiedliche Steigung)

Die Methode der kleinsten Quadrate

Wie erfolgt die Anpassung des Modells an die Daten? Sofern ein eindeutiger Zusammenhang besteht, ist es denkbar, dass Sie die Gerade einfach von Hand ziehen. In der Praxis werden die Parameter der Regressionsgeraden so geschätzt, dass die Summe der quadrierten Residuen, auch *Residuenquadratsumme* oder *Summe der quadrierten Residuen* genannt (engl. *Residual Sum of Squares*, RSS), minimiert wird:

$$
\begin{aligned}
RSS &= \sum_{i=1}^{n}\left(Y_i - \widehat{Y}_i\right)^2 \\
&= \sum_{i=1}^{n}\left(Y_i - \widehat{b}_0 - \widehat{b}_1 X_i\right)^2
\end{aligned}
$$

Die Werte der Schätzer $\widehat{b}_0$ und $\widehat{b}_1$ werden so bestimmt, dass sie die RSS minimieren.

Die Methode zur Minimierung der Summe der quadrierten Residuen wird als *Methode der kleinsten Quadrate* bzw. *gewöhnliche Kleinste-Quadrate*-Schätzung bezeichnet (engl. *Ordinary Least Squares*, OLS). Sie wird oft dem deutschen Mathematiker Carl Friedrich Gauß zugeschrieben, eigentlich wurde sie aber erstmals im Jahr 1805 von dem französischen Mathematiker Adrien-Marie Legendre veröffentlicht. Die Schätzung der Regressionsgleichung mithilfe der Methode der kleinsten Quadrate kann schnell und einfach mit jedem statistischen Standardprogramm durchgeführt werden.

Historisch gesehen, ist vor allem die Einfachheit der Berechnung ein Grund für die weite Verbreitung der Methode der kleinsten Quadrate in der Regression. Mit dem Aufkommen großer Datenmengen ist die Berechnungsgeschwindigkeit immer noch ein wichtiger Faktor. Die Summe der quadrierten Residuen, die bei der Methode der kleinsten Quadrate minimiert werden, ist wie auch der Mittelwert (siehe »Median und andere robuste Lagemaße« auf Seite 11) empfindlich gegenüber Ausreißern – obwohl dies nur bei kleinen oder mittelgroßen Datensätzen ein bedeutsames Problem darstellt. In »Ausreißer« auf Seite 181 erfahren Sie mehr zu Ausreißern im Zusammenhang mit Regressionen.

Terminologie zur Regression

Wenn Analysten oder Forscher den Begriff *Regression* verwenden, beziehen sie sich typischerweise auf die lineare Regression; der Schwerpunkt liegt gewöhnlich auf der Entwicklung eines linearen Modells zur Erklärung der Beziehung zwischen Prädiktorvariablen und einer numerischen Ergebnisvariablen. Im formalen statistischen Sinn umfasst die Regression auch nicht lineare Modelle, die einen funktionalen Zusammenhang zwischen den Prädiktorvariablen und der Ergebnisvariablen herstellen. In der Fachwelt des maschinellen Lernens wird der Begriff gelegentlich auch lose genutzt, um die Verwendung eines beliebigen Vorhersagemodells zu bezeichnen, das als

Vorhersage ein numerisches Ergebnis liefert (im Gegensatz zu Klassifikationsverfahren, die eine binäre oder kategoriale Ergebnisvariable vorhersagen).

Unterschied zwischen Vorhersage- und erklärenden Modellen

Historisch gesehen, bestand die primäre Verwendung der Regression darin, eine angenommene lineare Beziehung zwischen Prädiktorvariablen und einer Ergebnisvariablen zu beleuchten. Das Ziel im Rahmen einer Regression war es, den Zusammenhang zu verstehen und ihn anhand der Daten zu erklären. In diesem Fall liegt das Hauptaugenmerk auf der geschätzten Steigung der Regressionsgleichung $\hat{b}$. Ökonomen interessieren sich beispielsweise für den Zusammenhang zwischen Konsumausgaben und dem Wachstum des Bruttoinlandsprodukts; Beamte des öffentlichen Gesundheitswesens möchten vielleicht verstehen, ob eine öffentliche Informationskampagne zur Förderung sicherer Sexualpraktiken wirksam ist. In solchen Fällen liegt der Fokus nicht auf der Vorhersage einzelner Beobachtungen, sondern eher auf dem Verständnis der Gesamtbeziehung zwischen den Variablen.

Mit dem Aufkommen großer Datenmengen wird die Regression häufig auch verwendet, um ein Modell zur Vorhersage einzelner Ergebnisse für neue Daten zu nutzen (d.h. ein Vorhersagemodell), anstatt die vorliegenden Daten zu erklären. In diesem Fall sind die wichtigsten Elemente die angepassten Werte $\hat{Y}$. Im Marketing kann die Regression z.B. verwendet werden, um die Veränderung des Umsatzes infolge der Budgetanpassung einer Werbekampagne vorherzusagen. Universitäten nutzen das Regressionsverfahren, um den *Grade Point Average* (GPA) der Studenten auf Basis ihrer SAT-Ergebnisse (*Scholastic Assessment Test*) vorherzusagen.

Ein Regressionsmodell, das die Daten gut abbildet, ist so zu interpretieren, dass eine Änderung von X eine Änderung von Y bewirkt. Die Regressionsgleichung allein stellt jedoch keinen Beleg für die Richtung des kausalen Zusammenhangs dar. Schlussfolgerungen über die (Richtung der) Kausalität müssen von einem breiteren Verständnis der Beziehung herrühren. Beispielsweise könnte eine Regressionsgleichung einen eindeutigen Zusammenhang zwischen der Anzahl der Klicks auf eine Webanzeige und der Anzahl der Konversionen aufzeigen. Doch nicht die Regressionsgleichung, sondern unser Wissen über die Funktionsweise des Marketingprozesses lässt uns schlussfolgern, dass Klicks auf die Anzeige zu Verkäufen führen und nicht umgekehrt.

Kernideen

- Die Regressionsgleichung modelliert die Beziehung zwischen einer Antwortvariablen Y und einer Prädiktorvariablen X als eine Gerade.
- Ein Regressionsmodell liefert angepasste Werte und Residuen, d.h. Vorhersagen für die Antwortvariable und die entsprechenden Vorhersagefehler.

- Regressionsmodelle werden typischerweise durch die Methode der kleinsten Quadrate angepasst.
- Die Regression wird sowohl zur Vorhersage als auch zur Modellierung kausaler Zusammenhänge genutzt.

Weiterführende Literatur

Eine ausführlichere Erklärung der unterschiedlichen Aspekte zwischen Vorhersagemodellen und Modellen, die einen Erklärungsgehalt bieten sollen, finden Sie in Galit Shmuelis Artikel »To Explain or to Predict?« (*https://oreil.ly/4fVUY*).

Multiple lineare Regression

Wenn mehrere Prädiktorvariablen vorliegen, kann die Gleichung einfach erweitert werden, um sie ebenfalls zu berücksichtigen:

$$Y = b_0 + b_1X_1 + b_2X_2 + \ldots + b_pX_p + e$$

Anstelle einer Geraden haben wir jetzt ein lineares Modell, d. h., der Zusammenhang zwischen den Koeffizienten und den jeweiligen Variablen (Merkmalen) ist linear.

Schlüsselbegriffe zur multiplen linearen Regression

Quadratwurzel des mittleren quadratischen Fehlers

Das mittlere Residuenquadrat bzw. die mittlere Residuenquadratsumme der Regression; dies ist die am weitesten verbreitete Metrik zum Vergleich von Regressionsmodellen (engl. *Root Mean Squared Error*, RMSE).

Synonyme

erwartete quadratische Abweichung, mittlerer quadratischer Fehler, durchschnittliches Residuenquadrat

Standardfehler der Residuen

Dasselbe wie die Quadratwurzel des mittleren quadratischen Fehlers, aber bereinigt um die Freiheitsgrade.

Synonyme

Residualstandardfehler, Standardfehler der Regression, Standardschätzfehler, Standardfehler der Schätzung

Bestimmtheitsmaß

Der Anteil der Varianz, der durch das Modell erklärt wird, kann Werte zwischen 0 und 1 annehmen.

Synonyme

R-Quadrat, R^2, Determinationskoeffizient

t-Statistik
: Der Koeffizient eines Prädiktors, geteilt durch den Standardfehler des Koeffizienten; eine Metrik, die einen Vergleich ermöglicht, welche Bedeutung Variablen im Modell beigemessen wird (siehe »t-Tests« auf Seite 115).

Gewichtete Regression
: Regression mit unterschiedlicher Gewichtung der Beobachtungen (engl. *Weighted Regression*).

Alle anderen Konzepte der linearen Einfachregression, wie die Anpassungsmethode der kleinsten Quadrate und die Definition von angepassten Werten und Residuen, lassen sich ebenso auf die multiple lineare Regression übertragen. Die angepassten Werte sind zum Beispiel gegeben durch:

$$\hat{Y}_i = \hat{b}_0 + \hat{b}_1 X_{1,i} + \hat{b}_2 X_{2,i} + \ldots + \hat{b}_p X_{p,i}$$

Beispiel: Die King-County-Immobiliendaten

Ein Anwendungsbeispiel der multiplen linearen Regression ist die Schätzung von Immobilienwerten. Bezirkssachverständige müssen zur Steuerfestsetzung den Wert eines Hauses schätzen. Immobilienfachleute und Hauskäufer konsultieren beliebte Webseiten wie Zillow (*https://zillow.com*), um einen angemessenen Preis zu ermitteln. Hier sind einige Zeilen der Immobiliendaten für King County (Seattle), Washington, aufgeführt, die in unserem Datensatz house enthalten sind:

```
head(house[, c('AdjSalePrice', 'SqFtTotLiving', 'SqFtLot', 'Bathrooms',
               'Bedrooms', 'BldgGrade')])
Source: local data frame [6 x 6]

  AdjSalePrice SqFtTotLiving SqFtLot Bathrooms Bedrooms BldgGrade
         (dbl)         (int)   (int)     (dbl)    (int)     (int)
1       300805          2400    9373      3.00        6         7
2      1076162          3764   20156      3.75        4        10
3       761805          2060   26036      1.75        4         8
4       442065          3200    8618      3.75        5         7
5       297065          1720    8620      1.75        4         7
6       411781           930    1012      1.50        2         8
```

Mit der Methode head können wir uns die ersten Zeilen eines pandas-Data-Frame auflisten lassen:

```
subset = ['AdjSalePrice', 'SqFtTotLiving', 'SqFtLot', 'Bathrooms',
          'Bedrooms', 'BldgGrade']
house[subset].head()
```

Unser Ziel ist es, den Verkaufspreis mithilfe der anderen Variablen vorherzusagen. Für den Fall der multiplen Regression nimmt die Funktion lm einfach weitere Terme auf der rechten Seite der Gleichung entgegen; das Argument na.action=na.omit bewirkt, dass das Modell Beobachtungen mit fehlenden Werten ignoriert:

```
house_lm <- lm(AdjSalePrice ~ SqFtTotLiving + SqFtLot + Bathrooms +
               Bedrooms + BldgGrade,
               data=house, na.action=na.omit)
```

Im scikit-learn-Paket kann mit dem Modell LinearRegression ebenso eine multiple lineare Regression durchgeführt werden:

```
predictors = ['SqFtTotLiving', 'SqFtLot', 'Bathrooms', 'Bedrooms', 'BldgGrade']
outcome = 'AdjSalePrice'

house_lm = LinearRegression()
house_lm.fit(house[predictors], house[outcome])
```

Wenn wir uns das Objekt house_lm ausgeben lassen, erhalten wir Folgendes:

```
house_lm

Call:
lm(formula = AdjSalePrice ~ SqFtTotLiving + SqFtLot + Bathrooms +
    Bedrooms + BldgGrade, data = house, na.action = na.omit)

Coefficients:
  (Intercept)  SqFtTotLiving        SqFtLot      Bathrooms
   -5.219e+05      2.288e+02     -6.047e-02     -1.944e+04
     Bedrooms      BldgGrade
   -4.777e+04      1.061e+05
```

Für das Modell LinearRegression erhalten wir das Absolutglied und die Koeffizienten, indem wir die Methoden intercept_ und coef_ des zuvor angepassten Modells aufrufen:

```
print(f'Absolutglied: {house_lm.intercept_:.3f}')
print('Koeffizienten:')
for name, coef in zip(predictors, house_lm.coef_):
    print(f' {name}: {coef}')
```

Die Interpretation der der Koeffizienten gestaltet sich wie bei der einfachen linearen Regression: Der vorhergesagte Wert $\hat{Y}$ ändert sich um den Wert des Koeffizienten b_j, wenn X_j um eine Einheit verändert wird, unter der Annahme, dass alle anderen Variablen, X_k für $k \neq j$, gleich bleiben. Zum Beispiel geht die Fertigstellung eines zusätzlichen Quadratfußes Wohnfläche einer Immobilie mit einer geschätzten Werterhöhung von etwa 229 \$ einher. Dementsprechend interpretiert man die zusätzliche Fertigstellung von 1.000 Quadratfuß Wohnfläche so, dass der Wert im Durchschnitt um 228.800 \$ steigt.

Das Modell bewerten

Die aus datenwissenschaftlicher Sicht wohl wichtigste Kennzahl, die zur Leistungsbewertung eines Modells herangezogen wird, ist die *Quadratwurzel des mittleren quadratischen Fehlers*. Die Quadratwurzel des mittleren quadratischen Fehlers (RMSE) der vorhergesagten bzw. angepassten Werte ($\hat{y}_i$) ist definiert als:

$$RMSE = \sqrt{\frac{\sum_{i=1}^{n}\left(y_i - \widehat{y}_i\right)^2}{n}}$$

Auf diese Weise wird die Gesamtgenauigkeit des Modells gemessen, auf deren Grundlage es mit anderen Modellen verglichen werden kann (einschließlich Modellen, die mit Methoden des maschinellen Lernens angepasst wurden). Der sogenannte *Standardfehler der Residuen* (engl. *Residual Standard Error*, RSE) ist ähnlich wie die Quadratwurzel der mittleren quadratischen Fehler (RMSE) definiert. Zur Berechnung des Standardfehlers der Residuen wird zusätzlich die Anzahl an Prädiktoren p berücksichtigt:

$$RSE = \sqrt{\frac{\sum_{i=1}^{n}\left(y_i - \widehat{y}_i\right)^2}{(n - p - 1)}}$$

Der einzige Unterschied besteht darin, dass der Nenner in diesem Fall der Anzahl der Freiheitsgrade entspricht und nicht der Anzahl der Beobachtungen (siehe »Die Anzahl der Freiheitsgrade« auf Seite 121). In der praktischen Anwendung fällt der Unterschied zwischen der Quadratwurzel des mittleren quadratischen Fehlers und dem Standardfehler der Residuen meist sehr gering aus, insbesondere bei linearen Regressionsmodellen, die auf großen Datensätzen basieren.

Mit der Funktion `summary` erhalten Sie in *R* sowohl den Standardfehler der Residuen (`Residual standard error`) als auch andere Gütemaße für ein angepasstes Regressionsmodell:

```
summary(house_lm)

Call:
lm(formula = AdjSalePrice ~ SqFtTotLiving + SqFtLot + Bathrooms +
    Bedrooms + BldgGrade, data = house, na.action = na.omit)

Residuals:
     Min       1Q   Median       3Q      Max
-1199479  -118908   -20977    87435  9473035

Coefficients:
                Estimate Std. Error t value Pr(>|t|)
(Intercept)   -5.219e+05  1.565e+04 -33.342  < 2e-16 ***
SqFtTotLiving  2.288e+02  3.899e+00  58.694  < 2e-16 ***
SqFtLot       -6.047e-02  6.118e-02  -0.988    0.323
Bathrooms     -1.944e+04  3.625e+03  -5.363 8.27e-08 ***
Bedrooms      -4.777e+04  2.490e+03 -19.187  < 2e-16 ***
BldgGrade      1.061e+05  2.396e+03  44.277  < 2e-16 ***
---
Signif. codes:  0 '***' 0.001 '**' 0.01 '*' 0.05 '.' 0.1 ' ' 1

Residual standard error: 261300 on 22681 degrees of freedom
Multiple R-squared:  0.5406,    Adjusted R-squared:  0.5405
F-statistic:  5338 on 5 and 22681 DF,  p-value: < 2.2e-16
```

Das Paket scikit-learn bietet diverse Gütemaße im Rahmen der verfügbaren Regressions- und Klassifikationsverfahren. In diesem Beispiel verwenden wir die Funktionen mean_squared_error, um die Quadratwurzel des mittleren quadratischen Fehlers, undr2_score, um das Bestimmtheitsmaß (R-Quadrat) zu berechnen:

```
fitted = house_lm.predict(house[predictors])
RMSE = np.sqrt(mean_squared_error(house[outcome], fitted))
r2 = r2_score(house[outcome], fitted)
print(f'RMSE: {RMSE:.0f}')
print(f'r2: {r2:.4f}')
```

In *Python* können Sie auch das statsmodels-Paket einsetzen, um eine detailliertere Auswertung des Regressionsmodells zu erhalten:

```
model = sm.OLS(house[outcome], house[predictors].assign(const=1))
results = model.fit()
results.summary()
```

Die pandas-Methode assign verwenden wir, um den Prädiktorvariablen noch eine konstante Spalte mit dem Wert 1 hinzuzufügen. Dies ist erforderlich, um das Absolutglied zu modellieren.

Eine weitere nützliche Metrik in der Programmausgabe ist das *Bestimmtheitsmaß*, auch *R-Quadrat* bzw. R^2 genannt. Das Bestimmtheitsmaß reicht von 0 bis 1 und misst den Anteil der Variation in den Daten, der durch das Modell berücksichtigt wird. Es ist vor allem bei Regressionsmodellen, die zur Erklärung dienen, nützlich, bei denen Sie beurteilen möchten, wie gut das Modell zu den Daten passt. Die Formel für R^2 lautet:

$$R^2 = 1 - \frac{\sum_{i=1}^{n}\left(y_i - \widehat{y}_i\right)^2}{\sum_{i=1}^{n}(y_i - \overline{y})^2}$$

Der Nenner verhält sich proportional zur Varianz der Ergebnisvariablen *Y*. Die Ausgabe in *R* weist auch ein *adjustiertes Bestimmtheitsmaß* aus, bei dem die Anzahl Freiheitsgrade korrigiert wird. Dies hat zur Folge, dass das Hinzufügen weiterer Prädiktoren zu einem Modell faktisch bestraft wird. Bei Verwendung großer Datensätze unterscheidet sich dieser Wert im Rahmen der multiplen Regression nur in seltenen Fällen signifikant vom *Bestimmtheitsmaß* (R-Quadrat).

Sowohl in *R* als auch beim statsmodels-Paket in *Python* werden zusätzlich zu den geschätzten Koeffizienten auch der Standardfehler der Koeffizienten (engl. *Standard Error of Coefficients*, SE) und der entsprechende Wert der *t-Statistik* ausgewiesen:

$$t_b = \frac{\widehat{b}}{\mathrm{SE}(\widehat{b})}$$

Der Wert der t-Statistik und sein Spiegelbild, der p-Wert, geben das Ausmaß an, mit dem ein Koeffizient »statistisch signifikant« ist, d.h. außerhalb des Bereichs liegt, bei dem von einer zufälligen Verteilung zwischen Prädiktorvariablen und der

Zielvariablen ausgegangen werden kann. Je höher der Wert der t-Statistik (und je niedriger der p-Wert), desto signifikanter ist die Prädiktorvariable. Da Prädiktorvariablen vor dem Hintergrund der Modelleigenschaften möglichst sparsam eingesetzt werden sollten, bieten sich die Werte als gutes Entscheidungskriterium an, um zu ermitteln, welche Prädiktoren einbezogen werden sollten (siehe »Modellauswahl und schrittweise Regression« auf Seite 159).

Zusätzlich zum Wert der t-Statistik geben Statistikprogramme oft den *p-Wert* (`Pr(>|t|)` in der Ausgabe in *R*) und den Wert der *F-Statistik* an. Data Scientists beschäftigen sich im Allgemeinen weder mit der Interpretation dieser Statistiken noch mit der Frage der statistischen Signifikanz. Sie konzentrieren sich in erster Linie auf den Wert der t-Statistik, um ihn als nützliche Entscheidungshilfe dabei zu nutzen, ob eine Prädiktorvariable in ein Modell aufgenommen werden sollte oder nicht. Hohe Werte der t-Statistik (die mit p-Werten nahe 0 einhergehen) weisen darauf hin, dass ein Prädiktor in einem Modell beibehalten werden sollte, während sehr niedrige t-Statistiken darauf hindeuten, dass ein Prädiktor verworfen werden könnte (siehe »p-Wert« auf Seite 111 für weitere Erläuterungen).

Kreuzvalidierung

Klassische statistische Regressionskenngrößen (R^2, F-Statistik und p-Werte) sind allesamt »stichprobeninterne« (engl. *in-Sample*) Kenngrößen – sie werden auf Grundlage derselben Daten ermittelt, die zur Anpassung des Modells verwendet wurden. Es liegt auf der Hand, dass es durchaus sinnvoll wäre, einen Teil der ursprünglichen Daten beiseitezulegen, sie nicht zur Anpassung des Modells zu verwenden und das Modell dann auf diesen zurückgestellten (Hold-out-)Datensatz anzuwenden, um zu sehen, wie gut es abschneidet. Normalerweise verwenden wir den Großteil der Daten zur Anpassung des Modells und einen kleineren Teil zum Testen des Modells.

Diese Idee der »Out-of-Sample«-Validierung ist nicht neu, aber sie hat sich erst richtig mit der zunehmenden Verbreitung großer Datenmengen durchgesetzt; bei einem kleinen Datensatz tendieren Analysten hingegen in der Regel dazu, alle Daten zu verwenden und das bestmögliche Modell anzupassen.

Wenn Sie eine Hold-out-Stichprobe verwenden, sind Sie jedoch einer gewissen Unsicherheit ausgesetzt, die sich schlicht aus der Variabilität der kleinen Hold-out-Stichprobe ergibt. Wie unterschiedlich würde die Bewertung ausfallen, wenn Sie eine andere Hold-out-Stichprobe auswählten?

Die Kreuzvalidierung dehnt die Idee einer Hold-out-Stichprobe auf mehrere aufeinanderfolgende Ziehungen von Hold-out-Stichproben aus. Der Algorithmus für die grundlegende *k-fache Kreuzvalidierung* (engl. *k-Fold Cross-Validation*) ist wie folgt:

1. Legen Sie *1/k* der Daten als Hold-out-Stichprobe beiseite.
2. Trainieren Sie das Modell mit den übrigen Daten.

3. Wenden Sie das Modell auf die Hold-out-Stichprobe mit *1/k* der Daten an und erfassen Sie die erforderlichen Gütemaße zur Bewertung des Modells.
4. Führen Sie die erste *1/k*-Hold-out-Stichprobe wieder den restlichen Daten zu, ziehen Sie eine weitere *1/k*-Hold-out-Stichprobe (unter Ausschluss aller Beobachtungen, die beim ersten Mal ausgewählt wurden) und legen Sie sie beiseite.
5. Wiederholen Sie die Schritte 2 und 3.
6. Wiederholen Sie dieses Vorgehen, bis alle Beobachtungen jeweils einmal in einer Hold-out-Stichprobe verwendet wurden.
7. Bilden Sie den Mittelwert für Ihre ermittelten Gütemaße oder fassen Sie sie auf andere Weise zusammen.

Die Aufteilung der Daten in eine Trainingsstichprobe und eine Hold-out-Stichprobe wird im Englischen auch als *Fold* bezeichnet.

Modellauswahl und schrittweise Regression

Bei einigen Fragestellungen könnten viele Variablen als Prädiktorvariablen in einer Regression verwendet werden. Um zum Beispiel den Immobilienwert vorherzusagen, könnten zusätzliche Variablen wie die Größe des Kellers oder das Baujahr einbezogen werden. In *R* lassen sich weitere Prädiktorvariablen problemlos zur Regressionsgleichung hinzufügen:

```
house_full <- lm(AdjSalePrice ~ SqFtTotLiving + SqFtLot + Bathrooms +
                 Bedrooms + BldgGrade + PropertyType + NbrLivingUnits +
                 SqFtFinBasement + YrBuilt + YrRenovated +
                 NewConstruction,
               data=house, na.action=na.omit)
```

In *Python* müssen wir kategoriale und boolesche Variablen erst in numerische Werte überführen:

```
predictors = ['SqFtTotLiving', 'SqFtLot', 'Bathrooms', 'Bedrooms', 'BldgGrade',
              'PropertyType', 'NbrLivingUnits', 'SqFtFinBasement', 'YrBuilt',
              'YrRenovated', 'NewConstruction']

X = pd.get_dummies(house[predictors], drop_first=True)
X['NewConstruction'] = [1 if nc else 0 for nc in X['NewConstruction']]

house_full = sm.OLS(house[outcome], X.assign(const=1))
results = house_full.fit()
results.summary()
```

Weitere Variablen hinzuzufügen, bedeutet jedoch nicht unbedingt, dass wir ein besseres Modell erhalten. Statistiker orientieren sich bei der Wahl eines Modells an dem Prinzip von *Ockhams Rasiermesser* (auch als Prinzip der Parsimonie oder Sparsamkeitsprinzip bekannt): Sofern alle anderen Aspekte gleich sind, sollte ein einfacheres Modell einem komplizierteren Modell vorgezogen werden.

Zusätzliche Variablen einzubeziehen, verringert immer die Quadratwurzel des mittleren quadratischen Fehlers und erhöht das R^2 in Bezug auf die Trainingsdaten. Daher sind diese Maße nicht geeignet, um die Modellwahl zu stützen. Ein Ansatz, bei dem die Modellkomplexität berücksichtigt wird, ist das adjustierte bzw. korrigierte R^2:

$$R_{adj}^2 = 1 - (1 - R^2)\frac{n - 1}{n - P - 1}$$

Dabei steht n für die Anzahl der Beobachtungen und P für die Anzahl der Variablen im Modell.

In den 1970er-Jahren entwickelte Hirotugu Akaike, ein angesehener japanischer Statistiker, ein Maß, das als *Informationskriterium nach Akaike* (engl. *Akaike's Information Criteria*, AIC) bezeichnet wird und das das Hinzufügen von Variablen zu einem Modell bestraft. Im Fall einer Regression entspricht das AIC folgendem Ausdruck:

$$\text{AIC} = 2P + n \log(\text{RSS}/n)$$

wobei P für die Anzahl der Variablen und n für die Anzahl der Beobachtungen steht. Unser Ziel ist es, das Modell zu finden, das das AIC minimiert. Wie sich zeigen lässt, werden k zusätzliche Variablen in einem Modell mit dem Faktor $2k$ bestraft.

AIC, BIC und Mallows' C_p-Statistik

Die Formel für das AIC mag ein bisschen unklar erscheinen. Genau genommen, basiert sie auf asymptotischen Schlussfolgerungen der Informationstheorie. Es gibt mehrere Varianten des AIC:

AICc
: Eine für kleine Stichprobenumfänge korrigierte Version des AIC.

BIC bzw. bayessches Informationskriterium
: Ähnlich wie das AIC, jedoch werden zusätzlich aufgenommene Modellvariablen stärker bestraft.

Mallows' C_p-Statistik
: Eine von Colin Mallows entwickelte Variante des AIC.

Diese werden typischerweise als stichprobeninterne (»in-Sample«) Maße (d.h. bei Verwendung des Trainingsdatensatzes) mit ausgegeben. Data Scientists, die Hold-out-Datensätze zur Modellbewertung heranziehen, brauchen sich keine Gedanken über die Unterschiede zwischen ihnen oder der ihnen zugrundeliegende Theorie zu machen.

Doch wie finden wir das Modell, das sowohl das AIC minimiert als auch das adjustierte R^2 maximiert? Ein Weg besteht darin, alle möglichen Modelle auszuprobieren – ein Ansatz namens *All Subset Regression*. Dieser Ansatz ist rechnerisch sehr aufwendig und bei Fragestellungen mit großen Datensätzen und vielen Variablen nicht durchführbar. Eine attraktive Alternative ist die Verwendung einer *schrittweisen Regression* (engl. *Stepwise Regression*). Bei diesem Ansatz könnte man mit einem vollständigen Modell beginnen und Variablen, die keinen sinnvollen Beitrag leisten, sukzessive rauslassen. Dies wird als *Rückwärtselimination* (engl. *Backward Elimination*) bezeichnet. Alternativ könnte man mit einem Modell beginnen, das zunächst nur ein konstantes Absolutglied enthält, und nach und nach Variablen hinzufügen (*Vorwärtsselektion*, engl. *Forward Selection*). Als dritte Möglichkeit können wir auch nacheinander Prädiktorvariablen hinzufügen und wieder weglassen, um ein Modell auszumachen, bei dem das AIC niedriger bzw. das adjustierte R^2 höher ausfällt. Das Paket `MASS` in *R* von Venebles und Ripley bietet eine Funktion für ein schrittweises Regressionsverfahren namens `stepAIC`:

```
library(MASS)
step <- stepAIC(house_full, direction="both")
step

Call:
lm(formula = AdjSalePrice ~ SqFtTotLiving + Bathrooms + Bedrooms +
    BldgGrade + PropertyType + SqFtFinBasement + YrBuilt, data = house,
    na.action = na.omit)

Coefficients:
              (Intercept)              SqFtTotLiving
                6.179e+06                  1.993e+02
                Bathrooms                   Bedrooms
                4.240e+04                 -5.195e+04
                BldgGrade  PropertyTypeSingle Family
                1.372e+05                  2.291e+04
    PropertyTypeTownhouse            SqFtFinBasement
                8.448e+04                  7.047e+00
                  YrBuilt
               -3.565e+03
```

Die `scikit-learn`-Bibliothek bietet keine Implementierung für eine schrittweise Regression. Wir haben hierfür die Funktionen `stepwise_selection`, `forward_selection` und `backward_elimination` in unserem Paket `dmba` implementiert:

```
y = house[outcome]

def train_model(variables): ❶
    if len(variables) == 0:
        return None
    model = LinearRegression()
    model.fit(X[variables], y)
    return model

def score_model(model, variables): ❷
    if len(variables) == 0:
        return AIC_score(y, [y.mean()] * len(y), model, df=1)
    return AIC_score(y, model.predict(X[variables]), model)

best_model, best_variables = stepwise_selection(X.columns, train_model,
                                                score_model, verbose=True)
```

```
print(f'Absolutglied: {best_model.intercept_:.3f}')
print('Koeffizienten:')
for name, coef in zip(best_variables, best_model.coef_):
    print(f' {name}: {coef}')
```

❶ Wir definieren eine Funktion, die ein angepasstes Modell für einen bestimmten Satz von Variablen zurückgibt.

❷ Wir definieren eine Funktion, die eine Bewertung für ein gegebenes Modell und einen bestimmten Satz von Variablen zurückgibt. In diesem Fall verwenden wir zur Bewertung das AIC (`AIC_score`), das im Paket `dmba` implementiert ist.

Die Funktion hat ein Modell ermittelt, bei dem mehrere Variablen aus dem `house_full`-Datensatz entfernt wurden: `SqFtLot`, `NbrLivingUnits`, `YrRenovated` und `NewConstruction`.

Noch einfacher gestalten sich die *Vorwärtsselektion* und die *Rückwärtsselektion*. Im Rahmen der Vorwärtsselektion beginnen Sie ohne eine Prädiktorvariable und fügen diese nacheinander dem Modell hinzu, wobei Sie bei jedem Schritt die Prädiktorvariable hinzufügen, die den größten Beitrag zum R^2 leistet, bis der Beitrag einer Variablen nicht mehr statistisch signifikant ist. Bei der Rückwärtsselektion bzw. *Rückwärtselimination* beginnen Sie zunächst mit dem vollständigen Modell und entfernen nach und nach die Prädiktorvariablen, die statistisch nicht signifikant sind, bis Sie ein Modell erhalten, in dem alle Prädiktoren statistisch signifikant sind.

Die *penalisierte Regression* ähnelt im Wesentlichen dem Ansatz beim AIC. Anstatt explizit einen Satz von Modellen zu durchsuchen, enthält die Modellanpassungsgleichung eine Nebenbedingung, die das Modell für zu viele Variablen (Parameter) bestraft. Anstatt Prädiktorvariablen vollständig zu eliminieren – wie bei der schrittweisen vorwärts- und rückwärtsgerichteten Selektion –, wendet die penalisierte Regression die Bestrafung durch eine Verringerung des Werts der Koeffizienten an, in einigen Fällen bis nahe null. Gängige penalisierte Regressionsmethoden sind die *Ridge Regression* und die *Lasso Regression*.

Die schrittweise Regression und die All Subset Regression sind sogenannte *In-Sample*-Methoden, mit denen Modelle bewertet und optimiert werden können. Dies bedeutet, dass die Modellauswahl möglicherweise einer Überanpassung (Anpassung an das statistische Rauschen in den Daten) unterliegt und das Modell möglicherweise nicht so gut abschneidet, wenn es auf neue Daten übertragen wird. Ein üblicher Ansatz, diesem Umstand zu begegnen, ist ein Modellbewertungsverfahren, bei dem auf den Ansatz der Kreuzvalidierung zurückgegriffen wird. Bei der linearen Regression ist die Überanpassung aufgrund der einfachen (linearen) globalen Struktur, die den Daten auferlegt wird, normalerweise kein großes Problem. Für anspruchsvollere Modelltypen, insbesondere bei iterativen Verfahren, bei denen die lokale Datenstruktur berücksichtigt wird, ist die Kreuzvalidierung ein sehr wichtiges Hilfsmittel (siehe »Kreuzvalidierung« auf Seite 158 für Einzelheiten).

Gewichtete Regression

Die gewichtete Regression wird von Statistikern für eine Vielzahl von Anwendungen genutzt, und sie ist insbesondere für die Analyse komplexer Umfragen bedeutend. Für Data Scientists kann eine gewichtete Regression in zwei Fällen zweckmäßig sein:

- Im Rahmen der inversen Varianzgewichtung, wenn verschiedene Beobachtungen mit unterschiedlicher Genauigkeit gemessen wurden; die Beobachtungen mit höherer Varianz erhalten geringere Gewichte.
- Bei der Analyse von Daten, bei denen die Zeilen jeweils mehrere Beobachtungen repräsentieren; die Gewichtungsvariable codiert hierbei, wie viele ursprüngliche Beobachtungen jede Zeile repräsentiert.

Beispielsweise sind bei unseren Immobiliendaten ältere Verkäufe weniger zuverlässig als erst kürzlich getätigte. Wenn wir die Variable `DocumentDate` zur Bestimmung des Jahres des Verkaufs einsetzen, können wir einen Gewichtungsfaktor (`Weight`) auf Basis der Anzahl der Jahre berechnen, die seit dem Jahr 2005 vergangen sind (dem Beginn der Datenaufzeichnung):

R

```
library(lubridate)
house$Year = year(house$DocumentDate)
house$Weight = house$Year - 2005
```

Python

```
house['Year'] = [int(date.split('-')[0]) for date in house.DocumentDate]
house['Weight'] = house.Year - 2005
```

Die gewichtete Regression können wir ebenfalls mit der Funktion `lm` berechnen, indem wir der Funktion einfach ein zusätzliches Argument, `weight`, übergeben:

```
house_wt <- lm(AdjSalePrice ~ SqFtTotLiving + SqFtLot + Bathrooms +
                 Bedrooms + BldgGrade,
               data=house, weight=Weight)
round(cbind(house_lm=house_lm$coefficients,
            house_wt=house_wt$coefficients), digits=3)

                 house_lm    house_wt
(Intercept)   -521871.368 -584189.329
SqFtTotLiving     228.831     245.024
SqFtLot            -0.060      -0.292
Bathrooms      -19442.840  -26085.970
Bedrooms       -47769.955  -53608.876
BldgGrade      106106.963  115242.435
```

Die Koeffizienten in der gewichteten Regression unterscheiden sich leicht von denen der ursprünglichen Regression.

Die meisten Modelle im scikit-learn-Paket akzeptieren Gewichtsfaktoren unter Nutzung des Schlüsselwortarguments sample_weight im Rahmen des Aufrufs der fit-Methode:

```
predictors = ['SqFtTotLiving', 'SqFtLot', 'Bathrooms', 'Bedrooms', 'BldgGrade']
outcome = 'AdjSalePrice'

house_wt = LinearRegression()
house_wt.fit(house[predictors], house[outcome], sample_weight=house.Weight)
```

Kernideen

- Die multiple lineare Regression modelliert den Zusammenhang zwischen einer Antwortvariablen Y und mehreren Prädiktorvariablen $X_1, ..., X_p$.
- Die wichtigsten Maße zur Bewertung eines Modells sind die Quadratwurzel des mittleren quadratischen Fehlers und das Bestimmtheitsmaß (R^2).
- Der Standardfehler der Koeffizienten kann verwendet werden, um die Reliabilität des Beitrags einer Variablen zu einem Modell zu bestimmen.
- Die schrittweise Regression ist eine Möglichkeit, automatisch zu bestimmen, welche Variablen in das Modell einbezogen werden sollten.
- Die gewichtete Regression wird verwendet, um bestimmten Beobachtungen mehr oder weniger Gewicht im Hinblick auf die Anpassung der Regressionsgleichung zu geben.

Weiterführende Literatur

Eine ausgezeichnete Erläuterung zur Kreuzvalidierung und zum Resampling-Verfahren finden Sie in *An Introduction to Statistical Learning* von Gareth James, Daniela Witten, Trevor Hastie und Robert Tibshirani (Springer, 2013).

Vorhersage mittels Regression

In der Data Science besteht der primäre Anwendungszweck der Regression darin, Vorhersagen zu treffen. Dies sollte man im Hinterkopf behalten, da die Regression als eine altbewährte statistische Methode mit einer gewissen Überfrachtung einhergeht, die vor allem auf ihre traditionelle Rolle als erklärendes Modellierungsinstrument zurückgeht und weniger auf ihre Verwendung im Rahmen der Vorhersage.

> **Schlüsselbegriffe zur Vorhersage mittels Regression**
>
> *Vorhersageintervall*
> Ein Unsicherheitsintervall um einen einzelnen vorhergesagten Wert.
>
> *Synonym*
> Prognoseintervall
>
> *Extrapolation*
> Die Ausweitung eines Modells über den zu seiner Anpassung verwendeten Wertebereich der Daten hinaus.

Risiken bei der Extrapolation

Regressionsmodelle sollten nicht verwendet werden, um über den Wertebereich der Daten hinaus zu extrapolieren (abgesehen von Modellen, die zur Vorhersage von Zeitreihen genutzt werden) Das Modell ist nur für vorhergesagte Werte gültig, für die die Daten eine ausreichende Anzahl an Beobachtungen aufweisen (selbst wenn genügend Daten zur Verfügung stehen, könnte es andere Probleme geben – siehe »Regressionsdiagnostik« auf Seite 180). Nehmen wir zur Veranschaulichung einen Extremfall. Angenommen, die Regression (`model_lm`) würde verwendet, um den Wert einer leeren Parzelle mit einer Grundstücksfläche von 5.000 Quadratfuß vorherzusagen. In einem solchen Fall hätten alle Prädiktorvariablen, die sich auf das Gebäude beziehen, einen Wert von 0, und die Regressionsgleichung würde eine absurde Vorhersage für den Immobilienwert in Höhe von –521.900 + 5.000 × –.0605 = –522.202 $ ergeben. Wodurch lässt sich dies erklären? Die Daten enthalten nur Parzellen mit Gebäuden – es gibt keine Beobachtungen, die leer stehenden Grundstücken entsprechen. Dementsprechend verfügt das Modell über keinerlei Informationen darüber, wie der Verkaufspreis leer stehender Grundstücke vorhergesagt werden kann.

Konfidenz- und Prognoseintervalle

Ein Großteil der Statistik befasst sich mit dem Verständnis und der Messung von Variabilität (Unsicherheit). Die t-Statistiken und p-Werte, die in der Regressionsausgabe berichtet werden, geben darüber auf formale Weise Aufschluss, was mitunter auch für die Auswahl von Variablen nützlich ist (siehe »Das Modell bewerten« auf Seite 155). Noch nützlicher sind Konfidenzintervalle, d.h. Unsicherheitsintervalle, die um die Regressionskoeffizienten und die Vorhersagen gelegt werden. Einen nachvollziehbaren Ansatz hierzu bietet uns das Bootstrap-Verfahren (siehe »Bootstrap-Verfahren« auf Seite 65 für weitere Details hinsichtlich des allgemeinen Bootstrap-Verfahrens). Die in der Programmausgabe einer Regression am häufigsten anzutreffenden Konfidenzintervalle sind die Intervalle für die Regressionsparameter (Koeffizienten). Sehen wir uns den Bootstrap-Algorithmus an, mit dem wir die Konfidenzintervalle der Regressionsparameter (Koeffizienten) für einen Datensatz mit *P* Prädiktorvariablen und *n* Beobachtungen (Zeilen) erzeugen können:

1. Betrachten Sie jede Zeile (einschließlich der Ergebnisvariablen) als ein einzelnes »Los« und legen Sie alle *n* Lose in eine Urne.
2. Ziehen Sie ein Los nach dem Zufallsprinzip, erfassen Sie die Werte und legen Sie es in die Urne zurück.
3. Wiederholen Sie Schritt 2 *n* Mal; Sie haben jetzt eine Bootstrap-Stichprobe (Resample).
4. Passen Sie eine Regression an die Bootstrap-Stichprobe an und halten Sie die geschätzten Koeffizienten fest.
5. Wiederholen Sie die Schritte 2 bis 4 beispielsweise 1.000 Mal.
6. Sie haben nun 1.000 Werte für jeden Koeffizienten auf Basis der Resamples, die mittels Bootstrap-Verfahren erhoben wurden; ermitteln Sie nun die entsprechenden Perzentile für jeden Koeffizienten (z.B. das 5%- und das 95%-Perzentil für ein 90%-Konfidenzintervall).

In *R* können Sie die Funktion `Boot` verwenden, um echte Bootstrap-Konfidenzintervalle für die Koeffizienten zu berechnen, oder Sie können einfach die formelbasierten Intervalle nutzen, die in der standardmäßigen Ausgabe in *R* enthalten sind. Beide Ansätze sind von ihrer konzeptionellen Bedeutung und Interpretation her gleich, und für Data Scientists sind die Unterschiede nicht von besonderer Bedeutung, da sie sich auf die Regressionskoeffizienten beziehen. Von größerem Interesse für Data Scientists sind hingegen Intervalle für die vorhergesagten *y*-Werte ($\hat{Y}_i$). Die Unsicherheit bezüglich $\hat{Y}_i$ lässt sich auf zwei verschiedene Faktoren zurückführen:

- Auf die Unsicherheit darüber, welche die relevanten Prädiktorvariablen bzw. Koeffizienten sind (siehe vorherigen Bootstrap-Algorithmus).
- Auf zusätzliche Fehler der einzelnen Datenpunkte.

Den jeweiligen Datenpunktfehler kann man sich wie folgt vorstellen: Selbst wenn wir mit Sicherheit wüssten, wie die Regressionsgleichung lautet (wenn wir z.B. eine große Anzahl von Beobachtungen hätten, um sie zu berücksichtigen), werden die *tatsächlichen* Ergebniswerte für einen gegebenen Satz von Prädiktorwerten variieren. Zum Beispiel können verschiedene Häuser – jedes mit acht Zimmern, einem 6.500 Quadratfuß großen Grundstück, drei Badezimmern und einem Keller – unterschiedliche Werte aufweisen. Diesen individuellen Fehler können wir mit den Residuen der angepassten Werte modellieren. Ein Bootstrap-Algorithmus, mit dem wir sowohl den Fehler des Regressionsmodells als auch die individuellen Datenpunktfehler modellieren könnten, würde wie folgt aussehen:

1. Ziehen Sie eine Bootstrap-Stichprobe (Resample) aus den Daten (wie zuvor ausführlicher beschrieben wurde).
2. Passen Sie die Regression an und sagen Sie den neuen Wert voraus.

3. Nehmen Sie nach dem Zufallsprinzip ein einzelnes Residuum aus der ursprünglichen angepassten Regressionsgleichung, addieren Sie es zum vorhergesagten Wert und halten Sie das Ergebnis fest.
4. Wiederholen Sie die Schritte 1 bis 3 beispielsweise 1.000 Mal.
5. Finden Sie das 2,5 %- und das 97,5 %-Perzentil der ermittelten Werte.

Kernideen

- Eine Extrapolation über den Wertebereich der Daten hinaus kann zu Fehlern führen.
- Konfidenzintervalle quantifizieren die Unsicherheit bezüglich der Regressionskoeffizienten.
- Vorhersageintervalle beziffern die Unsicherheit in Bezug auf einzelne Vorhersagen.
- Die meisten Softwareprogramme einschließlich *R* geben Vorhersage- und Konfidenzintervalle mithilfe von mathematischen Formeln aus, sowohl in der standardmäßigen Ausgabe als auch bei eigens spezifizierter Ausgabe.
- Das Bootstrap-Verfahren kann auch zur Erzeugung von Vorhersage- und Konfidenzintervallen verwendet werden; die Interpretation und die Idee sind dabei gleich.

Vorhersage- oder Konfidenzintervall?

Ein Vorhersageintervall bezieht sich auf die Unsicherheit eines einzelnen Werts, während ein Konfidenzintervall sich auf einen Mittelwert oder eine andere aus mehreren Werten berechnete Statistik bezieht. Daher wird für gewöhnlich ein Vorhersageintervall für einen gegebenen Wert bedeutend breiter ausfallen als ein Konfidenzintervall. Wir modellieren diesen individuellen Fehler des Werts in dem Bootstrap-Modell, indem wir ein einzelnes Residuum auswählen, das sich für einen bestimmten vorhergesagten Wert ergibt. Welche Art von Intervall sollten Sie verwenden? Das ist abhängig vom Kontext und dem Zweck der Analyse, aber im Allgemeinen sind Data Scientists an spezifischen Einzelvorhersagen interessiert; daher wäre ein Vorhersageintervall geeigneter. Wenn Sie ein Konfidenzintervall nutzen, obwohl Sie eigentlich ein Vorhersageintervall verwenden sollten, wird die Unsicherheit für einen gegebenen vorhergesagten Wert stark unterschätzt.

Regression mit Faktorvariablen

Faktorvariablen, die auch als *kategoriale* Variablen bezeichnet werden, nehmen eine begrenzte Anzahl diskreter Werte an. Zum Beispiel kann der Zweck eines Darlehens »Schuldenkonsolidierung«, »Hochzeit«, »Auto« oder Ähnliches sein. Eine binäre Variable (ja/nein), auch *Indikatorvariable* genannt, ist ein Sonderfall einer Faktorvariablen. Da die Regression numerische Eingaben erfordert, müssen Faktorvariablen, bevor sie im Modell verwendet werden können, neu codiert werden. Der am häufigsten verwendete Ansatz besteht darin, eine Variable in einen Satz binärer *Dummy-Variablen* umzuwandeln.

Schlüsselbegriffe zu Faktorvariablen

Dummy-Variablen
: Binäre Variablen (0/1), die durch Neucodierung von Faktorvariablen zur Verwendung in Regressions- und anderen Modellen abgeleitet werden.

Referenzcodierung
: Die von Statistikern am häufigsten verwendete Codierungsform, bei der eine Faktorstufe als Referenz verwendet wird und andere Faktorstufen mit dieser Faktorstufe verglichen werden.

  Synonym
  : Behandlungscodierung

1-aus-n-Codierung
: Eine im Bereich des maschinellen Lernens häufig verwendete Codierungsart, bei der alle Faktorstufen beibehalten werden (engl. *One-Hot-Encoder*). Obwohl dieser Ansatz für bestimmte Algorithmen des maschinellen Lernens nützlich ist, eignet er sich nicht für die multiple lineare Regression.

Abweichungscodierung
: Eine Codierungsart, bei der jede Faktorstufe mit dem Gesamtmittelwert verglichen wird und nicht mit der Referenzstufe.

  Synonym
  : Summenkontraste

Darstellung durch Dummy-Variablen

In den Immobiliendaten für King County gibt es eine Faktorvariable für den Immobilientyp (`PropertyType`). Die ersten Beobachtungen in dem Datensatz sehen hinsichtlich dieser Variablen wie folgt aus:

R:

```
head(house[, 'PropertyType'])
Source: local data frame [6 x 1]

   PropertyType
         (fctr)
1     Multiplex
2 Single Family
3 Single Family
```

```
4 Single Family
5 Single Family
6     Townhouse
```

Python:

```
house.PropertyType.head()
```

Es gibt drei mögliche Werte: `Multiplex` (Mehrfamilienhaus), `Single Family` (Einfamilienhaus) und `Townhouse` (Stadthaus). Um diese Faktorvariable zu verwenden, müssen wir sie in einen Satz binärer Variablen umwandeln. Dazu erstellen wir für jeden möglichen Wert der Faktorvariablen eine binäre Variable. In *R* verwenden wir hierzu die Funktion `model.matrix`:[4]

```
prop_type_dummies <- model.matrix(~PropertyType -1, data=house)
head(prop_type_dummies)
  PropertyTypeMultiplex PropertyTypeSingle Family PropertyTypeTownhouse
1                     1                         0                     0
2                     0                         1                     0
3                     0                         1                     0
4                     0                         1                     0
5                     0                         1                     0
6                     0                         0                     1
```

Die Funktion `model.matrix` wandelt einen Data Frame in eine für ein lineares Modell geeignete Matrix um. Die Faktorvariable `PropertyType`, die drei verschiedene Ausprägungen bzw. Stufen hat, wird als eine Matrix mit drei Spalten dargestellt. Im Bereich des maschinellen Lernens wird diese Darstellung als *1-aus-n-Codierung* bezeichnet (siehe »1-aus-n-Codierung« auf Seite 253).

In *Python* können wir kategoriale Variablen mit der `pandas`-Methode `get_dummies` in Dummy-Variablen umwandeln:

```
pd.get_dummies(house['PropertyType']).head() ❶
pd.get_dummies(house['PropertyType'], drop_first=True).head() ❷
```

❶ Gibt standardmäßig eine 1-aus-n-Codierung der kategorialen Variablen zurück.

❷ Das Schlüsselwortargument `drop_first` bewirkt, dass $P - 1$ Spalten zurückgegeben werden. Damit vermeiden Sie das Multikollinearitätsproblem.

Bei bestimmten Algorithmen des maschinellen Lernens, wie z.B. bei Nächste-Nachbarn- und Baummodellen, ist die 1-aus-n-Codierung die standardmäßige Methode zur Darstellung von Faktorvariablen (siehe z.B. »Baummodelle« auf Seite 260).

Bei der Regression wird eine Faktorvariable mit P verschiedenen Ausprägungen normalerweise durch eine Matrix mit nur $P - 1$ Spalten dargestellt. Das ist darauf

---

4 Das Argument `-1` in der Funktion `model.matrix` erzeugt eine 1-aus-n-codierte Darstellung (durch Entfernen des Absolutglieds bzw. Achsenabschnitts, daher das »-«). Andernfalls ist die Voreinstellung in *R* darauf ausgelegt, eine Matrix mit $P - 1$ Spalten zu erzeugen, wobei die erste Faktorstufe als Referenz genommen wird.

zurückzuführen, dass ein Regressionsmodell typischerweise ein Absolutglied beinhaltet. Sobald Sie $P - 1$ binäre Variablen definiert haben, wäre die Definition der P-ten binären Variablen redundant, da sich diese Werte bereits implizit aus den anderen binären Variablen ergeben. Sofern ein Absolutglied vorhanden ist, ergäbe sich infolge des Hinzufügens der P-ten (binären) Spalte das Problem der Multikollinearität (siehe »Multikollinearität« auf Seite 176).

Standardmäßig sieht *R* vor, die erste Ausprägung des Faktors als *Referenz* zu verwenden und die übrigen Ausprägungen der Faktorvariablen relativ zu diesem Faktorniveau zu interpretieren:

```
lm(AdjSalePrice ~ SqFtTotLiving + SqFtLot + Bathrooms +
      Bedrooms + BldgGrade + PropertyType, data=house)

Call:
lm(formula = AdjSalePrice ~ SqFtTotLiving + SqFtLot + Bathrooms +
    Bedrooms + BldgGrade + PropertyType, data = house)

Coefficients:
              (Intercept)              SqFtTotLiving
               -4.468e+05                  2.234e+02
                  SqFtLot                  Bathrooms
               -7.037e-02                 -1.598e+04
                 Bedrooms                  BldgGrade
               -5.089e+04                  1.094e+05
PropertyTypeSingle Family       PropertyTypeTownhouse
               -8.468e+04                 -1.151e+05
```

Die Methode get_dummies nimmt, wie zuvor bereits erwähnt, das optionale Schlüsselwortargument drop_first entgegen, um den ersten Faktor als *Referenz* außen vor zu lassen:

```
predictors = ['SqFtTotLiving', 'SqFtLot', 'Bathrooms', 'Bedrooms',
              'BldgGrade', 'PropertyType']

X = pd.get_dummies(house[predictors], drop_first=True)

house_lm_factor = LinearRegression()
house_lm_factor.fit(X, house[outcome])

print(f'Absolutglied: {house_lm_factor.intercept_:.3f}')
print('Koeffizienten:')
for name, coef in zip(X.columns, house_lm_factor.coef_):
    print(f' {name}: {coef}')
```

Die Ausgabe der Regressionsergebnisse in *R* beinhaltet zwei Koeffizienten, die in Bezug zur Variablen PropertyType stehen: PropertyTypeSingle Family (Einfamilienhaus) und PropertyTypeTownhouse (Stadthaus). Es gibt keinen Koeffizienten für Multiplex (Mehrfamilienhaus), da dieser implizit definiert ist, wenn PropertyTypeSingle Family == 0 und PropertyTypeTownhouse == 0 ist. Die Koeffizienten werden also relativ zu Multiplex interpretiert, sodass ein Haus, das ein Einfamilienhaus (Single Family) ist, fast 85.000 $ weniger wert ist, und ein Haus, das Stadthaus (Townhouse) ist, mehr als 150.000 $ weniger wert ist.[5]

Verschiedene Faktorcodierungen

Es gibt mehrere verschiedene Möglichkeiten, Faktorvariablen zu codieren, die als Systeme der *Kontrastcodierung* bekannt sind. Zum Beispiel vergleicht die *Abweichungscodierung*, auch bekannt als *Summenkontraste*, jede Faktorstufe mit dem Gesamtmittelwert. Eine weitere Codierungsmöglichkeit ist der *polynomiale Kontrast*, der für geordnete Faktoren geeignet ist (siehe den Abschnitt »Geordnete Faktorvariablen« auf Seite 173). Mit Ausnahme geordneter Faktoren werden Data Scientists im Allgemeinen keine andere Codierungsmöglichkeit als die Referenzcodierung und die 1-aus-n-Codierung benötigen.

Faktorvariablen mit vielen Stufen

Für einige Faktorvariablen müsste eine große Anzahl binärer Dummy-Variablen integriert werden. Postleitzahlen sind beispielsweise so eine Faktorvariable – es gibt 43.000 Postleitzahlen in den USA. In solchen Fällen ist es sinnvoll, die Daten und die Beziehungen zwischen den Prädiktorvariablen und der Ergebnisvariablen zu untersuchen, um festzustellen, ob in den jeweiligen Kategorien nützliche Informationen enthalten sind. Wenn dies der Fall ist, müssen Sie ferner entscheiden, ob es sinnvoll ist, alle Faktorstufen beizubehalten, oder ob sie konsolidiert werden sollten.

In King County gibt es 80 Postleitzahlen, für die mindestens ein Immobilienverkauf vorliegt:

```
table(house$ZipCode)

98001 98002 98003 98004 98005 98006 98007 98008 98010 98011 98014 98019
  358   180   241   293   133   460   112   291    56   163    85   242
98022 98023 98024 98027 98028 98029 98030 98031 98032 98033 98034 98038
  188   455    31   366   252   475   263   308   121   517   575   788
98039 98040 98042 98043 98045 98047 98050 98051 98052 98053 98055 98056
   47   244   641     1   222    48     7    32   614   499   332   402
98057 98058 98059 98065 98068 98070 98072 98074 98075 98077 98092 98102
    4   420   513   430     1    89   245   502   388   204   289   106
98103 98105 98106 98107 98108 98109 98112 98113 98115 98116 98117 98118
  671   313   361   296   155   149   357     1   620   364   619   492
98119 98122 98125 98126 98133 98136 98144 98146 98148 98155 98166 98168
  260   380   409   473   465   310   332   287    40   358   193   332
98177 98178 98188 98198 98199 98224 98288 98354
  216   266   101   225   393     3     4     9
```

Mit der Methode value_counts erhalten Sie die gleichen Informationen für einen pandas-Data-Frame:

```
pd.DataFrame(house['ZipCode'].value_counts()).transpose()
```

5 Dieses Ergebnis ist nicht intuitiv, kann aber möglicherweise durch den Einfluss des Standorts als konfundierende Variable erklärt werden (siehe »Konfundierende Variablen« auf Seite 177).

ZipCode (Postleitzahl) ist eine wichtige Variable, da sie einen Proxy für die Auswirkung des Standorts auf den Wert einer Immobilie darstellt. Die Einbeziehung aller Stufen würde 79 Koeffizienten erfordern, die 79 Freiheitsgraden entsprechen. Das ursprüngliche Modell house_lm verfügt nur über fünf Freiheitsgrade (siehe »Das Modell bewerten« auf Seite 155). Außerdem gibt es für mehrere Postleitzahlen lediglich einen Verkauf. Bei einigen Fragestellungen könnten Sie Postleitzahlen hinsichtlich der ersten zwei oder drei Ziffern gruppieren, die jeweils (zusammenhängenden) geografischen Teilgebieten entsprechen. In King County werden fast alle Verkäufe in 980xx oder 981xx getätigt, sodass uns dieser Ansatz nicht weiterbringt.

Ein alternativer Ansatz besteht darin, die Postleitzahlen hinsichtlich einer anderen Variablen zu gruppieren, beispielsweise hinsichtlich der Höhe des Verkaufspreises. Noch besser ist es, Postleitzahlengruppen unter Verwendung der Residuen aus einem ersten anfänglichen Modell zu bilden. Der folgende *R*-Code, der auf dem dplyr-Paket fußt, fasst die 80 Postleitzahlen in fünf Gruppen zusammen – basierend auf dem Median der Residuen aus unserer Regression mit den house_lm-Daten:

```
zip_groups <- house %>%
  mutate(resid = residuals(house_lm)) %>%
  group_by(ZipCode) %>%
  summarize(med_resid = median(resid),
            cnt = n()) %>%
  arrange(med_resid) %>%
  mutate(cum_cnt = cumsum(cnt),
         ZipGroup = ntile(cum_cnt, 5))
house <- house %>%
  left_join(select(zip_groups, ZipCode, ZipGroup), by='ZipCode')
```

Für jede Postleitzahl wird der Medianwert der Residuen berechnet, und die Funktion ntile wird verwendet, um die Postleitzahlen, sortiert nach dem Medianwert, in fünf Gruppen zu unterteilen. In »Konfundierende Variablen« auf Seite 177 werden Sie noch ein Beispiel dazu sehen, wie sich dies als Ausdruck in eine Regression integrieren lässt, um die ursprüngliche Anpassung an die Daten zu verbessern.

In *Python* können wir diese Gruppierung wie folgt umsetzen:

```
zip_groups = pd.DataFrame([
    *pd.DataFrame({
        'ZipCode': house['ZipCode'],
        'residual' : house[outcome] - house_lm.predict(house[predictors]),
    })
    .groupby(['ZipCode'])
    .apply(lambda x: {
        'ZipCode': x.iloc[0,0],
        'count': len(x),
        'median_residual': x.residual.median()
    })
]).sort_values('median_residual')
zip_groups['cum_count'] = np.cumsum(zip_groups['count'])
```

```
zip_groups['ZipGroup'] = pd.qcut(zip_groups['cum_count'], 5, labels=False,
                                  retbins=False)

to_join = zip_groups[['ZipCode', 'ZipGroup']].set_index('ZipCode')
house = house.join(to_join, on='ZipCode')
house['ZipGroup'] = house['ZipGroup'].astype('category')
```

Der hier vorgestellte Ansatz zur Verwendung der Residuen, um die Regressionsanpassung zu verbessern, ist ein grundlegender Schritt im Modellierungsprozess (siehe »Regressionsdiagnostik« auf Seite 180).

Geordnete Faktorvariablen

Einige Faktorvariablen spiegeln die Niveaus eines Faktors wider; diese werden als *geordnete Faktorvariablen* oder *geordnete kategoriale Variablen* bezeichnet. Zum Beispiel könnte die Krediteinstufung A, B, C usw. sein – jede einzelne Einstufung birgt ein höheres Risiko als die vorherige Einstufung. Häufig können geordnete Faktorvariablen in numerische Werte umgewandelt und unverändert verwendet werden. Beispielsweise ist die Variable `BldgGrade` eine geordnete Faktorvariable, von der mehrere Einstufungen in Tabelle 4-1 dargestellt werden. Während die Faktorstufen eine spezifische Bedeutung haben, ist der entsprechende numerische Wert von niedrig bis hoch sortiert, wobei hohe Werte höherwertig einzustufenden Immobilien entsprechen. Im Rahmen unseres Regressionsmodells `house_lm`, das wir in »Multiple lineare Regression« auf Seite 153 angepassten, haben wir `BldgGrade` als numerische Variable behandelt.

Tabelle 4-1: Gebäudeeinstufungen und numerische Äquivalente

Wert	Beschreibung
1	Cabin (schlecht)
2	Substandard (unterdurchschnittlich)
5	Fair (fair)
10	Very good (sehr gut)
12	Luxury (luxuriös)
13	Mansion (residenziell)

Geordnete Faktoren als numerische Variable zu behandeln, bewahrt die in der Ordnung enthaltene Information, die bei einer Umwandlung in eine Faktorvariable verloren ginge.

Kernideen

- Faktorvariablen müssen zunächst in numerische Variablen umgewandelt werden, um in einer Regression verwendet werden zu können.

- Der gebräuchlichste Ansatz, eine Faktorvariable mit P verschiedenen Ausprägungen bzw. Stufen zu codieren, besteht darin, sie mit P – 1 Dummy-Variablen darzustellen.
- Eine Faktorvariable mit vielen Stufen muss möglicherweise in eine Variable mit weniger Stufen zusammengefasst werden, auch bei sehr großen Datensätzen.
- Bei einigen Faktorvariablen sind die Stufen geordnet, weshalb sie als eine einzelne numerische Variable dargestellt werden können.

Interpretieren der Regressionsgleichung

In der Data Science ist das Regressionsverfahren vor allem zur Vorhersage einer abhängigen (Ergebnis-)Variablen wichtig. In einigen Fällen kann es jedoch von Wert sein, aus der Gleichung selbst Einsichten zu gewinnen, um die Art der Beziehung zwischen den Prädiktorvariablen und der Ergebnisvariablen zu verstehen. In diesem Abschnitt erfahren Sie, wie Sie die Regressionsgleichung beurteilen und interpretieren können.

Schlüsselbegriffe zur Interpretation der Regressionsgleichung

Korrelierte Variablen
: Variablen, die sich tendenziell in die gleiche Richtung bewegen – wenn die eine steigt, steigt auch die andere und umgekehrt (bzw. bei negativer Korrelation – wenn die eine steigt, sinkt die andere). Wenn die Prädiktorvariablen stark korreliert sind, sind die jeweiligen Koeffizienten weniger aussagekräftig.

Multikollinearität
: Wenn die Prädiktorvariablen eine perfekte oder nahezu perfekte Korrelation aufweisen, kann die Regression instabil oder die Berechnung nicht möglich sein.

  Synonym
  : Kollinearität

Konfundierende Variable
: Eine wichtige Prädiktorvariable, die, wenn sie herausgelassen wird, zu Scheinbeziehungen (engl. *Spurious Relationships*) in einer Regressionsgleichung führt.

Haupteffekte
: Die Beziehung zwischen einer Prädiktor- und der Ergebnisvariablen, unabhängig von anderen Variablen

Interaktionseffekt
: Die wechselseitige Beziehung zwischen zwei oder mehr Prädiktor- und der Ergebnisvariablen.

Korrelierte Prädiktorvariablen

Bei der multiplen Regression sind die Prädiktorvariablen oft miteinander korreliert. Sehen wir uns beispielsweise die Regressionskoeffizienten für das Modell `step_lm` aus »Modellauswahl und schrittweise Regression« auf Seite 159 an.

R:

```
step_lm$coefficients
              (Intercept)             SqFtTotLiving                 Bathrooms
             6.178645e+06              1.992776e+02              4.239616e+04
                 Bedrooms                 BldgGrade PropertyTypeSingle Family
            -5.194738e+04              1.371596e+05              2.291206e+04
    PropertyTypeTownhouse            SqFtFinBasement                  YrBuilt
             8.447916e+04              7.046975e+00             -3.565425e+03
```

Python:

```
print(f'Absolutglied: {best_model.intercept_:.3f}')
print('Koeffizienten:')
for name, coef in zip(best_variables, best_model.coef_):
    print(f' {name}: {coef}')
```

Der Koeffizient für die Variable `Bedrooms`, die die Anzahl der Schlafzimmer angibt, ist negativ! Dies bedeutet, dass ein zusätzliches Schlafzimmer den Wert eines Hauses verringert. Wie kann das sein? Das liegt daran, dass die Prädiktorvariablen miteinander korreliert sind: Größere Häuser haben tendenziell mehr Schlafzimmer – und es ist die Größe, die den Wert des Hauses bestimmt, nicht die Anzahl der Schlafzimmer. Betrachten Sie hierzu zwei Häuser gleicher Größe: Man kann vernünftigerweise erwarten, dass ein Haus mit mehr, aber kleineren Schlafzimmern als weniger wünschenswert angesehen wird.

Wenn korrelierte Prädiktorvariablen vorhanden sind, kann es schwierig sein, das Vorzeichen und den Wert der Regressionskoeffizienten zu interpretieren (und es kann den Standardfehler der Schätzer vergrößern). Die Variablen für Schlafzimmer, Hausgröße (`SqFtTotLiving` und `SqFtFinBasement`) und Anzahl der Badezimmer (`Bathrooms`) sind alle miteinander korreliert. Dies wird anhand des folgenden Regressionsbeispiels in *R* deutlich, bei der die Variablen `SqFtTotLiving`, `SqFtFinBasement` und `Bathrooms` aus der Gleichung entfernt wurden:

```
update(step_lm, . ~ . - SqFtTotLiving - SqFtFinBasement - Bathrooms)

Call:
lm(formula = AdjSalePrice ~ Bedrooms + BldgGrade + PropertyType +
    YrBuilt, data = house, na.action = na.omit)

Coefficients:
              (Intercept)                   Bedrooms
                  4913973                      27151
                BldgGrade  PropertyTypeSingle Family
                   248998                     -19898
    PropertyTypeTownhouse                    YrBuilt
                   -47355                      -3212
```

Die Funktion update kann in *R* verwendet werden, um Variablen zu einem Modell hinzuzufügen oder daraus zu entfernen. Nun ist der Koeffizient für Schlafzimmer positiv – in Übereinstimmung mit dem, was wir erwarten würden (obwohl er jetzt im Grunde als Proxy für die Hausgröße fungiert, da diese Variable entfernt wurde).

In *Python* gibt es kein Äquivalent zur update-Funktion. Wir müssen das Modell unter Verwendung einer modifizierten Liste, die die einzubeziehenden Prädiktorvariablen angibt, erneut anpassen:

```
predictors = ['Bedrooms', 'BldgGrade', 'PropertyType', 'YrBuilt']
outcome = 'AdjSalePrice'

X = pd.get_dummies(house[predictors], drop_first=True)

reduced_lm = LinearRegression()
reduced_lm.fit(X, house[outcome])
```

Korrelierte Variablen spielen nur eine Rolle im Rahmen der Interpretation von Regressionskoeffizienten. In house_lm gibt es keine Variable, mit der der Standort einer Immobilie berücksichtigt wird, was dazu führt, dass das Modell unterschiedliche Arten von Regionen miteinander vermischt. Dementsprechend kann die Ortsangabe eine *konfundierende* Variable sein – siehe »Konfundierende Variablen« auf Seite 177 für weitere Erläuterungen.

Multikollinearität

Sehr stark korrelierte Variablen bedingen Multikollinearität – ein Umstand, bei dem eine Redundanz zwischen den Prädiktorvariablen besteht. Perfekte Multikollinearität besteht, wenn eine Prädiktorvariable als eine Linearkombination anderer Variablen ausgedrückt werden kann. Multikollinearität tritt auf, wenn:

- eine Variable fälschlicherweise mehrfach berücksichtigt wird,
- *P* anstelle von *P* – 1 Dummy-Variablen aus einer Faktorvariablen erstellt werden (siehe »Regression mit Faktorvariablen« auf Seite 167) oder
- zwei Variablen nahezu perfekt miteinander korreliert sind.

Das Problem der Multikollinearität in einer Regression muss adressiert werden – die entsprechenden Variablen sollten entfernt werden, bis die Multikollinearität beseitigt ist. Eine Regression besitzt bei Vorliegen einer perfekten Multikollinearität keine wohldefinierte Lösung. Viele Softwareprogramme, einschließlich *R* und *Python*, handhaben automatisch bestimmte Arten von Multikollinearität. Wenn Sie beispielsweise SqFtTotLiving zweimal als Variable in die Regression mit den house-Daten einbeziehen, erhalten Sie die gleichen Ergebnisse für das house_lm-Modell. Bei nicht perfekter Multikollinearität kann das Softwareprogramm zwar eine Lösung ermitteln, aber die Ergebnisse können instabil sein.

Multikollinearität stellt bei nicht linearen Regressionsmethoden wie Bäumen, Clustering und Nächste-Nachbarn kein derartiges Problem dar; bei solchen Verfahren kann es ratsam sein, P Dummy-Variablen (statt $P - 1$) einzubeziehen. Dennoch gilt auch bei diesen Methoden das Gebot, keine redundanten Prädiktorvariablen zu integrieren.

Konfundierende Variablen

Bei korrelierten Variablen liegt das Problem darin begründet, dass zu viele Variablen berücksichtigt werden, und zwar solche, die eine ähnliche prädiktive Beziehung zu der Antwortvariablen haben. Bei *konfundierenden Variablen* entsteht das Problem dadurch, dass eine wichtige Variable in der Regression nicht berücksichtigt wird, die in die Gleichung einbezogen werden sollte. Eine unbedachte Interpretation der Koeffizienten kann zu ungültigen Schlussfolgerungen führen.

Nehmen wir zum Beispiel die Regressionsgleichung `house_lm` für die Immobiliendaten für King County aus »Beispiel: Die King-County-Immobiliendaten« auf Seite 154. Die Regressionskoeffizienten von `SqFtLot`, `Bathrooms` und `Bedrooms` sind alle negativ. Das ursprüngliche Regressionsmodell enthält keine Variable, mit der die geografische Lage berücksichtigt wird, die jedoch einen sehr wichtigen Prädiktor für den Immobilienpreis darstellt. Um die geografische Lage zu modellieren, können Sie eine Variable `ZipGroup` hinzufügen, die die Postleitzahl in eine von fünf Gruppen unterteilt, beginnend von der preiswertesten (1) bis zur teuersten (5):[6]

```
lm(formula = AdjSalePrice ~ SqFtTotLiving + SqFtLot + Bathrooms +
    Bedrooms + BldgGrade + PropertyType + ZipGroup, data = house,
    na.action = na.omit)

Coefficients:
             (Intercept)              SqFtTotLiving
              -6.666e+05                  2.106e+02
                 SqFtLot                  Bathrooms
               4.550e-01                  5.928e+03
                Bedrooms                  BldgGrade
              -4.168e+04                  9.854e+04
PropertyTypeSingle Family    PropertyTypeTownhouse
               1.932e+04                 -7.820e+04
               ZipGroup2                  ZipGroup3
               5.332e+04                  1.163e+05
               ZipGroup4                  ZipGroup5
               1.784e+05                  3.384e+05
```

6 Es gibt 80 Postleitzahlen in King County, mehrere mit nur einer Handvoll Verkäufen. Eine Alternative zur direkten Verwendung der Postleitzahl als Faktorvariablen ist die Variable `ZipGroup`, bei der ähnliche Postleitzahlen in gemeinsamen Gruppe zusammengefasst wurden (siehe »Faktorvariablen mit vielen Stufen« auf Seite 171 für Details).

Um das gleiche Modell in *Python* zu erhalten:

```
predictors = ['SqFtTotLiving', 'SqFtLot', 'Bathrooms', 'Bedrooms',
              'BldgGrade', 'PropertyType', 'ZipGroup']
outcome = 'AdjSalePrice'

X = pd.get_dummies(house[predictors], drop_first=True)

confounding_lm = LinearRegression()
confounding_lm.fit(X, house[outcome])

print(f'Absolutglied: {confounding_lm.intercept_:.3f}')
print('Koeffizienten:')
for name, coef in zip(X.columns, confounding_lm.coef_):
    print(f' {name}: {coef}')
```

Die Variable ZipGroup ist eindeutig wichtig: Ein Haus in der teuersten Postleitzahlengruppe hat schätzungsweise einen um fast 340.000 $ höheren Verkaufspreis. Die Koeffizienten von SqFtLot und Bathrooms sind jetzt positiv, und jedes weitere Badezimmer erhöht den Verkaufspreis um 5.928 $.

Der Koeffizient für die Variable Bedrooms ist immer noch negativ. Auch wenn dies zunächst wenig einleuchten mag, ist es ein bekanntes Phänomen im Immobilienbereich. Häuser mit der gleichen Wohnfläche und der gleichen Anzahl von Badezimmern, die jedoch über mehr und somit kleinere Schlafzimmer verfügen, sind vergleichsweise mit weniger wertvollen Häusern assoziiert.

Interaktions- und Haupteffekte

Statistiker unterscheiden gern zwischen *Haupteffekten* bezüglich der unabhängigen Variablen und den *Interaktionseffekten*, d.h. den Wechselwirkungen zwischen den Haupteffekten. Die Haupteffekte sind das, was in der Regressionsgleichung als *Prädiktorvariablen* bezeichnet wird. Wenn in einem Modell nur Haupteffekte verwendet werden, wird die implizite Annahme unterstellt, dass die Beziehung zwischen einer Prädiktor- und der Antwortvariablen unabhängig von den anderen Prädiktorvariablen ist. Dies ist oft nicht der Fall.

Beispielsweise enthält das Modell, das wir in »Konfundierende Variablen« auf Seite 177 an die King-County-Immobiliendaten angepasst hatten, mehrere Variablen, die als Haupteffekte betrachtet werden können, einschließlich der Variablen ZipGroup. Die geografische Lage einer Immobilie stellt oftmals den wichtigsten Faktor dar. Es ist also naheliegend, davon auszugehen, dass beispielsweise die Beziehung zwischen der Hausgröße und dem Verkaufspreis von der geografischen Lage abhängt. Ein großes Haus, das in einem Bezirk mit niedrigen Mietpreisen gebaut wurde, hat nicht den gleichen Werterhalt wie ein großes Haus, das in einer teuren Gegend gebaut wurde. In *R* können Sie Interaktionen zwischen Variablen mithilfe des Operators * integrieren. Mit dem folgenden Code passen wir erneut ein Regressionsmodell an die King-County-Daten an, wobei wir diesmal zusätzlich einen Interaktionseffekt zwischen SqFtTotLiving und ZipGroup modellieren:

```
lm(formula = AdjSalePrice ~ SqFtTotLiving * ZipGroup + SqFtLot +
    Bathrooms + Bedrooms + BldgGrade + PropertyType, data = house,
    na.action = na.omit)

Coefficients:
              (Intercept)               SqFtTotLiving
               -4.853e+05                   1.148e+02
                ZipGroup2                   ZipGroup3
               -1.113e+04                   2.032e+04
                ZipGroup4                   ZipGroup5
                2.050e+04                  -1.499e+05
                  SqFtLot                   Bathrooms
                6.869e-01                  -3.619e+03
                 Bedrooms                   BldgGrade
               -4.180e+04                   1.047e+05
PropertyTypeSingle Family       PropertyTypeTownhouse
                1.357e+04                  -5.884e+04
  SqFtTotLiving:ZipGroup2     SqFtTotLiving:ZipGroup3
                3.260e+01                   4.178e+01
  SqFtTotLiving:ZipGroup4     SqFtTotLiving:ZipGroup5
                6.934e+01                   2.267e+02
```

Das resultierende Modell hat vier neue Terme (mit entsprechenden Koeffizienten):`SqFtTotLiving:ZipGroup2`, `SqFtTotLiving:ZipGroup3` usw.

In *Python* müssen wir das Paket `statsmodels` verwenden, um lineare Regressionsmodelle mit Interaktionstermen trainieren zu können. Dieses Paket ist so konzipiert, wie wir es bereits aus *R* kennen – es ermöglicht uns, das Modell mithilfe einer Formelsyntax zu definieren:

```
model = smf.ols(formula='AdjSalePrice ~ SqFtTotLiving*ZipGroup + SqFtLot + ' +
     'Bathrooms + Bedrooms + BldgGrade + PropertyType', data=house)
results = model.fit()
results.summary()
```

Das `statsmodels`-Paket berücksichtigt die kategorialen Variablen (z.B. `ZipGroup[T.1]`, `PropertyType[T.Single Family]`) und die Interaktionsterme (z.B. `SqFtTotLiving :ZipGroup[T.1]`).

Die geografische Lage und die Wohnfläche scheinen eine ausgeprägte wechselseitige Beziehung aufzuweisen. Für ein Haus der untersten Postleitzahlengruppe (`ZipGroup`) ist der Koeffizient identisch mit dem des Haupteffekts, der sich aus einer Vergrößerung der Wohnfläche (`SqFtTotLiving`) ergibt und einer Änderung von 115 $ pro Quadratfuß entspricht (dies liegt daran, dass *R* die *Referenzcodierung* für Faktorvariablen verwendet, siehe »Regression mit Faktorvariablen« auf Seite 167). Für ein Haus in der höchsten Postleitzahlengruppe ergibt sich der Gesamteffekt als Summe des Haupteffekts und dem Interaktionseffekt `SqFtTotLiving:ZipGroup5`, der dementsprechend 115 $ + 227 $ = 342 $ pro Quadratfuß entspricht. Mit anderen Worten, in der teuersten Postleitzahlengruppe erhöht sich der vorhergesagte Verkaufspreis infolge eines zusätzlichen Quadratfußes Wohnfläche im Durchschnitt fast dreimal so stark wie bei der untersten Postleitzahlengruppe.

Modellauswahl mit Interaktionstermen

Bei Fragestellungen, die viele Variablen betreffen, kann es sich durchaus als Herausforderung erweisen, zu entscheiden, welche Interaktionsterme in das Modell aufgenommen werden sollen. Es gibt mehrere unterschiedliche Ansätze, die üblicherweise gewählt werden:

- Bei einigen Fragestellungen können Vorwissen und Intuition die Wahl der in das Modell aufzunehmenden Interaktionsterme vorgeben.
- Die schrittweise Auswahl (siehe »Modellauswahl und schrittweise Regression« auf Seite 159) kann verwendet werden, um die verschiedenen Modelle zu durchleuchten.
- Bei der penalisierten Regression kann automatisch eine große Menge von möglichen Interaktionstermen an die Daten angepasst werden.
- Der vielleicht gebräuchlichste Ansatz ist die Verwendung von *Baummodellen* sowie deren Abkömmlinge, *Random Forest* und *Gradient Boosted Trees*. Bei dieser Modellart wird automatisch nach den optimalen Interaktionstermen gesucht (siehe »Baummodelle« auf Seite 260).

Kernideen

- Wenn die Prädiktorvariablen in der multiplen linearen Regression miteinander korreliert sind, ist bei der Interpretation der Koeffizienten Vorsicht geboten.
- Multikollinearität kann zu numerischer Instabilität bei der Anpassung der Regressionsgleichung führen.
- Eine konfundierende Variable ist ein wichtiger Prädiktor, der bei Nichtberücksichtigung zu einer Regressionsgleichung mit Scheinbeziehungen führen kann.
- Ein Interaktionsterm zwischen zwei Variablen ist erforderlich, wenn die Beziehungen zwischen diesen Variablen und der Antwortvariablen wechselseitig voneinander abhängig sind.

Regressionsdiagnostik

Bei der erklärenden Modellierung (d.h. in einem Forschungskontext) werden zusätzlich zur Ermittlung der zuvor erwähnten Gütemaße (siehe »Das Modell bewerten« auf Seite 155) verschiedene Schritte unternommen, um zu beurteilen, wie gut das Modell zu den Daten passt; die meisten basieren auf der Analyse der Residuen. Diese Schritte befassen sich zwar nicht direkt mit der Vorhersagegenauigkeit, aber sie können auch im Rahmen von Vorhersagen nützliche Erkenntnisse liefern.

Schlüsselbegriffe zur Regressionsdiagnostik

Standardisiertes Residuum
: Ein Residuum dividiert durch den Standardfehler der Residuen.

Ausreißer
: Beobachtungen bzw. Variablenwerte (oder auch Werte der Ergebnisvariablen), die sich stark von den übrigen Beobachtungen bzw. Variablenwerten (oder dem vorhergesagten Ergebnis) unterscheiden.

Einflussreiche Beobachtung
: Eine Beobachtung bzw. ein Wert, dessen Vorhandensein oder Fehlen einen großen Unterschied in der Regressionsgleichung ausmacht.

Hebeleffekt
: Der Grad des Einflusses, den eine einzelne Beobachtung auf eine Regressionsgleichung hat (engl. *Leverage*).

  Synonym
  : Hut-Wert

Nicht normalverteilte Residuen
: Nicht normalverteilte Residuen können einige methodische Anforderungen der Regression außer Kraft setzen, sind aber in der Regel kein Thema im Bereich der Data Science.

Heteroskedastizität
: Wenn einige Wertebereiche der Ergebnisvariablen Residuen mit höherer Varianz aufweisen (kann darauf hinweisen, dass ein Prädiktor in der Gleichung fehlt).

Partielle Residuendiagramme
: Ein diagnostisches Diagramm, um die Beziehung zwischen der Ergebnisvariablen und einem einzelnen Prädiktor zu beleuchten (engl. *Partial Residual Plots*).

  Synonym
  : Added Variables Plot

Ausreißer

Im Allgemeinen ist ein Extremwert, auch *Ausreißer* genannt, ein Wert, der von den meisten anderen Beobachtungen abweicht. Genauso wie Ausreißer bei Lage- und Streuungsmaßen berücksichtigt werden müssen (siehe »Lagemaße« auf Seite 8 und »Streuungsmaße« auf Seite 14), können sie auch Probleme bei Regressionsmodellen verursachen. Bei der Regression ist ein Ausreißer eine Beobachtung, dessen tatsächlicher y-Wert weit von dem vorhergesagten Wert entfernt ist. Sie können Ausreißer erkennen, indem Sie das *standardisierte Residuum* untersuchen, d.h. den Wert, der sich ergibt, wenn Sie das Residuum durch den Standardfehler der Residuen dividieren.

Es gibt keine statistische Theorie, die Ausreißer von Nicht-Ausreißern trennt. Vielmehr gibt es (willkürliche) Faustregeln dafür, wie weit eine Beobachtung vom Großteil der Daten abweichen muss, damit sie als Ausreißer bezeichnet werden kann. Beim Box-Plot zum Beispiel sind Ausreißer diejenigen Datenpunkte, die weit oberhalb oder unterhalb der Box liegen (siehe »Perzentile und Box-Plots« auf Seite 21), wobei »zu weit« »mehr als das 1,5-Fache des Interquartilsabstands« bedeutet. Bei der Regression wird üblicherweise das standardisierte Residuum als Metrik verwendet, um zu bestimmen, ob eine Beobachtung als Ausreißer klassifiziert werden kann. Standardisierte Residuen können interpretiert werden als »die Anzahl an Standardfehlern, die der tatsächliche Wert von der Regressionsgeraden (d.h. dem vorhergesagten Wert) entfernt ist«.

Passen wir erneut eine Regression an die Immobiliendaten für King County an. Diesmal berücksichtigen wir jedoch nur die Verkäufe, die im Gebiet der Postleitzahl 98105 getätigt wurden. Zunächst in *R* :

```
house_98105 <- house[house$ZipCode == 98105,]
lm_98105 <- lm(AdjSalePrice ~ SqFtTotLiving + SqFtLot + Bathrooms +
                 Bedrooms + BldgGrade, data=house_98105)
```

In *Python*:

```
house_98105 = house.loc[house['ZipCode'] == 98105, ]

predictors = ['SqFtTotLiving', 'SqFtLot', 'Bathrooms', 'Bedrooms', 'BldgGrade']
outcome = 'AdjSalePrice'

house_outlier = sm.OLS(house_98105[outcome],
                       house_98105[predictors].assign(const=1))
result_98105 = house_outlier.fit()
```

Die standardisierten Residuen erhalten wir in *R* mit der Funktion `rstandard` und den Index des kleinsten (negativsten) Residuums mit der Funktion `order`:

```
sresid <- rstandard(lm_98105)
idx <- order(sresid)
sresid[idx[1]]
    20429
-4.326732
```

Im `statsmodels`-Paket steht Ihnen zur Analyse der Residuen die Klasse `OLSInfluence` zur Verfügung:

```
influence = OLSInfluence(result_98105)
sresiduals = influence.resid_studentized_internal
sresiduals.idxmin(), sresiduals.min()
```

Die größte Überschätzung des Modells liegt mehr als vier Standardfehler vom tatsächlichen Wert entfernt, was einer Überschätzung von 757.754 $ entspricht. Die entsprechende ursprüngliche Beobachtung für diesen Ausreißer erhalten wir wie folgt in *R*:

```
house_98105[idx[1], c('AdjSalePrice', 'SqFtTotLiving', 'SqFtLot',
              'Bathrooms', 'Bedrooms', 'BldgGrade')]

      AdjSalePrice SqFtTotLiving SqFtLot Bathrooms Bedrooms BldgGrade
         (dbl)         (int)       (int)     (dbl)    (int)     (int)
20429   119748          2900        7276        3        6         7
```

In *Python*:

```
outlier = house_98105.loc[sresiduals.idxmin(), :]
print('AdjSalePrice', outlier[outcome])
print(outlier[predictors])
```

In diesem Fall scheint etwas mit der Beobachtung nicht in Ordnung zu sein: Ein Haus dieser Größe wird in der Regel für weit mehr als 119.748 $ in dem Gebiet dieser Postleitzahl verkauft.Abbildung 4-4 zeigt einen Auszug aus der notariellen Urkunde dieses Verkaufs: Es wurde offensichtlich nur ein Teil des Eigentums an der Immobilie verkauft. In diesem Fall entspricht der Ausreißer einem Verkauf, der anomal ist und nicht in die Regression einbezogen werden sollte. Ausreißer können auch das Ergebnis anderer Umstände sein, wie z.B. einer fehlerhaften Dateneingabe (*Fat-Finger-Fehler*) oder einer mangelnden Übereinstimmung der Einheiten (z.B. die Meldung eines Verkaufs in Tausenden von Dollar statt in Dollar).

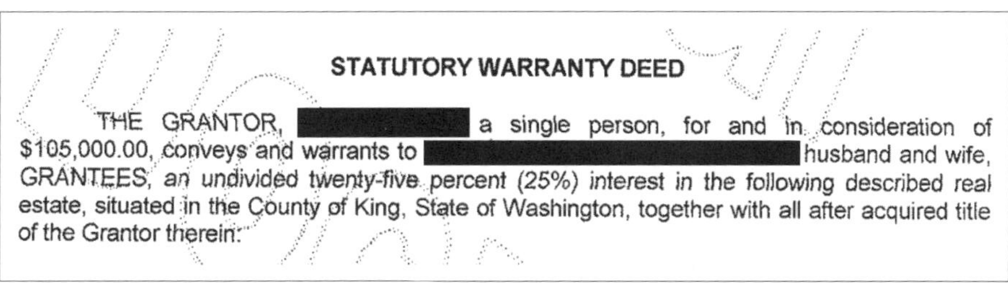

STATUTORY WARRANTY DEED

THE GRANTOR, [redacted] a single person, for and in consideration of $105,000.00, conveys and warrants to [redacted] husband and wife, GRANTEES, an undivided twenty-five percent (25%) interest in the following described real estate, situated in the County of King, State of Washington, together with all after acquired title of the Grantor therein:

Abbildung 4-4: Notarielle Beurkundung der Eigentumsübertragung in Bezug auf das größte negative Residuum

Wenn Sie über große Datenmengen verfügen, stellen Ausreißer im Allgemeinen kein Problem bei der Anpassung einer Regression dar, wenn diese zur Vorhersage neuer Daten verwendet werden soll. Ausreißer sind jedoch von zentraler Bedeutung für die Erkennung von Anomalien, wo es vornehmlich darum geht, Ausreißer zu finden. Ein Ausreißer könnte auch einem Fall von Betrug oder einer versehentlichen Handlung entsprechen. Dementsprechend stellt es oftmals ein grundlegendes Geschäftsbedürfnis dar, Ausreißer zu erkennen.

Einflussreiche Beobachtungen

Eine Beobachtung, deren Nichtberücksichtigung die Regressionsgleichung signifikant verändern würde, wird als *einflussreiche Beobachtung* bezeichnet. Bei der Regression muss ein solcher Wert nicht mit einem großen Residuum verbunden sein. Betrachten Sie als Beispiel die Regressionsgeraden in Abbildung 4-5. Die durchgezogene Gerade entspricht der Regression mit allen Daten, während die gestrichelte

Gerade der Regression entspricht, bei der der Punkt in der rechten oberen Ecke herausgelassen wurde. Es ist offensichtlich, dass dieser Datenpunkt einen großen Einfluss auf die Regression hat, auch wenn er nicht mit einem starken Ausreißer (in Hinblick auf die vollständige Regression) gleichzusetzen ist. Man spricht davon, dass ein solcher Datenpunkt einen großen *Hebeleffekt* auf die Regression hat.

Zusätzlich zu standardisierten Residuen (siehe »Ausreißer« auf Seite 181) haben Statistiker mehrere Maße entwickelt, um den Einfluss einer einzelnen Beobachtung auf eine Regression zu bestimmen. Ein gebräuchliches Maß für den Hebeleffekt ist der *Hebelwert*. Werte über $2(P + 1)/n$ weisen auf eine Beobachtung mit hoher Hebelwirkung hin.[7]

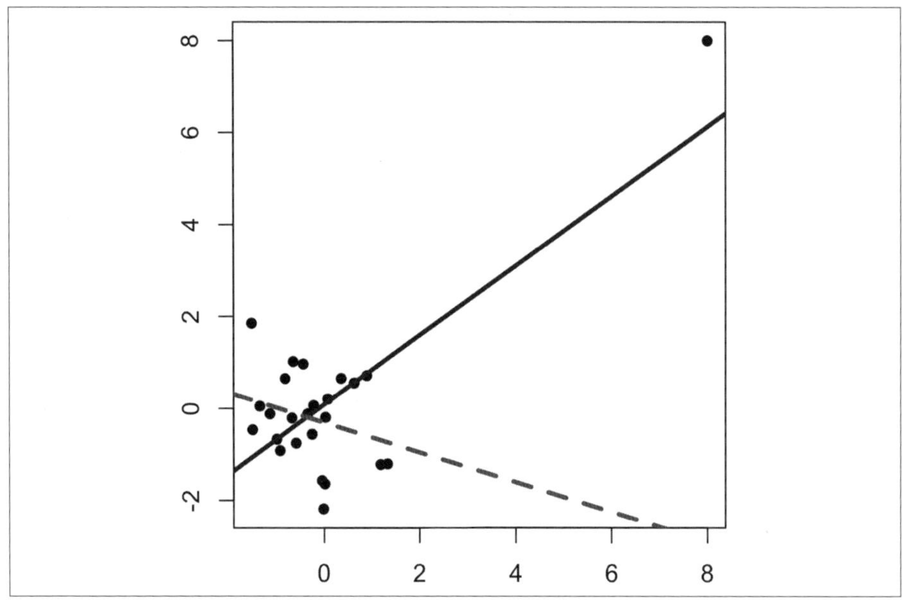

Abbildung 4-5: Ein Beispiel für eine einflussreiche Beobachtung in einer Regression

Ein weiteres Maß ist der *Cook-Abstand*, bei dem der Einfluss als Kombination aus Hebeleffekt und Residuengröße definiert ist. Als Faustregel gilt, dass eine Beobachtung einen hohen Einfluss hat, wenn der Cook-Abstand den Wert $4/(n - P - 1)$ übersteigt.

Ein *Einflussdiagramm* (engl. *Influence Plot*) bzw. *Blasendiagramm* (engl. *Bubble Plot*) gibt in einem einzelnen Diagramm Aufschluss über die standardisierten Residuen, den Hebelwert und den Cook-Abstand. Abbildung 4-6 zeigt das Einflussdiagramm für die Immobiliendaten für King County, das mit dem folgenden *R*-Code erstellt werden kann:

7 Im Englischen heißt der Hebelwert *Hat Value*, der an den Begriff der Prädiktionsmatrix in der Regression angelehnt ist, die auch als Hut-Matrix (engl. *Hat Matrix*) oder Dach-Matrix bekannt ist. Die multiple lineare Regression kann durch die Formel $\hat{Y} = HY$ ausgedrückt werden, wobei H die Hut-Matrix darstellt. Die Hebelwerte entsprechen der Diagonalen der Matrix H.

```
std_resid <- rstandard(lm_98105)
cooks_D <- cooks.distance(lm_98105)
hat_values <- hatvalues(lm_98105)
plot(subset(hat_values, cooks_D > 0.08), subset(std_resid, cooks_D > 0.08),
     xlab='hat_values', ylab='std_resid',
     cex=10*sqrt(subset(cooks_D, cooks_D > 0.08)), pch=16, col='lightgrey')
points(hat_values, std_resid, cex=10*sqrt(cooks_D))
abline(h=c(-2.5, 2.5), lty=2)
```

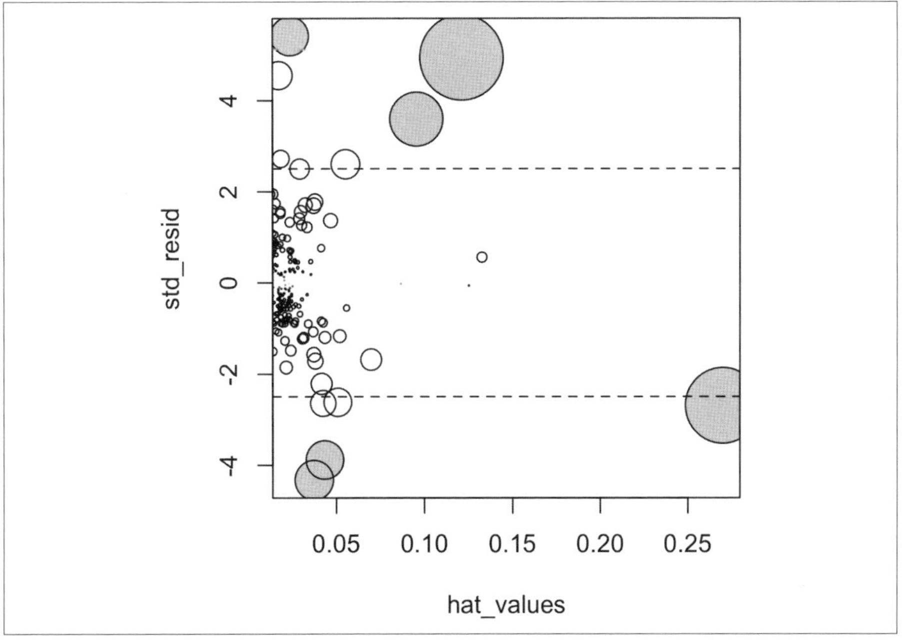

Abbildung 4-6: Ein Diagramm, um festzustellen, welche Beobachtungen einen hohen Einfluss haben; Punkte mit einem Cook-Abstand von mehr als 0,08 werden grau hervorgehoben.

Hier ist der *Python*-Code, der eine vergleichbare Abbildung erzeugt:

```
influence = OLSInfluence(result_98105)
fig, ax = plt.subplots(figsize=(5, 5))
ax.axhline(-2.5, linestyle='--', color='C1')
ax.axhline(2.5, linestyle='--', color='C1')
ax.scatter(influence.hat_matrix_diag, influence.resid_studentized_internal,
           s=1000 * np.sqrt(influence.cooks_distance[0]),
           alpha=0.5)
ax.set_xlabel('Hebelwerte')
ax.set_ylabel('standardisierte Residuen')
```

Es gibt anscheinend mehrere Beobachtungen, die einen großen Einfluss auf die Regression haben. Der Cook-Abstand kann mit der Funktion `cooks.distance` ermittelt werden, und zur Berechnung der Hebelwerte können Sie die Funktion `hat_values` verwenden. Die Hebelwerte werden auf der x-Achse, die Residuen auf der y-Achse abgetragen, und die Größe der Punkte hängt vom ermittelten Wert des Cook-Abstands ab.

In Tabelle 4-2 sehen Sie einen Vergleich der Regression mit dem vollständigen Datensatz und der Regression, wenn stark einflussreiche Beobachtungen nicht berücksichtigt wurden (Cook-Abstand > 0,08).

Der Regressionskoeffizient für `Bathrooms` (Anzahl der Badezimmer) ändert sich ziemlich drastisch.[8]

Tabelle 4-2: Vergleich der Regressionskoeffizienten auf Basis der vollständigen Daten und der Daten, nachdem die einflussreichen Beobachtungen entfernt wurden

	Vollständige Daten	Einflussreiche Beobachtungen entfernt
(Intercept)	–772,550	–647,137
SqFtTotLiving	210	230
SqFtLot	39	33
Bathrooms	2282	–16,132
Bedrooms	–26,320	–22,888
BldgGrade	130,000	114,871

Im Hinblick auf die Anpassung einer Regression mit dem Ziel, zuverlässige Prognosewerte zu erhalten, ist die Bestimmung einflussreicher Beobachtungen nur bei kleineren Datensätzen sinnvoll. Bei einer Regression mit vielen Beobachtungen ist es unwahrscheinlich, dass eine einzelne Beobachtung genügend Gewicht hat, um einen spürbaren Einfluss auf die angepasste Gleichung auszuüben (obwohl die Regression immer noch starke Ausreißer haben kann). Zu Zwecken der Anomalieerkennung kann es jedoch sehr nützlich sein, einflussreiche Beobachtungen zu identifizieren.

Heteroskedastische, nicht normalverteilte und korrelierte Fehler

Statistiker widmen der Analyse der Verteilung der Residuen große Aufmerksamkeit. Es kann gezeigt werden, dass die gewöhnliche Methode der kleinsten Quadrate (siehe »Die Methode der kleinsten Quadrate« auf Seite 151) unter Gültigkeit einer Vielzahl von Verteilungsannahmen unverzerrte Schätzer hervorbringt, die in einigen Fällen den »optimalen« Schätzer darstellen. Das bedeutet, dass sich Data Scientists im Rahmen der meisten Fragestellungen nicht allzu sehr mit der Verteilung der Residuen beschäftigen müssen.

8 Der Koeffizient für `Bathrooms` wird negativ, was wenig intuitiv erscheint. Die geografische Lage wurde nicht berücksichtigt; und die Postleitzahl 98105 enthält Gebiete sehr unterschiedlicher Immobilientypen. Siehe »Konfundierende Variablen« auf Seite 177 für eine Erläuterung zu konfundierenden Variablen.

Die Verteilung der Residuen ist hauptsächlich für die Gültigkeit formaler statistischer Schlussfolgerungen (Hypothesentests und p-Werte) relevant, was für Datenwissenschaftler, die sich hauptsächlich mit der Vorhersagegenauigkeit befassen, von geringer Bedeutung ist. Fehler, die einer Normalverteilung folgen, sind ein Zeichen dafür, dass das Modell vollständig ist; wenn die Fehler nicht normalverteilt sind, weist dies darauf hin, dass dem Modell möglicherweise etwas fehlt. Damit die formale Inferenz uneingeschränkt gültig ist, wird angenommen, dass die Residuen normalverteilt sind, die gleiche Varianz aufweisen und unabhängig voneinander sind. Ein Bereich, in dem dies für Data Scientists von Belang sein kann, ist die standardmäßige Berechnung von Prognoseintervallen für vorhergesagte Werte, die auf den in Bezug auf die Residuen getroffenen Annahmen basieren (siehe »Konfidenz- und Prognoseintervalle« auf Seite 165).

Heteroskedastizität bezeichnet den Umstand, dass die Residualvarianz über den Wertebereich der vorhergesagten Werte nicht konstant ist. Mit anderen Worten, die Fehler sind in einigen Teilen des Wertebereichs größer als in anderen. Eine bequeme Methode zur Analyse der Residuen besteht darin, die Daten zu visualisieren.

Mit dem folgenden *R*-Code können wir uns den Zusammenhang zwischen den Absolutwerten der Residuen und den vorhergesagten Werten aus der Regression `lm_98105` in »Ausreißer« auf Seite 181 erschließen:

```
df <- data.frame(resid = residuals(lm_98105), pred = predict(lm_98105))
ggplot(df, aes(pred, abs(resid))) + geom_point() + geom_smooth()
```

Abbildung 4-7 zeigt die resultierende Abbildung. Mit der Funktion `geom_smooth` ist es einfach, zusätzlich eine geglättete Kurve über die absoluten Residuen zu legen (die auch die Streuung der Residuen abbildet). Die Funktion ruft die `loess`-Methode (*Locally Estimated Scatterplot Smoothing*, lokal geschätzte Streudiagrammglättung) auf, um eine geglättete Schätzung der Beziehung zwischen den Variablen auf der x-Achse und der y-Achse in einem Streudiagramm vorzunehmen (siehe »Streudiagrammglättung« auf Seite 190).

Für *Python* hält das Paket `seaborn` die Funktion `regplot` vor, mit der wir eine ähnliche Darstellung erzeugen können:

```
fig, ax = plt.subplots(figsize=(5, 5))
sns.regplot(result_98105.fittedvalues, np.abs(result_98105.resid),
            scatter_kws={'alpha': 0.25}, line_kws={'color': 'C1'},
            lowess=True, ax=ax)
ax.set_xlabel('Vorhersage')
ax.set_ylabel('Absolutwerte der Residuen')
```

Offensichtlich steigt die Varianz der Residuen tendenziell mit dem vorhergesagten Wert der Immobilie; zusätzlich ist sie auch bei niedrig bewerteten Immobilien recht hoch. Dieses Diagramm deutet darauf hin, dass das Modell `lm_98105` *heteroskedastische* Fehler aufweist.

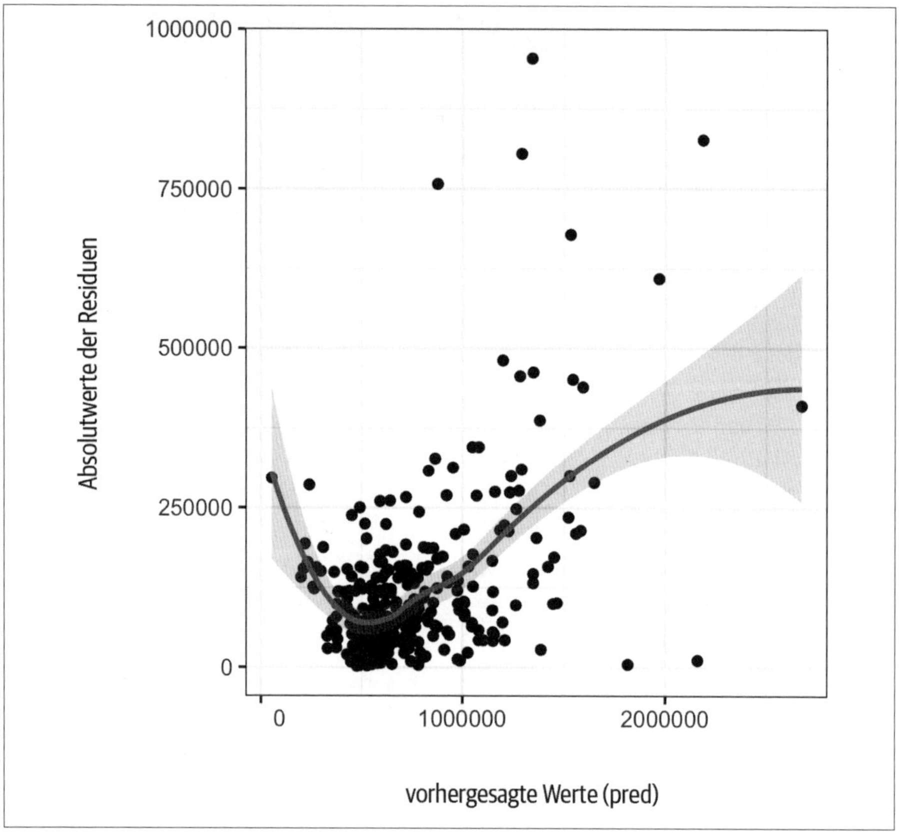

Abbildung 4-7: Ein Diagramm, in dem die Absolutwerte der Residuen in Abhängigkeit von den vorhergesagten Werten dargestellt sind

Warum sollte sich ein Data Scientist mit Heteroskedastizität auseinandersetzen?

Heteroskedastizität deutet darauf hin, dass die Vorhersagefehler für verschiedene Wertebereiche des vorhergesagten Werts unterschiedlich sind, und kann auf ein unvollständiges Modell hinweisen. Zum Beispiel kann die Heteroskedastizität in dem Modell `lm_98105` möglicherweise ein Hinweis darauf sein, dass in der Regression für Immobilien sowohl mit hohem als auch mit niedrigem Wert etwas unberücksichtigt gelassen wurde.

Abbildung 4-8 stellt ein Histogramm der standardisierten Residuen für die `lm_98105`-Regression dar. Die Verteilung hat deutlich längere Enden als die Normalverteilung und weist eine leichte Schiefe zugunsten größerer (positiver) Residuen auf.

Statistiker können auch die Annahme überprüfen, ob die Fehler unabhängig voneinander sind. Dies gilt insbesondere für Daten, die zeitlich oder räumlich erfasst werden. Die *Durbin-Watson-Statistik* kann verwendet werden, um festzustellen, ob in einer Regression mit Zeitreihendaten eine signifikante Autokorrelation vorliegt. Wenn die Fehler eines Regressionsmodells korreliert sind, kann diese Information bei der Vornahme kurzfristiger Prognosen nützlich sein und sollte in dem Modell berücksichtigt werden (siehe *Practical Time Series Forecasting with R*, 2. Auflage, von Galit Shmueli und Kenneth Lichtendahl (Axelrod Schnall, 2018), um mehr darüber zu erfahren und wie Sie Informationen zur Autokorrelation in Regressionsmodelle für Zeitreihendaten integrieren können). Wenn längerfristige Prognosen oder erklärende Modelle das Ziel sind, können insbesondere auf der Mikroebene übermäßig autokorrelierte Daten möglicherweise stören. In diesem Fall kann eine Glättung (engl. *Smoothing*) oder eine weniger granulare Datenerhebung von vornherein angebracht sein.

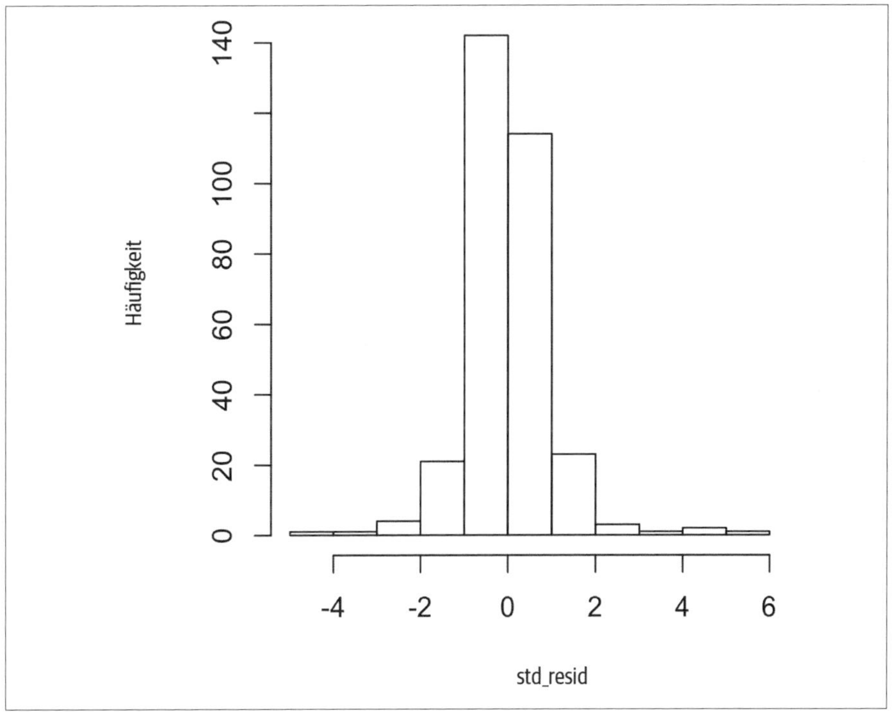

Abbildung 4-8: Ein Histogramm der standardisierten Residuen der Regression mit den Immobiliendaten

Selbst wenn wir im Rahmen einer Regression gegen eine der Verteilungsannahmen verstoßen, stellt sich die Frage, ob wir uns dann darum sorgen sollten. Meistens geht es in der Data Science in erster Linie um die Vorhersagegenauigkeit, sodass es durchaus angebracht sein kann, zu überprüfen, ob Heteroskedastizität vorliegt. Gegebenenfalls stellen Sie fest, dass die Daten ein Signal enthalten, das Ihr Modell nicht erfasst hat. Für den Data Scientist ist es jedoch nicht so bedeutend, Verteilungsannahmen zu erfüllen, nur um formale statistische Schlussfolgerungen (p-Werte, F-Statistik usw.) überprüfen zu können.

Streudiagrammglättung

Bei der Regression geht es darum, die Beziehung zwischen der Antwort- und den Prädiktorvariablen zu modellieren. Zur Auswertung eines Regressionsmodells ist es nützlich, eine *Streudiagrammglättung* vorzunehmen, um die Beziehungen zwischen zwei Variablen visuell hervorzuheben.

In Abbildung 4-7 ist zum Beispiel zusätzlich eine geglättete Kurve auf Basis der Beziehung zwischen den absoluten Residuen und dem vorhergesagten Wert zu sehen, die darauf hinweist, dass die Varianz der Residuen vom Wert des Residuums abhängt. In diesem Fall wurde die Funktion `loess` verwendet; `loess` funktioniert durch wiederholtes Anpassen einer Reihe lokaler Regressionen an aufeinanderfolgende Teilmengen der Daten, um eine Glättung zu erzielen. Während `loess` wahrscheinlich die am häufigsten verwendete Glättung ist, sind andere Methoden zur Streudiagrammglättung in *R* verfügbar, wie z.B. *Super Smooth* (`supsmu`) und die kernelbasierte Glättung (engl. *Kernel Smoothing*) (`ksmooth`). In *Python* stehen uns noch weitere Glättungsverfahren aus den Paketen `scipy` (`wiener` oder `sav`) und `statsmodels` (`kernel_regression`) zur Verfügung. Für die Beurteilung eines Regressionsmodells müssen wir uns in der Regel nicht um die Details dieser Streudiagrammglättung kümmern.

Partielle Residuendiagramme und Nichtlinearität

Partielle Residuendiagramme bieten Ihnen die Möglichkeit, zu veranschaulichen, wie gut die geschätzte Anpassung die Beziehung zwischen einem Prädiktor und der Ergebnisvariablen erklärt. Die Grundidee eines partiellen Residuendiagramms besteht darin, die Beziehung zwischen einer Prädiktor- und der Antwortvariablen zu isolieren, und zwar *unter Berücksichtigung aller anderen Prädiktorvariablen*. Ein partielles Residuum könnte als »synthetischer Ergebniswert« betrachtet werden, der die auf einem einzelnen Prädiktor basierende Vorhersage mit dem tatsächlichen Residuum aus der vollständigen Regressionsgleichung verknüpft. Ein partielles Residuum für die Prädiktorvariable X_i ergibt sich aus dem eigentlichen Residuum zuzüglich des mit Variable X_i verbundenen Regressionsterms:

$$\text{partielles Residuum} = \text{Residuum} + \hat{b}_i X_i$$

wobei $\hat{b}_i$ dem geschätzten Regressionskoeffizient entspricht. In *R* stellt die Funktion `predict` eine Option zur Rückgabe der einzelnen Regressionsterme $\hat{b}_i X_i$ bereit:

```
terms <- predict(lm_98105, type='terms')
partial_resid <- resid(lm_98105) + terms
```

Im partiellen Residuendiagramm werden die Prädiktorvariable X_i auf der x-Achse und die partiellen Residuen auf der y-Achse abgebildet. Mithilfe des `ggplot2`-Pakets können wir der Darstellung der partiellen Residuen ohne große Mühe eine Glättung hinzufügen:

```
df <- data.frame(SqFtTotLiving = house_98105[, 'SqFtTotLiving'],
                 Terms = terms[, 'SqFtTotLiving'],
                 PartialResid = partial_resid[, 'SqFtTotLiving'])
```

```
ggplot(df, aes(SqFtTotLiving, PartialResid)) +
  geom_point(shape=1) + scale_shape(solid = FALSE) +
  geom_smooth(linetype=2) +
  geom_line(aes(SqFtTotLiving, Terms))
```

Das `statsmodels`-Paket gibt uns die Methode `sm.graphics.plot_ccpr` an die Hand, mit der wir ein ähnliches partielles Residuendiagramm erzeugen können:

```
sm.graphics.plot_ccpr(result_98105, 'SqFtTotLiving')
```

Die Diagramme aus *R* und *Python* unterscheiden sich in einer konstanten Verschiebung. In *R* wird eine Konstante hinzugefügt, sodass der Mittelwert der Terme null entspricht.

Das resultierende Diagramm aus *R* wird in Abbildung 4-9 dargestellt. Das partielle Residuum ist eine Schätzung des Beitrags von der Variablen `SqFtTotLiving` zum Verkaufspreis. Der Zusammenhang zwischen `SqFtTotLiving` und dem Verkaufspreis ist offensichtlich nicht linear (gestrichelte Linie). Die Regressionsgerade (durchgezogene Linie) unterschätzt den Verkaufspreis für Immobilien mit weniger als 1.000 Quadratfuß Wohnfläche und überschätzt den Preis für Häuser mit einer Wohnfläche zwischen 2.000 und 3.000 Quadratfuß. Oberhalb von 4.000 Quadratfuß gibt es zu wenige Beobachtungen, um Schlussfolgerungen für entsprechende Immobilien ableiten zu können.

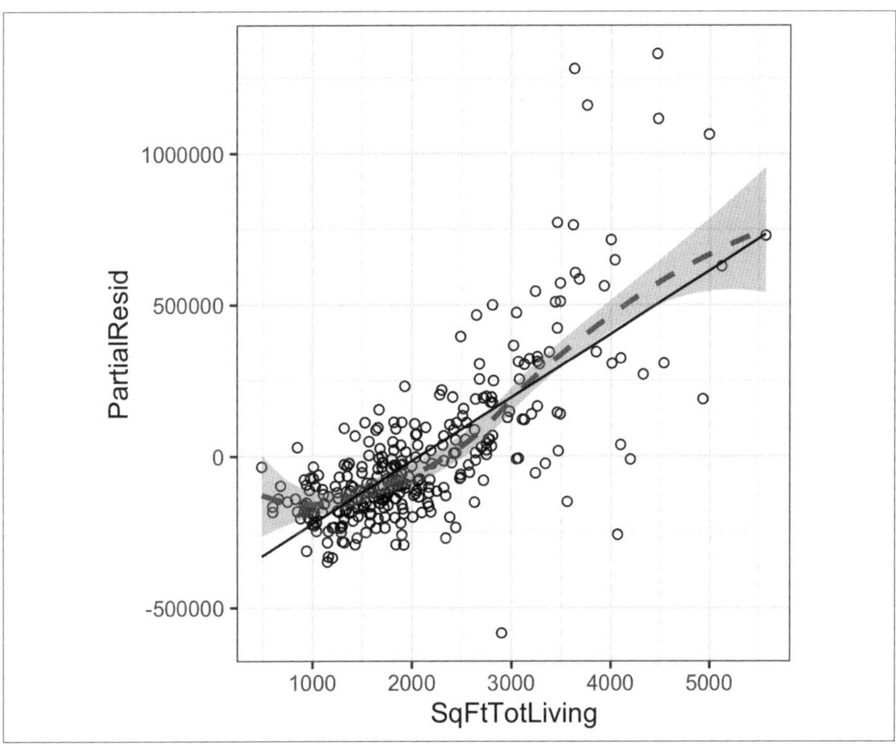

Abbildung 4-9: Partielles Residuendiagramm für die Variable SqFtTotLiving

Diese Nichtlinearität ergibt in diesem Fall Sinn: 500 Quadratfuß mehr Wohnfläche zu haben, kommt bei einer kleineren Immobilie einem viel größeren Unterschied gleich als bei einer großen. Dies legt uns nahe, dass wir anstelle eines einfachen linearen Terms für `SqFtTotLiving` einen nicht linearen Term in Betracht ziehen sollten (siehe »Polynomiale und Spline-Regression« auf Seite 192).

Kernideen

- Während Ausreißer bei kleinen Datensätzen Probleme verursachen können, besteht das primäre Interesse in Bezug auf Ausreißer darin, Probleme im Zusammenhang mit den Daten zu erkennen oder Anomalien zu identifizieren.
- Einzelne Beobachtungen (einschließlich Regressionsausreißern) können bei kleinen Datensätzen einen großen Einfluss auf die Regressionsgleichung haben, bei großen Datensätzen wird dieser Effekt jedoch verwässert.
- Wenn das Regressionsmodell im Rahmen der formalen Inferenz (p-Werte und dergleichen) verwendet wird, sollten gewisse Annahmen über die Verteilung der Residuen überprüft werden. Im Allgemeinen ist die Verteilung der Residuen in der Data Science jedoch weniger relevant.
- Das partielle Residuendiagramm kann zur qualitativen Beurteilung der Anpassung der einzelnen Regressionsterme verwendet werden, was möglicherweise Hinweise auf eine alternative Modellspezifikation mit sich bringt.

Polynomiale und Spline-Regression

Der Zusammenhang zwischen der Antwort- und einer Prädiktorvariablen ist nicht unbedingt linear. Die Wirkung, die mit der Dosis eines Medikaments einhergeht, ist beispielsweise oft nicht linearer Natur; eine Verdopplung der Dosis führt im Allgemeinen nicht die doppelte Wirkung herbei. Die Nachfrage nach einem Produkt ist keine lineare Funktion des ausgegebenen Marketingbudgets, irgendwann wird die Nachfrage wahrscheinlich gesättigt sein. Es gibt viele Möglichkeiten, eine Regression zu erweitern, um diese nicht linearen Effekte zu erfassen.

Schlüsselbegriffe zur nicht linearen Regression

Polynomiale Regression
: Erweiterung der Regression um polynomische Terme (quadratisch, kubisch usw.).

Spline-Regression
: Anpassung einer geglätteten Kurve mittels einer Reihe von Polynomabschnitten.

Knoten
: Werte, die jeweils Spline-Abschnitte voneinander trennen (engl. *Knots*).

Verallgemeinerte additive Modelle
: Spline-Modelle mit automatischer Auswahl der Knoten (engl. *General Additive Models*, GAMs).

Synonym
: generalisierte additive Modelle

Nicht lineare Regression

Wenn Statistiker von *nicht linearer Regression* sprechen, beziehen sie sich auf Modelle, die nicht unter Verwendung der Methode der kleinsten Quadrate angepasst werden können. Welche Art von Modellen ist nicht linear? Im Wesentlichen alle Modelle, bei denen die Antwortvariable nicht als Linearkombination bzw. Transformation der Prädiktorvariablen ausgedrückt werden kann. Nicht lineare Regressionsmodelle anzupassen, ist bedeutend komplizierter und rechenintensiver, da die Lösung eine numerische Optimierung erfordert. Aus diesem Grund ist es im Allgemeinen vorzuziehen, wenn möglich ein lineares Modell zu verwenden.

Polynome

Bei der *polynomialen Regression* werden polynomische Terme in eine Regressionsgleichung aufgenommen. Die Verwendung der polynomialen Regression geht mit einer Arbeit von Gergonne aus dem Jahr 1815 fast auf die Entwicklung der Regression selbst zurück. Zum Beispiel würde eine quadratische Regression zwischen der Antwortvariablen Y und der Prädiktorvariablen X die folgende Form aufweisen:

$$Y = b_0 + b_1X + b_2X^2 + e$$

Die polynomiale Regression kann in *R* mithilfe der Funktion `poly` angepasst werden. Im Folgenden passen wir beispielsweise ein quadratisches Polynom für die Variable `SqFtTotLiving` an die Immobiliendaten für King County an:

```
lm(AdjSalePrice ~  poly(SqFtTotLiving, 2) + SqFtLot +
                BldgGrade + Bathrooms + Bedrooms,
                    data=house_98105)

Call:
lm(formula = AdjSalePrice ~ poly(SqFtTotLiving, 2) + SqFtLot +
   BldgGrade + Bathrooms + Bedrooms, data = house_98105)

Coefficients:
           (Intercept)  poly(SqFtTotLiving, 2)1  poly(SqFtTotLiving, 2)2
            -402530.47               3271519.49                776934.02
               SqFtLot                BldgGrade                Bathrooms
                 32.56                135717.06                 -1435.12
              Bedrooms
              -9191.94
```

Im statsmodels-Paket können wir den quadratischen Term einfach mit dem Ausdruck I(SqFtTotLiving**2) zur Modelldefinition hinzufügen:

```
model_poly = smf.ols(formula='AdjSalePrice ~  SqFtTotLiving + ' +
                '+ I(SqFtTotLiving**2) + ' +
                'SqFtLot + Bathrooms + Bedrooms + BldgGrade', data=house_98105)
result_poly = model_poly.fit()
result_poly.summary() ❶
```

❶ Das Absolutglied und der Koeffizient des polynomischen Terms weichen von den Werten, die wir in *R* erhalten, ab. Dies ist auf unterschiedliche Implementierungen zurückzuführen. Die übrigen Koeffizienten und die Vorhersagen sind äquivalent.

Es gibt jetzt zwei Koeffizienten, die mit SqFtTotLiving assoziiert sind: einen für den linearen Term und einen für den quadratischen Term.

Das partielle Residuendiagramm (siehe »Partielle Residuendiagramme und Nichtlinearität« auf Seite 190) weist auf eine gewisse Krümmung in der Regressionsgleichung hin, die mit SqFtTotLiving in Zusammenhang steht. Die angepasste Linie entspricht eher einer Glättung (siehe »Splines« auf Seite 195) der partiellen Residuen als einer linearen Anpassung (siehe Abbildung 4-10).

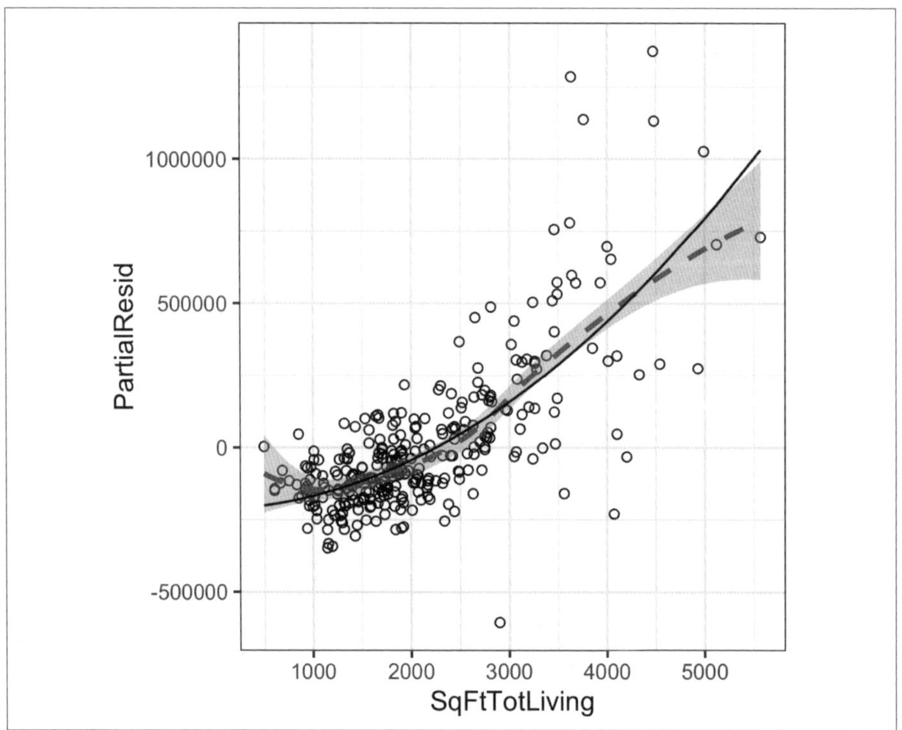

Abbildung 4-10: Eine polynomiale Regressionsanpassung für die Variable SqFtTotLiving (durchgezogene Linie) im Vergleich zu einer Glättung (gestrichelte Linie; siehe den folgenden Abschnitt zu Splines)

Die Implementierung des partiellen Residuendiagramms im `statsmodels`-Paket funktioniert nur bei linearen Termen. Im GitHub-Repository des Buchs finden Sie eine Implementierung, die auch für die polynomiale Regression anwendbar ist.

Splines

Die polynomiale Regression erfasst nur ein bestimmtes Maß an Krümmung in einer nicht linearen Beziehung. Fügt man der Regression höhere Ordnungen hinzu, wie z.B. ein kubisches oder quartisches Polynom, führt dies oft zu einer unerwünschten »Verworrenheit«. Ein alternativer und oft überlegener Ansatz zur Modellierung nicht linearer Beziehungen ist die Verwendung von *Splines*. *Splines* geben uns die Möglichkeit, stufenlos zwischen Fixpunkten zu interpolieren. Splines wurden ursprünglich von technischen Zeichnern verwendet, um gleichförmige Kurven zu zeichnen, insbesondere im Schiffs- und Flugzeugbau.

Die Splines wurden durch Biegen eines dünnen Holzstücks, einer sogenannten Straklatte, unter Verwendung von Gewichten, die als Molche bzw. Strakgewichte bezeichnet werden, erzeugt (siehe Abbildung 4-11).

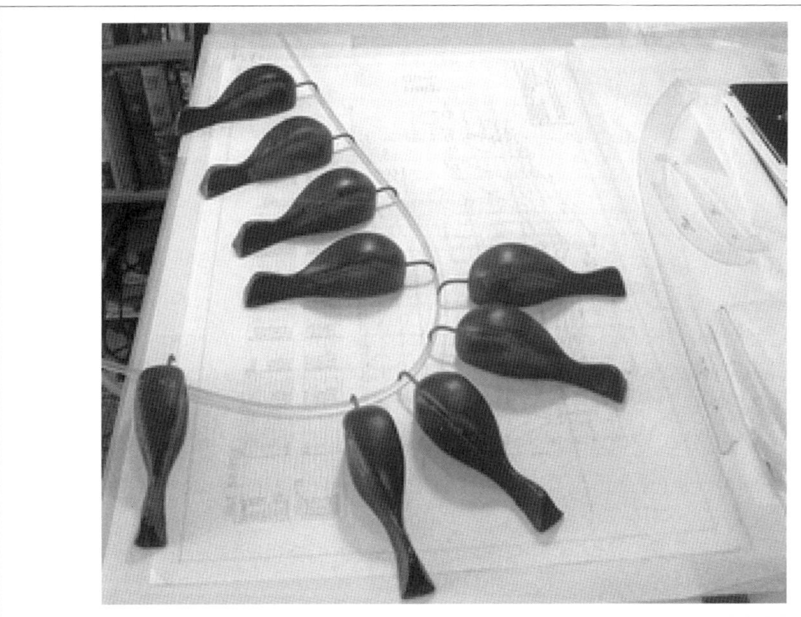

Abbildung 4-11: Splines wurden ursprünglich aus biegsamem Holz und »Molchen« hergestellt und dienten dem technischen Zeichner als Werkzeug zur Kurvenanpassung. (Foto mit freundlicher Genehmigung von Bob Perry)

In technischer Hinsicht ist ein Spline als eine Reihe von stückweisen kontinuierlichen Polynomen definiert. Splines wurden erstmals während des Zweiten Weltkriegs in den USA in Aberdeen Proving Grounds von I. J. Schoenberg, einem rumänischen Mathematiker, entwickelt. Die Polynomabschnitte sind mittels einer Reihe von Fixpunkten einer Prädiktorvariablen nahtlos miteinander verbunden, die als *Knoten* bezeichnet werden. Die Formulierung von Splines ist bedeutend komplizierter als die polynomiale Regression; normalerweise übernehmen die Statistikprogramme für uns die Feinheiten bei der Anpassung eines Splines. Das *R*-Paket `splines` enthält die Funktion `bs`, mit der ein *B-Spline*-(Basis-Spline-)Term in einem Regressionsmodell definiert werden kann. Im Folgenden fügen wir dem Regressionsmodell für die Immobiliendaten beispielsweise einen B-Spline-Term hinzu:

```
library(splines)
knots <- quantile(house_98105$SqFtTotLiving, p=c(.25, .5, .75))
lm_spline <- lm(AdjSalePrice ~ bs(SqFtTotLiving, knots=knots, degree=3) +
  SqFtLot + Bathrooms + Bedrooms + BldgGrade,  data=house_98105)
```

Zwei Parameter gilt es zusätzlich zu spezifizieren: den Grad des Polynoms und die Knotenpunkte. In diesem Fall wird die Prädiktorvariable `SqFtTotLiving` unter zusätzlicher Verwendung eines kubischen Splines (`degree=3`) in das Modell mit aufgenommen. Standardmäßig fügt die Funktion `bs` jeweils Knoten an den Rändern ein; zusätzlich setzen wir auch Knoten am unteren Quartil, am Median und am oberen Quartil.

Das `statsmodels`-Paket unterstützt die Nutzung von Splines hinsichtlich seiner Möglichkeit, Formeln anzugeben, in ähnlicher Weise wie *R*. Hier spezifizieren wir den *B-Spline* mit `df`, der Anzahl der Freiheitsgrade. Dies erzeugt `df` - `degree` = 6 – 3 = 3 innere Knoten mit Positionen, die auf die gleiche Weise wie im obigen *R*-Code ermittelt werden:

```
formula = 'AdjSalePrice ~ bs(SqFtTotLiving, df=6, degree=3) + ' +
          'SqFtLot + Bathrooms + Bedrooms + BldgGrade'
model_spline = smf.ols(formula=formula, data=house_98105)
result_spline = model_spline.fit()
```

Im Gegensatz zum Koeffizienten eines linearen Terms, der eine direkte Bedeutung hat, sind die Koeffizienten eines Spline-Terms nicht interpretierbar. Stattdessen ist es nützlicher, die Güte der Spline-Anpassung anhand einer Visualisierung zu beurteilen. Abbildung 4-12 zeigt das partielle Residuendiagramm der Regression.

Im Gegensatz zu einem Modell mit Polynomen ähnelt das Spline-Modell eher der Glättung, was durch die größere Flexibilität von Splines zum Tragen kommt. Im vorliegenden Fall passt das Spline-basierte Modell (durchgezogene Linie) die Daten besser an. Bedeutet dies, dass die Spline-Regression das bessere Modell ist? Nicht unbedingt: Es erscheint aus ökonomischer Perspektive nicht sinnvoll, dass sehr kleine Häuser (mit weniger als 1.000 Quadratfuß) einen höheren Wert haben als etwas größere Häuser. Dies ist möglicherweise auf eine konfundierende Variable zurückzuführen (siehe »Konfundierende Variablen« auf Seite 177).

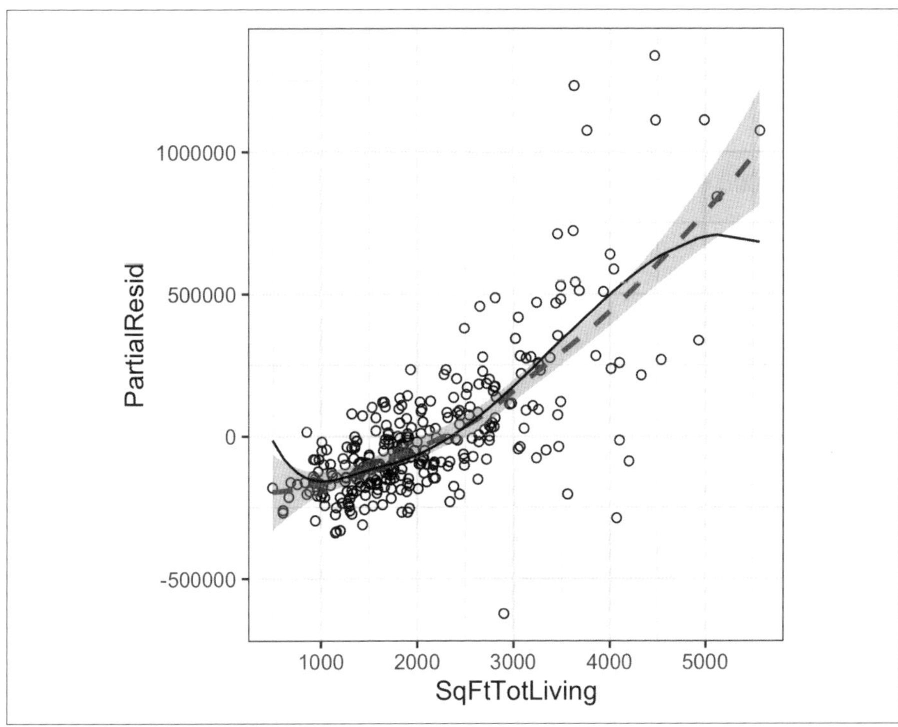

Abbildung 4-12: Eine Spline-Regression für die Variable SqFtTotLiving (durchgezogene Linie) im Vergleich zu einer Glättung (gestrichelte Linie)

Verallgemeinerte additive Modelle

Angenommen, Sie hätten aufgrund Ihres A-priori-Wissens oder den Erkenntnissen der Regressionsdiagnostik die Vermutung, dass ein nicht linearer Zusammenhang zwischen der Antwort- und einer Prädiktorvariablen besteht. Polynomische Terme sind möglicherweise nicht flexibel genug, um den Zusammenhang zu erfassen, und Spline-Terme erfordern die Angabe der Knoten. *Verallgemeinerte additive Modelle* (engl. *Generalized Additive Models*, GAMs) stellen einen flexiblen Modellierungsansatz dar, der zur automatischen Anpassung einer Spline-Regression verwendet werden kann. In *R* steht uns hierfür das `mgcv`-Paket zur Verfügung, mit dem wir ein GAM-Modell an die Immobiliendaten anpassen können:

```
library(mgcv)
lm_gam <- gam(AdjSalePrice ~ s(SqFtTotLiving) + SqFtLot +
                    Bathrooms +  Bedrooms + BldgGrade,
                    data=house_98105)
```

Der zusätzliche Term `s(SqFtTotLiving)` teilt der Funktion `gam` mit, die »besten« Knoten für den Spline-Term zu finden (siehe Abbildung 4-13).

und Weise begründet, wie klassische *In-Sample*-Metriken zur Bewertung des Modells herangezogen werden können. Demgegenüber besteht in der Data Science das Ziel in der Regel darin, Werte für neue bzw. zuvor unbekannte Daten vorherzusagen, weshalb Metriken verwendet werden, die auf der Vorhersagegenauigkeit für Daten basieren, die nicht der Stichprobe angehören, die zur Anpassung des Modells verwendet wurden. Zudem gibt es verschiedene Auswahlmethoden für Variablen, durch die die Dimensionalität verringert oder kompaktere Modelle entwickelt werden können.

KAPITEL 5
Klassifikation

Data Scientists sind oftmals mit der Aufgabe konfrontiert, Entscheidungen für gewisse Geschäftsprozesse zu automatisieren. Ist eine E-Mail ein Phishing-Versuch? Ist es wahrscheinlich, dass sich ein Kunde abwendet? Ist es wahrscheinlich, dass der Webnutzer auf eine Werbung klickt? All dies sind *Klassifikationsaufgaben*, die eine Form des *überwachten Lernens* darstellen, bei der wir zunächst ein Modell auf Daten trainieren, deren Ergebnis uns bekannt ist, und das Modell dann auf Daten anwenden, deren Ergebnis nicht bekannt ist. Die Klassifikation ist vielleicht der wichtigste Ansatz zur Vorhersage: Ziel ist es, vorherzusagen, ob eine Beobachtung einem Erfolg (1) oder einem Misserfolg (0) entspricht (Phishing/kein Phishing, klicken/nicht klicken, abwandern/nicht abwandern) oder in einigen Fällen einer von mehreren Kategorien (z. B. bei der Filterung Ihres Posteingangs durch Google Mail nach verschiedenen Kriterien wie »primär«, »soziale Medien«, »Werbung« oder »Foren«).

Oft genügt uns eine einfache binäre Klassifikation nicht: Wir interessieren uns für die vorhergesagte Wahrscheinlichkeit, dass eine Beobachtung einer Kategorie angehört. Anstatt ein einfaches binäres Klassifikationsmodell zu nutzen, das uns lediglich die vorhergesagte Kategorie ausgibt, können die meisten Algorithmen einen Wahrscheinlichkeitswert (*Propensity Score*) für die Zugehörigkeit zu der im Fokus stehenden Kategorie zurückgeben. Tatsächlich ist die Standardausgabe in *R* bei der logistischen Regression logarithmisch skaliert (als sogenannte *Logits*) – dieser Wert muss erst noch in eine Wahrscheinlichkeit umgewandelt werden. In dem `scikit-learn`-Paket für *Python* stehen für die logistische Regression, wie für die meisten Klassifikationsverfahren, zwei Vorhersagemethoden zur Verfügung: `predict` (die die Kategorie zurückgibt) und `predict_proba` (die die Wahrscheinlichkeiten für jede Kategorie zurückgibt). Ein festzulegender Schwellenwert kann dann verwendet werden, um den Propensity Score in eine konkrete Entscheidung zu überführen. Der allgemeine Ansatz lautet wie folgt:

1. Legen Sie eine Schwellenwahrscheinlichkeit (engl. *Cutoff Probability*) für die im Fokus stehende Kategorie fest, ab der wir eine Beobachtung dieser Kategorie angehörend betrachten.

2. Schätzen Sie (mit einem beliebigen Modell) die Wahrscheinlichkeit, dass eine Beobachtung der entsprechenden Kategorie angehört.
3. Wenn diese Wahrscheinlichkeit über der Schwellenwahrscheinlichkeit liegt, weisen Sie die neue Beobachtung dieser Kategorie zu.

Je höher der Wert der Schwellenwahrscheinlichkeit, desto weniger Beobachtungen werden als Erfolg (1) vorhergesagt – d. h. als der im Interesse stehenden Kategorie angehörend. Je niedriger der Wert der Schwellenwahrscheinlichkeit, desto mehr Beobachtungen werden als Erfolg (1) vorausgesagt.

Dieses Kapitel behandelt mehrere grundlegende Klassifikationsverfahren und Methoden zur Schätzung des Propensity Score. Weitere Verfahren, die sowohl zur Klassifikation als auch zur numerischen Vorhersage verwendet werden können, werden im nächsten Kapitel beschrieben.

Mehr als zwei Kategorien?

Die überwiegende Mehrheit der Fragestellungen impliziert eine binäre Antwortmöglichkeit. Einige Klassifikationsaufgaben beinhalten jedoch eine Antwortmöglichkeit von mehr als zwei möglichen Ergebnissen. Zum Beispiel könnte es am Jahrestag des Abonnementvertrags eines Kunden drei Ergebnisse geben: Der Kunde verlässt bzw. »wechselt« den Vertrag ($Y = 2$), er geht einen monatlich kündbaren Vertrag ein ($Y = 1$), oder er schließt einen neuen langfristigen Vertrag ab ($Y = 0$). Das Ziel ist es, die Vorhersage für $Y = j$ mit $j = 0$, 1 oder 2 zu treffen. Die meisten Klassifikationsverfahren in diesem Kapitel können entweder direkt oder mit geringfügigen Anpassungen auf Antwortvariablen angewendet werden, die mehr als zwei Ergebnisse umfassen. Selbst im Fall von mehr als zwei Ergebnissen kann das Problem oft unter Verwendung bedingter Wahrscheinlichkeiten in eine Reihe von binären Fragestellungen umformuliert werden. Um zum Beispiel das Ergebnis hinsichtlich des Abonnementvertrags vorherzusagen, können Sie zwei binäre Vorhersageprobleme lösen:

- Vorhersagen, ob $Y = 0$ oder $Y > 0$.
- Unter der Voraussetzung, dass $Y > 0$, vorhersagen, ob $Y = 1$ oder $Y = 2$.

In diesem Fall ist es sinnvoll, die Fragestellung in zwei Fälle zu unterteilen: 1. ob der Kunde abwandert (engl. *churn*) und 2., wenn nicht, welche Art von Vertrag der Kunde wählen wird. Aus der Sicht der Modellanpassung ist es oft vorteilhaft, mehrkategoriale Fragestellungen in eine Reihe von binären Fragestellungen zu überführen. Dies gilt insbesondere dann, wenn eine Kategorie sehr viel häufiger vorkommt als die anderen Kategorien.

Naiver Bayes-Klassifikator

Der naive Bayes-Algorithmus setzt an der Wahrscheinlichkeit an, bestimmte Prädiktorvariablenwerte bei Eintritt eines bestimmten Ergebnisses zu beobachten. Auf Basis dessen lässt sich ein Schätzwert für das ermitteln, was von eigentlichem Interesse ist: die Wahrscheinlichkeit, Ergebnis $Y = i$ bei einem gegebenen Satz von Prädiktorvariablenwerten zu beobachten.[1]

> ### Schlüsselbegriffe zum naiven Bayes-Klassifikator
>
> ***Bedingte Wahrscheinlichkeit***
> Die Wahrscheinlichkeit, ein Ereignis (z. B. $X = i$) bei einem bestimmten anderen Ereignis (z. B. $Y = i$) zu beobachten, notiert als $P(X_i | Y_i)$.
>
> ***A-posteriori-Wahrscheinlichkeit***
> Die Wahrscheinlichkeit eines Ergebnisses nach Einbeziehung von Informationen über den Prädiktor (im Gegensatz zur *A-priori-Wahrscheinlichkeit* von Ergebnissen, bei der keine Informationen über den Prädiktor berücksichtigt werden).

Um den naiven Bayes-Klassifikator zu verstehen, ist es hilfreich, sich zunächst eine vollständige bzw. exakte bayessche Klassifikation vor Augen zu führen. Für jede zu klassifizierende Beobachtung wird dabei wie folgt vorgegangen:

1. Suchen Sie alle anderen Beobachtungen mit dem gleichen Prädiktorprofil (d. h., bei denen die Werte der Prädiktoren identisch sind).
2. Bestimmen Sie, welchen Kategorien diese Beobachtungen angehören und welche Kategorie am häufigsten vorkommt (d. h. die wahrscheinlichste ist).
3. Weisen Sie die zu klassifizierende Beobachtung dieser Kategorie zu.

Dieser Ansatz läuft darauf hinaus, alle Beobachtungen in der Stichprobe zu finden, die dahin gehend identisch mit der zu klassifizierenden neuen Beobachtung sind, dass alle Werte der Prädiktoren identisch sind.

Prädiktorvariablen müssen im standardmäßig verwendeten naiven Bayes-Algorithmus als kategoriale Variablen (Faktorvariablen) vorliegen. Zwei Möglichkeiten, wie Sie dennoch kontinuierliche Variablen verwenden können, finden Sie im Abschnitt »Numerische Prädiktorvariablen« auf Seite 207.

1 Dieser und nachfolgende Abschnitte in diesem Kapitel unterliegen dem © 2020 Datastats, LLC, Peter Bruce, Andrew Bruce und Peter Gedeck; mit Genehmigung verwendet.

Warum eine exakte bayessche Klassifikation nicht praktikabel ist

Wenn wir nur etwas mehr als eine Handvoll Prädiktorvariablen hinzuziehen, werden viele der zu klassifizierenden Beobachtungen keine exakten Übereinstimmungen aufweisen. Stellen Sie sich ein Modell zur Vorhersage des Wahlverhaltens auf Basis demografischer Variablen vor. Selbst eine umfangreiche Stichprobe enthält möglicherweise nicht einen einzigen Treffer für eine neue Beobachtung, bei der es sich um einen männlichen Hispanoamerikaner mit hohem Einkommen aus dem Mittleren Westen der USA handelt, der bei der letzten Wahl gewählt hat, bei der vorherigen Wahl nicht gewählt hat, drei Töchter und einen Sohn hat und überdies geschieden ist. Und dies bei nur acht Variablen – eine relativ geringe Anzahl für die meisten Klassifikationsaufgaben. Wenn wir nur eine einzige neue Variable mit fünf gleich häufigen Kategorien hinzufügen, verringert sich die Wahrscheinlichkeit, dass es zu einer exakten Übereinstimmung kommt, um den Faktor 5.

Die naive Lösung

Beim naiven Bayes-Algorithmus beschränken wir die Berechnung der Wahrscheinlichkeiten nicht mehr nur auf die Beobachtungen, die mit der zu klassifizierenden Beobachtung übereinstimmen. Stattdessen verwenden wir den gesamten Datensatz. Für den naiven Bayes-Algorithmus passen wir den Ansatz wie folgt an:

1. Schätzen Sie für eine gegebene binäre Antwortvariable $Y = i$ ($i = 0$ oder 1) die einzelnen bedingten Wahrscheinlichkeiten für jede Prädiktorvariable $P(X_j | Y = i)$; dies entspricht den Wahrscheinlichkeiten, dass der jeweilige Wert der Prädiktorvariablen in einer Beobachtung vorkommt, wenn wir für die Antwortvariable $Y = i$ beobachten. Diese Wahrscheinlichkeit wird durch den Anteil der X_j-Werte an den Beobachtungen im Trainingsdatensatz, für die $Y = i$ ist, geschätzt.
2. Multiplizieren Sie diese Wahrscheinlichkeiten miteinander und dann mit dem Anteil der Beobachtungen, die $Y = i$ angehören.
3. Wiederholen Sie die Schritte 1 und 2 für alle Kategorien.
4. Schätzen Sie die Wahrscheinlichkeit für das Ergebnis i, indem Sie den in Schritt 2 für die Kategorie i berechneten Wert nehmen und ihn durch die Summe dieser Werte für alle Kategorien dividieren.
5. Ordnen Sie die Beobachtung (mit den entsprechenden Prädiktorwerten) der Kategorie mit der höchsten Wahrscheinlichkeit zu.

Dieser naive Bayes-Algorithmus kann auch als eine Gleichung dargestellt werden, die die Wahrscheinlichkeit der Beobachtung des Ergebnisses $Y = i$, bei einem Satz von Prädiktorwerten $X_1, \ldots, X_p$, zum Ausdruck bringt:

$$P(Y = i \mid X_1, X_2, \ldots, X_p)$$

Hier ist die vollständige Formel zur Berechnung der (bedingten) Wahrscheinlichkeit einer Kategorie unter Verwendung des exakten Bayes-Klassifikators:

$$P(Y = i \mid X_1, X_2, \ldots, X_p) = \frac{P(Y = i)P(X_1, \ldots, X_p \mid Y = i)}{P(Y = 0)P(X_1, \ldots, X_p \mid Y = 0) + P(Y = 1)P(X_1, \ldots, X_p \mid Y = 1)}$$

Unter der naiven bayesschen Annahme der bedingten Unabhängigkeit ändert sich diese Gleichung zu:

$$P(Y = i \mid X_1, X_2, \ldots, X_p)$$
$$= \frac{P(Y = i)P(X_1 \mid Y = i) \ldots P(X_p \mid Y = i)}{P(Y = 0)P(X_1 \mid Y = 0) \ldots P(X_p \mid Y = 0) + P(Y = 1)P(X_1 \mid Y = 1) \ldots P(X_p \mid Y = 1)}$$

Warum wird diese Formel als »naiv« bezeichnet? Wir haben die vereinfachende Annahme getroffen, dass die *exakte bedingte Wahrscheinlichkeit* eines Vektors von Prädiktorwerten bei einem bestimmten Ergebnis durch das Produkt der einzelnen bedingten Wahrscheinlichkeiten $P(X_j|Y = i)$ hinreichend gut geschätzt wird. Mit anderen Worten, bei der Schätzung von $P(X_j|Y = i)$ anstelle von $P(X_1, X_2, \ldots X_p|Y = i)$ nehmen wir an, dass X_j *unabhängig* von allen anderen Prädiktorvariablen, X_k für $k \neq j$, ist.

In *R* können mehrere Pakete zur Schätzung eines naiven Bayes-Modells herangezogen werden. Im Folgenden passen wir ein Modell an die Kreditdaten mit dem `klaR`-Paket an:

```
library(klaR)
naive_model <- NaiveBayes(outcome ~ purpose_ + home_ + emp_len_,
                          data = na.omit(loan_data))
naive_model$table
$purpose_
          var
grouping   credit_card debt_consolidation home_improvement major_purchase
  paid off  0.18759649         0.55215915       0.07150104     0.05359270
  default   0.15151515         0.57571347       0.05981209     0.03727229
          var
grouping      medical      other small_business
  paid off 0.01424728 0.09990737     0.02099599
  default  0.01433549 0.11561025     0.04574126

$home_
          var
grouping    MORTGAGE       OWN      RENT
  paid off 0.4894800 0.0808963 0.4296237
  default  0.4313440 0.0832782 0.4853778

$emp_len_
          var
grouping     < 1 Year   > 1 Year
  paid off 0.03105289 0.96894711
  default  0.04728508 0.95271492
```

Als Modellausgabe erhalten wir die bedingten Wahrscheinlichkeiten $P(X_j|Y = i)$.

In *Python* können wir die Klasse sklearn.naive_bayes.MultinomialNB aus dem scikit-learn-Paket verwenden. Bevor wir das Modell anpassen, müssen wir die kategorialen Merkmale zunächst noch in Dummy-Variablen umwandeln:

```
predictors = ['purpose_', 'home_', 'emp_len_']
outcome = 'outcome'
X = pd.get_dummies(loan_data[predictors], prefix='', prefix_sep='')
y = loan_data[outcome]

naive_model = MultinomialNB(alpha=0.01, fit_prior=True)
naive_model.fit(X, y)
```

Nachdem wir das Modell angepasst haben (fit), lassen wir uns die bedingten Wahrscheinlichkeiten mit dem Attribut feature_log_prob_ ausgeben.

Mit dem Modell können wir den Ausgang eines neuen Kredits vorhersagen. Die letzte Beobachtung im Datensatz verwenden wir zum Testen:

```
new_loan <- loan_data[147, c('purpose_', 'home_', 'emp_len_')]
row.names(new_loan) <- NULL
new_loan
         purpose_    home_  emp_len_
        1 small_business MORTGAGE  > 1 Year
```

In *Python* erhalten wir die Beobachtung wie folgt:

```
new_loan = X.loc[146:146, :]
```

In diesem Fall sagt das Modell einen Kreditausfall voraus. So in *R*:

```
predict(naive_model, new_loan)
$class
[1] default
Levels: paid off default

$posterior
      paid off   default
[1,] 0.3463013 0.6536987
```

Wie bereits erwähnt, verfügen die Klassifikationsverfahren, die uns in scikit-learn zu Verfügung stehen, über zwei Methoden – predict, die die vorhergesagte Kategorie zurückgibt, und predict_proba, die die Wahrscheinlichkeiten der Kategorien zurückgibt.

```
print('vorhergesagte Kategorie: ', naive_model.predict(new_loan)[0])

probabilities = pd.DataFrame(naive_model.predict_proba(new_loan),
                             columns=loan_data[outcome].cat.categories)
print('vorhergesagte Wahrscheinlichkeiten:', probabilities)
--
vorhergesagte Kategorie:  default
vorhergesagte Wahrscheinlichkeiten:
    default  paid off
0  0.653696  0.346304
```

Im Rahmen der Vorhersage wird uns auch eine A-posteriori-Schätzung der Ausfallwahrscheinlichkeit (`posterior`) ausgegeben. Der naive Bayes-Klassifikator ist dafür bekannt, *verzerrte* Schätzer zu liefern. Wenn das Ziel jedoch darin besteht, Beobachtungen nach der Wahrscheinlichkeit einzustufen, dass $Y = 1$ ist, ist eine unverzerrte Wahrscheinlichkeitsschätzung nicht erforderlich, weshalb der naive Bayes-Algorithmus dennoch gute Ergebnisse liefert.

Numerische Prädiktorvariablen

Der Bayes-Klassifikator funktioniert nur, wenn wir kategoriale Prädiktorvariablen vorliegen haben (z.B. bei der Spam-Klassifizierung, bei der das Vorhandensein oder Fehlen von Wörtern, Phrasen, Zeichen usw. im Mittelpunkt der Vorhersage steht). Um den naiven Bayes-Klassifikator auf numerische Prädiktorvariablen anzuwenden, muss einer von zwei Ansätzen gewählt werden:

- Gruppieren (engl. *bin*) Sie die numerischen Prädiktorvariablen, sodass sie in kategoriale Prädiktorvariablen überführt werden, und wenden Sie den Algorithmus aus dem vorherigen Abschnitt an.
- Verwenden Sie ein Wahrscheinlichkeitsmodell, z.B. die Normalverteilung (siehe »Normalverteilung« auf Seite 73), um die bedingte Wahrscheinlichkeit $P(X_j | Y = i)$ zu schätzen.

Wenn in den Trainingsdaten eine Kategorie eines Prädiktors fehlt, weist der Algorithmus bei neuen Daten der Ergebnisvariablen eine *Nullwahrscheinlichkeit* zu, anstatt diese Variable einfach zu ignorieren und die Informationen aus anderen Variablen zu verwenden, wie es bei anderen Methoden der Fall sein mag. Die meisten Implementierungen des naiven Bayes-Algorithmus verwenden einen Glättungsparameter (Laplace-Glättung), um dies zu verhindern.

Kernideen

- Der naive Bayes-Algorithmus funktioniert auf Basis kategorialer Prädiktor- und Ergebnisvariablen.
- Dabei wird der Frage nachgegangen: Welche Kategorien der Prädiktorvariablen sind innerhalb jeder Kategorie der Ergebnisvariablen am wahrscheinlichsten?
- Diese Information wird dann zur Schätzung der Wahrscheinlichkeiten der Kategorien der Ergebnisvariablen für gegebene Prädiktorwerte genutzt.

Weiterführende Literatur

- Die 2. Auflage des Buchs *The Elements of Statistical Learning* von Trevor Hastie, Robert Tibshirani und Jerome Friedman (Springer, 2009).

- In dem Buch *Data Mining for Business Analytics* von Galit Shmueli, Peter Bruce, Nitin Patel, Peter Gedeck, Inbal Yahav und Kenneth Lichtendahl (Wiley, 2007–2020, mit unterschiedlichen Ausgaben für R, Python, Excel und JMP) gibt es ein komplettes Kapitel zum naiven Bayes-Algorithmus.

Diskriminanzanalyse

Die *Diskriminanzanalyse* (engl. *Discriminant Analysis*) ist das älteste statistische Klassifikationsverfahren. Es wurde im Jahr 1936 von R. A. Fisher in einem Artikel vorgestellt, der in der Fachzeitschrift *Annals of Eugenics* publiziert wurde.[2]

Schlüsselbegriffe zur Diskriminanzanalyse

Kovarianz
Ein Maß für das Ausmaß, in dem eine Variable in Abhängigkeit von einer anderen variiert (d.h. eine ähnliche Größenordnung und Richtung aufweist).

Diskriminanzfunktion
Die Funktion, die den Abstand zwischen den Kategorien maximiert, wenn sie auf die Prädiktorvariablen angewandt wird.

Diskriminanzgewichte
Die Werte (*Scores*), die sich aus der Anwendung der Diskriminanzfunktion ergeben und zur Schätzung von Wahrscheinlichkeiten hinsichtlich der Zugehörigkeit zu den jeweiligen Kategorien verwendet werden.

Die Diskriminanzanalyse umfasst mehrere mögliche Methoden, doch die bisher am häufigsten verwendete ist die *lineare Diskriminanzanalyse* (engl. *Linear Discriminant Analysis*, LDA). Die von Fisher vorgeschlagene ursprüngliche Methode unterschied sich leicht von der LDA, aber die Mechanismen sind im Wesentlichen die gleichen. Nachdem ausgefeiltere Verfahren wie Baummodelle und die logistische Regression aufkamen, ist die LDA inzwischen weniger verbreitet.

Dennoch ist die LDA immer noch in einigen Anwendungsfällen anzutreffen, und sie hat durchaus Verbindungen zu anderen, weiter verbreiteten Methoden (z.B. der Hauptkomponentenanalyse, siehe »Hauptkomponentenanalyse« auf Seite 298).

Die lineare Diskriminanzanalyse sollte nicht mit der »Latent Dirichlet Allocation«, die ebenfalls als LDA bezeichnet wird, verwechselt werden. Die Latent Dirichlet Allocation wird bei der Verarbeitung von Text und natürlicher Sprache eingesetzt und steht in keinem Zusammenhang mit der linearen Diskriminanzanalyse.

2 Es ist sicherlich überraschend, dass der erste Artikel über die statistische Klassifikation in einer der Eugenik gewidmeten Zeitschrift veröffentlicht wurde. In der Tat gibt es eine befremdliche Verbindung zwischen der frühen Entwicklung der Statistik und der Eugenik (*https://oreil.ly/eUJvR*).

Kovarianzmatrix

Um die Diskriminanzanalyse besser zu verstehen, muss zunächst das Konzept der *Kovarianz* zwischen zwei oder mehr Variablen eingeführt werden. Die Kovarianz misst den (linearen) Zusammenhang zwischen zwei Variablen x und z. Der Mittelwert der Variablen wird mit $\bar{x}$ bzw. $\bar{z}$ angegeben (siehe »Mittelwert« auf Seite 9). Die Kovarianz $s_{x,z}$ zwischen x und z ist gegeben durch:

$$s_{x,z} = \frac{\sum_{i=1}^{n}(x_i - \bar{x})(z_i - \bar{z})}{n-1}$$

wobei n der Anzahl der Beobachtungen entspricht (beachten Sie, dass wir durch $n - 1$ statt durch n dividieren, siehe »Die Anzahl der Freiheitsgrade und die Frage, ob n oder n – 1?« auf Seite 16).

Wie beim Korrelationskoeffizienten (siehe »Korrelation« auf Seite 32) deuten positive Werte auf einen positiven Zusammenhang und negative Werte auf einen negativen Zusammenhang hin. Die Korrelation ist jedoch auf einen Wert zwischen –1 und 1 beschränkt, während die Skalierung der Kovarianz von der Skalierung der Variablen x und z abhängt. Die *Kovarianzmatrix* Σ für die Variablen x und z besteht aus den jeweiligen Varianzen der Variablen s_x^2 und s_z^2, die sich auf der Diagonalen befinden (da die jeweiligen Zeilen und Spalten den gleichen Variablen entsprechen), und den Kovarianzen zwischen den Variablen, die sich nicht auf der Diagonalen befinden:

$$\hat{\Sigma} = \begin{bmatrix} s_x^2 & s_{x,z} \\ s_{z,x} & s_z^2 \end{bmatrix}$$

Rufen Sie sich in Erinnerung, dass die Standardabweichung verwendet wird, um eine Variable in einen z-Wert zu normieren. Im multivariaten Fall wird im Rahmen des Normierungsprozesses die Kovarianzmatrix verwendet. Die normierte Größe ist als Mahalanobis-Distanz bekannt (siehe »Weitere Distanzmaße« auf Seite 253) und hängt eng mit der LDA-Funktion zusammen.

Lineare Diskriminanzanalyse nach Fisher

Der Einfachheit halber konzentrieren wir uns auf eine Klassifikationsaufgabe, bei der wir eine binäre Ergebnisvariable y unter Verwendung von nur zwei kontinuierlichen numerischen Variablen (x, z) vorhersagen möchten. Technisch gesehen, geht die Diskriminanzanalyse davon aus, dass die Prädiktorvariablen normalverteilte kontinuierliche Variablen sind. In der Praxis funktioniert die Methode ebenfalls, wenn von der Annahme der Normalverteilung nicht zu stark abgewichen wird; auch bei binären Prädiktorvariablen kann sie ohne Probleme verwendet werden. Die lineare Diskriminanzanalyse nach Fisher unterscheidet zwischen der Variation *zwischen* Gruppen auf der einen Seite und der Variation *innerhalb* von Gruppen auf der anderen Seite. Bei der Aufgabe, die Beobachtungen in zwei Gruppen zu unterteilen, konzentriert sich die lineare Diskriminanzanalyse (LDA) insbesondere auf die Maximierung der Summe der quadrierten Abweichungen, die aus der Variation zwischen den Variablen resultiert (»Between« Sum of Squares), $SS_{between}$ (Messung der Variation zwischen den beiden Gruppen), relativ zur Summe der quadrierten Abweichungen, die auf die Variation innerhalb der Variablen zurückzuführen ist (»Within« Sum of Squares), SS_{within} (Messung der Variation innerhalb der Gruppe). In diesem Fall entsprechen die beiden Gruppen den Beobachtungen (x_0, z_0) für $y = 0$ und den Beobachtungen(x_1, z_1) für $y = 1$. Die Methode findet die Linearkombination $w_x x + w_z z$, die dieses Verhältnis der Quadratsummen maximiert:

$$\frac{SS_{between}}{SS_{within}}$$

Die »Between Sum of Squares« ergibt sich aus dem quadrierten Abstand zwischen den beiden Gruppenmittelwerten und die »Within Sum of Squares« aus den quadrierten Abständen zum Mittelwert innerhalb einer jeden Gruppe, gewichtet mit der Kovarianzmatrix. Es ist relativ gut nachvollziehbar, dass diese Methode zum größten Abstand zwischen den beiden Gruppen führt, da sie die Quadratsummen, die sich auf die Variation zwischen den Variablen bezieht, maximiert und die Quadratsummen, die sich auf die Variation innerhalb der Variablen beziehen, minimiert.

Ein einfaches Beispiel

Das Paket `MASS`, das mit dem Buch *Modern Applied Statistics with S* von W. N. Venables und B. D. Ripley (Springer, 1994) assoziiert ist, bietet eine Funktion für die LDA in *R*. Im Folgenden nutzen wir diese Funktion für eine Stichprobe aus den Kreditdaten unter Verwendung von zwei Vorhersagevariablen, `borrower_score` (Kreditwürdigkeit des Kreditnehmers) und `payment_inc_ratio` (Verhältnis von Rückzahlungsbetrag zum Einkommen) und lassen uns die geschätzten linearen Diskriminanzgewichte ausgeben:

```
library(MASS)
loan_lda <- lda(outcome ~ borrower_score + payment_inc_ratio,
                 data=loan3000)
loan_lda$scaling
                          LD1
borrower_score     7.17583880
payment_inc_ratio -0.09967559
```

In *Python* können wir die Klasse `LinearDiscriminantAnalysis` aus dem Modul `sklearn.discriminant_analysis` verwenden. Mit dem Attribut `scalings_` erhalten wir die geschätzten Gewichte:

```
loan3000.outcome = loan3000.outcome.astype('category')

predictors = ['borrower_score', 'payment_inc_ratio']
outcome = 'outcome'

X = loan3000[predictors]
y = loan3000[outcome]

loan_lda = LinearDiscriminantAnalysis()
loan_lda.fit(X, y)
pd.DataFrame(loan_lda.scalings_, index=X.columns)
```

Die Diskriminanzanalyse zur Merkmalsauswahl verwenden

Wenn die Prädiktorvariablen vor der Ausführung der LDA normiert werden, stellen die Diskriminanzgewichte Maße dar, die die Wichtigkeit der Variablen widerspiegeln, wodurch uns eine rechnerisch effiziente Methode zur Merkmalsauswahl zur Verfügung steht.

Mit der `lda`-Funktion können wir die Wahrscheinlichkeit eines Kreditausfalls (`default`) im Vergleich zur Wahrscheinlichkeit, dass der Kredit erfolgreich abbezahlt (`paid off`) wird, vorhersagen:

```
pred <- predict(loan_lda)
head(pred$posterior)
   paid off   default
1 0.4464563 0.5535437
2 0.4410466 0.5589534
3 0.7273038 0.2726962
4 0.4937462 0.5062538
5 0.3900475 0.6099525
6 0.5892594 0.4107406
```

In *Python* liefert uns die Methode `predict_proba` nach Anpassung des Modells die Wahrscheinlichkeiten für die beiden Ergebnisse »default« und »paid off«:

```
pred = pd.DataFrame(loan_lda.predict_proba(loan3000[predictors]),
                    columns=loan_lda.classes_)
pred.head()
```

Um die Funktionsweise der LDA zu veranschaulichen, greifen wir auf ein Diagramm zurück, das uns eine Vorstellung von den Vorhersagen gibt. Die Ausgabe der Funktion `predict` ermöglicht uns, ein Diagramm der geschätzten Ausfallwahrscheinlichkeit zu erstellen:

```
center <- 0.5 * (loan_lda$mean[1, ] + loan_lda$mean[2, ])
slope <- -loan_lda$scaling[1] / loan_lda$scaling[2]
intercept <- center[2] - center[1] * slope

ggplot(data=lda_df, aes(x=borrower_score, y=payment_inc_ratio,
                        color=prob_default)) +
  geom_point(alpha=.6) +
  scale_color_gradientn(colors=c('#ca0020', '#f7f7f7', '#0571b0')) +
  scale_x_continuous(expand=c(0,0)) +
  scale_y_continuous(expand=c(0,0), lim=c(0, 20)) +
  geom_abline(slope=slope, intercept=intercept, color='darkgreen')
```

In Python erhalten wir mit dem folgenden Code ein vergleichbares Diagramm:

```
# Verwenden Sie Skalierungen und den Mittelpunkt der Mittelwerte,
# um die Entscheidungsgrenze zu bestimmen.
center = np.mean(loan_lda.means_, axis=0)
slope = - loan_lda.scalings_[0] / loan_lda.scalings_[1]
intercept = center[1] - center[0] * slope

# payment_inc_ratio, wenn borrower_score gleich 0 und 20 ist.
x_0 = (0 - intercept) / slope
x_20 = (20 - intercept) / slope

lda_df = pd.concat([loan3000, pred['default']], axis=1)
lda_df.head()

fig, ax = plt.subplots(figsize=(4, 4))
g = sns.scatterplot(x='borrower_score', y='payment_inc_ratio',
                    hue='default', data=lda_df,
                    palette=sns.diverging_palette(240, 10, n=9, as_cmap=True),
                    ax=ax, legend=False)

ax.set_ylim(0, 20)
ax.set_xlim(0.15, 0.8)
ax.plot((x_0, x_20), (0, 20), linewidth=3)
ax.plot(*loan_lda.means_.transpose())
```

Das resultierende Diagramm stellt Abbildung 5-1 dar. Die Datenpunkte auf der linken Seite der Diagonalen werden als Kreditausfall (Wahrscheinlichkeit größer als 0,5) vorhergesagt.

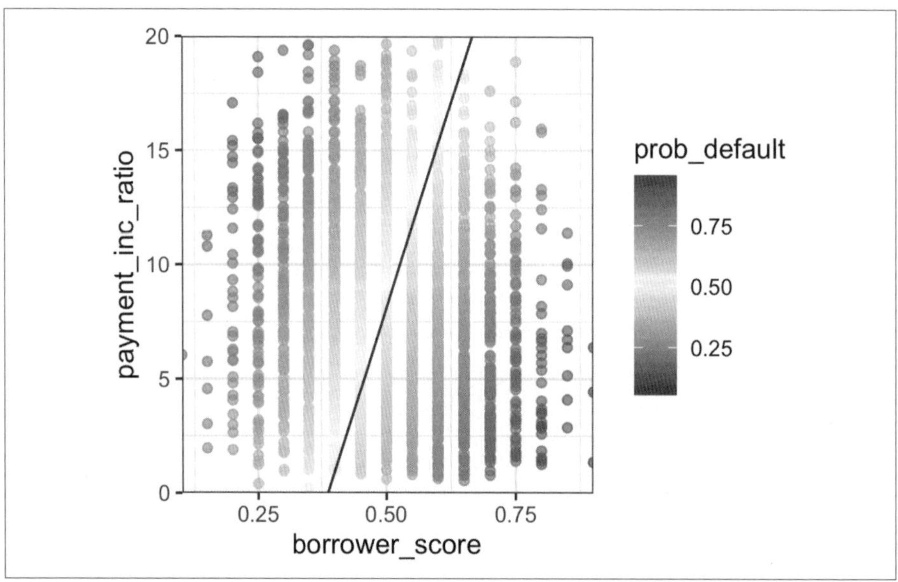

Abbildung 5-1: Vorhersage des Kreditausfalls mittels LDA unter Verwendung von zwei Variablen: dem Score, der die Kreditwürdigkeit des Kreditnehmers angibt, und dem Verhältnis von Rückzahlungsbetrag und Einkommen

Unter Einsatz der Gewichte der Diskriminanzfunktion teilt die LDA den Prädiktorraum, wie anhand der durchgezogenen Linie gezeigt, in zwei Bereiche auf. Die jeweils weiter von der Linie entfernten Vorhersagen (in beide Richtungen) haben ein höheres Konfidenzniveau (d.h. eine zunehmend höhere bzw. zunehmend niedrigere Wahrscheinlichkeit als 0,5).

Erweiterungen der Diskriminanzanalyse

Während wir im Beispiel in diesem Abschnitt nur zwei Prädiktorvariablen verwendet haben, funktioniert die LDA genauso gut mit *mehr als zwei Prädiktorvariablen*. Der einzige limitierende Faktor ist die Anzahl der Beobachtungen (die Schätzung der Kovarianzmatrix erfordert eine ausreichende Anzahl an Beobachtungen pro Variable, was bei datenwissenschaftlichen Anwendungen typischerweise kein Problem darstellt).

Es gibt noch weitere Varianten der Diskriminanzanalyse. Die wohl bekannteste ist die *quadratische Diskriminanzanalyse* (QDA). Trotz ihres Namens basiert die QDA immer noch auf einer linearen Diskriminanzfunktion. Der Hauptunterschied besteht darin, dass bei der LDA davon ausgegangen wird, dass die Kovarianzmatrix für beide Gruppen, $Y = 0$ und $Y = 1$, die gleiche ist. Bei der QDA darf die Kovarianzmatrix für beide Gruppen unterschiedlich sein. In der Praxis ist der Unterschied in den meisten Anwendungen nicht ausschlaggebend.

Kernideen

- Die Diskriminanzanalyse arbeitet sowohl mit kontinuierlichen oder kategorialen Prädiktorvariablen als auch mit kategorialen Ergebnisvariablen.
- Mithilfe der Kovarianzmatrix wird eine *lineare Diskriminanzfunktion* berechnet, die verwendet wird, um Beobachtungen, die zu einer Kategorie gehören, von denen, die zu einer anderen Kategorie gehören, zu unterscheiden.
- Diese Funktion wird auf die Beobachtungen angewendet, um für jede Beobachtung Gewichte oder Scores abzuleiten (ein Gewicht für jede mögliche Kategorie), durch die ihre vorhergesagte Kategorie bestimmt wird.

Weiterführende Literatur

- Sowohl das Buch *The Elements of Statistical Learning*, 2. Auflage, von Trevor Hastie, Robert Tibshirani und Jerome Friedman (Springer, 2009) als auch das eng verwandte Buch *An Introduction to Statistical Learning* von Gareth James, Daniela Witten, Trevor Hastie sowie Robert Tibshirani (Springer, 2013) enthalten einen Abschnitt zur Diskriminanzanalyse.
- Das Buch *Data Mining for Business Analytics* von Galit Shmueli, Peter Bruce, Nitin Patel, Peter Gedeck, Inbal Yahav und Kenneth Lichtendahl (Wiley, 2007–2020, mit unterschiedlichen Ausgaben für R, Python, Excel und JMP) hat ein eigenes Kapitel zur Diskriminanzanalyse.

- Für diejenigen, die ein historisches Interesse an Fishers Originalartikel »The Use of Multiple Measurements in Taxonomic Problems«, der im Jahr 1936 in den *Annals of Eugenics* (jetzt *Annals of Genetics*) veröffentlicht wurde, hegen, können diesen online aufrufen (*https://oreil.ly/_TCR8*).

Logistische Regression

Die logistische Regression arbeitet analog zur multiplen linearen Regression (siehe Kapitel 4), jedoch bis auf den Unterschied, dass die Ergebnisvariable binär ist. Es werden verschiedene Transformationen angewandt, um die Problemstellung in eine Form zu bringen, mit der ein lineares Modell angepasst werden kann. Wie die Diskriminanzanalyse – und im Gegensatz zum *K*-Nächste-Nachbarn- und dem naiven Bayes-Algorithmus – stellt die logistische Regression eher einen strukturierten Modellansatz als einen datenzentrierten Ansatz dar. Sie ist relativ beliebt, da sie sich einerseits sehr schnell berechnen lässt und sich das Modell andererseits zur zügigen Klassifizierung neuer Daten eignet.

Schlüsselbegriffe zur logistischen Regression

Logit-Funktion
: Die Funktion, die die Wahrscheinlichkeit der Zugehörigkeit zu einer Kategorie auf einen Bereich von ± ∞ (anstelle von 0 bis 1) abbildet (engl. *Logit*).

  Synonyme
  : Log-Odds-Funktion, logarithmierte Odds-Funktion

Odds
: Das Wahrscheinlichkeitsverhältnis von »Erfolg« (1) zu »Misserfolg« (0).

  Synonyme
  : Chance, Quote, Wettquotient

Logits
: Die Werte der Antwortvariablen im transformierten (linearen) Modell, die noch in eine Wahrscheinlichkeit überführt werden (engl. *Log-Odds*).

  Synonyme
  : Log-Odds, logarithmierte Odds

Logistische Antwortfunktion und Logit-Funktion

Die wesentlichen Bestandteile der logistischen Regression sind die *logistische Antwortfunktion* und die *Logit-Funktion*, mit der wir eine Wahrscheinlichkeit (die auf einer Skala von 0 bis 1 liegt) auf eine weiter gefasste Skala abbilden, die sich für die lineare Modellierung eignet.

Der erste Schritt besteht darin, sich die Ergebnisvariable nicht als ein binäres Label vorzustellen, sondern als die Wahrscheinlichkeit p, dass das Label eine »1« ist. Naiverweise könnten wir versuchen, p als lineare Funktion der Prädiktorvariablen zu modellieren:

$$p = \beta_0 + \beta_1 x_1 + \beta_2 x_2 + \cdots + \beta_q x_q$$

Die Anpassung dieses Modells stellt jedoch nicht sicher, dass p zwischen 0 und 1 liegt, wie es bei einer Wahrscheinlichkeit der Fall sein muss.

Stattdessen modellieren wir p als Wahrscheinlichkeit, indem wir die *logistische Funktion* bzw. die *Umkehrfunktion der Logit-Funktion* auf die Prädiktorvariablen anwenden:

$$p = \frac{1}{1 + e^{-\left(\beta_0 + \beta_1 x_1 + \beta_2 x_2 + \cdots + \beta_q x_q\right)}}$$

Diese Transformation stellt sicher, dass p zwischen 0 und 1 liegt.

Um den Exponentialausdruck aus dem Nenner herauszubekommen, betrachten wir Chancen, sogenannte *Odds*, anstelle von Wahrscheinlichkeiten. Die Odds, die vor allem denen bekannt sind, die gern wetten, entsprechen dem Verhältnis von »Erfolgen« (1) zu »Misserfolgen« (0). In Bezug auf Wahrscheinlichkeiten sind Odds definiert als die Eintrittswahrscheinlichkeit eines Ereignisses dividiert durch die Gegenwahrscheinlichkeit, dass das Ereignis nicht eintreten wird. Wenn zum Beispiel die Wahrscheinlichkeit, dass ein Pferd gewinnen wird, 0,5 beträgt, ist die Wahrscheinlichkeit, dass es nicht gewinnen wird $(1 - 0{,}5) = 0{,}5$. Dementsprechend beträgt die Chance bzw. die Quote, dass es gewinnt, 1,0:

$$\text{Odds}(Y = 1) = \frac{p}{1 - p}$$

Um Odds in eine Wahrscheinlichkeit zu überführen, können wir die Umkehrfunktion der Odds-Funktion nutzen:

$$p = \frac{\text{Odds}}{1 + \text{Odds}}$$

Wenn wir diese Gleichung mit der logistischen Funktion, die wir zuvor gesehen haben, kombinieren, können wir folgende Funktion formulieren:

$$\text{Odds}(Y = 1) = e^{\beta_0 + \beta_1 x_1 + \beta_2 x_2 + \cdots + \beta_q x_q}$$

Wenden wir schließlich auf beiden Seiten der Gleichung den natürlichen Logarithmus an, erhalten wir einen Ausdruck, der eine lineare Funktion hinsichtlich der Prädiktorvariablen darstellt:

$$\ln(\text{Odds}(Y = 1)) = \beta_0 + \beta_1 x_1 + \beta_2 x_2 + \cdots + \beta_q x_q$$

Die logarithmierte Odds-Funktion, die als *Log-Odds*-Funktion bzw. häufiger als *Logit*-Funktion bekannt ist, bildet die in dem Wertebereich (0, 1) liegende Wahrscheinlichkeit p auf den Wertebereich $(-\infty, +\infty)$ ab (siehe Abbildung 5-2). Somit ist der Kreis der Transformation geschlossen; wir haben ein lineares Modell verwendet, um eine Wahrscheinlichkeit vorherzusagen, die wir wiederum mithilfe eines Schwellenwerts einer Kategorie zuordnen können – jede Beobachtung, deren ermittelte Wahrscheinlichkeit größer als die Schwellenwahrscheinlichkeit ist, wird als Erfolg (1) klassifiziert.

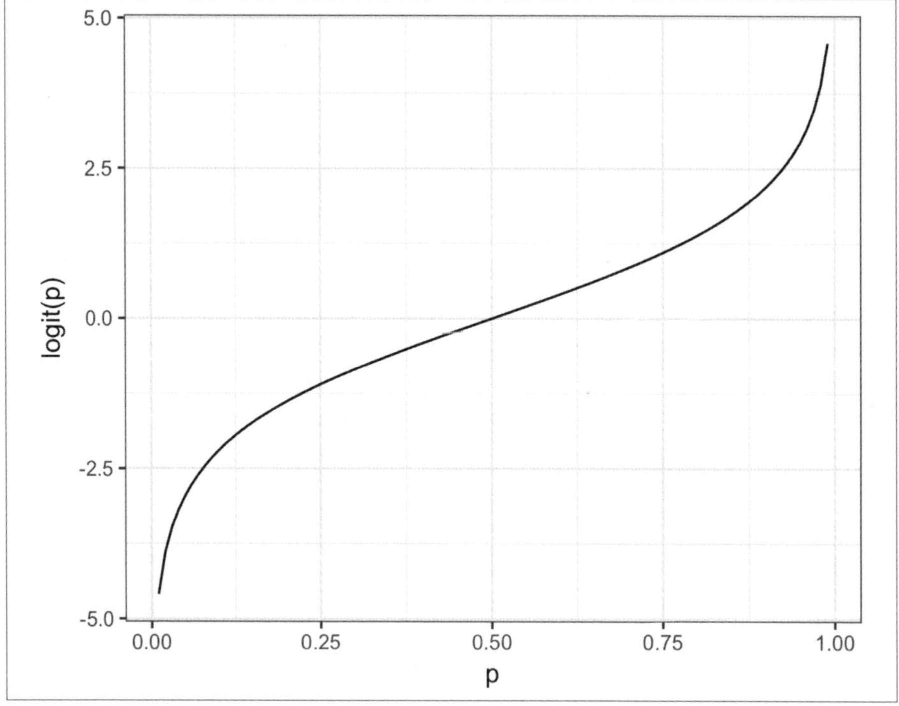

Abbildung 5-2: Visualisierung der Logit-Funktion, die Wahrscheinlichkeiten auf eine für ein lineares Modell geeignete Skala abbildet

Logistische Regression und verallgemeinerte lineare Modelle

Die Ergebnisvariable der logistischen Regressionsgleichung entspricht einer logarithmierten Chance – einem Logit –, dass die binäre Ergebnisvariable dem Wert 1 (Erfolg) entspricht. Wir können jedoch nur das binäre Ergebnis und nicht die Logits beobachten, sodass spezielle statistische Methoden erforderlich sind, um die Gleichung anzupassen. Die logistische Regression ist ein Spezialfall eines *verallgemeinerten linearen Modells* (GLM), das entwickelt wurde, um die lineare Regression auf andere Anwendungsbereiche zu erweitern.

In *R* wird zur Anpassung einer logistischen Regression die Funktion `glm` verwendet, wobei der Parameter `family` auf `binomial` gesetzt wird. Mit dem folgenden Code passen wir eine logistische Regression an die in »K-Nächste-Nachbarn« auf Seite 248 eingeführten Kreditdaten an:

```
logistic_model <- glm(outcome ~ payment_inc_ratio + purpose_ +
                      home_ + emp_len_ + borrower_score,
                    data=loan_data, family='binomial')
logistic_model

Call:  glm(formula = outcome ~ payment_inc_ratio + purpose_ + home_ +
    emp_len_ + borrower_score, family = "binomial", data = loan_data)

Coefficients:
              (Intercept)           payment_inc_ratio
                  1.63809                     0.07974
purpose_debt_consolidation    purpose_home_improvement
                  0.24937                     0.40774
    purpose_major_purchase             purpose_medical
                  0.22963                     0.51048
             purpose_other      purpose_small_business
                  0.62066                     1.21526
                  home_OWN                   home_RENT
                  0.04833                     0.15732
         emp_len_ > 1 Year              borrower_score
                 -0.35673                    -4.61264

Degrees of Freedom: 45341 Total (i.e. Null);  45330 Residual
Null Deviance:      62860
Residual Deviance: 57510        AIC: 57540
```

Die Antwortvariable ist `outcome`, die den Wert 0 annimmt, wenn der Kredit zurückgezahlt wird, und den Wert 1, wenn der Kredit nicht zurückgezahlt wird (d.h. ausfällt). Die Variablen `purpose_` und `home_` sind Faktorvariablen, die den Zweck des Kredits und den Immobilieneigentumsstatus wiedergeben. Wie bei der linearen Regression wird eine Faktorvariable mit *P* Stufen bzw. Ausprägungen durch $P - 1$ Spalten dargestellt. Standardmäßig wird in *R* die *Referenzcodierung* verwendet, d.h., alle Stufen werden mit der Referenzstufe verglichen (siehe »Regression mit Faktorvariablen« auf Seite 167). Die Referenzstufen für diese Faktoren sind `credit_card` bzw. `MORTGAGE`. Die Variable `borrower_score` ist ein Score von 0 bis 1, der die Kreditwürdigkeit des Kreditnehmers wiedergibt (von schlecht bis ausgezeichnet). Diese

Variable wurde aus mehreren anderen Variablen mithilfe des *K*-Nächste-Nachbarn-Algorithmus erstellt (siehe »KNN zur Merkmalskonstruktion« auf Seite 258).

In *Python* setzen wir die Klasse `LogisticRegression` aus dem Modul `sklearn.linear_model` ein. Die Argumente `penalty` und `C` werden verwendet, um eine Überanpassung mittels L1- oder L2-Regularisierung zu verhindern. Die Regularisierung ist standardmäßig aktiviert. Um eine Anpassung ohne Regularisierung zu vollziehen, setzen wir `C` auf einen sehr großen Wert. Das Argument `solver` gibt den zu verwendenden Minimierungsalgorithmus vor, die Methode `liblinear` ist die Vorgabe:

```
predictors = ['payment_inc_ratio', 'purpose_', 'home_', 'emp_len_',
              'borrower_score']
outcome = 'outcome'
X = pd.get_dummies(loan_data[predictors], prefix='', prefix_sep='',
                   drop_first=True)
y = loan_data[outcome]

logit_reg = LogisticRegression(penalty='l2', C=1e42, solver='liblinear')
logit_reg.fit(X, y)
```

Im Gegensatz zu *R* leitet `scikit-learn` die Kategorien aus den spezifischen Werten der Variablen `y` (»paid off« und »default«) ab. Intern sind die Kategorien alphabetisch geordnet. Da diese in umgekehrter Reihenfolge im Vergleich zu *R* verwendet werden, werden auch die Koeffizienten in umgekehrter Reihenfolge ausgegeben. Die Methode `predict` liefert uns das Label der Kategorie und die Methode `predict_proba` die Wahrscheinlichkeiten in der Reihenfolge, wie wir sie mit dem Attribut `logit_reg.classes_` erhalten.

Verallgemeinerte lineare Modelle

Verallgemeinerte lineare Modelle (GLMs) werden durch zwei zentrale Komponenten charakterisiert:

- eine Wahrscheinlichkeitsverteilung bzw. -familie (Binomialverteilung im Fall der logistischen Regression)
- eine Kopplungsfunktion (engl. *Link Function*), d.h. eine Transformationsfunktion, die die Antwortvariable auf die Prädiktorvariablen abbildet (Logit-Funktion im Fall einer logistischen Regression)

Die logistische Regression ist bei Weitem die häufigste Form eines verallgemeinerten linearen Modells. Als Data Scientist werden Sie auch auf andere Varianten von verallgemeinerten linearen Modellen stoßen. Manchmal wird anstelle der Logit-Funktion der natürliche Logarithmus als Kopplungsfunktion verwendet. In der Praxis ist es bei den meisten Anwendungen unwahrscheinlich, dass der Einsatz des natürlichen Logarithmus als Kopplungsfunktion zu stark abweichenden Ergebnissen führt. Die Poisson-Verteilung wird häufig zur Modellierung von Zähldaten verwendet (z.B. Anzahl der Besuche eines Nutzers auf einer Webseite in einer bestimmten Zeitspanne). Andere Verteilungsfamilien sind beispielsweise die negative

Binomial- und die Gammaverteilung, die häufig zur Modellierung der verstrichenen Zeit (z.B. Zeit bis zum Ausfall) verwendet werden. Im Gegensatz zur logistischen Regression ist die Anwendung von GLMs mit diesen Modellen nuancierter und mit größerer Sorgfalt verbunden. Sie sollten sie möglichst nicht einsetzen, es sei denn, Sie sind mit dem Nutzen und den Fallstricken dieser Methoden vertraut und verstehen sie.

Vorhergesagte Werte aus der logistischen Regression

Der vorhergesagte Wert, den wir aus der logistischen Regression erhalten, liegt als Logit vor: $\hat{Y} = \log(\text{Odds}(Y = 1))$. Die vorhergesagte Wahrscheinlichkeit erhalten wir mithilfe der logistischen Antwortfunktion:

$$\hat{p} = \frac{1}{1 + e^{-\hat{Y}}}$$

Sehen Sie sich zum Beispiel die Vorhersagen aus dem Modell `logistic_model` in *R* an:

```
pred <- predict(logistic_model)
summary(pred)
     Min.   1st Qu.    Median      Mean   3rd Qu.      Max.
-2.704774 -0.518825 -0.008539  0.002564  0.505061  3.509606
```

In *Python* müssen wir die Wahrscheinlichkeiten zunächst in einen Data Frame überführen und anschließend die Methode `describe` verwenden, um die entsprechenden Verteilungsmaße zu erhalten:

```
pred = pd.DataFrame(logit_reg.predict_log_proba(X),
                    columns=loan_data[outcome].cat.categories)
pred.describe()
```

Um diese Werte in Wahrscheinlichkeiten zu überführen, wenden wir eine einfache Transformation an:

```
prob <- 1/(1 + exp(-pred))
> summary(prob)
   Min. 1st Qu.  Median    Mean 3rd Qu.    Max.
0.06269 0.37313 0.49787 0.50000 0.62365 0.97096
```

Im `scikit-learn`-Paket erhalten wir die Wahrscheinlichkeiten direkt, indem wir nun die Methode `predict_proba` einsetzen:

```
pred = pd.DataFrame(logit_reg.predict_proba(X),
                    columns=loan_data[outcome].cat.categories)
pred.describe()
```

Die Wahrscheinlichkeiten sind auf einen Wertebereich zwischen 0 und 1 skaliert und geben noch nicht an, ob es sich bei dem vorhergesagten Wert um einen Kreditausfall oder um einen getilgten Kredit handelt. Wir könnten beispielsweise jeden Wert größer als 0,5 als Kreditausfall deklarieren. In der Praxis ist ein niedrigerer

Modellanpassung

Die lineare Regression wird unter Verwendung der Methode der kleinsten Quadrate angepasst, und die Güte der Anpassung wird mithilfe des RMSE und dem Bestimmtheitsmaß bewertet. Bei der logistischen Regression gibt es (anders als bei der linearen Regression) keine geschlossene Lösung, und das Modell muss mithilfe der *Maximum-Likelihood-(ML-)Schätzung* angepasst werden. Beim Maximum-Likelihood-Schätzverfahren wird versucht, das Modell zu finden, das am wahrscheinlichsten die beobachteten Daten erzeugt bzw. hervorgebracht hat. In der logistischen Regressionsgleichung entspricht die Antwortvariable nicht einer binären Variablen mit Werten von 0 oder 1, sondern vielmehr einer Schätzung des Logits (Log-Odds), dass die Antwortvariable den Wert 1 hat. Die ML-Schätzung findet die Lösung so, dass der geschätzte Logit das beobachtete Ergebnis am besten charakterisiert. Die Funktionsweise des Algorithmus beruht auf dem Quasi-Newton-Optimierungsverfahren, das zwischen einem Scoring-Schritt (*Scoring-Methode nach Fisher*), basierend auf den aktuellen Parametern, und einer Aktualisierung der Parameter zur Verbesserung der Anpassung iteriert.

Maximum-Likelihood-Schätzung

Hier noch einige Einzelheiten, wenn Sie statistische Symbole mögen: Beginnen Sie mit einem bestimmten Datensatz ($X_1, X_2, ..., X_n$) und einem Wahrscheinlichkeitsmodell $P_\theta(X_1, X_2, ..., X_n)$, das von mehreren Parametern θ abhängt. Das Ziel der ML-Schätzung ist es, den Satz von Parametern $\hat{\theta}$ zu finden, der den Wert von $P_\theta(X_1, X_2, ..., X_n)$ maximiert; das heißt, es wird die Wahrscheinlichkeit maximiert, ($X_1, X_2, ..., X_n$) zu beobachten, gegeben sei das Modell P. Im Rahmen der Anpassung wird das Modell unter Verwendung einer Metrik namens *Devianz* bewertet:

$$\text{Devianz} = -2\log\left(P_{\hat{\theta}}(X_1, X_2, \cdots, X_n)\right)$$

Eine geringere Devianz entspricht einer besseren Anpassung.

Glücklicherweise müssen sich die meisten Praktiker nicht mit den Einzelheiten des Algorithmus zur Anpassung befassen, da dies von dem jeweiligen Softwareprogramm übernommen wird. Die meisten Data Scientists brauchen sich über die Anpassungsmethode keine Gedanken zu machen, aber dennoch sollten sie sich bewusst darüber sein, dass sie eine Möglichkeit darstellt, ein gutes Modell zu finden, sofern bestimmte Annahmen zutreffen.

Handhabung von Faktorvariablen

Bei der logistischen Regression sollten die Faktorvariablen wie bei der linearen Regression zuvor codiert werden (siehe »Regression mit Faktorvariablen« auf Seite 167). In *R* und anderen Softwareprogrammen wird das normalerweise automatisch gehandhabt, und im Allgemeinen wird eine Referenzcodierung verwendet. Alle anderen in diesem Kapitel behandelten Klassifikationsverfahren verwenden typischerweise die 1-aus-n-Darstellung (siehe »1-aus-n-Codierung« auf Seite 253). Mit *Pythons* scikit-learn-Paket ist es ein Leichtes, die 1-aus-n-Codierung einzusetzen. Bei dieser können, wie bereits erwähnt, nur *n – 1* der resultierenden Dummy-Variablen in der Regression verwendet werden.

Das Modell prüfen und bewerten

Analog zu anderen Klassifikationsverfahren wird auch die logistische Regression anhand der Modellgenauigkeit, die sie im Rahmen der Klassifizierung neuer Daten erreicht, bewertet (siehe »Klassifikationsmodelle bewerten« auf Seite 227). Wie bei der linearen Regression stehen zusätzlich einige statistische Standardmaße zur Verfügung, mit denen das Modell untersucht und verbessert werden kann. Zusammen mit den geschätzten Koeffizienten gibt *R* den Standardfehler der Koeffizienten (Std. Error), einen *z*-Wert und einen p-Wert aus:

```
summary(logistic_model)

Call:
glm(formula = outcome ~ payment_inc_ratio + purpose_ + home_ +
    emp_len_ + borrower_score, family = "binomial", data = loan_data)

Deviance Residuals:
     Min        1Q    Median        3Q       Max
-2.51951  -1.06908  -0.05853   1.07421   2.15528

Coefficients:
                            Estimate Std. Error z value Pr(>|z|)
(Intercept)                 1.638092   0.073708  22.224  < 2e-16 ***
payment_inc_ratio           0.079737   0.002487  32.058  < 2e-16 ***
purpose_debt_consolidation  0.249373   0.027615   9.030  < 2e-16 ***
purpose_home_improvement    0.407743   0.046615   8.747  < 2e-16 ***
purpose_major_purchase      0.229628   0.053683   4.277 1.89e-05 ***
purpose_medical             0.510479   0.086780   5.882 4.04e-09 ***
purpose_other               0.620663   0.039436  15.738  < 2e-16 ***
purpose_small_business      1.215261   0.063320  19.192  < 2e-16 ***
home_OWN                    0.048330   0.038036   1.271    0.204
home_RENT                   0.157320   0.021203   7.420 1.17e-13 ***
emp_len_ > 1 Year          -0.356731   0.052622  -6.779 1.21e-11 ***
borrower_score             -4.612638   0.083558 -55.203  < 2e-16 ***
---
Signif. codes:  0 '***' 0.001 '**' 0.01 '*' 0.05 '.' 0.1 ' ' 1

(Dispersion parameter for binomial family taken to be 1)

    Null deviance: 62857  on 45341  degrees of freedom
Residual deviance: 57515  on 45330  degrees of freedom
AIC: 57539

Number of Fisher Scoring iterations: 4
```

Das Paket statsmodels beinhaltet ebenfalls eine Implementierung für verallgemeinerte lineare Modelle (GLMs), die ähnlich detaillierte Informationen bereitstellt:

ROC-Kurve
: Ein Diagramm, das den Zielkonflikt zwischen Sensitivität und Spezifität darstellt.

Lift
: Ein Maß dafür, wie effektiv das Modell bei der Identifizierung von (vergleichsweise seltenen) positiven Fällen (1) bei verschiedenen Wahrscheinlichkeitsschwellenwerten ist.

Eine einfache Methode, die Leistungsfähigkeit einer Klassifikation zu bestimmen, besteht darin, den Anteil der korrekten (bzw. richtigen) Vorhersagen zu ermitteln. Dieser Anteil wird als *Korrektklassifikationsrate* bezeichnet. Die Korrektklassifikationsrate ist ein einfaches Maß für den Gesamtfehler:

$$\text{Korrektklassifikationsrate} = \frac{\sum \text{richtig positiv} + \sum \text{richtig negativ}}{\text{Stichprobengröße}}$$

Bei den meisten im Rahmen der Klassifikation zum Einsatz kommenden Algorithmen wird jeder Beobachtung eine »geschätzte Wahrscheinlichkeit, dass sie eine 1 ist« zugewiesen.[3] Der standardmäßige Entscheidungspunkt bzw. Schwellenwert liegt normalerweise bei 0,50 bzw. 50%. Wenn die Wahrscheinlichkeit über 0,5 liegt, wird eine Beobachtung als »1« klassifiziert, andernfalls als »0«. Ein alternativer Schwellenwert, der vorgegeben werden kann, ist die Wahrscheinlichkeit, mit der eine »1« in den Daten auftritt.

Konfusionsmatrix

Die Gütemaße zur Beurteilung eines Klassifikators beruhen im Wesentlichen auf der *Konfusionsmatrix*. Die Konfusionsmatrix ist eine Tabelle, die die Anzahl korrekter und inkorrekter Vorhersagen angibt, jeweils kategorisiert nach Ausprägung der Antwortvariablen. Zur Berechnung einer Konfusionsmatrix stehen mehrere Pakete in *R* und *Python* zur Verfügung, aber im binären Fall ist es einfach, sie von Hand zu berechnen.

Zur Veranschaulichung der Konfusionsmatrix verwenden wir das Modell `logistic_gam`, das wir mit einem ausgewogenen (engl. *balanced*) Datensatz – d.h. mit einer gleichen Anzahl an Krediten, die mit Zahlungsausfällen und getilgten Krediten in Zusammenhang stehen – trainiert haben (siehe Abbildung 5-4). Den üblichen Konventionen folgend, entspricht $Y = 1$ dem (positiven) Ereignis von besonderem Interesse (z.B. Kreditausfall), und $Y = 0$ entspricht einem gewöhnlichen (oder negati-

3 Nicht alle Methoden liefern unverzerrte Wahrscheinlichkeitsschätzungen. In den meisten Fällen ist es ausreichend, dass die Methode eine Rangfolge liefert, die der Rangfolge entspricht, die sich aus einer unverzerrten Wahrscheinlichkeitsschätzung ergeben würde; eine auf einem Schwellenwert (*Cutoff*) basierende Methode ist dann hinsichtlich ihrer Funktionsweise äquivalent.

ven) Ereignis (z.B. Kredit getilgt). Im Folgenden ermitteln wir in *R* die Konfusionsmatrix für das Modell logistic_gam:

```
pred <- predict(logistic_gam, newdata=loan_data)
pred_y <- as.numeric(pred > 0)
true_y <- as.numeric(loan_data$outcome=='default')
true_pos <- (true_y==1) & (pred_y==1)
true_neg <- (true_y==0) & (pred_y==0)
false_pos <- (true_y==0) & (pred_y==1)
false_neg <- (true_y==1) & (pred_y==0)
conf_mat <- matrix(c(sum(true_pos), sum(false_pos),
                     sum(false_neg), sum(true_neg)), 2, 2)
colnames(conf_mat) <- c('Yhat = 1', 'Yhat = 0')
rownames(conf_mat) <- c('Y = 1', 'Y = 0')
conf_mat
      Yhat = 1 Yhat = 0
Y = 1 14295    8376
Y = 0 8052     14619
```

In *Python*:

```
pred = logit_reg.predict(X)
pred_y = logit_reg.predict(X) == 'default'
true_y = y == 'default'
true_pos = true_y & pred_y
true_neg = ~true_y & ~pred_y
false_pos = ~true_y & pred_y
false_neg = true_y & ~pred_y

conf_mat = pd.DataFrame([[np.sum(true_pos), np.sum(false_neg)],
                         [np.sum(false_pos), np.sum(true_neg)]],
                       index=['Y = default', 'Y = paid off'],
                       columns=['Yhat = default', 'Yhat = paid off'])
conf_mat
```

Die möglichen vorhergesagten Ergebnisse entsprechen jeweils den Spalten und die wahren bzw. tatsächlichen Ergebnisse jeweils den Zeilen. Die diagonalen Elemente der Matrix (links oben und rechts unten) geben die Anzahl der korrekten Vorhersagen an, und die Elemente, die nicht auf der Diagonalen liegen, die Anzahl der falschen Vorhersagen. Beispielsweise wurden 14.295 tatsächlich ausgefallene Kredite korrekt als Kreditausfall vorhergesagt, aber 8.376 tatsächlich ausgefallene Kredite fälschlich als zurückbezahlt.

Abbildung 5-5 zeigt die Beziehung zwischen der Konfusionsmatrix für eine binäre Antwortvariable *Y* und verschiedenen Gütemaßen (siehe »Relevanz, Sensitivität und Spezifität« auf Seite 231 für weitere Erläuterungen zu den Gütemaßen). Wie im Beispiel für die Kreditdaten stehen die Zeilen für den tatsächlichen Wert der Antwortvariablen, und in den Spalten befindet sich der vorhergesagte Wert für die Antwortvariable. Die Kästchen oben links und unten rechts zeigen an, wann die Vorhersage $\hat{Y}$ den Wert der Antwortvariablen korrekt vorhersagt. Eine wichtige Metrik, die nicht explizit genannt wird, ist die *Falsch-positiv-Rate* (das Gegenstück zur Relevanz). Wenn positive Ergebnisse (1) selten sind, kann das Verhältnis von falsch-positiven zu allen vorhergesagten positiven Ergebnissen hoch sein, was zu der unintuitiven Situation führt, dass ein vorhergesagtes positives Ergebnis (1) in Wirklichkeit höchstwahrscheinlich ein negatives Ergebnis (0) ist. Dieses Problem ist sehr verbreitet bei medizinischen Früherkennungsuntersuchungen (z.B. Mammografien): Aufgrund der relativen Seltenheit der Erkrankung bedeutet ein positives Testergebnis höchstwahrscheinlich nicht, tatsächlich an Brustkrebs erkrankt zu sein. Dies führt zu viel Verwirrung in der Öffentlichkeit.

		vorhergesagtes Ergebnis		
		$\hat{y} = 1$	$\hat{y} = 0$	
tatsächliches Ergebnis	$y = 1$	richtig positiv (TP)	falsch negativ (FN)	Sensitivität (Recall, TPR) TP/(y=1)
	$y = 0$	falsch positiv (FP)	richtig negativ (TN)	Spezifität (TNR) TN/(y=0)
	Prävalenz (y=1)/total	Relevanz TP/($\hat{y}$=1)		Korrektklassifikationsrate (TP+TN)/ total

Abbildung 5-5: Konfusionsmatrix für eine binäre Antwortvariable Y und verschiedene Gütemaße

Hier stellen wir das tatsächliche Ergebnis entlang der Zeilen und das vorhergesagte Ergebnis entlang der Spalten dar. Es ist jedoch nicht ungewöhnlich, dass dies umgekehrt angeordnet ist. Ein erwähnenswertes Beispiel in diesem Zusammenhang ist das relativ bekannte caret-Paket in *R*.

Die Problematik seltener Kategorien

In vielen Fällen sind die Beobachtungen zwischen den vorherzusagenden Kategorien unausgewogen, d.h., eine Kategorie kommt viel häufiger vor als die andere – zum Beispiel legitime Versicherungsansprüche im Vergleich zu betrügerischen oder Website-Besucher, die eine Webseite nur besuchen, im Vergleich zu solchen, die auf der Webseite auch tatsächlich einen Kauf tätigen. Die seltene Kategorie (z.B. betrügerischer Anspruch) ist in der Regel die im Fokus stehende Kategorie und wird normalerweise als positives Ergebnis bzw. Erfolg (1) bezeichnet und die häufiger vorkommende Kategorie im Gegensatz dazu als negatives Ergebnis bzw. Misserfolg (0). In der Regel stellen die positiven Ergebnisse (1) deshalb die wichtigere Variante dar, weil eine falsche Einstufung als negatives Ergebnis (0) mit höheren Kosten verbunden ist als eine fälschliche Einstufung von negativen Ergebnissen (0) als positiv (1). Einen betrügerischen Versicherungsanspruch korrekt zu erkennen, kann beispielsweise Tausende von Dollar einsparen. Im Gegensatz dazu erspart Ihnen die korrekte Identifizierung eines nicht betrügerischen Anspruchs lediglich die Kosten und den

Aufwand, den Anspruch sorgfältiger von Hand zu prüfen (was Sie tun müssten, wenn der Anspruch als »betrügerisch« eingestuft würde).

In solchen Fällen ist es nicht unwahrscheinlich, dass unser – in Bezug auf die Korrektklassifikationsrate – bestes Klassifikationsmodell ein Modell darstellt, das einfach alle Beobachtungen als Misserfolg bzw. negativ (0) klassifiziert (es sei denn, die Kategorien sind leicht voneinander zu separieren). Wenn z. B. nur 0,1 % der Besucher in einem Webshop am Ende einen Kauf tätigen, ist ein Modell, das voraussagt, dass jeder Besucher die Webseite ohne Kauf verlassen wird, zu 99,9 % akkurat (hinsichtlich der Korrektklassifikationsrate). Dieses Modell hätte jedoch keinen Nutzen für uns. Stattdessen sind wir an einem Modell interessiert, das zwar insgesamt eine geringere Korrektklassifikationsrate aufweist, aber die Käufer dafür gut identifiziert – auch wenn es auf dem Weg zu dieser Entscheidung einige Nichtkäufer falsch klassifiziert.

Relevanz, Sensitivität und Spezifität

Zur Bewertung von Klassifikationsmodellen werden häufig noch weitere, stärker nuancierte Gütemaße als die bloße Korrektklassifikationsrate verwendet. Einige von ihnen haben eine lange Geschichte in der Statistik – insbesondere in der Biostatistik, wo sie zur Darstellung der erwarteten Leistungsfähigkeit diagnostischer Tests verwendet werden. Die *Relevanz*, die im Englischen als Precision bezeichnet wird, bemisst die Korrektklassifikationsrate eines vorhergesagten positiven Ergebnisses (siehe Abbildung 5-5):

$$\text{Relevanz} = \frac{\sum \text{richtig positiv}}{\sum \text{richtig positiv} + \sum \text{falsch positiv}}$$

Die *Sensitivität*, auch als *Empfindlichkeit* oder *Recall* bekannt, gibt die Fähigkeit des Modells wieder, ein positives Ergebnis vorherzusagen, also den Anteil der tatsächlich positiven Ergebnisse (1), die es korrekt identifiziert, d. h. die richtig positiv sind (siehe Abbildung 5-5). Der Begriff *Sensitivität* wird häufig in der Biostatistik und der medizinischen Diagnostik verwendet, während in der Gemeinschaft des maschinellen Lernens auch der Begriff *Recall* üblich ist. Die Sensitivität ist definiert als:

$$\text{Sensitivität} = \frac{\sum \text{richtig positiv}}{\sum \text{richtig positiv} + \sum \text{falsch negativ}}$$

Eine weiteres verwendetes Gütemaß ist die *Spezifität*, die die Fähigkeit eines Modells erfasst, ein negatives Ergebnis bzw. einen Misserfolg (0) vorherzusagen:

$$\text{Spezifität} = \frac{\sum \text{richtig negativ}}{\sum \text{richtig negativ} + \sum \text{falsch positiv}}$$

In *R* können wir die drei Gütemaße mithilfe der Funktion `conf_mat` berechnen:

```
# Relevanz
conf_mat[1, 1] / sum(conf_mat[,1])
# Sensitivität bzw. Recall
conf_mat[1, 1] / sum(conf_mat[1,])
# Spezifität
conf_mat[2, 2] / sum(conf_mat[2,])
```

Hier ist der äquivalente Code zur Berechnung der entsprechenden Metriken in *Python*:

```
conf_mat = confusion_matrix(y, logit_reg.predict(X))
print('Relevanz', conf_mat[0, 0] / sum(conf_mat[:, 0]))
print('Sensitivität', conf_mat[0, 0] / sum(conf_mat[0, :]))
print('Spezifität', conf_mat[1, 1] / sum(conf_mat[1, :]))

precision_recall_fscore_support(y, logit_reg.predict(X),
                                labels=['default', 'paid off'])
```

Zusätzlich ist im `scikit-learn`-Paket die Methode `precision_recall_fscore_support` integriert, mit der sich die Relevanz, die Sensitivität und die Spezifität mit einem Befehl berechnen lässt.

ROC-Kurve

Wie wir gesehen haben, sind wir gezwungen, zwischen Sensitivität und Spezifität abzuwägen. Im Allgemeinen gilt: Je mehr positive Ergebnisse (1) erfasst werden, desto mehr negative Ergebnisse (0) werden fälschlicherweise als positiv (1) klassifiziert. Idealerweise würde der Klassifikator eine ausgezeichnete Leistung bei der Klassifizierung positiver Ergebnisse (1) erbringen, ohne dabei mehr negative Ergebnisse (0) fälschlicherweise als positiv (1) zu klassifizieren.

Eine Metrik, die diesen Zielkonflikt erfasst, ist die *Receiver Operating Characteristics Curve*, die gewöhnlich als *ROC-Kurve* (auch Grenzwertoptimierungskurve bzw. Isosensitivitätskurve) bezeichnet wird. Die ROC-Kurve stellt die Sensitivität, die auf der y-Achse abgetragen wird, der Spezifität, die auf der x-Achse abgetragen wird, gegenüber.[4] Die ROC-Kurve zeigt, inwieweit wir zwischen Sensitivität und Spezifität infolge der Änderung des Schwellenwerts, mit dem wir bestimmen, wie eine Beobachtung zu klassifizieren ist, abwägen müssen. Die Sensitivität wird auf der y-Achse abgetragen. Für die Beschriftung der x-Achse gibt es zwei Varianten:

- die Spezifität auf der x-Achse abgetragen mit dem Wert 1 auf der linken und 0 auf der rechten Seite
- (1 – Spezifität) auf der x-Achse abgetragen mit dem Wert 0 auf der linken und 1 auf der rechten Seite

4 Die ROC-Kurve wurde erstmals im Zweiten Weltkrieg verwendet, um die Leistung von Radarempfangsstationen zu beschreiben, deren Aufgabe es war, reflektierte Radarsignale korrekt zu identifizieren (zu klassifizieren) und die Streitkräfte auf ankommende Flugzeuge aufmerksam zu machen.

Die Kurve sieht unabhängig von der Art und Weise, wie sie erstellt wird, identisch aus. Die Berechnung der ROC-Kurve wird folgendermaßen vorgenommen:

1. Sortieren Sie die Beobachtungen nach der vorhergesagten Wahrscheinlichkeit, ein positives Ergebnis (1) zu haben, beginnend mit dem wahrscheinlichsten (bis zum unwahrscheinlichsten).
2. Berechnen Sie die kumulierten Werte für die Spezifität und Sensitivität basierend auf den sortierten Beobachtungen.

Die Berechnung der ROC-Kurve ist in *R* relativ unkompliziert. Der folgende Code berechnet die ROC-Kurve für die Kreditdaten:

```
idx <- order(-pred)
recall <- cumsum(true_y[idx] == 1) / sum(true_y == 1)
specificity <- (sum(true_y == 0) - cumsum(true_y[idx] == 0)) / sum(true_y == 0)
roc_df <- data.frame(recall = recall, specificity = specificity)
ggplot(roc_df, aes(x=specificity, y=recall)) +
  geom_line(color='blue') +
  scale_x_reverse(expand=c(0, 0)) +
  scale_y_continuous(expand=c(0, 0)) +
  geom_line(data=data.frame(x=(0:100) / 100), aes(x=x, y=1-x),
            linetype='dotted', color='red')
```

In *Python* können wir die Funktion `sklearn.metrics.roc_curve` verwenden, um die erforderlichen Informationen für die ROC-Kurve zu berechnen. Für *R* gibt es ähnliche Pakete wie z.B. `ROCR`:

```
fpr, tpr, thresholds = roc_curve(y, logit_reg.predict_proba(X)[:,0],
                                 pos_label='default')
roc_df = pd.DataFrame({'recall': tpr, 'specificity': 1 - fpr})

ax = roc_df.plot(x='specificity', y='recall', figsize=(4, 4), legend=False)
ax.set_ylim(0, 1)
ax.set_xlim(1, 0)
ax.plot((1, 0), (0, 1))
ax.set_xlabel('Spezifität')
ax.set_ylabel('Sensitivität (Recall)')
```

Das Ergebnis stellt Abbildung 5-6 dar. Die gepunktete Diagonale entspricht einem Klassifikator, der nicht besser ist, als wenn wir eine zufällige Einteilung vorgenommen hätten. Ein äußerst effektiver Klassifikator (bzw. in medizinischen Situationen ein äußerst effektiver diagnostischer Test) hat eine ROC-Kurve, die sich der oberen linken Ecke annähert – er wird viele positive Ergebnisse (1) korrekt identifizieren, ohne viele negative Ergebnisse (0) fälschlicherweise als positiv (1) zu klassifizieren. Wenn wir für dieses Modell einen Klassifikator mit einer Spezifität von mindestens 50% wünschen, liegt die Sensitivität bei etwa 75%.

Precision-Recall-(PR-)Kurve

Zusätzlich zu ROC-Kurven kann es aufschlussreich sein, die Precision-Recall-(PR-)Kurve (*https://oreil.ly/_89Pr*) zu untersuchen (also den Zusammenhang zwischen Relevanz und Sensitivität). PR-Kurven werden auf ähnliche Weise berechnet, jedoch mit dem Unterschied, dass die Daten beginnend bei der geringsten bis zur höchsten Wahrscheinlichkeit geordnet und die kumulierten Werte für die Relevanz und die Sensitivität berechnet werden. PR-Kurven sind besonders geeignet, um Modelle, die auf Daten mit stark unausgewogenen Ergebnisvariablen basieren, zu bewerten.

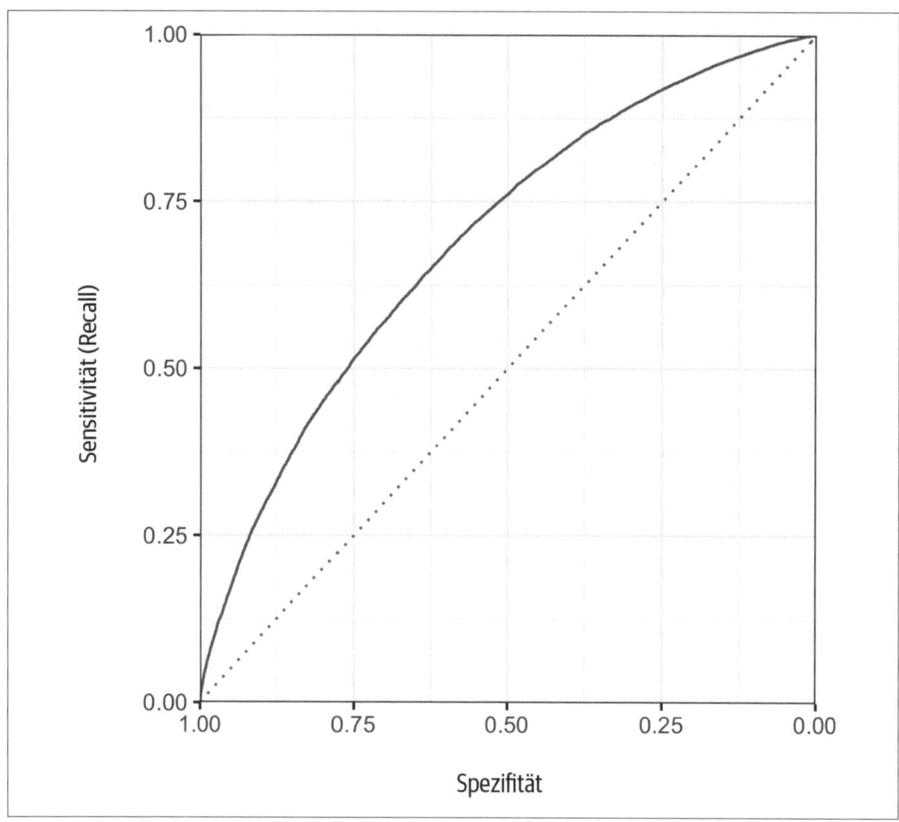

Abbildung 5-6: ROC-Kurve für die Kreditdaten

Fläche unter der ROC-Kurve (AUC)

Die ROC-Kurve ist ein wertvolles visuelles Hilfsmittel, stellt aber für sich genommen kein Maß zur Beurteilung der Leistungsfähigkeit eines Klassifikators dar. Die ROC-Kurve kann jedoch dafür verwendet werden, die Fläche unter der Kurve (AUC, *Area under the ROC Curve*) als Metrik darzustellen. Die AUC ist einfach die Gesamtfläche unter der ROC-Kurve. Je höher der AUC-Wert, desto leistungsfähiger ist der Klassifikator. Ein AUC-Wert von 1 entspricht einem perfekten Klassifikator: Alle positiven Ergebnisse (1) werden korrekt klassifiziert, und keine negativen Ergebnisse (0) werden fälschlicherweise als positiv (1) klassifiziert.

Ein völlig unwirksamer Klassifikator würde einen AUC-Wert von 0,5 haben – und entspricht der Diagonalen.

Abbildung 5-7 zeigt die Fläche unter der ROC-Kurve für das Modell, mit dem wir die Kreditdaten modelliert haben. Der Wert für die Fläche unter der Kurve kann in *R* mittels numerischer Integration berechnet werden:

```
sum(roc_df$recall[-1] * diff(1 - roc_df$specificity))
    [1] 0.6926172
```

In *Python* können wir entweder den Ansatz wählen, den wir in *R* genutzt haben, oder die `scikit-learn`-Funktion `sklearn.metrics.roc_auc_score` verwenden, bei der wir zunächst noch angeben müssen, für welches Ergebnis die 1 bzw. die 0 steht:

```
print(np.sum(roc_df.recall[:-1] * np.diff(1 - roc_df.specificity)))
print(roc_auc_score([1 if yi == 'default' else 0 for yi in y],
                    logit_reg.predict_proba(X)[:, 0]))
```

Das Modell weist einen AUC-Wert von etwa 0,69 auf, was einem relativ ungenauen Klassifikator entspricht.

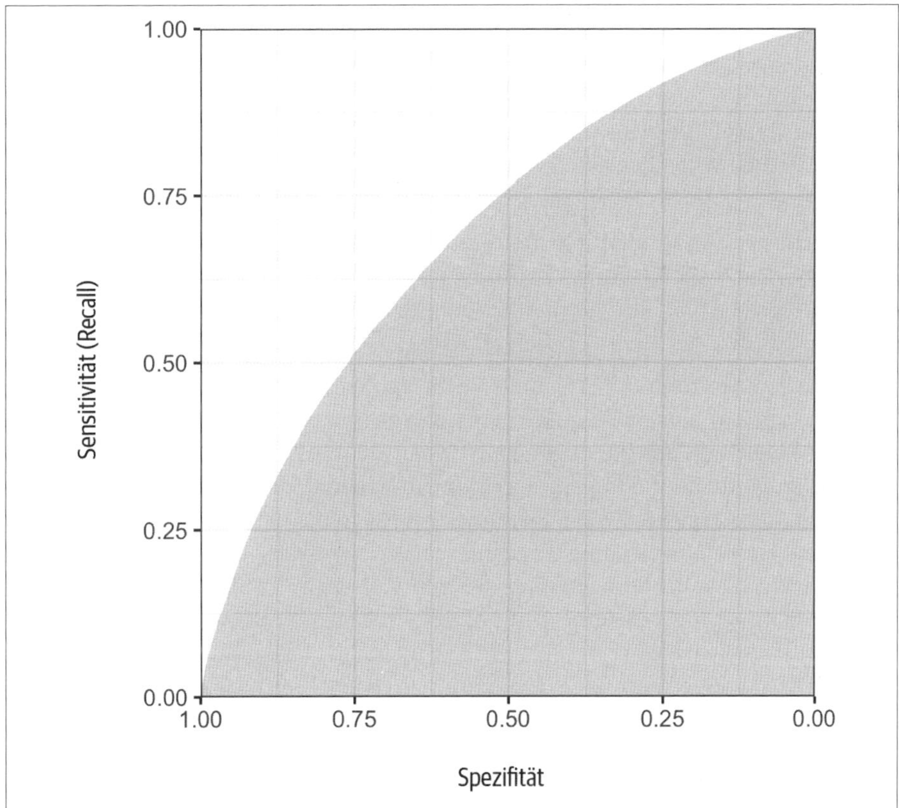

Abbildung 5-7: AUC (Fläche unter der ROC-Kurve) für die Kreditdaten

Missverständnisse im Zusammenhang mit der Falsch-positiv-Rate

Falsch-positiv- bzw. Falsch-negativ-Raten werden oft mit der Spezifität oder der Sensitivität verwechselt bzw. vermengt (sogar in Publikationen und Softwareprogrammen!). Manchmal wird die Falsch-positiv-Rate als der Anteil der richtig-negativen der positiv getesteten (bzw. vorhergesagten) definiert. In vielen Fällen (wie z. B. bei der Erkennung von Netzwerkangriffen) wird der Begriff verwendet, um den Anteil der positiven Signale zu bezeichnen, die richtig-negativ sind.

Lift

Die Verwendung des AUC-Werts als Gütemaß zur Bewertung eines Modells stellt eine Verbesserung gegenüber der einfachen Korrektklassifikationsrate dar, da man mit ihr beurteilen kann, wie gut ein Klassifikator den Zielkonflikt zwischen der Gesamtgenauigkeit und der Notwendigkeit, die wesentlich wichtigeren positiven Ergebnisse (1) zu identifizieren, handhabt. Das Problem der seltenen Beobachtungen, bei denen Sie die Wahrscheinlichkeitsschwelle des Modells unter 0,5 senken müssen, um zu vermeiden, dass alle Beobachtungen als Misserfolg bzw. negativ (0) klassifiziert werden, wird dadurch jedoch nicht vollständig gelöst. In solchen Fällen könnte es ausreichen, die Wahrscheinlichkeitsschwelle auf 0,4, 0,3 oder niedriger zu legen, um Beobachtungen als Erfolg bzw. positiv (1) zu klassifizieren. Im Endeffekt werden die positiven Ergebnisse (1) dann überidentifiziert, was ihre größere Bedeutung widerspiegelt.

Wenn Sie also den Schwellenwert ändern, verbessern Sie Ihre Chancen, die positiven Ergebnisse (1) zu identifizieren (auf Kosten einer fälschlichen Klassifikation von mehr negativen Ergebnissen (0) als positiv (1)). Aber wo liegt der optimale Schwellenwert?

Mit dem Konzept des sogenannten Lifts können Sie die Beantwortung dieser Frage zurückstellen. Stattdessen betrachten Sie die Beobachtungen in der Rangfolge ihrer vorhergesagten Wahrscheinlichkeit, positiv (eine 1) zu sein. Stellen Sie sich vor, Sie konzentrierten sich auf die obersten 10 % der Beobachtungen, die positiv (als 1) klassifiziert wurden, und fragen sich davon ausgehend: »Wie viel besser hat der Algorithmus abgeschnitten, verglichen mit dem Referenzszenario, bei dem die Beobachtungen einfach nur zufällig eingeteilt wurden?« Würden Sie in diesem obersten Dezil 0,3 % der Beobachtungen identifizieren statt der 0,1 %, die Sie durch zufällige Einteilung insgesamt erhielten, dann hätte der Algorithmus im obersten Dezil einen *Lift* (auch *Gain* genannt) von 3. In einem Lift-Diagramm (bzw. Gain-Diagramm) wird dieser Wert über den gesamten Datenbereich quantifiziert. Es kann sowohl dezilweise als auch kontinuierlich über den gesamten Datenbereich erstellt werden.

Um ein Lift-Diagramm zu berechnen, erstellen Sie zunächst ein *Cumulative-Gains-Diagramm*, bei dem die Sensitivität auf der y-Achse und die Gesamtzahl der Beobachtungen auf der x-Achse dargestellt werden. Die *Lift-Kurve* gibt das Verhältnis des kumulierten Gain zu der Diagonalen wieder, die einer zufälligen Einteilung entspricht. Die *Decile-Gains-Diagramme* gehören zu den ältesten Methoden in der prädiktiven Modellierung und stammen aus den Tagen vor der Entwicklung des Internethandels. Besonders beliebt waren sie bei Fachleuten für Direktwerbung, da Werbung relativ teuer ist, wenn sie undifferenziert betrieben wird. Deshalb nutzten Werbetreibende (in der Anfangszeit recht einfache) Vorhersagemodelle, um die potenziellen Kunden mit der wahrscheinlichsten Aussicht auf Erfolg zu identifizieren.

Uplift

Manchmal wird der Begriff *Uplift* synonym zu *Lift* verwendet. Alternativ hat *Uplift* eine restriktivere Bedeutung, beispielsweise wenn ein A/B-Test durchgeführt wurde und die Behandlung (A oder B) dann als Prädiktorvariable in einem Vorhersagemodell verwendet wird. Der Uplift ist die *für einen Einzelfall* vorhergesagte Verbesserung infolge von Behandlung A gegenüber Behandlung B. Diese wird dadurch bestimmt, dass der Einzelfall zunächst mit dem auf A festgelegten Prädiktor und dann erneut mit dem auf B festgelegten Prädiktor bewertet wird. Vermarkter und Berater politischer Kampagnen verwenden diese Methode, um zu bestimmen, welche von zwei Botschaften bei welchen Kunden oder Wählern eingesetzt werden sollte.

Mit einer Lift-Kurve können Sie die Folgen anderer Wahrscheinlichkeitsschwellenwerte als 1 auf die Klassifikation von positiven Beobachtungen untersuchen. Sie kann ein Zwischenschritt bei der Festlegung eines geeigneten Schwellenwerts sein. Zum Beispiel könnte eine Steuerbehörde nur über eine bestimmte Menge an Ressourcen verfügen, die sie für Steuerprüfungen zur Verfügung stellen kann, und sie möchte diese möglichst für die wahrscheinlichsten Steuerbetrüger aufbringen. Aufgrund ihrer Ressourcenknappheit würde die Behörde ein Lift-Diagramm verwenden, um abzuschätzen, wo die Grenze zwischen den Steuererklärungen, die für eine Prüfung ausgewählt werden, und denjenigen, die unberücksichtigt bleiben, gezogen werden muss.

Kernideen

- Die Ermittlung der Korrektklassifikationsrate (des prozentualen Anteils der vorhergesagten Klassifikationen, die korrekt ermittelt wurden) ist nur ein erster Schritt zur Bewertung eines Modells.
- Andere Gütemaße (Sensitivität, Spezifität, Relevanz) konzentrieren sich auf spezifischere Leistungsmerkmale (z. B. misst die Sensitivität, wie gut ein Modell positive Ergebnisse (1) korrekt identifizieren kann).
- Der AUC-Wert (Fläche unter der ROC-Kurve) ist eine gängige Kenngröße für die Fähigkeit eines Modells, positive (1) Ergebnisse von negativen (0) zu unterscheiden.

- In ähnlicher Weise misst der Lift, wie effektiv ein Modell beim Identifizieren der positiven Ergebnisse (1) ist, und er wird oft Dezil für Dezil berechnet, beginnend mit den wahrscheinlichsten positiven Ergebnissen (1).

Weiterführende Literatur

Bewertung und Beurteilung werden in der Regel im Kontext eines konkreten Modells (z.B. *K-Nächste-Nachbarn* oder Entscheidungsbäume) behandelt. Drei Bücher, die die Themen in einem eigenen Kapitel behandeln, sind:

- *Data Mining*, 3. Auflage, von Ian Whitten, Eibe Frank und Mark Hall (Morgan Kaufmann, 2011).
- *Modern Data Science with R* von Benjamin Baumer, Daniel Kaplan und Nicholas Horton (Chapman & Hall/CRC Press, 2017).
- *Data Mining for Business Analytics* von Galit Shmueli, Peter Bruce, Nitin Patel, Peter Gedeck, Inbal Yahav und Kenneth Lichtendahl (Wiley, 2007–2020, mit verschiedenen Ausgaben für R, Python, Excel und JMP).

Strategien bei unausgewogenen Daten

Der vorherige Abschnitt befasste sich mit der Bewertung von Klassifikationsmodellen unter Verwendung von Gütemaßen, die über die einfache Korrektklassifikationsrate hinausgehen und auch für unausgewogene (engl. *unbalanced*) Datensätze geeignet sind – Datensätze, bei denen das Ergebnis von Interesse (Kauf auf einer Webseite, Versicherungsbetrug usw.) selten ist. In diesem Abschnitt befassen wir uns mit zusätzlichen Strategien, die die prädiktive Modellleistung bei unausgewogenen Daten verbessern können.

Schlüsselbegriffe zu unausgewogenen Daten

Undersampling
: Verwenden Sie im Klassifikationsmodell weniger Beobachtungen der häufigeren Kategorien.

  Synonym
  : Downsampling

Oversampling
: Verwenden Sie mehr Beobachtungen der seltenen Kategorie im Klassifikationsmodell, gegebenenfalls mittels Bootstrap-Verfahren.

  Synonym
  : Upsampling

Gewichtung erhöhen oder verringern
: Der seltenen (oder häufigeren) Kategorie im Modell mehr (oder weniger) Gewicht zuweisen (engl. *up weight* oder *down weight*).

Datengenerierung
: Wie Bootstrap-Verfahren, außer dass sich jede neue Bootstrap-Beobachtung leicht von seiner Datenquelle unterscheidet (engl. *Data Generation*).

z-Wert
: Der Wert, der sich nach der Standardisierung ergibt.

K
: Die Anzahl der bei der Berechnung des Nächste-Nachbarn-Algorithmus berücksichtigten Nachbarn.

Undersampling

Wenn Sie über genügend Daten verfügen, wie es bei den Kreditdaten der Fall ist, besteht eine mögliche Lösung darin, die vorherrschende bzw. häufigere Kategorie mit einer geringeren Rate (d.h. seltener) zu ziehen, sodass der zu modellierende Datensatz zwischen beiden Kategorien (0 und 1) ausgeglichener ist. Die Grundidee beim sogenannten Undersampling ist, dass im Datensatz viele Beobachtungen der häufigeren Kategorie redundant sind. Ein kleinerer, ausgewogenerer Datensatz bringt Vorteile im Hinblick auf die Modellleistung und erleichtert die Vorbereitung der Daten sowie die Exploration und das Testen von Modellen.

Wie viele Daten sind ausreichend? Das hängt von der Anwendung ab, aber im Allgemeinen reicht es aus, Zehntausende Beobachtungen der selteneren Kategorie zu haben. Je besser die beiden Kategorien voneinander zu unterscheiden sind, desto weniger Daten werden benötigt.

Die in »Logistische Regression« auf Seite 214 analysierten Kreditdaten entsprachen einem ausgewogenen Trainingsdatensatz: Die Hälfte der Kredite wurde zurückgezahlt, und die andere Hälfte der Beobachtungen beinhalteten einem Kreditausfall. Bei den vorhergesagten Werten verhielt es sich ähnlich: Die Hälfte der ermittelten Wahrscheinlichkeiten lag unter dem Wert von 0,5, und die andere Hälfte war größer als 0,5. Im vollständigen Datensatz entsprechen hingegen nur etwa 19% der Kredite einem Kreditausfall, wie aus *R* hervorgeht:

```
mean(full_train_set$outcome=='default')
[1] 0.1889455
```

In *Python*:

```
print('Prozentualer Anteil ausgefallener Kredite: ',
      100 * np.mean(full_train_set.outcome == 'default'))
```

Was passiert, wenn wir das Modell mit dem vollständigen Datensatz trainieren? Sehen wir es uns in *R* an:

```
full_model <- glm(outcome ~ payment_inc_ratio + purpose_ + home_ +
                            emp_len_+ dti + revol_bal + revol_util,
                  data=full_train_set, family='binomial')
pred <- predict(full_model)
mean(pred > 0)
[1] 0.003942094
```

Und mit *Python*:

```
predictors = ['payment_inc_ratio', 'purpose_', 'home_', 'emp_len_',
              'dti', 'revol_bal', 'revol_util']
outcome = 'outcome'
X = pd.get_dummies(full_train_set[predictors], prefix='', prefix_sep='',
                   drop_first=True)
y = full_train_set[outcome]

full_model = LogisticRegression(penalty='l2', C=1e42, solver='liblinear')
full_model.fit(X, y)
print('Prozentualer Anteil vorhergesagter Kreditausfälle: ',
      100 * np.mean(full_model.predict(X) == 'default'))
```

Nur 0,39% der Kredite werden als Kreditausfall prognostiziert, d.h. weniger als 1/47 der erwarteten Anzahl.[5] Die getilgten Kredite überwiegen die Kreditausfälle, da beim Training des Modells alle Daten gleichermaßen einfließen. Wenn man intuitiv darüber nachdenkt, bedeutet das Vorhandensein so vieler nicht ausgefallener Kredite in Verbindung mit einer unausweichlichen Streuung der Prädiktorvariablen, dass das Modell selbst bei einer Beobachtung, die einem Kreditausfall entspricht, wahrscheinlich zufällig einige Beobachtungen nicht ausfallgefährdeter Kredite findet, die es als ähnlich einschätzt. Zur Erinnerung – bei Verwendung einer ausgewogenen Stichprobe wurden etwa 50% der Kredite als Kreditausfall vorhergesagt.

Oversampling und Up/Down Weighting

Eine Kritik an der Undersampling-Methode besteht darin, dass sie Daten weglässt und deshalb nicht alle verfügbaren Informationen nutzt. Wenn Sie einen relativ kleinen Datensatz haben und die seltenere Kategorie nur einige Hundert oder einige Tausend Beobachtungen enthält, besteht beim Undersampling der häufigeren bzw. dominanten Kategorie die Gefahr, dass nützliche Informationen verworfen werden. In diesem Fall sollten Sie auf Upsampling setzen, was bedeutet, dass Sie, anstatt Beobachtungen der häufigeren Kategorie mit einer geringeren Rate zu ziehen, die Beobachtungen der selteneren Kategorie mit einer höheren Rate ziehen (mittels Bootstrap-Verfahren, d.h. mit Zurücklegen).

Einen ähnlichen Effekt können Sie erzielen, indem Sie die Daten unterschiedlich gewichten. Viele Klassifikationsalgorithmen verwenden ein Argument, mit dem Sie die Beobachtungen hoch- oder heruntergewichten können (Up/Down Weighting).

5 Aufgrund von Unterschieden in der Umsetzung weichen die Ergebnisse in *Python* leicht ab: 1%, d.h. etwa 1/18 der erwarteten Anzahl.

Beispielsweise können Sie einen Gewichtungsvektor auf die Kreditdaten anwenden, indem Sie in *R* in der Funktion `glm` das Argument `weight` verwenden:

```
wt <- ifelse(full_train_set$outcome=='default',
             1 / mean(full_train_set$outcome == 'default'), 1)
full_model <- glm(outcome ~ payment_inc_ratio + purpose_ + home_ +
                            emp_len_+ dti + revol_bal + revol_util,
                  data=full_train_set, weight=wt, family='quasibinomial')
pred <- predict(full_model)
mean(pred > 0)
[1] 0.5767208
```

Die meisten `scikit-learn`-Methoden erlauben die Angabe von Gewichtungsfaktoren in der `fit`-Funktion unter Verwendung des Schlüsselwortarguments `sample_weight`:

```
default_wt = 1 / np.mean(full_train_set.outcome == 'default')
wt = [default_wt if outcome == 'default' else 1
      for outcome in full_train_set.outcome]

full_model = LogisticRegression(penalty="l2", C=1e42, solver='liblinear')
full_model.fit(X, y, sample_weight=wt)
print('Prozentualer Anteil vorhergesagter Kreditausfälle (mit Gewichtung): ',
      100 * np.mean(full_model.predict(X) == 'default'))
```

Die Gewichte für Kredite, die einem Kreditausfall entsprechen, werden auf den Wert $\frac{1}{p}$ gesetzt, wobei p der Ausfallwahrscheinlichkeit entspricht. Die nicht ausfallgefallenen Kredite erhalten ein Gewicht von 1. Die Summen der Gewichte für die säumigen und die nicht säumigen Kredite sind ungefähr gleich. Der Mittelwert der vorhergesagten Werte beträgt jetzt etwa 58% statt 0,39%.

Beachten Sie, dass die Gewichtung eine Alternative sowohl zum Upsampling der selteneren Kategorie als auch zum Downsampling der häufigeren Kategorie darstellt.

Anpassen der Verlustfunktion

Viele Klassifikations- und Regressionsverfahren optimieren ein bestimmtes Kriterium bzw. eine *Verlustfunktion*. Zum Beispiel versucht die logistische Regression, die Devianz zu minimieren. In der Literatur wird von einigen vorgeschlagen, die Verlustfunktion zu modifizieren, um die durch eine seltene Kategorie verursachten Probleme zu vermeiden. In der Praxis gestaltet sich dies schwierig: Klassifikationsalgorithmen können komplex und schwierig zu verändern sein. Das Konzept der Gewichtung bietet eine einfache Möglichkeit, die Verlustfunktion zu ändern, indem die Fehler für Beobachtungen mit niedrigen Gewichten zugunsten von Beobachtungen mit höheren Gewichten abgewertet werden.

Generierung von Daten

Eine Variante des Upsamplings mittels Bootstrap-Verfahren (siehe »Oversampling und Up/Down Weighting« auf Seite 240) ist die *Datengenerierung*, bei der neue Beobachtungen erzeugt werden, indem vorhandene Beobachtungen manipuliert bzw.

abgeändert werden. Die Idee ist, dass – da wir nur eine begrenzte Anzahl von Instanzen beobachten – der Algorithmus nicht über ausreichend Informationen verfügt, um Regeln für die Klassifikation aufzustellen. Durch die Erstellung neuer Beobachtungen, die bestehenden Beobachtungen ähnlich, aber nicht mit ihnen identisch sind, hat der Algorithmus die Chance, einen robusteren Satz von Regeln zu erlernen. Dieser Gedanke ähnelt im Geiste statistischen Ensemble-Modellen wie Boosting und Bagging (siehe Kapitel 6).

Die ursprüngliche Idee erfuhr mit der Veröffentlichung des *SMOTE*-Algorithmus Aufmerksamkeit (SMOTE steht für *Synthetic Minority Oversampling Technique*). Der SMOTE-Algorithmus findet eine Beobachtung, die der Beobachtung ähnelt, die dem Upsampling unterzogen werden soll (siehe »K-Nächste-Nachbarn« auf Seite 248), und erstellt eine synthetische Beobachtung, die ein zufällig gewichteter Durchschnitt der ursprünglichen Beobachtung und der benachbarten Beobachtung ist, wobei die Gewichtung für jeden Prädiktor separat erzeugt wird. Die Anzahl der erzeugten synthetischen Beobachtungen, die mit einer höheren Rate gezogen werden (Oversampling), hängt vom Verhältnis ab, das erforderlich ist, um den Datensatz hinsichtlich der Kategorien der Ergebnisvariablen in ein annähernd ausgewogenes (*balanced*) Verhältnis zu bringen.

Es gibt mehrere Implementierungen des SMOTE-Algorithmus in *R*. Das umfassendste Paket für den Umgang mit unausgewogenen Daten ist `unbalanced`. Es bietet eine Vielzahl von Optionen, einschließlich eines »Racing«-Algorithmus zur Auswahl der besten Methode. Der SMOTE-Algorithmus ist jedoch so einfach, dass er mit dem `FNN`-Paket direkt in *R* implementiert werden kann.

Das *Python*-Paket `imbalanced-learn` stellt eine Vielzahl von Methoden mittels einer Programmierschnittstelle (API) bereit, die mit `scikit-learn` kompatibel ist. Es bietet verschiedene Methoden für Over- und Undersampling sowie die Möglichkeit, diese Methoden in Verbindung mit Boosting- und Bagging-Klassifikatoren einzusetzen.

Kostenbasierte Klassifikation

In der Praxis stellen die Korrektklassifikationsrate und der AUC-Wert keine geeignete Möglichkeit dar, eine Klassifikationsregel zu wählen. Häufig können die geschätzten Kosten falsch-positiven und falsch-negativen Beobachtungen zugeordnet werden, und es ist sinnvoller, diese Kosten einzubeziehen, um den besten Schwellenwert für die Klassifikation beider Kategorien (1 und 0) zu bestimmen. Nehmen wir zum Beispiel an, die erwarteten Kosten bei einem Ausfall eines neuen Kredits entsprächen C und die erwartete Rendite eines zurückgezahlten Kredits R. Dann ergibt sich die erwartete Rendite dieses Kredits als:

$$\text{Erwartete Rendite} = P(Y = 0) \times R + P(Y = 1) \times C$$

Anstatt einen Kredit einfach als Kreditausfall oder getilgt zu klassifizieren oder die Ausfallwahrscheinlichkeit zu ermitteln, ist es sinnvoller, zu bestimmen, ob ein Kredit eine positive Renditeerwartung hat. Die vorhergesagte Ausfallwahrscheinlichkeit zu ermitteln, stellt lediglich einen Zwischenschritt dar. Sie muss mit dem Gesamtwert des Kredits in Verbindung gebracht werden, um den erwarteten Gewinn zu bestimmen, der letztlich die wichtigste betriebswirtschaftliche Kennzahl für die Unternehmensplanung ist. Beispielsweise könnte ein Kredit mit geringerem Wert zugunsten eines höheren Kredits mit einer etwas höheren vorhergesagten Ausfallwahrscheinlichkeit abgelehnt werden.

Die Vorhersagen untersuchen

Eine einzelne Kenngröße wie der AUC-Wert kann nicht alle Aspekte der Eignung eines Modells für eine bestimmte Situation erfassen. Abbildung 5-8 zeigt die Entscheidungsregeln von vier verschiedenen Modellen, die mit nur zwei Prädiktorvariablen an die Kreditdaten angepasst wurden: `borrower_score` (Kreditwürdigkeit) und `payment_inc_ratio` (Verhältnis aus Rückzahlungsbetrag und Einkommen). Bei den Modellen handelt es sich um die lineare Diskriminanzanalyse (LDA), die logistische lineare Regression, die logistische Regression, die unter Verwendung eines verallgemeinerten additiven Modells (GAM) angepasst wurde, und ein Baummodell (siehe »Baummodelle« auf Seite 260). Der linke obere Bereich abseits der Linien entspricht einem vorhergesagten Kreditausfall. Die LDA und die logistische lineare Regression führen in diesem Fall zu nahezu identischen Ergebnissen. Das Baummodell liefert die am wenigsten regelmäßige Regel mit zwei Sprüngen. Die GAM-Anpassung der logistischen Regression stellt schließlich einen Kompromiss zwischen dem Baummodell und dem linearen Modell dar.

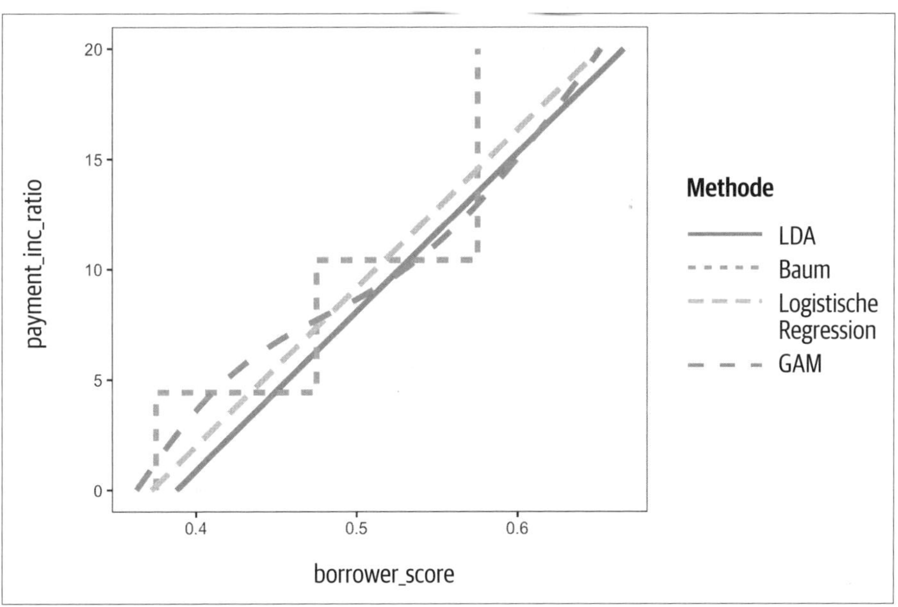

Abbildung 5-8: Vergleich der Klassifikationsregeln von vier verschiedenen Verfahren

Es ist nicht einfach, die Vorhersageregeln für höhere Dimensionen zu visualisieren oder, im Fall der GAMs und des Baummodells, sogar die Bereiche für solche Regeln zu erzeugen.

In jedem Fall ist eine explorative Analyse der vorhergesagten Werte immer angebracht.

Kernideen

- Stark unausgewogene Daten (d.h., wenn die im Fokus stehende Kategorie (1) selten ist) sind für Klassifikationsalgorithmen problematisch.
- Eine Strategie, mit unausgewogenen Daten zu arbeiten, besteht darin, die Trainingsdaten durch Undersampling der häufigeren Kategorie (oder Oversampling der seltenen Kategorie) auszugleichen.
- Wenn bei Verwendung aller Beobachtungen der seltenen Kategorie immer noch zu wenige Beobachtungen vorhanden sind, können Sie die seltene Kategorie mithilfe des Bootstrap-Verfahrens auffüllen oder den SMOTE-Algorithmus verwenden, um synthetische Daten zu generieren, die den vorhandenen seltenen Beobachtungen ähnlich sind.
- Unausgewogene Daten bedeuten in der Regel, dass die korrekte Klassifikation einer Kategorie (1) einen größeren Stellenwert hat und dass dieses Wertverhältnis in die Metrik zur Beurteilung einbezogen werden sollte.

Weiterführende Literatur

- Tom Fawcett, einer der Autoren des Buchs *Data Science for Business*, hat einen guten Artikel zum Thema der unausgewogenen Daten verfasst (*https://oreil.ly/us2rd*).
- Mehr Informationen zum SMOTE-Algorithmus finden Sie in dem Forschungsbeitrag »SMOTE: Synthetic Minority Over-sampling Technique« (*https://oreil.ly/bwaIQ*) von Nitesh V. Chawla, Kevin W. Bowyer, Lawrence O. Hall und W. Philip Kegelmeyer, *Journal of Artificial Intelligence Research* 16 (2002): 321–357.
- Der Blogbeitrag von Analytics Vidhya mit dem Titel »Practical Guide to Deal with Imbalanced Classification Problems in *R*« (*https://oreil.ly/gZUDs*) vom 28. März 2016 ist ebenfalls lesenswert.

Zusammenfassung

Die Klassifikation – ein Vorhersageverfahren, das bestimmen soll, zu welcher von zwei oder mehr Kategorien eine Beobachtung gehört – stellt ein grundlegendes Element der prädiktiven Analyse dar. Wird ein Kredit ausfallen (ja oder nein)? Wird er vorzeitig zurückgezahlt? Wird ein Webnutzer auf einen Link klicken? Wird er etwas kaufen? Handelt es sich um Versicherungsbetrug? Bei Klassifikationsaufgaben ist oft eine Kategorie von primärem Interesse (wie z.B. ein Versicherungsbetrug), und bei der binären Klassifikation wird für diese Kategorie als Label eine 1 gewählt, während die andere, häufiger vorkommende Kategorie als 0 deklariert wird. Oft besteht ein wichtiger Teil des Verfahrens darin, einen *Propensity Score* zu schätzen, der die Wahrscheinlichkeit angibt, der im Interesse stehenden Kategorie anzugehören. Es ist nicht unüblich, dass die im Interesse stehende Kategorie relativ selten ist. Bei der Bewertung eines Klassifikators gibt es eine Vielzahl von Kenngrößen, die der Modellbewertung dienen und die über die einfache Korrektklassifikationsrate hinausgehen. Sie sind vor allem dann hilfreich, wenn die Beobachtungen der im Interesse stehenden Kategorie selten sind, da die Klassifizierung aller Beobachtungen als 0, d.h. als häufiger vorkommende Kategorie, trügerischerweise eine hohe Korrektklassifikationsrate bewirken kann.

KAPITEL 6

Statistisches maschinelles Lernen

Jüngste Fortschritte in der Statistik sind der Entwicklung leistungsfähigerer automatisierter Techniken zur prädiktiven Modellierung – sowohl für die Regression als auch für die Klassifikation – zu verdanken. Diese Methoden sind, wie die im vorherigen Kapitel besprochenen, *überwachte Methoden* – sie werden auf Daten trainiert, deren Ergebnisse bekannt sind, und lernen, Ergebnisse für neue Daten vorherzusagen. Sie fallen unter den Oberbegriff *statistisches maschinelles Lernen* und unterscheiden sich von klassischen statistischen Methoden dadurch, dass sie datengetrieben sind und nicht versuchen, den Daten eine lineare oder andere übergeordnete Struktur aufzuerlegen. Die Methode der *K*-Nächsten-Nachbarn ist zum Beispiel recht einfach: Klassifizieren Sie eine Beobachtung entsprechend der Zuordnung ähnlicher Beobachtungen.

Die erfolgreichsten und am weitesten verbreiteten Techniken basieren auf *Ensemble Learning*, das beispielsweise bei *Entscheidungsbäumen* Verwendung findet. Die Grundidee des Ensemble Learning besteht darin, viele Modelle zur Vorhersage zu nutzen – im Gegensatz zur Verwendung nur eines einzigen Modells. Entscheidungsbäume bieten eine flexible und automatische Methode zum Lernen von Regeln über die Beziehungen zwischen Prädiktorvariablen und der Ergebnisvariablen. Es stellt sich heraus, dass die Kombination von Ensemble Learning und Entscheidungsbäumen zu einigen der leistungsfähigsten prädiktiven Modellierungsverfahren auf dem Markt führt.

Die Entwicklung zahlreicher Methoden des statistischen maschinellen Lernens lässt sich auf die Statistiker Leo Breiman (siehe Abbildung 6-1) von der University of California in Berkeley und Jerry Friedman von der Stanford University zurückführen. Ihre Arbeit, zusammen mit der anderer Forscher aus Berkeley und Stanford, begann im Jahr 1984 mit der Entwicklung von Baummodellen. Die anschließende Entwicklung von Ensemble-Methoden wie Bagging und Boosting in den 1990er-Jahren schuf die Grundlage des statistischen maschinellen Lernens.

Abbildung 6-1: Leo Breiman, Professor für Statistik an der UC Berkeley, war an vorderster Front an der Entwicklung vieler Verfahren beteiligt, die heute zum Rüstzeug eines jeden Data Scientists gehören.

Unterschied zwischen maschinellem Lernen und Statistik

Worin besteht der Unterschied zwischen maschinellem Lernen und Statistik im Kontext der prädiktiven Modellierung? Es gibt keine klare Trennlinie zwischen den beiden Disziplinen. Maschinelles Lernen konzentriert sich eher auf die Entwicklung effizienter Algorithmen, die sich auf große Datenmengen skalieren lassen, um das Vorhersagemodell zu optimieren. Die Statistik schenkt im Allgemeinen der probabilistischen Theorie und der dem Modell zugrunde liegenden Struktur mehr Aufmerksamkeit. Sowohl Bagging als auch Random Forests (siehe »Bagging und Random Forests« auf Seite 271) entwickelten sich innerhalb der Statistik zu einem festen Bestandteil. Boosting (siehe »Boosting« auf Seite 282) wurde hingegen in beiden Disziplinen ausgearbeitet, erhält aber mehr Aufmerksamkeit vonseiten des maschinellen Lernens. Unabhängig von seiner geschichtlichen Entwicklung stellt das Potenzial des Boostings sicher, dass es sowohl in der Statistik als auch im maschinellen Lernen erfolgreich als Verfahren zum Tragen kommt.

K-Nächste-Nachbarn

Die Idee hinter der Methode der *K*-Nächsten-Nachbarn (engl. *K*-Nearest Neighbors, KNN) ist sehr einfach.[1] Für jede Beobachtung, die klassifiziert oder vorhergesagt werden soll:

1. Suchen Sie *K* Beobachtungen, die ähnliche Merkmale (d.h. ähnliche Werte hinsichtlich der Prädiktoren) aufweisen.
2. Finden Sie für die Klassifikation heraus, welche Kategorie unter den ähnlichen Beobachtungen mehrheitlich vorliegt, und ordnen Sie diese Kategorie der neuen Beobachtung zu.

1 Dieser und nachfolgende Abschnitte in diesem Kapitel unterliegen dem © 2020 Datastats, LLC, Peter Bruce, Andrew Bruce und Peter Gedeck; mit Genehmigung verwendet.

3. Für die Vorhersage mittels einer Regression auf Basis der Methode der *K*-Nächsten-Nachbarn (engl. *KNN-Regression*) ermitteln Sie den durchschnittlichen Wert unter diesen ähnlichen Beobachtungen und sagen diesen durchschnittlichen Wert für die neue Beobachtung voraus.

Schlüsselbegriffe zur Methode der K-Nächsten-Nachbarn

Nachbar
: Eine Beobachtung, die ähnliche Werte für die Prädiktorvariablen wie eine andere Beobachtung aufweist.

Distanzmaße
: Maße, die in einer einzigen Zahl zusammenfassen, wie weit eine Beobachtung von einer anderen entfernt ist (engl. *Distance Metrics*).

Standardisierung
: Subtrahieren Sie den Mittelwert und dividieren Sie durch die Standardabweichung.

  Synonym
  : Normierung

z-Wert
: Der Wert, der sich nach der Standardisierung ergibt.

K
: Die Anzahl der Nachbarn, die bei der Ermittlung des nächsten Nachbarn berücksichtigt werden.

KNN ist eines der einfacheren Vorhersage- bzw. Klassifikationsverfahren: Es gibt kein Modell, das angepasst werden muss (wie bei der Regression). Dies bedeutet nicht, dass KNN ein automatisches Verfahren darstellt. Die Ergebnisse der Vorhersage hängen davon ab, wie die Merkmale skaliert werden, wie die Ähnlichkeit gemessen und wie groß *K* gesetzt wird. Außerdem müssen alle Prädiktorvariablen in numerischer Form vorliegen. Anhand eines Klassifikationsbeispiels veranschaulichen wir nun die Funktionsweise der KNN-Methode.

Ein kleines Beispiel: Vorhersage von Kreditausfällen

Tabelle 6-1 zeigt einige Beobachtungen der personenbezogenen Kreditdaten vom Lending Club. Lending Club ist ein führendes Unternehmen im Peer-to-Peer-Kreditgeschäft, bei dem private Investorengemeinschaften Kredite an Einzelpersonen vergeben. Das Ziel unserer Analyse ist, das Ergebnis eines neuen potenziellen Kredits vorherzusagen: getilgt oder ausgefallen.

Tabelle 6-1: Einige Beobachtungen aus den Kreditdaten vom Lending Club (übersetzt)

Ergebnis	Kredit-betrag	Einkommen	Verwendungszweck	Berufserfahrung in Jahren	Wohnstatus	Bundes-staat
zurück-gezahlt	10000	79100	Schuldenkonsolidierung	11	Haus mit HYPOTHEK	NV
zurück-gezahlt	9600	48000	Umzug	5	Haus mit Hypothek	TN
zurück-gezahlt	18800	120036	Schuldenkonsolidierung	11	Haus mit Hypothek	MD
Kredit-ausfall	15250	232000	Kleinunternehmen	9	Haus mit Hypothek	CA
zurück-gezahlt	17050	35000	Schuldenkonsolidierung	4	Miete	MD
zurück-gezahlt	5500	43000	Schuldenkonsolidierung	4	Miete	KS

Gehen wir von einem sehr einfachen Modell mit nur zwei Prädiktorvariablen aus: `dti`, d.h. das Verhältnis von Schuldentilgung (ohne Hypothek) zum Einkommen, und `payment_inc_ratio`, d.h. das Verhältnis des Rückzahlungsbetrags zum Einkommen. Beide Quotienten werden noch mit 100 multipliziert. Unter Verwendung eines kleinen Datensatzes mit 200 Krediten (`loan200`) mit den uns bekannten binären Ergebnissen (Ausfall oder kein Ausfall, spezifiziert durch die Variable `outcome200`) und einem Wert von *K* gleich 20, wird der KNN-Schätzer für einen neuen vorherzusagenden Kredit (`newloan`) mit `dti=22,5` und `payment_inc_ratio=9` in *R* wie folgt berechnet:[2]

```
newloan <- loan200[1, 2:3, drop=FALSE]
knn_pred <- knn(train=loan200[-1, 2:3], test=newloan, cl=loan200[-1, 1], k=20)
knn_pred == 'paid off'
[1] TRUE
```

Der KNN-Algorithmus liefert als Vorhersage, dass der Kredit zurückgezahlt wird.

Während *R* eine native `knn`-Funktion hat, skaliert das bereitgestellte *R*-Paket `FNN`, für Fast Nearest Neighbor (*https://oreil.ly/RMQFG*), effektiver bei großen Datensätzen und bietet mehr Flexibilität.

Das `scikit-learn`-Paket bietet eine schnelle und effiziente Implementierung des KNN-Algorithmus in *Python*:

```
predictors = ['payment_inc_ratio', 'dti']
outcome = 'outcome'

newloan = loan200.loc[0:0, predictors]
X = loan200.loc[1:, predictors]
y = loan200.loc[1:, outcome]
```

2 Für dieses Beispiel nehmen wir die erste Zeile im Datensatz `loan200` als `newloan` und schließen sie für den Trainingsdatensatz aus.

```
knn = KNeighborsClassifier(n_neighbors=20)
knn.fit(X, y)
knn.predict(newloan)
```

Abbildung 6-2 veranschaulicht dieses Beispiel. Der neue Kredit, der vorhergesagt werden soll, entspricht dem Kreuz in der Mitte. Die Quadrate (zurückgezahlt) und Kreise (Kreditausfall) entsprechen den Trainingsdaten. Der große schwarze Kreis grenzt die nächsten 20 Datenpunkte ein. In diesem Fall liegen neun ausgefallene Kredite innerhalb des Kreises im Vergleich zu elf zurückgezahlten Krediten. Somit ist das vorhergesagte Ergebnis, dass der Kredit zurückgezahlt wird. Beachten Sie, dass die Vorhersage eine andere wäre, wenn wir nur drei nächste Nachbarn berücksichtigten – nämlich dass der Kredit ausfällt.

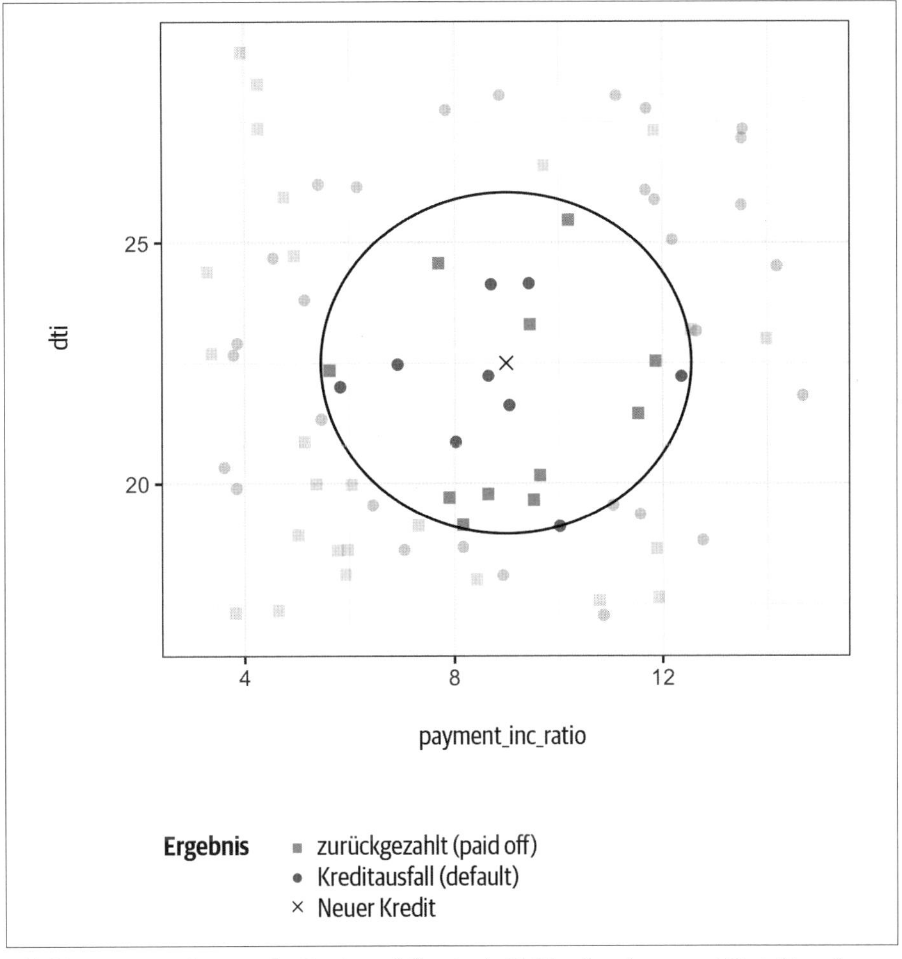

Abbildung 6-2: Vorhersage des Kreditausfalls mittels KNN anhand von zwei Variablen: dem Schuldentilgung-Einkommens-Verhältnis und dem Kreditrückzahlung-Einkommens-Verhältnis

Während die Ausgabe des KNN-Algorithmus bei der Klassifikation typischerweise eine binäre Entscheidung darstellt, wie etwa in den Kreditdaten – Ausfall oder Rückzahlung –, bieten die Implementierungen des KNN-Algorithmus normalerweise die Möglichkeit, eine Wahrscheinlichkeit (Propensity) zwischen 0 und 1 auszugeben. Die Wahrscheinlichkeit basiert auf dem Anteil einer Kategorie bezogen auf die *K* nächsten Nachbarn. Im vorhergehenden Beispiel wäre diese Ausfallwahrscheinlichkeit auf $\frac{9}{20}$ bzw. 0,45 geschätzt worden. Durch die Verwendung eines Propensity Score können Sie noch weitere Klassifikationsregeln als nur einfache Mehrheitsentscheidungen verwenden (Wahrscheinlichkeit von 0,5). Dies ist besonders wichtig im Zusammenhang mit der Problematik unausgewogener Kategorien (siehe »Strategien bei unausgewogenen Daten« auf Seite 238). Wenn zum Beispiel das Ziel darin besteht, die Zugehörigkeit zu einer seltenen Kategorie zu identifizieren, würde der Schwellenwert in der Regel unter 50% liegen. Ein üblicher Ansatz besteht darin, den Schwellenwert auf die Wahrscheinlichkeit des seltenen Ereignisses festzulegen.

Distanzmaße

Zur Bestimmung der Ähnlichkeit (Nähe) wird ein *Distanzmaß* verwendet. Ein Distanzmaß ist eine Funktion, die misst, wie weit zwei Datensätze $(x_1, x_2, ..., x_p)$ und $(u_1, u_2, ..., u_p)$ voneinander entfernt sind. Das geläufigste Distanzmaß zwischen zwei Vektoren ist die *euklidische Distanz* bzw. der *euklidische Abstand*. Um den euklidischen Abstand zwischen zwei Vektoren zu messen, müssen Sie zunächst einen Vektor von dem anderen subtrahieren (den Differenzvektor bilden), anschließend die einzelnen Differenzen quadrieren und die Ergebnisse summieren. Berechnen Sie dann die Quadratwurzel dieser Summe:

$$\sqrt{x_1 - u_1{}^2 + x_2 - u_2{}^2 + \cdots + x_p - u_p{}^2}$$

Eine weiteres gebräuchliches Distanzmaß für numerische Daten ist die *Manhattan-Distanz*:

$$|x_1 - u_1| + |x_2 - u_2| + \cdots + |x_p - u_p|$$

Der euklidische Abstand entspricht dem Abstand zwischen zwei Punkten, der sich ergibt, wenn wir eine Gerade zwischen ihnen ziehen (d.h. entlang der Luftlinie). Die Manhattan-Distanz dagegen ist die Summe der horizontalen und vertikalen Abstände zwischen zwei Punkten auf einem Gitter, die in geradlinigen Bahnen entlang der x- und y-Achse zurückgelegt werden (z.B. entlang rechteckiger Stadtblöcke). Aus diesem Grund ist die Manhattan-Distanz eine nützliche Näherung, wenn die Ähnlichkeit als Reisezeit von einem Ort zum anderen definiert wird.

Bei der Messung der Entfernung zwischen zwei Vektoren dominieren Variablen (Merkmale), die einen vergleichsweise großen Maßstab aufweisen. Bei den Kreditdaten wäre der Abstand beispielsweise fast ausschließlich eine Funktion der Variablen, die das Einkommen und den Kreditbetrag angeben, da die Werte in Zehn- oder Hunderttausenden skaliert sind. Im Vergleich dazu würden Variablen, die ein Verhältnis angeben, praktisch nicht einfließen. Diesem Problem können wir dadurch begegnen, dass wir die Daten standardisieren (siehe »Standardisierung (Normierung, z-Werte)« auf Seite 254).

Weitere Distanzmaße

Es gibt zahlreiche weitere Maße zur Messung des Abstands zwischen Vektoren. Bei numerischen Daten ist die *Mahalanobis Distanz* reizvoll, da sie die Korrelation zwischen zwei Variablen berücksichtigt. Wenn zwei Variablen stark korreliert sind, behandelt die Mahalanobis-Distanz im Grunde beide Variablen in Bezug auf den Abstand als eine einzige Variable. Die euklidische und die Manhattan-Distanz berücksichtigen die Korrelation nicht, wodurch das diesen Merkmalen zugrunde liegende Attribut stärker gewichtet wird. Die Mahalanobis-Distanz entspricht dem euklidischen Abstand zwischen den Hauptkomponenten (siehe »Hauptkomponentenanalyse« auf Seite 298). Der Nachteil der Verwendung der Mahalanobis-Distanz besteht in dem erhöhten Rechenaufwand und der Komplexität; sie wird unter Verwendung der *Kovarianzmatrix* berechnet (siehe »Kovarianzmatrix« auf Seite 209).

1-aus-n-Codierung

Die Kreditdaten in Tabelle 6-1 enthalten mehrere als Strings vorliegende Faktorvariablen. Für die meisten statistischen und maschinellen Lernmodelle ist es erforderlich, diese Art von Variablen in eine Reihe von binären Dummy-Variablen umzuwandeln, die dieselben Informationen vermitteln (siehe Tabelle 6-2). Anstelle einer einzigen Variablen, die den Wohnstatus als »besitzt Haus mit Hypothek« (owns with a mortgage), »besitzt Haus ohne Hypothek« (owns with no mortgage), »wohnt zur Miete« (rents) oder »Sonstiges« (other) einteilt, haben wir am Ende vier binäre Variablen. Die erste wäre »besitzt Haus mit Hypothek – ja oder nein«, die zweite wäre »besitzt Haus ohne Hypothek – ja oder nein« und so weiter. Diese eine Prädiktorvariable, die den Wohnstatus angibt, wird somit in einen Vektor mit einer Eins und drei Nullen überführt, der in statistischen und maschinellen Lernalgorithmen verwendet werden kann. Der Ausdruck *1-aus-n-Codierung* (engl. *One Hot Encoding*) entstammt der Terminologie digitaler Schaltungen im Zusammenhang mit Schaltungen, bei denen nur ein Bit positiv (»hot«) sein darf.

Tabelle 6-2: Darstellung der Faktorvariablen aus Tabelle 6-1, die den Wohnstatus angibt, als numerische Dummy-Variable

Besitz Haus mit Hypothek	Besitz Haus ohne Hypothek	Sonstiges	Wohnt zur Miete
1	0	0	0
1	0	0	0
1	0	0	0

Tabelle 6-2: Darstellung der Faktorvariablen aus Tabelle 6-1, die den Wohnstatus angibt, als numerische Dummy-Variable (Fortsetzung)

Besitz Haus mit Hypothek	Besitz Haus ohne Hypothek	Sonstiges	Wohnt zur Miete
1	0	0	0
0	0	0	1
0	0	0	1

Bei der linearen und der logistischen Regression verursacht eine Codierung 1-aus-n Schwierigkeiten im Hinblick auf Multikollinearität (siehe »Multikollinearität« auf Seite 176). In solchen Fällen wird eine Dummy-Variable nicht berücksichtigt (ihr Wert kann aus den anderen Werten abgeleitet werden). Bei der Methode der *K*-Nächsten-Nachbarn und anderen in diesem Buch thematisierten ist dies nicht von Relevanz.

Standardisierung (Normierung, z-Werte)

Wenn wir etwas messen, sind wir oft nicht so sehr am »Wie viel« im Allgemeinen interessiert, sondern daran, »wie stark wir vom Durchschnitt abweichen«. Im Rahmen der Standardisierung, auch *Normierung* genannt, werden alle Variablen gleich skaliert, indem der Mittelwert subtrahiert und durch die Standardabweichung dividiert wird. Auf diese Weise stellen wir sicher, dass eine Variable ein Modell nicht einfach aufgrund des Maßstabs ihrer ursprünglichen Messung übermäßig beeinflusst:

$$z = \frac{x - \bar{x}}{s}$$

Das Ergebnis dieser Transformation wird gemeinhin als *z-Wert* bezeichnet. Die Messwerte werden dann in Form von »Standardabweichungen vom Mittelwert« angegeben.

Oftmals (insbesondere im Zusammenhang mit künstlichen neuronalen Netzwerken) wird statt Normierung auch der Begriff *Normalisierung* verwendet. Dieser sollte im statistischen Kontext nicht mit der *Datenbanknormalisierung* verwechselt werden, d.h. der Entfernung redundanter Daten und der Überprüfung von Datenabhängigkeiten.

Im Rahmen von Verfahren wie KNN und einigen anderen (z.B. Hauptkomponenten- und Clusteranalyse) ist es unerlässlich, eine Standardisierung der Daten vor der Anwendung des Verfahrens vorzusehen. Um diese Idee zu veranschaulichen, wenden wir KNN unter Verwendung von `dti` und `payment_inc_ratio` (siehe »Ein kleines Beispiel: Vorhersage von Kreditausfällen« auf Seite 249) sowie zwei weiteren Variablen auf die Kreditdaten an: `revol_bal`, die den Gesamtbetrag des für den

Antragsteller verfügbaren revolvierenden Kredits in Dollar angibt, und `revol_util`, die die prozentuale Inanspruchnahme des Kredits angibt. Die neue vorherzusagende Beobachtung sieht wie folgt aus:

```
newloan
  payment_inc_ratio dti revol_bal revol_util
1            2.3932   1      1687        9.4
```

Die Größenordnung von `revol_bal`, die in Dollar angegeben wird, ist viel größer als die der anderen Variablen. Die Funktion `knn` gibt den Index der nächsten Nachbarn als Attribut, `nn.index`, zurück. Er kann verwendet werden, um die fünf ähnlichsten Zeilen in `loan_df` auszugeben:

```
loan_df <- model.matrix(~ -1 + payment_inc_ratio + dti + revol_bal +
                          revol_util, data=loan_data)
newloan <- loan_df[1, , drop=FALSE]
loan_df <- loan_df[-1,]
outcome <- loan_data[-1, 1]
knn_pred <- knn(train=loan_df, test=newloan, cl=outcome, k=5)
loan_df[attr(knn_pred, "nn.index"),]

        payment_inc_ratio  dti revol_bal revol_util
35537             1.47212 1.46      1686       10.0
33652             3.38178 6.37      1688        8.4
25864             2.36303 1.39      1691        3.5
42954             1.28160 7.14      1684        3.9
43600             4.12244 8.98      1684        7.2
```

Im `scikit-learn`-Paket können wir im Anschluss an die Modellanpassung die `kneighbors`-Methode anwenden, um die fünf ähnlichsten Zeilen im Trainingsdatensatz zu identifizieren:

```
predictors = ['payment_inc_ratio', 'dti', 'revol_bal', 'revol_util']
outcome = 'outcome'

newloan = loan_data.loc[0:0, predictors]
X = loan_data.loc[1:, predictors]
y = loan_data.loc[1:, outcome]

knn = KNeighborsClassifier(n_neighbors=5)
knn.fit(X, y)

nbrs = knn.kneighbors(newloan)
X.iloc[nbrs[1][0], :]
```

Die Werte der Variablen `revol_bal` dieser Nachbarn kommen dem Wert der neuen vorherzusagenden Beobachtung sehr nahe, aber die Werte der anderen Prädiktorvariablen sind sehr breit gestreut und spielen im Wesentlichen keine Rolle bei der Bestimmung der Nachbarn.

Vergleichen wir nun die Ergebnisse, die sich ergeben, wenn wir KNN auf die standardisierten Variablen unter Verwendung der *R*-Funktion `scale`, die die *z*-Werte für jede Variable berechnet, anwenden:

```
loan_df <- model.matrix(~ -1 + payment_inc_ratio + dti + revol_bal +
                         revol_util, data=loan_data)
loan_std <- scale(loan_df)
newloan_std <- loan_std[1, , drop=FALSE]
loan_std <- loan_std[-1,]
loan_df <- loan_df[-1,] ❶
outcome <- loan_data[-1, 1]
knn_pred <- knn(train=loan_std, test=newloan_std, cl=outcome, k=5)
loan_df[attr(knn_pred, "nn.index"),]

        payment_inc_ratio   dti  revol_bal  revol_util
2081             2.61091   1.03       1218         9.7
1439             2.34343   0.51        278         9.9
30216            2.71200   1.34       1075         8.5
28543            2.39760   0.74       2917         7.4
44738            2.34309   1.37        488         7.2
```

❶ Nachdem wir die erste Zeile zur Vorhersage nutzen, müssen wir den Datensatz `loan_df` erneut ohne die erste Zeile zuweisen, damit die Zeilen den jeweiligen Indizes entsprechen.

Die Methode `sklearn.preprocessing.StandardScaler` wird zunächst mit den Prädiktorvariablen trainiert und anschließend zur Transformation des Datensatzes vor dem Training des KNN-Modells verwendet:

```
newloan = loan_data.loc[0:0, predictors]
X = loan_data.loc[1:, predictors]
y = loan_data.loc[1:, outcome]

scaler = preprocessing.StandardScaler()
scaler.fit(X * 1.0)

X_std = scaler.transform(X * 1.0)
newloan_std = scaler.transform(newloan * 1.0)

knn = KNeighborsClassifier(n_neighbors=5)
knn.fit(X_std, y)

nbrs = knn.kneighbors(newloan_std)
X.iloc[nbrs[1][0], :]
```

Die fünf nächsten Nachbarn sind sich in Bezug auf alle Variablen wesentlich ähnlicher – wir erhalten nun ein vernünftigeres Ergebnis. Beachten Sie, dass die Ergebnisse zwar in der ursprünglichen Skalierung angezeigt werden, dass KNN aber auf die standardisierten Daten angewandt wurde, um den neuen Kredit vorherzusagen.

Der Einsatz des *z*-Werts ist nur eine Möglichkeit, Variablen neu zu skalieren. Anstelle des Mittelwerts könnte ein robusteres Lagemaß verwendet werden, wie z. B. der Median. Ebenso könnte anstelle der Standardabweichung ein anderes Streuungsmaß zur Skalierung verwendet werden, wie z. B. der Interquartilsabstand. Manchmal werden Variablen in den Bereich von 0 bis 1 »zusammengestaucht«. Es ist auch wichtig, zu erkennen, dass es ein wenig willkürlich ist, die Variablen auf eine Varianz von 1 zu skalieren. Das bedeutet, dass man davon ausgeht, dass jede Variable die gleiche Bedeutung in Bezug auf ihre Vorhersagekraft hat. Wenn Sie jedoch selbst Kenntnis darüber haben, dass einige Variablen wichtiger sind als andere, könnten Sie diese hochskalieren. Bei den Kreditdaten kann man zum Beispiel vernünftigerweise erwarten, dass das Verhältnis des Rückzahlungsbetrags zum Einkommen sehr wichtig ist.

Die Normierung (Standardisierung) verändert nicht die Form der Verteilung der Daten; ihre Verteilung gleicht anschließend nicht der einer Normalverteilung, wenn die Verteilung nicht bereits zuvor die Form einer Normalverteilung hatte (siehe »Normalverteilung« auf Seite 73).

K festlegen

Die Wahl von *K* ist sehr wichtig für die Leistung des KNN-Algorithmus. Die einfachste Wahl ist *K* = 1, bekannt als der Klassifikator für den 1-Nächsten-Nachbarn. Die Vorhersage ist einfach: Sie basiert darauf, die Beobachtung im Trainingssatz zu finden, die der vorherzusagenden neuen Beobachtung am ähnlichsten ist. Das Setzen von *K* = 1 ist selten die beste Wahl; Sie werden fast immer eine bessere Leistung erzielen, wenn Sie *K* > 1-Nächste-Nachbarn verwenden.

Allgemein gesagt: Wenn *K* zu niedrig ist, kann es zu einer Überanpassung kommen, d.h. insbesondere zu einer Anpassung an das Rauschen in den Daten. Höhere Werte von *K* sorgen für eine Glättung, die das Risiko einer Überanpassung in den Trainingsdaten verringert. Andererseits, wenn *K* zu hoch ist, könnten wir die Daten zu stark glätten und die Fähigkeit von KNN, die lokale Struktur in den Daten zu erfassen – einer der Hauptvorteile von KNN –, nicht nutzen.

Die Wahl von *K*, die das beste Gleichgewicht zwischen Überanpassung und zu starker Glättung (Oversmoothing) herstellt, wird typischerweise durch Gütemaße und insbesondere durch die Korrektklassifikationsrate auf Basis der Hold-out- oder Validierungsdaten bestimmt. Es gibt keine allgemeine Regel hinsichtlich des optimalen *K* – es hängt stark von der Art der Daten ab. Bei stark strukturierten und wenig verrauschten Daten funktionieren kleinere Werte von *K* am besten. Diese Art von Daten wird manchmal als Daten mit einem hohen *Signal-Rausch-Verhältnis (SNR)* bezeichnet, wobei dieser Begriff aus der Signalverarbeitung stammt. Beispiele für Daten mit einem typisch hohen SNR sind Datensätze zur Handschrift- und Spracherkennung. Für verrauschte Daten mit weniger Struktur (Daten mit niedrigem SNR), wie z.B. die Kreditdaten, sind größere Werte von *K* angemessen. Üblicherweise liegen die Werte von *K* im Bereich von 1 bis 20. Häufig wird eine ungerade Zahl gewählt, um Überschneidungen zu vermeiden.

```
X = loan_data[predictors]
y = loan_data[outcome]

knn = KNeighborsClassifier(n_neighbors=20)
knn.fit(X, y)

loan_data['borrower_score'] = knn.predict_proba(X)[:, 1]
loan_data['borrower_score'].describe()
```

Das Ergebnis ist ein Merkmal, das die Ausfallwahrscheinlichkeit eines Kreditnehmers auf der Grundlage seiner persönlichen Kreditvergangenheit vorhersagt.

Kernideen

- Die Methode der *K*-Nächsten-Nachbarn (KNN) klassifiziert eine Beobachtung, indem sie der Kategorie zugeordnet wird, der ähnliche Beobachtungen angehören.
- Die Ähnlichkeit (Distanz) wird durch den euklidischen Abstand oder andere verwandte Metriken bestimmt.
- Die Anzahl der nächsten Nachbarn, mit denen eine Beobachtung zu vergleichen ist, *K*, wird dadurch bestimmt, wie gut der Algorithmus auf den Trainingsdaten funktioniert, wobei unterschiedliche Werte für *K* verwendet werden.
- Typischerweise werden die Prädiktorvariablen standardisiert, sodass Variablen größeren Maßstabs die Berechnung des Distanzmaßes nicht dominieren.
- KNN wird oft als erste Stufe eines prädiktiven Modells verwendet, und der vorhergesagte Wert wird in der zweite Stufe (nicht KNN) zusätzlich als *Prädiktor* in die Daten aufgenommen.

Baummodelle

Baummodelle, auch *Klassifikations- und Regressionsbäume* (*CART*, *Classification and Regression Trees*) genannt,[3] *Entscheidungsbäume* oder einfach *Bäume*, sind eine effektive und beliebte Klassifikations- (und Regressions-)Methode, die ursprünglich im Jahr 1984 von Leo Breiman und anderen entwickelt wurde. Baummodelle und ihre leistungsfähigeren Nachfahren *Random Forests* und *Boosted Trees* (siehe »Bagging und Random Forests« auf Seite 271 und »Boosting« auf Seite 282) bilden die Grundlage für die am weitesten verbreiteten und mächtigsten Werkzeuge zur prädiktiven Modellierung in der Data Science im Rahmen von Regression und Klassifikation.

3 Der Begriff CART ist ein eingetragenes Warenzeichen von Salford Systems im Zusammenhang mit ihrer spezifischen Implementierung von Baummodellen.

Schlüsselbegriffe zu Baummodellen

Rekursive Partitionierung
: Wiederholtes Aufteilen und Unterteilen der Daten mit dem Ziel, die Ergebnisse in jeder endgültigen Partition so einheitlich wie möglich zu gestalten (engl. *Recursive Partitioning*).

Teilungswert
: Ein Wert einer Prädiktorvariablen, der die Beobachtungen danach unterteilt, ob der Wert dieser Prädiktorvariablen einer Beobachtung kleiner als dieser Teilungswert oder größer ist (engl. *Split Value*).

Knoten
: Im Entscheidungsbaum bzw. in der Menge der entsprechenden Verzweigungsregeln ist ein Knoten die grafische oder regelbasierte Darstellung eines Teilungswerts (engl. *Node*).

Blatt
: Das Ende einer Aneinanderreihung von Wenn-dann-Regeln bzw. Zweigen eines Baums. Die Regeln, die Sie zu diesem Blatt führen, stellen jeweils die Klassifikationsregeln in einem Baum dar, auf deren Basis die Beobachtungen klassifiziert werden (engl. *Leaf*).

Fehlerrate
: Die Anzahl der Fehlklassifikationen in einem Schritt des Teilungsprozesses; je größer die Fehlerrate (engl. *Loss*), desto größer die Unreinheit.

Unreinheit
: Das Ausmaß, wie stark vermischt die Kategorien in einer Subpartition der Daten vorliegen (je gemischter, desto größer die Unreinheit) (engl. *Impurity*).

  Synonym
  : Heterogenität

  Antonyme
  : Homogenität, Reinheit

Stutzen
: Der Vorgang, bei dem die Äste eines »ausgewachsenen« Baums nach und nach gestutzt werden, um die Überanpassung zu reduzieren (engl. *Pruning*).

Ein Baummodell ist ein Satz von »Wenn-dann-sonst-Regeln«, die leicht zu verstehen und zu implementieren sind. Im Vergleich zur linearen und zur logistischen Regression haben Baummodelle die Fähigkeit, verborgene Muster zu entdecken, die komplexen Interaktionen in den Daten entsprechen. Hinzu kommt, dass sie im Gegensatz zur Methode der KNN oder dem naiven Bayes in Form von Beziehungen zwischen den Prädiktorvariablen ausgedrückt werden können, die leicht interpretierbar sind.

Entscheidungsbäume im Operations Research

Der Begriff »Entscheidungsbäume« hat eine andere (und ältere) Bedeutung in der Entscheidungstheorie und im Operations Research, wo er sich auf einen menschlichen Entscheidungsanalyseprozess bezieht. In diesem Sinne werden Entscheidungspunkte als mögliche Ergebnisse mit den jeweiligen geschätzten Wahrscheinlichkeiten in einem Verzweigungsdiagramm dargestellt, und der Entscheidungspfad mit dem maximalen Erwartungswert wird gewählt.

Ein einfaches Beispiel

Die beiden wichtigsten Pakete in *R* zur Anpassung von Baummodellen sind rpart und tree. Passen wir nun ein Modell mit den Prädiktorvariablen payment_inc_ratio und borrower_score an eine Stichprobe mit 3.000 Beobachtungen aus den Kreditdaten unter Verwendung des Pakets rpart an (siehe »K-Nächste-Nachbarn« auf Seite 248 für eine Beschreibung der Daten):

```
library(rpart)
loan_tree <- rpart(outcome ~ borrower_score + payment_inc_ratio,
                   data=loan3000, control=rpart.control(cp=0.005))
plot(loan_tree, uniform=TRUE, margin=0.05)
text(loan_tree)
```

In *Python* bietet die Methode sklearn.tree.DecisionTreeClassifier eine Implementierung eines Entscheidungsbaums. Überdies stellt uns das Paket dmba eine komfortable Funktion zur Erstellung einer Visualisierung in einem Jupyter-Notebook zur Verfügung:

```
predictors = ['borrower_score', 'payment_inc_ratio']
outcome = 'outcome'

X = loan3000[predictors]
y = loan3000[outcome]

loan_tree = DecisionTreeClassifier(random_state=1, criterion='entropy',
                                   min_impurity_decrease=0.003)
loan_tree.fit(X, y)
plotDecisionTree(loan_tree, feature_names=predictors,
                 class_names=loan_tree.classes_)
```

Der resultierende Baum ist in Abbildung 6-3 dargestellt. Wie Sie feststellen können, sind die Ergebnisse aus *R* und *Python* nicht identisch, aber aufgrund unterschiedlicher Implementierungen ist das nicht weiter verwunderlich. Die Klassifikationsregeln werden bestimmt, indem ein hierarchischer Baum durchlaufen wird, beginnend bei der Wurzel und dann nach links, wenn der Knoten wahr ist, bzw. nach rechts, wenn nicht, bis jeweils ein Blatt erreicht ist.

Normalerweise wird der Baum verkehrt herum dargestellt, sodass die Wurzel ganz oben und die Blätter weiter unten angeordnet sind. Wenn wir zum Beispiel einen Kredit mit einem Score für die Kreditwürdigkeit (borrower_score) von 0,6 und ein Verhältnis zwischen Rückzahlungsbetrag und Einkommenshöhe (payment_inc_ra-

`tio`) von 8,0 klassifizieren möchten, landen wir bei dem obersten linken Blatt und sagen voraus, dass der Kredit zurückgezahlt werden wird (*paid off*).

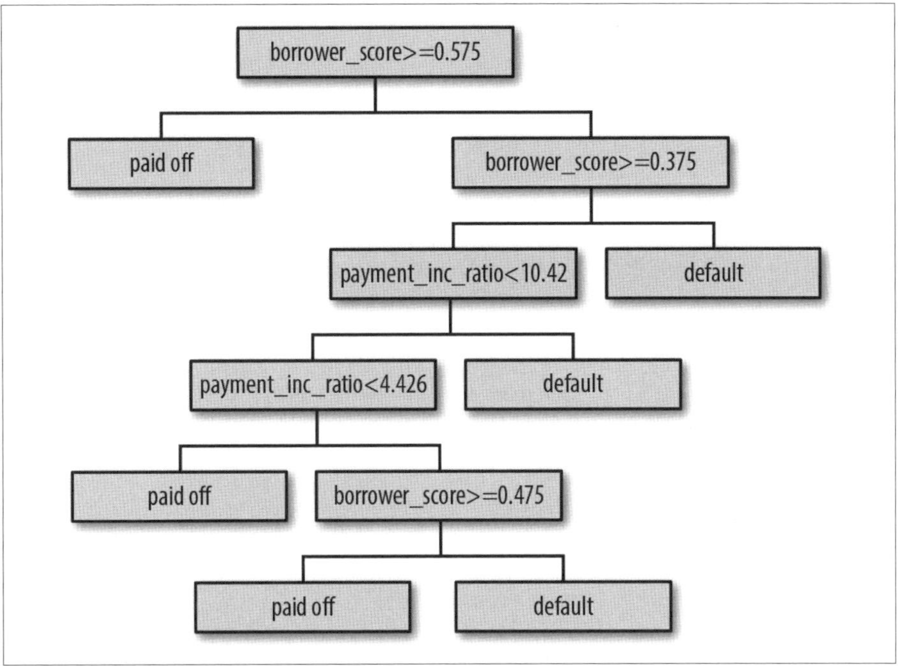

Abbildung 6-3: Die Regeln für ein einfaches Baummodell, das an die Kreditdaten angepasst wurde

Zusätzlich können wir uns leicht eine andere, gut nachvollziehbare Darstellung des Baums in *R* ausgeben lassen:

```
loan_tree
n= 3000

node), split, n, loss, yval, (yprob)
    * denotes terminal node

1) root 3000 1445 paid off (0.5183333 0.4816667)
  2) borrower_score>=0.575 878  261 paid off (0.7027335 0.2972665) *
  3) borrower_score< 0.575 2122  938 default (0.4420358 0.5579642)
    6) borrower_score>=0.375 1639  802 default (0.4893228 0.5106772)
      12) payment_inc_ratio< 10.42265 1157  547 paid off (0.5272256 0.4727744)
        24) payment_inc_ratio< 4.42601 334  139 paid off (0.5838323 0.4161677) *
        25) payment_inc_ratio>=4.42601 823  408 paid off (0.5042527 0.4957473)
          50) borrower_score>=0.475 418  190 paid off (0.5454545 0.4545455) *
          51) borrower_score< 0.475 405  187 default (0.4617284 0.5382716) *
      13) payment_inc_ratio>=10.42265 482  192 default (0.3983402 0.6016598) *
    7) borrower_score< 0.375 483  136 default (0.2815735 0.7184265) *
```

Die Tiefe des Baums wird jeweils durch die Einrückung angedeutet. Jeder Knoten entspricht einer vorläufigen Klassifikation, die dadurch bestimmt wird, welches das häufigere Ergebnis innerhalb der Beobachtungen in dieser Partition ist. Die »Fehlerrate« entspricht der Anzahl der Fehlklassifikationen, die sich aus der vorläufigen Klassifikation in einer Partition ergeben. Zum Beispiel gab es in Knoten 2 261 Fehlklassifikationen bei insgesamt 878 Beobachtungen. Die Werte in den Klammern entsprechen jeweils dem relativen Anteil der Beobachtungen, die einem getilgten bzw. ausgefallenen Kredit entsprechen. Beispielsweise wird in Knoten 13 ein Ausfall vorhergesagt, da über 60% der Beobachtungen Krediten entsprechen, die ausgefallen sind.

Die Dokumentation des `scikit-learn`-Pakets beschreibt, wie Sie ein Entscheidungsbaummodell als Textausgabe darstellen können. Wir haben eine praktische Funktion in unser `dmba`-Paket aufgenommen:

```
print(textDecisionTree(loan_tree))
--
node=0 test node: go to node 1 if 0 <= 0.5750000178813934 else to node 6
  node=1 test node: go to node 2 if 0 <= 0.32500000298023224 else to node 3
    node=2 leaf node: [[0.785, 0.215]]
    node=3 test node: go to node 4 if 1 <= 10.42264986038208 else to node 5
      node=4 leaf node: [[0.488, 0.512]]
      node=5 leaf node: [[0.613, 0.387]]
  node=6 test node: go to node 7 if 1 <= 9.19082498550415 else to node 10
    node=7 test node: go to node 8 if 0 <= 0.7249999940395355 else to node 9
      node=8 leaf node: [[0.247, 0.753]]
      node=9 leaf node: [[0.073, 0.927]]
    node=10 leaf node: [[0.457, 0.543]]
```

Der Recursive-Partitioning-Algorithmus

Der Algorithmus zur Erstellung eines Entscheidungsbaums, der als *Recursive-Partitioning-Algorithmus* bezeichnet wird, ist unkompliziert und intuitiv. Die Daten werden wiederholt mithilfe von Prädiktorwerten unterteilt, die am besten geeignet sind, die Daten in relativ homogene Partitionen aufzuteilen. Abbildung 6-4 zeigt die Partitionen, die für den Baum in Abbildung 6-3 ermittelt wurden. Die erste Regel, dargestellt durch Regel 1 (vertikale rechte Linie), lautet `borrower_score >= 0.575` und teilt den rechten Teil der Darstellung als eine Partition ein. Die zweite Regel lautet `borrower_score < 0.375` und sorgt dafür, dass die Fläche, die sich links von der entsprechenden vertikalen Entscheidungsgrenze befindet, als Partition verbleibt.

Angenommen, wir hätten eine Antwortvariable Y und einen Satz von P Prädiktorvariablen X_j mit $j = 1, ..., P$. Der Recursive-Partitioning-Algorithmus findet den besten Weg, die Beobachtungen einer Partition A in zwei Unterpartitionen zu unterteilen:

1. Für jede Prädiktorvariable X_j:
   a. Für jeden Wert s_j von X_j:
      i. Teilen Sie die Beobachtungen in A, deren Werte für $X_j < s_j$ sind, in eine Partition ein und die restlichen Beobachtungen mit Werten von $X_j \geq s_j$ in eine weitere Partition.

ii. Ermitteln Sie die Homogenität der Kategorien innerhalb jeder Unterpartition von A.

b. Vermerken Sie den Wert für s_j, der die maximale Homogenität der Kategorien innerhalb der Partitionen erzeugt.

2. Nehmen Sie schließlich die Variable X_j mit dem entsprechenden Teilungswert s_j, für die die maximale Homogenität der Kategorien innerhalb der Partitionen erreicht wurde.

Nun kommt der rekursive Teil:

1. Initialisieren Sie A mit dem gesamten Datensatz.
2. Wenden Sie den Partitionierungsalgorithmus an, um A in zwei Unterpartitionen, A_1 und A_2, aufzuteilen.
3. Wiederholen Sie Schritt 2 für die Unterpartitionen A_1 und A_2.
4. Der Algorithmus wird beendet, wenn keine weitere Partitionierung ermittelt werden kann, die die Homogenität der Partitionen ausreichend verbessert.

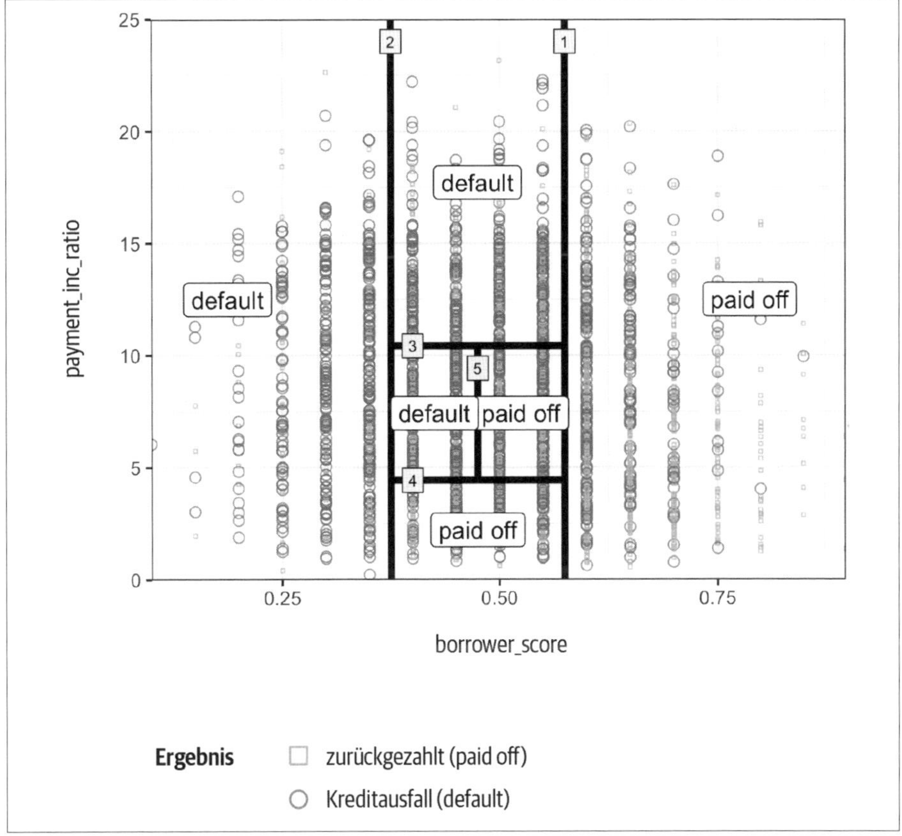

Abbildung 6-4: Die ersten fünf Regeln für ein einfaches Baummodell, das an die Kreditdaten angepasst wurde

Das Endergebnis ist eine Partitionierung der Daten wie in Abbildung 6-4, jedoch für *P*-Dimensionen, wobei jede Partition den Wert der binären Ergebnisvariablen (0 oder 1) vorhersagt, je nachdem, welche Kategorie mehrheitlich bzw. am häufigsten in dieser Partition vertreten ist.

Zusätzlich zur Vorhersage einer binären Variablen (0/1) können Baummodelle auch eine Wahrscheinlichkeitsschätzung abgeben – basierend auf der Anzahl der Beobachtungen einer Kategorie (0 bzw. 1) in der jeweiligen Partition. Der Schätzwert entspricht einfach der Summe der Beobachtungen der jeweiligen Kategorie in der Partition, dividiert durch die gesamte Anzahl der Beobachtungen in der Partition:

$$\text{Prob}(Y = 1) = \frac{\text{Anzahl der Einsen in der Partition}}{\text{Anzahl der Beobachtungen in Partition}}$$

Die geschätzte Wahrscheinlichkeit Prob ($Y = 1$) kann dann in eine binäre Entscheidung überführt werden. Beispielsweise könnten Sie den Schätzwert auf 1 setzen, wenn Prob($Y = 1$) > 0,5.

Homogenität und Unreinheit messen

Baummodelle erzeugen rekursiv Partitionen (Teildatensätze), *A*, die ein Ergebnis von $Y = 0$ oder $Y = 1$ vorhersagen. Wie Sie beim vorhergehenden Algorithmus sehen können, benötigen wir eine Möglichkeit, die Homogenität, auch *Reinheit* einer Kategorie bzw. *Klassenreinheit* (engl. *Class Purity*) genannt, innerhalb einer Partition zu messen. Oder umgekehrt formuliert, wir müssen die Unreinheit einer Partition ermitteln. Die Genauigkeit der Vorhersagen entspricht dem Anteil *p* der falsch klassifizierten Beobachtungen innerhalb dieser Partition, die von 0 (perfekt) bis 0,5 (rein zufällige Schätzung) reicht.

Wie sich zeigt, ist die Korrektklassifikationsrate kein gutes Maß für die Unreinheit. Stattdessen werden zwei gebräuchliche Unreinheitsmaße verwendet: die *Gini-Unreinheit* und die *Informationsentropie*. Während diese (und andere) Unreinheitsmaße auch für Klassifikationsaufgaben mit mehr als zwei Kategorien gelten, konzentrieren wir uns auf den binären Fall. Die Gini-Unreinheit für einen Satz von Beobachtungen der Partition *A* ist:

$$I(A) = p(1 - p)$$

Das Entropiemaß ist gegeben durch:

$$I(A) = -p \log_2(p) - (1 - p) \log_2(1 - p)$$

Abbildung 6-5 zeigt, dass die Gini-Unreinheit (umskaliert) und das Entropiemaß ähnlich ausfallen, wobei die Entropie höhere Unreinheitswerte für mittlere und hohe Korrektklassifikationsraten aufweist.

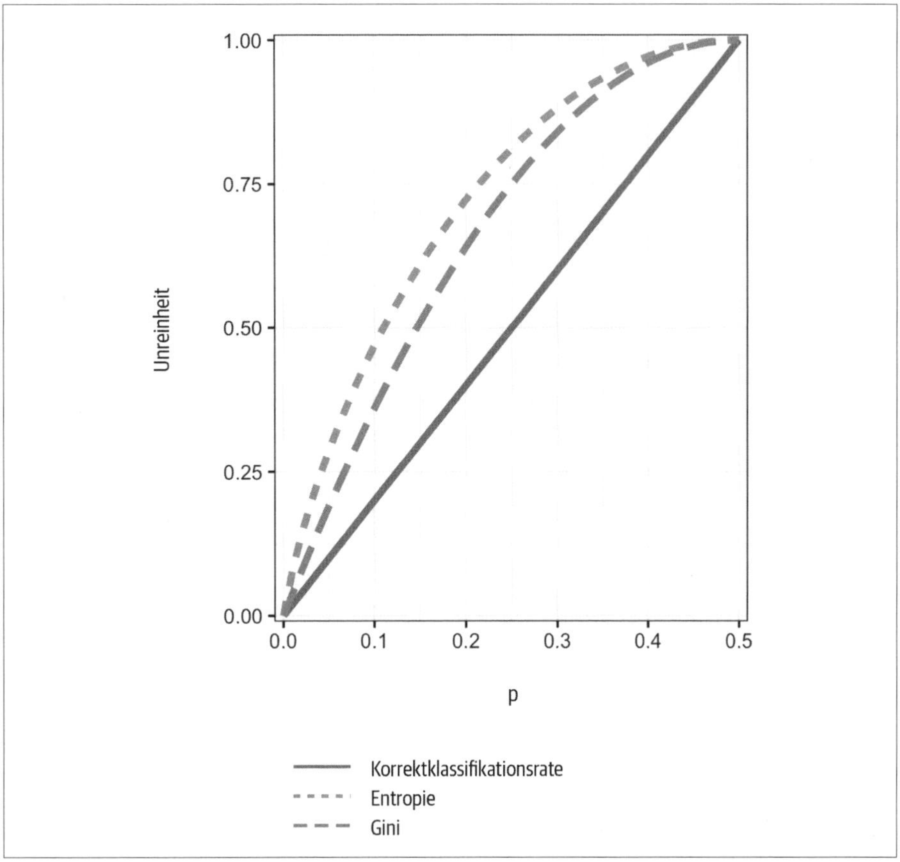

Abbildung 6-5: Gini-Unreinheit und Entropiemaß

Gini-Koeffizient

Die Gini-Unreinheit ist nicht mit dem *Gini-Koeffizienten* zu verwechseln. Beide stellen ähnliche Konzepte dar, aber der Gini-Koeffizient ist auf die binäre Klassifikation beschränkt und hängt mit der AUC-Metrik zusammen (siehe »Fläche unter der ROC-Kurve (AUC)« auf Seite 234).

Das Unreinheitsmaß wird in dem oben beschriebenen Partitionierungsalgorithmus verwendet. Für jede ermittelte Partition, die sich aus der Aufteilung ergibt, wird die Unreinheit ermittelt. Dann wird ein gewichteter Mittelwert berechnet und die Partition (in jeder Stufe), die den niedrigsten gewichteten Mittelwert aufweist, ausgewählt.

Den Baum daran hindern, weiterzuwachsen

Je größer der Baum wird, desto detaillierter werden die Aufteilungsregeln, und der Baum verlagert sich allmählich von der Identifizierung »großer« Regeln, die reale und zuverlässige Beziehungen in den Daten identifizieren, zu »kleinen« Regeln, die nur das Rauschen in den Daten widerspiegeln. Ein vollständig ausgewachsener Baum führt zu völlig reinen Blättern, d.h. zu einer hundertprozentigen Korrektklassifikationsrate hinsichtlich der Daten, auf die er trainiert wird. Dieser Grad an Genauigkeit ist natürlich illusorisch. Wir sind mit einer Überanpassung an die Daten konfrontiert – siehe »Der Zielkonflikt zwischen Verzerrung und Varianz (Bias-Variance Trade-off)« auf Seite 258 –, da wir das Rauschen in den Trainingsdaten angepasst haben und nicht das Signal, das wir in neuen Daten identifizieren möchten.

Wir benötigen einen Ansatz, mit dem wir feststellen können, wann wir das Wachstum eines Baums in einem Stadium so einstellen müssen, dass der Baum auf neue Daten verallgemeinern kann. Es gibt verschiedene Möglichkeiten, eine weitere Aufteilung in Partitionen in *R* und *Python* zu unterbinden:

- Vermeiden Sie die Aufteilung einer Partition, wenn eine resultierende Subpartition zu klein ist oder wenn ein finale Blatt zu klein ist. In dem `rpart`-Paket (*R*) werden diese Einschränkungen separat durch die Parameter `minsplit` bzw. `minbucket` gesteuert, wobei die Vorgabewerte `20` und `7` sind. In *Pythons* Methode `DecisionTreeClassifier` können wir dies mit den Parametern `min_samples_split` (Vorgabewert `2`) und `min_samples_leaf` (Vorgabewert `1`) handhaben.
- Teilen Sie eine Partition nicht weiter auf, wenn die neue Partition die Unreinheit nicht »signifikant« reduziert. In `rpart` wird dies durch den *Komplexitätsparameter* `cp` gesteuert, der ein Maß dafür ist, wie komplex ein Baum ist – je komplexer, desto größer der Wert von `cp`. In der Praxis wird `cp` verwendet, um das Baumwachstum zu begrenzen, indem infolge zusätzlicher Komplexität (Aufteilungen) eines Baums eine Strafe auferlegt wird. Die `DecisionTreeClassifier`-Methode (*Python*) hat den Parameter `min_impurity_decrease`, der die Aufteilung auf der Grundlage eines gewichteten Unreinheitsabnahmewerts begrenzt. Hier führen kleinere Werte zu komplexeren Bäumen.

Diese Methoden beruhen auf willkürlichen Regeln und können für die explorative Analyse nützlich sein, aber wir können nicht ohne Weiteres optimale Werte (d.h. Werte, die die Vorhersagegenauigkeit auf neue Daten maximieren) bestimmen. Wir müssen die Kreuzvalidierung entweder mit einer systematischen Änderung der Modellparameter oder mit einer Modifizierung des Baums durch Stutzen (engl. *Pruning*) kombinieren.

Die Komplexität eines Baums in R kontrollieren

Mit dem Komplexitätsparameter `cp` können wir abschätzen, welche Baumgröße sich zur Vorhersage mit neuen Daten am besten erweist. Wenn der Wert für `cp` zu klein ist, werden die Daten vom Baum zu stark angepasst, da in den Daten das Rauschen und nicht das eigentliche Signal erfasst wird. Wird der Wert für `cp` hingegen zu groß gewählt, fällt der Baum zu klein aus und weist nur eine geringe Vorhersagefähigkeit auf. Der Vorgabewert im `rpart`-Paket ist auf 0,01 festgelegt, obwohl Sie bei größeren Datensätzen wahrscheinlich feststellen werden, dass dieser Wert zu groß gewählt ist. Im vorhergehenden Beispiel haben wir den Wert für `cp` auf `0.005` gesetzt, da der Vorgabewert nur einen Baum mit einer einzigen Aufteilung hervorgebracht hat. Im Rahmen der explorativen Analyse reicht es aus, einfach einige wenige Werte auszuprobieren.

Die Bestimmung des optimalen `cp`-Werts ist ein Beispiel, mit dem wir uns den zwangsläufigen Zielkonflikt zwischen Verzerrung und Varianz gut vor Augen führen können. Die gebräuchlichste Art, einen guten Wert für `cp` zu ermitteln, ist die Kreuzvalidierung (siehe »Kreuzvalidierung« auf Seite 158):

1. Unterteilen Sie die Daten in einen Trainings- und einen Validierungsdatensatz (Hold-out-Datensatz).
2. Lassen Sie den Baum mit dem Trainingsdatensatz »wachsen«.
3. Stutzen Sie ihn Schritt für Schritt und erfassen Sie bei jedem Schritt den Wert `cp` (unter Verwendung des *Trainingsdatensatzes*).
4. Vermerken Sie den `cp`-Wert, der die kleinste Fehlerrate auf dem *Validierungsdatensatz* aufweist.
5. Wiederholen Sie die vorhergehenden Schritte (unterteilen Sie Daten in einen Trainings- und einen Validierungsdatensatz, trainieren Sie den Baum vollständig, stutzen Sie ihn und erfassen Sie die resultierenden `cp`-Werte).
6. Wiederholen Sie diesen Vorgang immer und immer wieder und bilden Sie den Mittelwert der `cp`-Werte, die jeweils die kleinste Fehlerrate der ermittelten Bäume hervorbrachten.
7. Greifen Sie nun auf den ursprünglichen Datensatz zurück (oder zu neuen Daten) und lassen Sie mit diesen einen Baum »wachsen«, bis der optimale `cp`-Wert erreicht ist.

Im `rpart`-Paket können Sie das Argument `cptable` verwenden, um eine Tabelle der `cp`-Werte und des zugehörigen Kreuzvalidierungsfehlers (`xerror` in *R*) zu erstellen, aus der Sie den `cp`-Wert mit dem geringsten Kreuzvalidierungsfehler ermitteln können.

Die Komplexität eines Baums in Python kontrollieren

In der Implementierung des `scikit-learn`-Pakets zur Erstellung von Entscheidungsbäumen wird der Komplexitätsparameter `cpp_alpha` genannt. Der Vorgabewert ist 0, was bedeutet, dass der Baum nicht gestutzt wird; eine Erhöhung des Werts führt zu kleineren Bäumen. Sie können die Methode `GridSearchCV` verwenden, um den optimalen Wert zu finden.

Es gibt eine Reihe weiterer Modellparameter, mit denen die Baumgröße kontrolliert werden kann. Beispielsweise können wir `max_depth` in dem Wertebereich von 5 bis 30 und `min_samples_split` zwischen 20 und 100 variieren lassen. Die `GridSearchCV`-Methode im `scikit-learn`-Paket ist eine bequeme Möglichkeit, eine vollständige

Suche durch alle Kombinationen mit einer Kreuzvalidierung zu kombinieren. Anhand der kreuzvalidierten Modellleistung wird dann ein optimaler Satz von Parametern ausgewählt.

Vorhersage eines kontinuierlichen Werts

Um kontinuierliche Werte (*Regression*) mit einem Baummodell vorherzusagen, können wir der gleichen Logik und Vorgehensweise wie bei der Klassifikation folgen, außer dass die Unreinheit in diesem Fall durch die quadrierten Abweichungen vom Mittelwert (quadratische Fehler) in jeder Unterpartition erfasst und die Vorhersageleistung mithilfe der Quadratwurzel des mittleren quadratischen Fehlers (RMSE) (siehe »Das Modell bewerten« auf Seite 155) in jeder Partition beurteilt wird.

Das `scikit-learn`-Paket verfügt über die Methode `sklearn.tree.DecisionTreeRegressor`, die zum Trainieren eines Entscheidungsbaum-Regressionsmodells vorgesehen ist.

Wie Bäume verwendet werden

Eines der großen Hindernisse, mit denen diejenigen konfrontiert sind, die Vorhersagemodelle in Unternehmen und Organisationen erstellen, ist der wahrgenommene »Black-Box«-Charakter der Methoden, die sie verwenden. Das kann innerhalb der betroffenen Organisation Widerstände mit sich bringen. In dieser Hinsicht hat das Baummodell zwei ansprechende Aspekte:

- Baummodelle bieten ein visuelles Hilfsmittel zur Datenexploration, um eine Vorstellung davon zu gewinnen, welche Variablen wichtig sind und wie sie in Beziehung zueinander stehen. Bäume können nicht lineare Beziehungen zwischen Prädiktorvariablen erfassen.
- Baummodelle bieten eine Reihe von Regeln, die auch Laien gut vermittelt werden können, entweder zur Implementierung oder zur »Vermarktung« eines Data-Mining-Projekts.

Wenn es uns jedoch um die Vorhersage geht, erhalten wir in der Regel ein leistungsfähigeres Modell, wenn wir die Ergebnisse aus mehreren Bäumen nutzen und nicht nur die Vorhersage eines einzigen Baums. Insbesondere Algorithmen wie Random Forests und Boosted Trees bieten fast immer eine bessere Vorhersagegenauigkeit und -leistung (siehe »Bagging und Random Forests« auf Seite 271 und »Boosting« auf Seite 282). Die oben genannten Vorteile eines einzelnen Baums gehen bei diesen Verfahren jedoch verloren.

Kernideen

- Entscheidungsbäume erzeugen eine Reihe von Regeln, um eine Ergebnisvariable zu klassifizieren oder vorherzusagen.
- Die Regeln entsprechen der sukzessiven Aufteilung des Datensatzes in Unterpartitionen.
- Jede Partition verweist auf einen bestimmten Wert einer Prädiktorvariablen und unterteilt die Beobachtungen in dem Datensatz darauf basierend, bei welchen Beobachtungen der Wert der Prädiktorvariablen über oder unter diesem Teilungswert liegt.
- In jedem Stadium wählt der Baumalgorithmus die Aufteilung, die die Unreinheit eines Ergebnisses innerhalb jeder Unterpartition minimiert.
- Wenn keine weiteren Aufteilungen vorgenommen werden können, ist der Baum vollständig ausgewachsen, und jeder Endknoten bzw. jedes Blatt beinhaltet nur Beobachtungen einer einzigen Kategorie; neue Beobachtungen, die diesem Entscheidungspfad folgen, würden dieser Kategorie zugeordnet werden.
- Ein voll ausgewachsener Baum passt die Daten zu stark an und muss gestutzt werden, damit er das Signal und nicht das Rauschen in den Daten abbildet.
- Algorithmen mit mehreren Bäumen wie Random Forests und Boosted Trees liefern eine bessere Vorhersageleistung, verlieren aber die regelbasierte Aussagekraft einzelner Bäume.

Weiterführende Literatur

- Der Blogbeitrag vom Analytics Vidhya Content Team mit dem Titel »Tree Based Algorithms: A Complete Tutorial from Scratch (in *R* & *Python*)« (*https://oreil.ly/zOr4B*), erschienen am 12. April 2016.
- Der Beitrag von Terry M. Therneau, Elizabeth J. Atkinson und der Mayo Foundation mit dem Titel »An Introduction to Recursive Partitioning Using the RPART Routines« (*https://oreil.ly/6rLGk*), erschienen am 11. April 2019.

Bagging und Random Forests

Im Jahr 1906 besuchte der Statistiker Sir Francis Galton eine Grafschaftsmesse in England, auf der ein Wettbewerb abgehalten wurde, bei dem es darum ging, das Schlachtgewicht eines zur Schau gestellten Ochsen zu schätzen. 800 Menschen gaben ihre Einschätzung ab, und obwohl die einzelnen Einschätzungen stark variierten, lagen sowohl der Mittelwert als auch der Median innerhalb einer Abweichung von nur 1 % des wahren Gewichts des Ochsen. James Surowiecki hat dieses Phänomen in seinem Buch *The Wisdom of Crowds* (Doubleday, 2004) untersucht. Das Prinzip gilt auch für prädiktive Modelle: Die Mittelwertbildung (oder Mehrheitsentscheidungen) über mehrere Modelle – ein *Ensemble* von Modellen – erweist sich als genauer als nur ein einzelnes Modell.

Schlüsselbegriffe zum Bagging und zu Random Forests

Ensemble
: Erstellen einer Vorhersage mithilfe einer Reihe von Modellen.

  Synonym
  : Mittelung von Modellen

Bagging
: Eine allgemeine Methode zur Bildung einer Reihe von Modellen, die auf dem Bootstrap-Verfahren basiert.

  Synonym
  : Bootstrap Aggregating

Random Forest
: Eine Art kombinierte Schätzung auf der Grundlage von Entscheidungsbaummodellen.

Variablenwichtigkeit
: Ein Maß für die Bedeutung einer Prädiktorvariablen hinsichtlich der Leistungsfähigkeit des Modells (engl. *Variable Importance*).

Der Ensemble-Ansatz wurde bei und über viele verschiedene Modellierungsmethoden hinweg angewandt. Am bekanntesten ist der Netflix-Preis, bei dem Netflix einen Preis in Höhe von einer Million Dollar für jeden Teilnehmer ausgeschrieben hatte, der ein Modell entwickeln könnte, das eine zehnprozentige Verbesserung bewirken würde bei der Vorhersage der Bewertung, die ein Netflix-Kunde einem Film geben würde. Die einfache Version eines Ensemble-Modells lautet wie folgt:

1. Entwickeln Sie ein Vorhersagemodell und halten Sie die Vorhersagen für einen bestimmten Datensatz fest.
2. Wiederholen Sie den Vorgang für mehrere Modelle mit denselben Daten.
3. Für jede vorherzusagende Beobachtung nehmen Sie einen Mittelwert (oder einen gewichteten Mittelwert oder eine Mehrheitsentscheidung) der verschiedenen ermittelten Vorhersagen.

Ensemble-Methoden sind am systematischsten und effektivsten auf Entscheidungsbäume angewandt worden. Ensemble-Baummodelle sind so leistungsfähig, dass sie eine Möglichkeit bieten, gute Vorhersagemodelle mit relativ geringem Aufwand zu erstellen.

Über den einfachen Ensemble-Algorithmus hinaus gibt es zwei Hauptvarianten von Ensemble-Modellen: *Bagging* und *Boosting*. Im Fall von Ensemble-Baummodellen werden diese als *Random Forest-* und *Boosted Tree*-Modelle bezeichnet. Der folgende Abschnitt konzentriert sich auf Bagging; Boosting wird in »Boosting« auf Seite 282 beschrieben.

Bagging

Bagging – steht für *Bootstrap Aggregating* – wurde im Jahr 1994 von Leo Breiman eingeführt. Angenommen, wir hätten eine Antwortvariable Y und P Prädiktorvariablen $\mathbf{X} = X_1, X_2, ..., X_P$ mit N Beobachtungen.

Bagging gleicht dem Basisalgorithmus für Ensembles, jedoch mit dem Unterschied, dass die verschiedenen Modelle nicht an die gleichen Daten angepasst werden, sondern jedes neue Modell an ein Bootstrap-Resample angepasst wird. Im Folgenden wird der Algorithmus etwas formeller vorgestellt:

1. Initialisieren Sie M, die Anzahl der anzupassenden Modelle, und n, die Anzahl der zu wählenden Beobachtungen ($n < N$). Setzen Sie den Zähler für die Iterationen auf $m = 1$.
2. Nehmen Sie ein Bootstrap-Resample (d.h., ziehen Sie eine Stichprobe mit Zurücklegen) mit n Beobachtungen aus dem Trainingsdatensatz, um eine Teilstichprobe Y_m und $\mathbf{X}_m$ (einen *Bag*) zu bilden.
3. Trainieren Sie das Modell unter Verwendung von Y_m und $\mathbf{X}_m$, um eine Reihe von Entscheidungsregeln $\hat{f}_m(\mathbf{X})$ zu erstellen.
4. Erhöhen Sie den Zähler für die Iterationen des Modells auf $m = m + 1$. Solange $m <= M$ ist, gehen Sie zu Schritt 2 zurück.

Wenn $\hat{f}_m$ die vorhergesagte Wahrscheinlichkeit für $Y = 1$ darstellt, ist der Bagging-Schätzer gegeben durch:

$$\hat{f} = \frac{1}{M}\left(\hat{f}_1(\mathbf{X}) + \hat{f}_2(\mathbf{X}) + \cdots + \hat{f}_M(\mathbf{X})\right)$$

Random Forest

Der Algorithmus *Random Forest* basiert auf der Anwendung von Bagging auf Entscheidungsbäume – mit einer wichtigen Erweiterung: Zusätzlich zur Stichprobenziehung der Beobachtungen werden hier auch die Variablen zufällig gezogen bzw. einbezogen.[4] In traditionellen Entscheidungsbäumen trifft der Algorithmus die Wahl der Variablen und des Teilungswerts durch Minimierung eines Kriteriums wie der Gini-Unreinheit (siehe »Homogenität und Unreinheit messen« auf Seite 266), um zu bestimmen, wie eine Unterteilung einer Partition A zu erstellen ist. Bei Random Forests ist die Wahl der Variablen in jeder Phase des Algorithmus auf eine *zufällige Untermenge von Variablen* beschränkt. Verglichen mit dem grundlegen-

4 Der Begriff *Random Forest* ist ein Warenzeichen von Leo Breiman und Adele Cutler und an Salford Systems lizenziert. Es gibt ansonsten keinen gebräuchlichen Nichtmarkennamen, und der Begriff *Random Forest* ist mit dem Algorithmus ähnlich gleichbedeutend wie Kleenex mit Kosmetiktüchern.

den Baumalgorithmus (siehe »Der Recursive-Partitioning-Algorithmus« auf Seite 264), fügt der Random-Forest-Algorithmus zwei weitere Schritte hinzu: das zuvor besprochene Bagging (siehe »Bagging und Random Forests« auf Seite 271) und die zufällige Ziehung von Variablen bei jeder Partitionierung:

1. Ziehen Sie eine Bootstrap-Teilstichprobe (mit Zurücklegen) aus den Beobachtungen.
2. Für die erste Aufteilung werden $p < P$ *Variablen* nach dem Zufallsprinzip ohne Zurücklegen gezogen.
3. Wenden Sie für jede der gezogenen Variablen $X_{j(1)}, X_{j(2)}, \ldots, X_{j(p)}$ den Partitionierungsalgorithmus an:
   a. Für jeden Wert $s_{j(k)}$ von $X_{\mathrm{j}(k)}$:
      1. Unterteilen Sie die Beobachtungen in Partition A, wobei die Beobachtungen mit $X_{j(k)} < s_{j(k)}$ als eine Partition und die restlichen Beobachtungen $X_{j(k)} \geq s_{j(k)}$ als eine weitere Partition verwendet werden.
      2. Messen Sie die Homogenität der Kategorien innerhalb jeder Subpartition von A.

   b. Wählen Sie den Wert von $s_{j(k)}$, der die maximale Homogenität der Kategorien innerhalb der Unterpartition erzeugt.
4. Wählen Sie die Variable $X_{\mathrm{j}(k)}$ und den Teilungswert $s_{j(k)}$, der die maximale Homogenität der Kategorien innerhalb der Partitionen bewirkt.
5. Gehen Sie zur nächsten Partitionierung über und wiederholen Sie die vorherigen Schritte, beginnend mit Schritt 2.
6. Fahren Sie mit weiteren Partitionierungen fort und folgen Sie dem gleichen Verfahren, bis der Baum aufgebaut worden ist.
7. Gehen Sie zurück zu Schritt 1, nehmen Sie eine weitere Bootstrap-Teilstichprobe und beginnen Sie den Vorgang von vorn.

Wie viele Variablen sollten in jedem Schritt gezogen werden? Eine Faustregel ist die Wahl einer Anzahl von $\sqrt{P}$ Variablen, wobei P die Anzahl der Prädiktorvariablen angibt. Das Paket `randomForest` bietet eine Implementierung des Random Forest in *R*. Im Folgenden wenden wir den Random-Forest-Algorithmus mithilfe dieses Pakets auf die Kreditdaten an (siehe »K-Nächste-Nachbarn« auf Seite 248 für eine Beschreibung der Daten):

```
rf <- randomForest(outcome ~ borrower_score + payment_inc_ratio,
                   data=loan3000)
rf

Call:
 randomForest(formula = outcome ~ borrower_score + payment_inc_ratio,
     data = loan3000)
            Type of random forest: classification
                     Number of trees: 500
No. of variables tried at each split: 1
```

```
        OOB estimate of error rate: 39.17%
Confusion matrix:
        default  paid off  class.error
default     873       572   0.39584775
paid off    603       952   0.38778135
```

In *Python* verwenden wir die Methode sklearn.ensemble.RandomForestClassifier:

```
predictors = ['borrower_score', 'payment_inc_ratio']
outcome = 'outcome'

X = loan3000[predictors]
y = loan3000[outcome]

rf = RandomForestClassifier(n_estimators=500, random_state=1, oob_score=True)
rf.fit(X, y)
```

Es werden standardmäßig 500 Bäume trainiert. Da es nur zwei Prädiktorvariablen gibt, wählt der Algorithmus nach dem Zufallsprinzip die Variable aus, die in dem jeweiligen Schritt der Partitionierung dient (d.h. eine Bootstrap-Teilstichprobe der Größe 1).

Die *Out-of-Bag-(OOB-)*Fehlerschätzung ist die Fehlerrate, die sich ergibt, wenn wir die trainierten Modelle auf die Daten anwenden, die im Trainingsdatensatz für den jeweiligen Baum nicht berücksichtigt wurden. Unter Verwendung der Ausgabe des Modells kann der OOB-Fehler der Anzahl der Bäume des Random Forest in *R* gegenübergestellt werden:

```
error_df = data.frame(error_rate=rf$err.rate[,'OOB'],
                      num_trees=1:rf$ntree)
ggplot(error_df, aes(x=num_trees, y=error_rate)) +
  geom_line()
```

Die RandomForestClassifier-Implementierung bietet keine einfache Möglichkeit, sich Out-of-Bag-Schätzwerte als Funktion der Anzahl der Bäume im Random Forest ausgeben zu lassen. Wir können eine Reihe von Klassifikatoren, die mit einer zunehmenden Anzahl von Bäumen trainiert werden, heranziehen und beobachten, welche Werte der oob_score_ jeweils annimmt. Diese Methode ist jedoch nicht effizient:

```
n_estimator = list(range(20, 510, 5))
oobScores = []
for n in n_estimator:
    rf = RandomForestClassifier(n_estimators=n, criterion='entropy',
                                max_depth=5, random_state=1, oob_score=True)
    rf.fit(X, y)
    oobScores.append(rf.oob_score_)
df = pd.DataFrame({ 'n': n_estimator, 'oobScore': oobScores })
df.plot(x='n', y='oobScore')
```

Das Ergebnis wird in Abbildung 6-6 angezeigt. Die Fehlerrate nimmt – ausgehend von einem Wert von etwa 0,44 – rasch ab, bevor sie sich ca. um den Wert 0,385 stabilisiert. Die vorhergesagten Werte können mit der Funktion predict ermittelt und wie folgt in *R* dargestellt werden:

```
pred <- predict(rf, prob=TRUE)
rf_df <- cbind(loan3000, pred = pred)
ggplot(data=rf_df, aes(x=borrower_score, y=payment_inc_ratio,
                       shape=pred, color=pred, size=pred)) +
    geom_point(alpha=.8) +
    scale_color_manual(values = c('paid off'='#b8e186', 'default'='#d95f02')) +
    scale_shape_manual(values = c('paid off'=0, 'default'=1)) +
    scale_size_manual(values = c('paid off'=0.5, 'default'=2))
```

Mit *Python* können wir wie folgt ein vergleichbares Diagramm erstellen:

```
predictions = X.copy()
predictions['prediction'] = rf.predict(X)
predictions.head()

fig, ax = plt.subplots(figsize=(4, 4))

predictions.loc[predictions.prediction=='paid off'].plot(
    x='borrower_score', y='payment_inc_ratio', style='.',
    markerfacecolor='none', markeredgecolor='C1', ax=ax)
predictions.loc[predictions.prediction=='default'].plot(
    x='borrower_score', y='payment_inc_ratio', style='o',
    markerfacecolor='none', markeredgecolor='C0', ax=ax)
ax.legend(['paid off', 'default']);
ax.set_xlim(0, 1)
ax.set_ylim(0, 25)
ax.set_xlabel('borrower_score')
ax.set_ylabel('payment_inc_ratio')
```

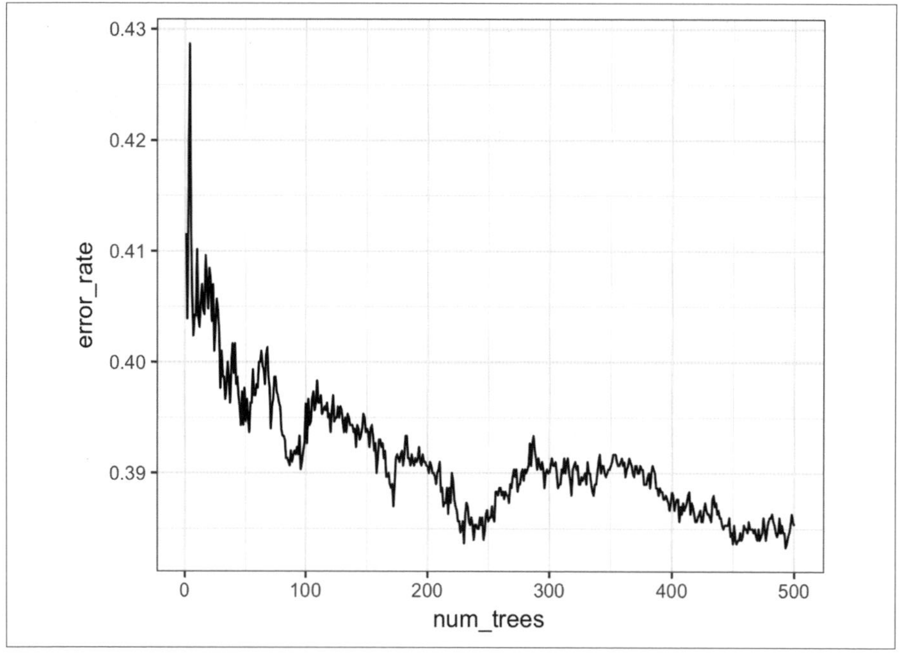

Abbildung 6-6: Ein Beispiel für die Verbesserung der Genauigkeit des Random Forest infolge des Hinzufügens zusätzlicher Bäume

Das in Abbildung 6-7 gezeigte Diagramm ist recht aufschlussreich bezüglich der Beschaffenheit des Random Forest.

Die Random-Forest-Methode ist eine »Black-Box«-Methode. Sie liefert genauere Vorhersagen als ein einfacher Baum, aber die intuitiven Entscheidungsregeln des einfachen Baums gehen verloren. Die Vorhersagen des Random Forest sind außerdem ein wenig verrauscht: Beachten Sie, dass auch für einige Kreditnehmer mit einer sehr hohen Bewertung (`borrower_score`) – die auf eine hohe Kreditwürdigkeit hinweist – ein Kreditausfall vorhergesagt wird. Dies ist auf einige ungewöhnliche Beobachtungen in den Daten zurückzuführen und zeigt die Gefahr der Überanpassung durch den Random Forest – siehe »Der Zielkonflikt zwischen Verzerrung und Varianz (Bias-Variance Trade-off)« auf Seite 258.

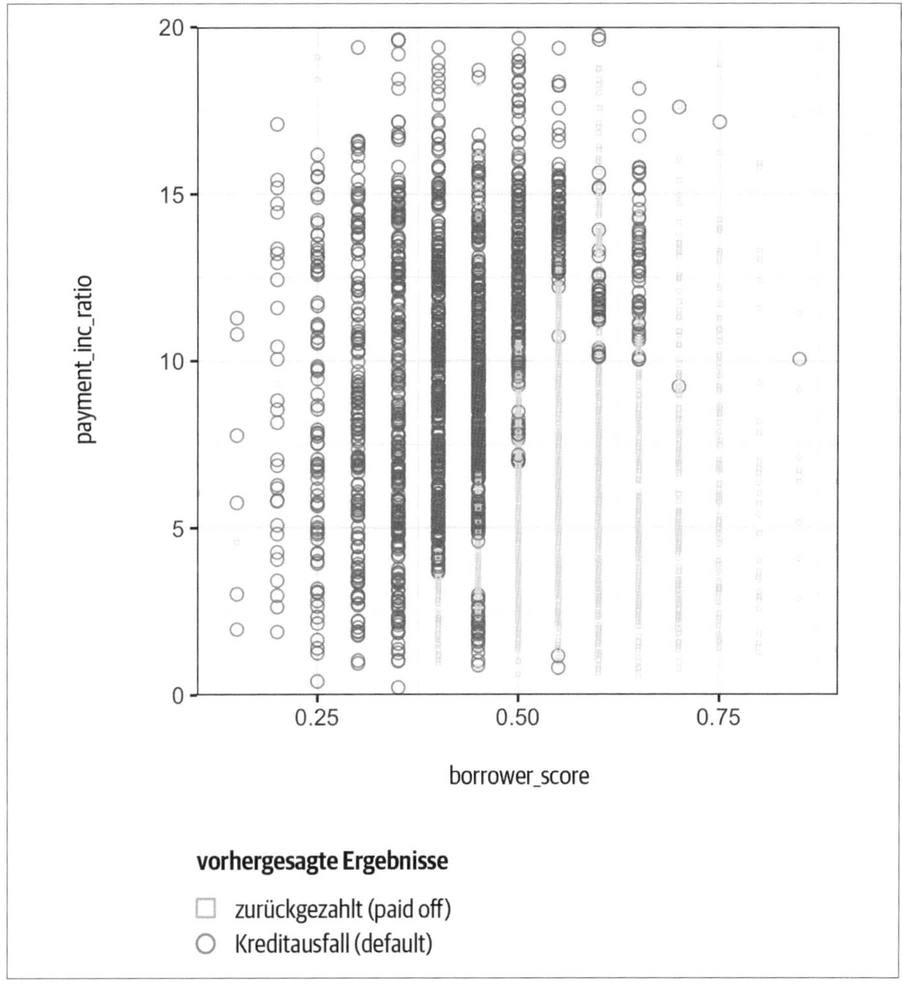

Abbildung 6-7: Die vorhergesagten Ergebnisse des Random Forest, angewandt auf die Kreditdaten

Variablenwichtigkeit

Die Leistungsfähigkeit des Random-Forest-Algorithmus zeigt sich insbesondere dann, wenn Sie Vorhersagemodelle für Datensätze mit vielen Merkmalen und Beobachtungen entwickeln. Er hat die Fähigkeit, automatisch zu bestimmen, welche Prädiktoren wichtig sind, und kann komplexe Beziehungen zwischen Prädiktoren entdecken, die Interaktionstermen entsprechen (siehe »Interaktions- und Haupteffekte« auf Seite 178). Passen wir beispielsweise ein Modell an die Kreditdaten an, wobei wir alle Spalten bzw. Prädiktorvariablen einbeziehen. In *R* ist dies wie nachstehend möglich:

```
rf_all <- randomForest(outcome ~ ., data=loan_data, importance=TRUE)
rf_all
Call:
 randomForest(formula = outcome ~ ., data = loan_data, importance = TRUE)
              Type of random forest: classification
                    Number of trees: 500
No. of variables tried at each split: 4

        OOB estimate of  error rate: 33.79%

Confusion matrix:
         paid off default class.error
paid off    14676    7995   0.3526532
default      7325   15346   0.3231000
```

Und in *Python*:

```
predictors = ['loan_amnt', 'term', 'annual_inc', 'dti', 'payment_inc_ratio',
              'revol_bal', 'revol_util', 'purpose', 'delinq_2yrs_zero',
              'pub_rec_zero', 'open_acc', 'grade', 'emp_length', 'purpose_',
              'home_', 'emp_len_', 'borrower_score']
outcome = 'outcome'

X = pd.get_dummies(loan_data[predictors], drop_first=True)
y = loan_data[outcome]

rf_all = RandomForestClassifier(n_estimators=500, random_state=1)
rf_all.fit(X, y)
```

Das Argument `importance=TRUE` bewirkt, dass die `randomForest`-Methode zusätzliche Informationen über die Wichtigkeit der verschiedenen Variablen speichert. Mit der Funktion `varImpPlot` können wir ein Diagramm der relativen Leistung der Variablen erstellen (in Relation zur Situation, die sich ohne diese Variable ergibt, d. h. infolge der Permutation der Variablen):

```
varImpPlot(rf_all, type=1) ❶
varImpPlot(rf_all, type=2) ❷
```

❶ Die durchschnittliche Abnahme der Korrektklassifikationsrate.

❷ Die durchschnittliche Abnahme der Unreinheit.

In *Python* erfasst der RandomForestClassifier die entsprechenden Informationen über die Wichtigkeit der Merkmale während des Trainings und stellt sie mithilfe des Attributs feature_importances_ zur Verfügung:

```
importances = rf_all.feature_importances_
```

Die Abnahme des Gini (*Gini decrease*) ist als Attribut feature_importance_ des angepassten Klassifikators verfügbar, die Abnahme der Korrektklassifikationsrate ist in *Python* jedoch nicht direkt verfügbar. Wir können sie (scores) mit dem folgenden Code selbst berechnen:

```
rf = RandomForestClassifier(n_estimators=500)
scores = defaultdict(list)

# Kreuzvalidierung der Ergebnisse für eine Reihe verschiedener
# zufälliger Aufteilungen der Daten
for _ in range(3):
    train_X, valid_X, train_y, valid_y = train_test_split(X, y, test_size=0.3)
    rf.fit(train_X, train_y)
    acc = metrics.accuracy_score(valid_y, rf.predict(valid_X))
    for column in X.columns:
        X_t = valid_X.copy()
        X_t[column] = np.random.permutation(X_t[column].values)
        shuff_acc = metrics.accuracy_score(valid_y, rf.predict(X_t))
        scores[column].append((acc-shuff_acc)/acc)
```

Das resultierende Diagramm wird in Abbildung 6-8 gezeigt. In *Python* kann es mit dem folgenden Code erstellt werden:

```
df = pd.DataFrame({
    'feature': X.columns,
    'Accuracy decrease': [np.mean(scores[column]) for column in X.columns],
    'Gini decrease': rf_all.feature_importances_,
})
df = df.sort_values('Accuracy decrease')

fig, axes = plt.subplots(ncols=2, figsize=(8, 4.5))
ax = df.plot(kind='barh', x='feature', y='Accuracy decrease',
             legend=False, ax=axes[0])
ax.set_ylabel('')

ax = df.plot(kind='barh', x='feature', y='Gini decrease',
             legend=False, ax=axes[1])
ax.set_ylabel('')
ax.get_yaxis().set_visible(False)
```

Es gibt zwei Möglichkeiten, die Wichtigkeit von Variablen zu messen:

- Durch die Abnahme der Korrektklassifikationsrate des Modells, wenn die Werte einer Variablen zufällig permutiert werden (type=1 in *R*). Die zufällige Permutation der Werte hat den Effekt, dass jegliche Vorhersagekraft der entsprechenden Variablen entfernt wird. Die Korrektklassifikationsrate wird auf Basis der Out-of-Bag-Daten berechnet (dieses Maß ist also effektiverweise ein kreuzvalidierter Schätzwert).

- Durch die durchschnittliche Abnahme des Gini-Unreinheits-Scores (siehe »Homogenität und Unreinheit messen« auf Seite 266) für alle Knoten, die anhand einer bestimmten Variablen aufgeteilt wurden (`type=2` in *R*). Dadurch wird gemessen, wie sehr die Einbeziehung dieser Variablen die Reinheit der Knoten verbessert. Dieses Maß basiert auf dem Trainingsdatensatz und ist daher weniger zuverlässig als ein mit Out-of-Bag-Daten berechnetes Maß.

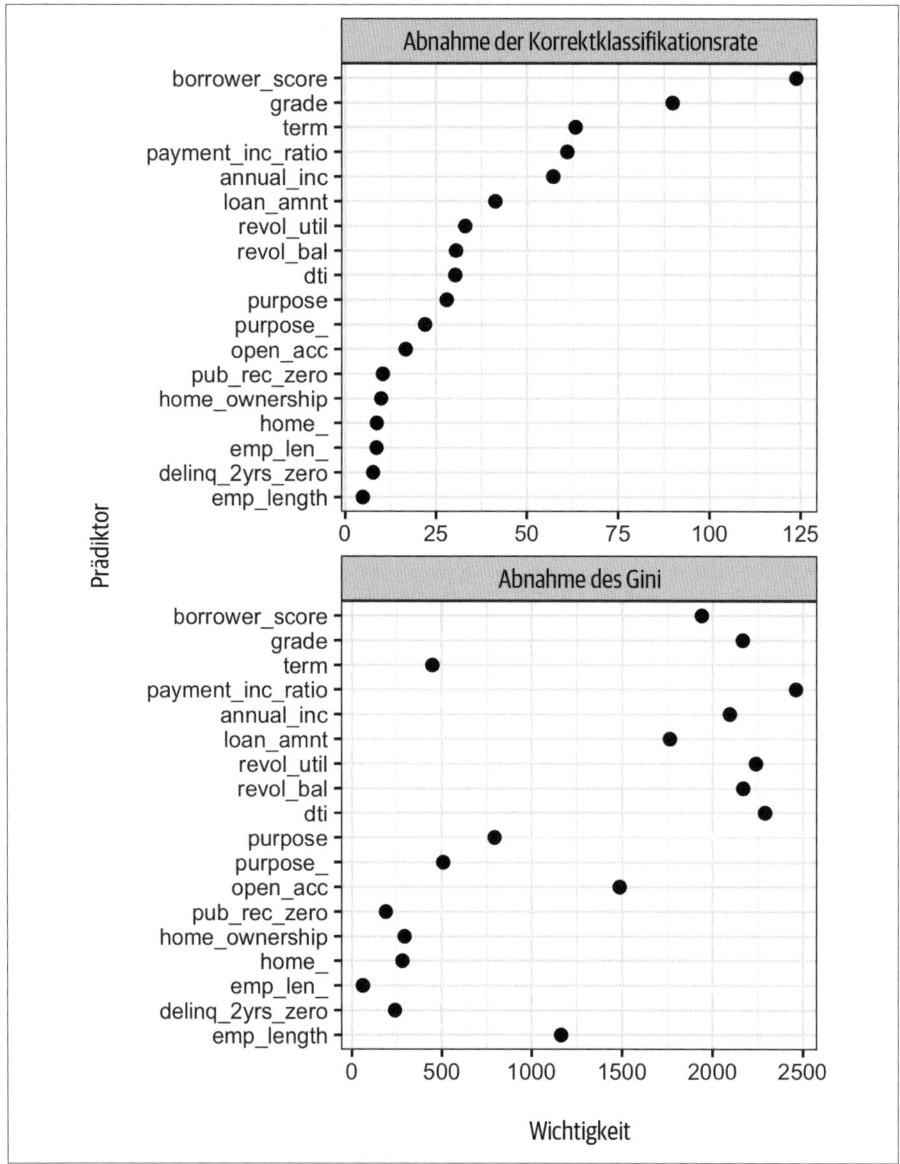

Abbildung 6-8: Die Variablenwichtigkeit für das vollständige Modell, angepasst an die Kreditdaten

Abbildung 6-8 ist in zwei Bereiche eingeteilt: Im oberen Bereich wird die Abnahme der Korrektklassifikationsrate und im unteren die Abnahme der Gini-Unreinheit dargestellt. In beiden Darstellungen sind die Variablen entsprechend der Abnahme der Korrektklassifikationsrate geordnet. Die Werte für die Variablenwichtigkeit sind je nach gewähltem Maß recht unterschiedlich.

Die Abnahme der Korrektklassifikationsrate ist eigentlich die zuverlässigere Metrik. Warum sollten wir ein Maß für die Abnahme der Gini-Unreinheit verwenden? Standardmäßig berechnet die Funktion `randomForest` nur die Gini-Unreinheit: Die Gini-Unreinheit ist ein Nebenprodukt des Algorithmus, während die Korrektklassifikationsrate des Modells hinsichtlich jeder Variablen zusätzliche Berechnungen erfordert (zufällige Permutation der Daten und Vorhersage dieser Daten). Für den Fall, dass die Berechnungskomplexität wichtig ist, wie z.B. in einer Produktionsumgebung, in der Tausende von Modellen angepasst werden, lohnt sich der zusätzliche Berechnungsaufwand möglicherweise nicht. Darüber hinaus gibt die Gini-Abnahme Aufschluss darüber, welche Variablen das Random-Forest-Modell verwendet, um seine Partitionierungsregeln zu erstellen (es sei daran erinnert, dass diese Informationen, die in einem einfachen Baum leicht sichtbar sind, in einem Random Forest verloren gehen).

Hyperparameter

Wie viele statistische maschinelle Lernalgorithmen kann auch der Random-Forest-Algorithmus als Black-Box mit gewissen Stellschrauben zur Einstellung der Funktionsweise der Box betrachtet werden. Diese Stellschrauben werden *Hyperparameter* genannt. Das sind Parameter, die Sie vor der Anpassung eines Modells festlegen müssen; sie werden nicht im Rahmen des Trainings optimiert. Während traditionelle statistische Modelle Entscheidungen erfordern (z.B. die Wahl der Prädiktoren, die in einem Regressionsmodell verwendet werden sollen), sind beim Random Forest die Hyperparameter von entscheidender Bedeutung, speziell im Hinblick darauf, eine mögliche Überanpassung zu vermeiden. Die beiden wichtigsten Hyperparameter für den Random-Forest-Algorithmus sind insbesondere:

`nodesize` *bzw.* `min_samples_leaf`
: Die Mindestanzahl finaler Knoten (Blätter im Baum). Die Vorgabewerte sind 1 für die Klassifikation und 5 für die Regression in *R*. Die `scikit-learn`-Implementierung in *Python* verwendet für beide einen Vorgabewert von 1.

`maxnodes` *bzw.* `max_leaf_nodes`
: Die maximale Anzahl von Knoten in jedem Entscheidungsbaum. Standardmäßig gibt es keine Beschränkung, und der größte Baum wird unter Beachtung der Einschränkungen durch den gewählten Wert von `nodesize` angepasst. Beachten Sie, dass Sie in *Python* die maximale Anzahl von finalen Knoten angeben. Die beiden Parameter sind eng miteinander verbunden:

$$\text{maxnodes} = 2\text{max\_leaf\_nodes} - 1$$

Es mag verlockend sein, diese Parameter zu ignorieren und einfach mit den Vorgabewerten zu arbeiten. Die Verwendung der Vorgabewerte kann jedoch zu einer Überanpassung führen, wenn Sie den Random-Forest-Algorithmus auf verrauschte Daten anwenden. Wenn Sie die Parameter `nodesize` bzw. `min_samples_leaf` erhöhen oder `maxnodes` bzw. `max_leaf_nodes` festlegen, passt der Algorithmus kleinere Bäume an und erstellt weniger wahrscheinlich unechte bzw. scheinbare Vorhersageregeln. Die Kreuzvalidierung (siehe »Kreuzvalidierung« auf Seite 158) kann verwendet werden, um die Auswirkungen der Auswahl verschiedener Hyperparameterwerte zu untersuchen.

Kernideen

- Ensemble-Modelle verbessern die Modellgenauigkeit (bzw. die Korrektklassifikationsrate) dadurch, dass die Ergebnisse aus vielen Modellen kombiniert werden.
- Bagging ist eine besondere Art eines Ensemble-Modells, das auf der Anpassung vieler Modelle an einzelne Bootstrap-Stichproben der Daten und der Mittelung der Modelle basiert.
- Random Forest bezeichnet eine besondere Form des Baggings, die auf Entscheidungsbäume angewendet wird. Zusätzlich zum Resampling der Daten zieht der Random-Forest-Algorithmus beim Partitionieren der Bäume zufällige Stichproben aus den Prädiktorvariablen.
- Ein nützliches Ergebnis des Random-Forest-Algorithmus ist ein Maß, das die Variablenwichtigkeit angibt und die Prädiktorvariablen in Bezug auf ihren Beitrag zur Modellgenauigkeit einstuft.
- Der Random Forest verfügt über eine Reihe von Hyperparametern, die mithilfe der Kreuzvalidierung optimiert werden sollten, um eine Überanpassung zu vermeiden.

Boosting

Ensemble-Modelle sind zu einem standardmäßigen Tool im Rahmen der prädiktiven Modellierung geworden. *Boosting* ist eine allgemeine Methode, mit der Ensembles von Modellen erstellt werden können. Sie wurde etwa zur gleichen Zeit wie das *Bagging* entwickelt (siehe »Bagging und Random Forests« auf Seite 271). Wie Bagging kommt auch Boosting am häufigsten bei Entscheidungsbäumen zum Einsatz. Trotz ihrer Ähnlichkeiten verfolgt das Boosting einen ganz anderen Ansatz – einen, der mit bedeutend größerem Aufwand verbunden ist. Während also Bagging mit relativ geringem Abstimmungsaufwand durchgeführt werden kann, erfordert das Boosting eine viel größere Sorgfalt bei der Anwendung. Wenn es sich bei diesen beiden Methoden um Autos handeln würde, könnte Bagging als ein VW (zuverlässig und beständig) betrachtet werden, während Boosting eher mit einem Porsche (leistungsstark, aber mit größerer Sorgfalt zu fahren) vergleichbar wäre.

In linearen Regressionsmodellen werden die Residuen oft dazu genutzt, zu untersuchen, ob die Anpassung verbessert werden kann (siehe »Partielle Residuendiagramme und Nichtlinearität« auf Seite 190). Boosting geht über dieses Konzept hinaus und passt eine Reihe von Modellen an, bei denen jedes nachfolgende Modell versucht, den Fehler des vorhergehenden Modells zu minimieren. Es werden mehrere Varianten des Algorithmus verwendet: *Adaboost*, *Gradient Boosting* und *Stochastic Gradient Boosting*. Letztere, das Stochastic Gradient Boosting, ist die allgemeinste und am weitesten verbreitete Variante. In der Tat kann der Algorithmus mit der richtigen Wahl der Parameter den Random Forest nachbilden.

Schlüsselbegriffe zum Boosting

Ensemble
: Erstellen einer Vorhersage mithilfe einer Reihe von Modellen.

  Synonym
  : Modell-Mittelung

Boosting
: Eine allgemeine Methode, um eine Reihe von Modellen anzupassen, indem Beobachtungen mit großen Residuen bei dem jeweils nachfolgenden Durchgang stärker gewichtet werden.

Adaboost
: Eine frühe Version des Boostings, bei der die Daten basierend auf den Residuen neu gewichtet werden.

Gradient Boosting
: Eine allgemeinere Form des Boostings, die auf die Minimierung einer Kostenfunktion ausgerichtet ist.

Stochastic Gradient Boosting
: Der allgemeinste Algorithmus für das Boosting, der ein Resampling von Beobachtungen und Spalten in jedem Durchgang vorsieht.

Regularisierung
: Eine Methode zur Vermeidung einer Überanpassung durch Hinzufügen eines Strafterms zur Kostenfunktion, der von der Anzahl der Modellparameter abhängt.

Hyperparameter
: Parameter, die vor der Anwendung des Algorithmus festgelegt werden müssen.

Der Boosting-Algorithmus

Es gibt verschiedene Boosting-Algorithmen, und die zugrunde liegende Idee hinter allen ist im Wesentlichen die gleiche. Am einfachsten zu verstehen ist Adaboost, bei dem wie folgt vorgegangen wird:

1. Initialisieren Sie M, die maximale Anzahl von Modellen, die angepasst werden sollen, und setzen Sie den Iterationszähler auf $m = 1$. Initialisieren Sie die Gewichte der Beobachtungen $w_i = 1/N$ mit $i = 1, 2, ..., N$. Initialisieren Sie das Ensemble-Modell $\hat{F}_0 = 0$.
2. Trainieren Sie unter Verwendung der Gewichte der Beobachtungen $w_1, w_2, ..., w_N$ ein Modell $\hat{f}_{\mathrm{m}}$, das den gewichteten Fehler e_m minimiert, der als Summe der Gewichte der falsch klassifizierten Beobachtungen definiert ist.
3. Fügen Sie das Modell dem Ensemble hinzu: $\hat{F}_m = \hat{F}_{m-1} + \alpha_m \hat{f}_m$, wobei

   $$\alpha_m = \frac{\log 1 - e_m}{e_m}$$

4. Aktualisieren Sie die Gewichte $w_1, w_2, ..., w_N$ so, dass die Gewichte für die Beobachtungen, die falsch klassifiziert wurden, erhöht werden. Das Ausmaß der Erhöhung hängt von dem Wert von α_{m} ab, wobei größere Werte von α_{m} zu größeren Gewichten führen.
5. Erhöhen Sie den Modellzähler $m = m + 1$. Falls $m \leq M$, gehen Sie zurück zu Schritt 2.

Der Boosting-Schätzer ist gegeben durch:

$$\hat{F} = \alpha_1 \hat{f_1} + \alpha_2 \hat{f_2} + \cdots + \alpha_M \hat{f_M}$$

Indem der Algorithmus die Gewichte der Beobachtungen, die falsch klassifiziert wurden, erhöht, zwingt er die Modelle dazu, sich stärker an den Daten zu orientieren, die er schlecht klassifiziert hat. Der Faktor α_{m} sorgt dafür, dass Modellen mit geringerem Fehler ein größeres Gewicht verliehen wird.

Gradient Boosting funktioniert ähnlich wie Adaboost. Allerdings wird das Optimierungsproblem auf Basis einer Kostenfunktion gelöst. Anstatt die Gewichte anzupassen, werden beim Gradient Boosting die Modelle an ein *Pseudo-Residuum* anpasst, was den Effekt hat, dass die größeren Residuen im Training stärker einbezogen werden. Ähnlich wie beim Random Forest wird dem Stochastic-Gradient-Boosting-Algorithmus Zufälligkeit verliehen, indem Beobachtungen und Prädiktorvariablen in jeder Stufe stichprobenartig gezogen werden.

XGBoost

Die am weitesten verbreitete Public-Domain-Software für Boosting ist XGBoost, eine Implementierung des Stochastic Gradient Boosting, die ursprünglich von Tianqi Chen und Carlos Guestrin an der University of Washington entwickelt wurde. Sie stellt eine rechnerisch effiziente Implementierung mit vielen Optionen dar und ist in den meisten wichtigen datenwissenschaftlichen Programmiersprachen als Paket erhältlich. Sowohl in *R* als auch in *Python* ist der XGBoost-Algorithmus im Paket `xgboost` (*https://xgboost.readthedocs.io*) verfügbar.

Die Methode xgboost hat viele Parameter, die angepasst werden können und sollten (siehe »Hyperparameter und Kreuzvalidierung« auf Seite 292). Zwei sehr wichtige Parameter sind einerseits subsample, der den Anteil der Beobachtungen reguliert, der bei jeder Iteration gezogen werden soll, und eta, ein auf α_m angewandter Shrinkage-Faktor im Boosting-Algorithmus (siehe »Der Boosting-Algorithmus« auf Seite 283). Hinsichtlich der Verwendung von subsample verhält es sich beim Boosting wie beim Random Forest, außer dass die Stichprobenziehung ohne Zurücklegen erfolgt. Der Shrinkage-Parameter (»Schrumpfungsparameter«) eta ist hilfreich, um eine Überanpassung zu verhindern, indem die Änderung der Gewichte verringert wird (eine geringere Änderung der Gewichte bedeutet, dass es im Rahmen des Algorithmus weniger wahrscheinlich zu einer Überanpassung an den Trainingsdatensatz kommt). Im Folgenden wenden wir die xgboost-Methode aus *R* auf die Kreditdaten mit nur zwei Prädiktorvariablen an:

```
predictors <- data.matrix(loan3000[, c('borrower_score', 'payment_inc_ratio')])
label <- as.numeric(loan3000[,'outcome']) - 1
xgb <- xgboost(data=predictors, label=label, objective="binary:logistic",
               params=list(subsample=0.63, eta=0.1), nrounds=100)
[1]     train-error:0.358333
[2]     train-error:0.346333
[3]     train-error:0.347333
...
[99]    train-error:0.239333
[100]   train-error:0.241000
```

Beachten Sie, dass die xgboost-Funktion nicht die Formelsyntax unterstützt, sodass die Prädiktorvariablen zunächst in eine Matrix (data.matrix) überführt werden müssen und die Antwortvariable in eine binäre Variable (0/1) umgewandelt werden muss. Das Argument objective teilt xgboost mit, um welche Art von Fragestellung es sich handelt; auf dieser Grundlage wählt die xgboost-Funktion eine zu optimierende Metrik aus.

In *Python* hat xgboost zwei verschiedene Schnittstellen: eine in scikit-learn und eine funktionellere Schnittstelle wie in *R*. Um mit anderen scikit-learn-Methoden konsistent zu sein, wurden einige Parameter umbenannt. Zum Beispiel wird der Shrinkage-Parameter eta in learning_rate umbenannt; die Verwendung von eta würde zwar keinen Programmfehler hervorrufen, aber auch nicht den gewünschten Effekt haben:

```
predictors = ['borrower_score', 'payment_inc_ratio']
outcome = 'outcome'

X = loan3000[predictors]
y = loan3000[outcome]

xgb = XGBClassifier(objective='binary:logistic', subsample=0.63)
xgb.fit(X, y)
--
XGBClassifier(base_score=0.5, booster='gbtree', colsample_bylevel=1,
       colsample_bynode=1, colsample_bytree=1, gamma=0, learning_rate=0.1,
```

```
max_delta_step=0, max_depth=3, min_child_weight=1, missing=None,
n_estimators=100, n_jobs=1, nthread=None, objective='binary:logistic',
random_state=0, reg_alpha=0, reg_lambda=1, scale_pos_weight=1, seed=None,
silent=None, subsample=0.63, verbosity=1)
```

Die vorhergesagten Werte erhalten wir in *R* mithilfe der predict-Funktion. Da wir nur zwei Variablen einbezogen haben, können wir sie für die jeweiligen Kombinationen der Werte der Prädiktorvariablen mit einer Grafik veranschaulichen:

```
pred <- predict(xgb, newdata=predictors)
xgb_df <- cbind(loan3000, pred_default = pred > 0.5, prob_default = pred)
ggplot(data=xgb_df, aes(x=borrower_score, y=payment_inc_ratio,
                  color=pred_default, shape=pred_default, size=pred_default)) +
         geom_point(alpha=.8) +
         scale_color_manual(values = c('FALSE'='#b8e186', 'TRUE'='#d95f02')) +
         scale_shape_manual(values = c('FALSE'=0, 'TRUE'=1)) +
         scale_size_manual(values = c('FALSE'=0.5, 'TRUE'=2))
```

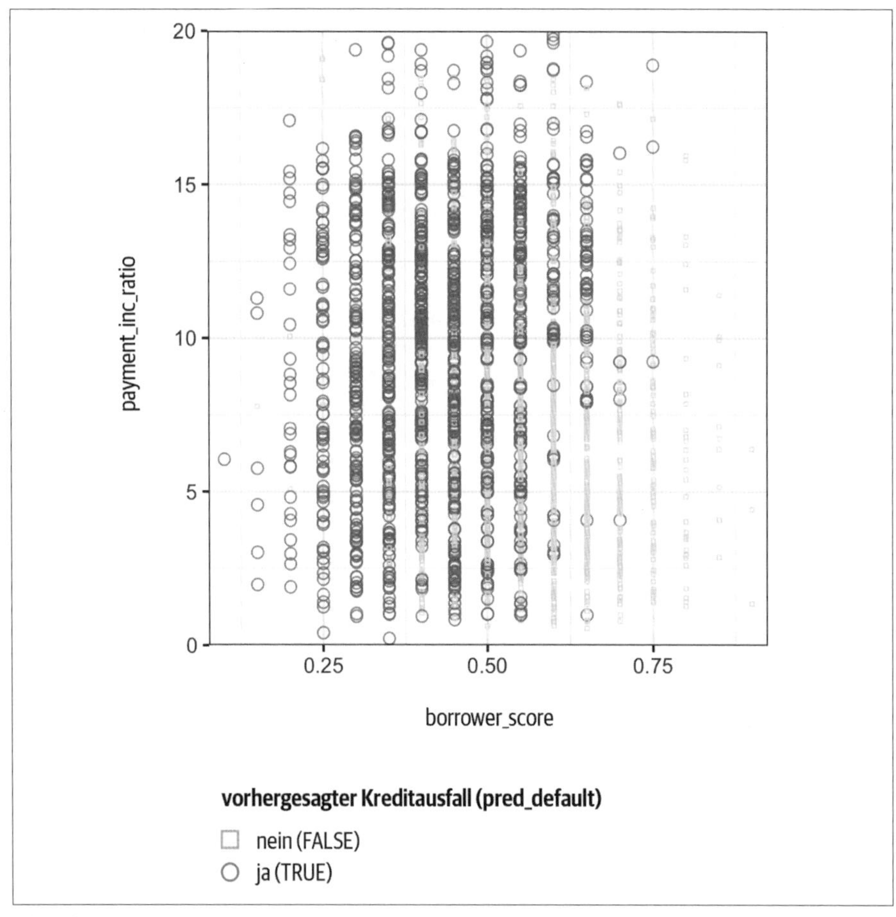

Abbildung 6-9: Die von XGBoost vorhergesagten Ergebnisse, basierend auf den Kreditausfalldaten

Die gleiche Abbildung kann in *Python* mit dem folgenden Code erstellt werden:

```
fig, ax = plt.subplots(figsize=(6, 4))

xgb_df.loc[xgb_df.prediction=='paid off'].plot(
    x='borrower_score', y='payment_inc_ratio', style='.',
    markerfacecolor='none', markeredgecolor='C1', ax=ax)
xgb_df.loc[xgb_df.prediction=='default'].plot(
    x='borrower_score', y='payment_inc_ratio', style='o',
    markerfacecolor='none', markeredgecolor='C0', ax=ax)
ax.legend(['paid off', 'default']);
ax.set_xlim(0, 1)
ax.set_ylim(0, 25)
ax.set_xlabel('borrower_score')
ax.set_ylabel('payment_inc_ratio')
```

Das Ergebnis wird in Abbildung 6-9 gezeigt. In qualitativer Hinsicht gleichen die Vorhersagen denen des Random Forest (siehe Abbildung 6-7). Die Vorhersagen sind insofern etwas verrauscht, als dass für einige Kreditnehmer mit einer sehr hohen Kreditwürdigkeit (`borrower_score`) am Ende immer noch ein Kreditausfall vorhersagt wird.

Regularisierung: Überanpassung vermeiden

Die unbedachte Anwendung von *xgboost* kann zu instabilen Modellen infolge einer *Überanpassung* (engl. *Overfitting*) an den Trainingsdatensatz führen. Eine Überanpassung ist in zweifacher Hinsicht problematisch:

- Die Genauigkeit des Modells auf neuen Daten, die nicht im Trainingsdatensatz enthalten sind, wird sich verschlechtern.
- Die Vorhersagen des Modells variieren stark, was zu instabilen Ergebnissen führt.

Jedes beliebige Modellierungsverfahren ist in Bezug auf das Problem der Überanpassung potenziell anfällig. Wenn beispielsweise zu viele Variablen in einer Regressionsgleichung enthalten sind, kann das Modell am Ende unerwünschte Vorhersagen hervorbringen. Bei den meisten statistischen Verfahren kann eine Überanpassung jedoch durch eine vernünftige Auswahl der Prädiktorvariablen vermieden werden. Sogar der Random Forest erzeugt im Allgemeinen ein vernünftiges Modell, ohne dass die Parameter justiert werden müssen.

Beim `xgboost`-Algorithmus verhält es sich jedoch anders. Passen wir die Kreditdaten an den Trainingsdatensatz mit allen im Modell enthaltenen Variablen mit der `xgboost`-Funktion an. In *R* geht das wie folgt:

```
seed <- 400820
predictors <- data.matrix(loan_data[, -which(names(loan_data) %in%
                                    'outcome')])
label <- as.numeric(loan_data$outcome) - 1
test_idx <- sample(nrow(loan_data), 10000)
```

```
xgb_default <- xgboost(data=predictors[-test_idx,], label=label[-test_idx],
                       objective='binary:logistic', nrounds=250, verbose=0)
pred_default <- predict(xgb_default, predictors[test_idx,])
error_default <- abs(label[test_idx] - pred_default) > 0.5
xgb_default$evaluation_log[250,]
mean(error_default)
-
iter train_error
1:  250    0.133043

[1] 0.3529
```

In *Python* verwenden wir die Funktion train_test_split, um den Datensatz in einen Trainings- und einen Testdatensatz aufzuteilen:

```
predictors = ['loan_amnt', 'term', 'annual_inc', 'dti', 'payment_inc_ratio',
              'revol_bal', 'revol_util', 'purpose', 'delinq_2yrs_zero',
              'pub_rec_zero', 'open_acc', 'grade', 'emp_length', 'purpose_',
              'home_', 'emp_len_', 'borrower_score']
outcome = 'outcome'

X = pd.get_dummies(loan_data[predictors], drop_first=True)
y = pd.Series([1 if o == 'default' else 0 for o in loan_data[outcome]])

train_X, valid_X, train_y, valid_y = train_test_split(X, y, test_size=10000)

xgb_default = XGBClassifier(objective='binary:logistic', n_estimators=250,
                            max_depth=6, reg_lambda=0, learning_rate=0.3,
                            subsample=1)
xgb_default.fit(train_X, train_y)

pred_default = xgb_default.predict_proba(valid_X)[:, 1]
error_default = abs(valid_y - pred_default) > 0.5
print('Ohne Penalisierung: ', np.mean(error_default))
```

Der Testdatensatz besteht aus 10.000 zufällig ausgewählten Beobachtungen aus dem vollständigen Datensatz. Der Trainingsdatensatz enthält dementsprechend alle übrigen Beobachtungen. Boosting führt hinsichtlich des Trainingsdatensatzes zu einer Fehlerquote von nur 13,3 %. Auf dem Testdatensatz weist der Algorithmus jedoch eine wesentlich höhere Fehlerquote von 35,3 % auf. Dies ist eine Folge der Überanpassung: Während Boosting die Streuung der Daten im Trainingsdatensatz sehr gut erklären kann, gelten die Vorhersageregeln nicht für neue Daten.

Beim Boosting gibt es mehrere Parameter, die dazu dienen, eine Überanpassung zu vermeiden, darunter die Parameter eta (bzw. learning_rate in *Python*) und subsample (siehe »XGBoost« auf Seite 284). Ein anderer Ansatz ist die *Regularisierung*, eine Methode, bei der die Kostenfunktion modifiziert wird, um die Komplexität des Modells zu *penalisieren*. Entscheidungsbäume werden durch die Minimierung eines bestimmten Kostenkriteriums wie z. B. dem Gini-Unreinheits-Score (siehe »Homogenität und Unreinheit messen« auf Seite 266) angepasst. In der xgboost-Implementierung ist es möglich, die Kostenfunktion durch Hinzufügen eines Terms zu modifizieren, der die Komplexität des Modells erfasst.

Es gibt zwei Parameter zur Regularisierung des xgboost-Modells: alpha und lambda, die der Manhattan-Distanz (L1-Regularisierung) bzw. der quadrierten euklidischen Distanz (L2-Regularisierung) entsprechen (siehe »Distanzmaße« auf Seite 252). Eine Erhöhung dieser Parameter »bestraft« komplexere Modelle und verringert die Größe der Bäume, die angepasst werden. Probieren Sie zum Beispiel aus, was passiert, wenn wir lambda in *R* auf 1.000 setzen:

```
xgb_penalty <- xgboost(data=predictors[-test_idx,], label=label[-test_idx],
                       params=list(eta=.1, subsample=.63, lambda=1000),
                       objective='binary:logistic', nrounds=250, verbose=0)
pred_penalty <- predict(xgb_penalty, predictors[test_idx,])
error_penalty <- abs(label[test_idx] - pred_penalty) > 0.5
xgb_penalty$evaluation_log[250,]
mean(error_penalty)
-
iter train_error
1:  250     0.30966

[1] 0.3286
```

In der Programmierschnittstelle des scikit-learn-Pakets heißen die Parameter reg_alpha und reg_lambda:

```
xgb_penalty = XGBClassifier(objective='binary:logistic', n_estimators=250,
                            max_depth=6, reg_lambda=1000, learning_rate=0.1,
                            subsample=0.63)
xgb_penalty.fit(train_X, train_y)
pred_penalty = xgb_penalty.predict_proba(valid_X)[:, 1]
error_penalty = abs(valid_y - pred_penalty) > 0.5
print('Mit Penalisierung: ', np.mean(error_penalty))
```

Jetzt ist der Trainingsfehler nur noch geringfügig kleiner als der Fehler auf dem Testdatensatz.

Die predict-Methode in *R* unterstützt die Angabe eines praktischen Arguments, ntreelimit, das angibt, dass nur die ersten *i* Bäume zwingend für die Vorhersage verwendet werden müssen. Dadurch können wir die Fehlerraten, die sich auf eine Stichprobe beziehen (engl. *In-Sample Error*), direkt mit den Fehlerraten, die nicht auf dieselbe Stichprobe bezogen sind (engl. *Out-of-Sample Error*), vergleichen, da mehr Modelle einbezogen werden:

```
error_default <- rep(0, 250)
error_penalty <- rep(0, 250)
for(i in 1:250){
  pred_def <- predict(xgb_default, predictors[test_idx,], ntreelimit=i)
  error_default[i] <- mean(abs(label[test_idx] - pred_def) >= 0.5)
  pred_pen <- predict(xgb_penalty, predictors[test_idx,], ntreelimit=i)
  error_penalty[i] <- mean(abs(label[test_idx] - pred_pen) >= 0.5)
}
```

In *Python* können wir die Methode predict_proba mit dem Argument ntree_limit aufrufen:

```
results = []
for i in range(1, 250):
    train_default = xgb_default.predict_proba(train_X, ntree_limit=i)[:, 1]
```

Hyperparameter und Kreuzvalidierung

Das xgboost-Modell umfasst eine gewaltige Anzahl an Hyperparametern (siehe »Hyperparameter beim XGBoost-Algorithmus« auf Seite 294 für eine Erläuterung). Wie in »Regularisierung: Überanpassung vermeiden« auf Seite 287 zu sehen ist, kann die Wahl der Hyperparameter die Modellanpassung dramatisch verändern. Angesichts der Vielzahl an Kombinationsmöglichkeiten von Werten, auf die wir die Hyperparameter festlegen könnten, stellt sich die Frage, von was wir uns bei der Parameterwahl leiten lassen. Eine Standardlösung für dieses Problem ist die *Kreuzvalidierung* (siehe »Kreuzvalidierung« auf Seite 158). Bei der Kreuzvalidierung werden die Daten nach dem Zufallsprinzip in *K* verschiedene Gruppen aufgeteilt, die im Englischen auch als *Folds* bezeichnet werden. Für jede Gruppe wird ein Modell mit den Daten, die sich nicht in der Gruppe befinden, trainiert und dann anhand der Daten der jeweiligen Gruppe ausgewertet. Daraus ergibt sich ein Maß für die Genauigkeit des Modells auf Daten, die nicht der Stichprobe angehören. Der beste Satz von Hyperparametern ist derjenige, der durch das Modell mit dem geringsten Gesamtfehler gegeben ist, der wiederum als Mittelwert der Fehler aller Gruppen berechnet wird.

Um die Methode zu veranschaulichen, wählen wir mit ihr die Parameter für das xgboost-Modell aus. In diesem Beispiel untersuchen wir zwei Parameter: den Shrinkage-Parameter eta (learning_rate – siehe »XGBoost« auf Seite 284) und die maximale Baumtiefe max_depth. Der Parameter max_depth ist die maximale Tiefe eines Blatts (der finale Knoten) bis zur Wurzel des Baums und hat einen Vorgabewert von sechs. Dadurch erhalten wir eine weitere Möglichkeit, die Überanpassung zu kontrollieren: Tiefere Bäume neigen dazu, komplexer zu sein, und erhöhen das Risiko einer Überanpassung an die Daten. Zuerst deklarieren wir die möglichen Werte für die Parameter und die Anzahl der Gruppen. In *R* kann das wie folgt umgesetzt werden:

```
N <- nrow(loan_data)
fold_number <- sample(1:5, N, replace=TRUE)
params <- data.frame(eta = rep(c(.1, .5, .9), 3),
                     max_depth = rep(c(3, 6, 12), rep(3,3)))
```

Nun wenden wir den vorhergehenden Algorithmus an, um den Fehler für jedes Modell und jede Gruppe unter Verwendung von insgesamt fünf Gruppen zu berechnen:

```
error <- matrix(0, nrow=9, ncol=5)
for(i in 1:nrow(params)){
  for(k in 1:5){
    fold_idx <- (1:N)[fold_number == k]
    xgb <- xgboost(data=predictors[-fold_idx,], label=label[-fold_idx],
                   params=list(eta=params[i, 'eta'],
                               max_depth=params[i, 'max_depth']),
                   objective='binary:logistic', nrounds=100, verbose=0)
    pred <- predict(xgb, predictors[fold_idx,])
```

```
        error[i, k] <- mean(abs(label[fold_idx] - pred) >= 0.5)
    }
}
```

Mit dem folgenden *Python*-Code erstellen wir alle möglichen Kombinationen von Hyperparametern, passen die Modelle für jede Kombination an und evaluieren sie:

```
idx = np.random.choice(range(5), size=len(X), replace=True)
error = []
for eta, max_depth in product([0.1, 0.5, 0.9], [3, 6, 9]): ❶
    xgb = XGBClassifier(objective='binary:logistic', n_estimators=250,
                        max_depth=max_depth, learning_rate=eta)
    cv_error = []
    for k in range(5):
        fold_idx = idx == k
        train_X = X.loc[~fold_idx]; train_y = y[~fold_idx]
        valid_X = X.loc[fold_idx]; valid_y = y[fold_idx]

        xgb.fit(train_X, train_y)
        pred = xgb.predict_proba(valid_X)[:, 1]
        cv_error.append(np.mean(abs(valid_y - pred) > 0.5))
    error.append({
        'eta': eta,
        'max_depth': max_depth,
        'avg_error': np.mean(cv_error)
    })
    print(error[-1])
errors = pd.DataFrame(error)
```

❶ Wir nutzen die Funktion `itertools.product` aus *Pythons* Standardbibliothek, um alle möglichen Kombinationen der beiden Hyperparameter zu erzeugen.

Da wir insgesamt 45 Modelle anpassen, kann dies eine gewisse Zeit dauern. Die Fehler werden als Matrix gespeichert, wobei die Zeilen den Modellen entsprechen und die Spalten den Gruppen. Mit der Funktion `rowMeans` können wir die Fehlerrate für die verschiedenen Parametersätze vergleichen:

```
avg_error <- 100 * round(rowMeans(error), 4)
cbind(params, avg_error)
  eta max_depth avg_error
1 0.1         3     32.90
2 0.5         3     33.43
3 0.9         3     34.36
4 0.1         6     33.08
5 0.5         6     35.60
6 0.9         6     37.82
7 0.1        12     34.56
8 0.5        12     36.83
9 0.9        12     38.18
```

Die Kreuzvalidierung legt nahe, dass die Verwendung flacherer Bäume mit einem kleineren Wert für `eta`/`learning_rate` genauere Ergebnisse liefert. Da diese Modelle auch stabiler sind, sind in diesem Fall die geeignetsten Parameterwerte `eta=0.1` und `max_depth=3` (oder möglicherweise `max_depth=6`).

Hyperparameter beim XGBoost-Algorithmus

Die Hyperparameter im `xgboost`-Algorithmus dienen in erster Linie dazu, ein Gleichgewicht zwischen Überanpassung, Genauigkeit und Berechnungskomplexität herzustellen. Eine vollständige Auflistung und Beschreibung der Parameter finden Sie in der `xgboost`-Dokumentation (*https://oreil.ly/xC_OY*).

`eta/learning_rate`
: Der auf α angewandte Shrinkage-Faktor zwischen 0 und 1 im Boosting-Algorithmus. Der Vorgabewert ist 0,3, aber für verrauschte Daten werden kleinere Werte empfohlen (z. B. 0,1). In *Python* ist der Vorgabewert auf 0,1 gesetzt.

`nrounds/n_estimators`
: Die Anzahl der Iterationen im Boosting-Algorithmus. Wenn `eta` auf einen kleinen Wert gesetzt wird, ist es wichtig, die Anzahl der Iterationen zu erhöhen, da der Algorithmus langsamer lernt. Solange einige Parameter einbezogen sind, um eine Überanpassung zu verhindern, schadet es nicht, mehr Iterationen zu durchlaufen.

`max_depth`
: Die maximale Tiefe des Baums (der Vorgabewert ist 6). Im Gegensatz zum Random Forest, der sich für sehr tiefe Bäume eignet, ist das Boosting normalerweise für flache Bäume geeignet. Dies hat den Vorteil, dass unerwünschte komplexe Interaktionen im Modell vermieden werden, die durch verrauschte Daten entstehen können. In *Python* ist der Vorgabewert 3.

`subsample` *und* `colsample_bytree`
: Der Anteil an Beobachtungen, die ohne Zurücklegen gezogen werden sollen, und der Anteil an Prädiktorvariablen, die für die Anpassung der Bäume gezogen bzw. einbezogen werden sollen. Diese Parameter, die denen vom Random Forest ähneln, tragen dazu bei, eine Überanpassung zu vermeiden. Der Vorgabewert ist 1,0.

`lambda/reg_lambda` *und* `alpha/reg_alpha`
: Die Regularisierungsparameter, um einer Überanpassung entgegenzuwirken (siehe »Regularisierung: Überanpassung vermeiden« auf Seite 287). Die Vorgabewerte in *Python* sind `reg_lambda=1` und `reg_alpha=0`. In *R* haben beide den Vorgabewert 0.

Kernideen

- Boosting stellt eine Form von Ensemble-Modellen dar, die auf der Anpassung von einer Reihe von Modellen basiert, wobei Beobachtungen mit großen Fehlern in den nachfolgenden Iterationen mehr Gewicht beigemessen wird.
- Stochastic Gradient Boosting ist die allgemeinste Variante des Boostings und bietet die höchste Leistungsfähigkeit. Die häufigste Form des Stochastic Gradient Boosting verwendet Baummodelle.

- XGBoost ist ein beliebtes und rechnerisch effizientes Softwarepaket für Stochastic Gradient Boosting; es ist in allen in der Data Science gebräuchlichen Programmiersprachen verfügbar.
- Boosting neigt zur Überanpassung der Daten, und die Hyperparameter müssen so justiert werden, dass dies möglichst vermieden wird.
- Die Regularisierung ist eine Möglichkeit, eine Überanpassung zu vermeiden, indem ein Strafterm in Bezug auf die Anzahl der Parameter (z. B. der Baumgröße) in ein Modell aufgenommen wird.
- Die Kreuzvalidierung ist beim Boosting aufgrund der großen Anzahl festzulegender Hyperparameter besonders wichtig.

Zusammenfassung

In diesem Kapitel wurden zwei Klassifikations- und Vorhersagemethoden beschrieben, die flexibel und lokal aus den zugeführten Daten »lernen«, anstatt mit einem Strukturmodell (z. B. einer linearen Regression) zu beginnen, das auf den gesamten Datensatz angepasst wird. Dem *K*-Nächste-Nachbarn-Algorithmus liegt ein einfacher Prozess zugrunde, bei dem ähnliche Beobachtungen betrachtet werden und ihre mehrheitlich vorherrschende Kategorie (oder ihr Durchschnittswert) der vorherzusagenden Beobachtung zugeordnet wird. Infolge des Ausprobierens verschiedener Teilungswerte hinsichtlich der Prädiktorvariablen unterteilen Baummodelle die Daten iterativ in Partitionen und Subpartitionen, die in Bezug auf die Kategorien zunehmend homogener werden. Die effektivsten Teilungswerte bilden einen Pfad bzw. lassen sich als »Regeln« auffassen, die zur Klassifikation oder zur Vorhersage herangezogen werden. Baummodelle sind eine sehr leistungsfähige und beliebte Methode zur Vorhersage, die anderen Methoden oft überlegen ist. Sie legten den Grundstein für verschiedene Ensemble-Methoden (Random Forests, Boosting, Bagging), die die Vorhersagefähigkeit von Bäumen verbessern.

KAPITEL 7

Unüberwachtes Lernen

Der Terminus *unüberwachtes Lernen* (engl. *Unsupervised Learning*) bezieht sich auf statistische Methoden, die bedeutsame Zusammenhänge aus Daten extrahieren, ohne dass dabei ein Modell mit gelabelten Daten (Daten, bei denen das im Fokus stehende Ergebnis bekannt ist) trainiert wird. In den Kapiteln 4 bis 6 war das Ziel die Erstellung eines Modells (Regelsatzes) zur Vorhersage einer Antwortvariablen aus einem Satz von Prädiktorvariablen. Dies wird als überwachtes Lernen bezeichnet. Im Gegensatz dazu wird beim unüberwachten Lernen ebenfalls ein Modell mit den Daten entwickelt, allerdings wird dabei nicht zwischen Antwortvariablen und Prädiktorvariablen unterschieden.

Unüberwachtes Lernen kann für verschiedene Zwecke eingesetzt werden. In einigen Fällen kann es verwendet werden, um eine Regel zu erstellen, die der Vorhersage dient, wenn keine gelabelte Antwortvariable vorliegt. *Clusterverfahren* können genutzt werden, um aussagekräftige Gruppierungen von Daten zu identifizieren. Wenn wir beispielsweise die Webklicks und die demografischen Daten eines Besuchers auf einer Webseite verwenden, können wir möglicherweise verschiedene Besuchertypen zusammenfassen. Die Webseite könnte dann für diese verschiedenen Typen personalisiert werden.

In anderen Fällen kann das Ziel darin bestehen, die *Dimension* der Daten auf einen besser handhabbaren Satz von Variablen zu reduzieren. Diese reduzierte Auswahl könnte dann als Eingabe in einem Vorhersagemodell, z.B. in einer Regression oder einem Klassifikationsmodell, verwendet werden. Beispielsweise könnten wir Tausende von Sensoren zur Überwachung eines industriellen Prozesses einsetzen. Durch die Reduktion der Daten auf einen kleineren Satz von Merkmalen können wir möglicherweise ein leistungsfähigeres und besser interpretierbares Modell zur Vorhersage von Prozessfehlern erstellen, als dies durch die Einbeziehung von Datenströmen aus Tausenden von Sensoren möglich wäre.

Schließlich kann unüberwachtes Lernen als eine Erweiterung der explorativen Datenanalyse betrachtet werden (siehe Kapitel 1) – besonders in Situationen, in denen Sie mit einer großen Anzahl von Variablen und Beobachtungen konfrontiert sind. Das Ziel ist es, einen Einblick in einen Datensatz und die Beziehung der verschiedenen Variablen zueinander zu gewinnen. Unüberwachte Verfahren ermöglichen Ihnen, diese Variablen zu sichten, zu analysieren und Beziehungen zu entdecken.

Unüberwachtes Lernen und Vorhersage

Unüberwachtes Lernen kann eine wichtige Rolle bei der Vorhersage spielen, sowohl bei Regressions- als auch bei Klassifikationsfragestellungen. In einigen Fällen möchten wir eine Kategorie vorhersagen, wenn keine gelabelten Daten vorliegen. Zum Beispiel wollen wir vielleicht die Art der Vegetation in einem Gebiet auf Basis von Satellitensensordaten vorhersagen. Da wir keine Antwortvariable haben, mit der wir ein Modell trainieren könnten, bietet uns die Clusteranalyse eine Möglichkeit, gemeinsame Muster zu identifizieren und die Regionen zu kategorisieren.

Die Clusteranalyse ist ein besonders wichtiges Hilfsmittel für das »Kaltstartproblem«. Bei dieser Art von Problemen, wie z.B. dem Start einer neuen Marketingkampagne oder der Identifizierung potenzieller neuer Betrugs- oder Spam-Methoden, kann es sein, dass wir anfänglich keine Antwortvariable vorliegen haben, um ein Modell zu trainieren. Wenn zwischenzeitlich Daten gesammelt werden, können wir im Laufe der Zeit mehr über das System lernen und ein traditionelles Vorhersagemodell entwickeln. Aber die Clusteranalyse hilft uns, den Lernprozess schneller zu beginnen, indem wir Segmente in der Population identifizieren.

Unüberwachtes Lernen ist auch als Baustein für Regressions- und Klassifikationsverfahren von Bedeutung. Wenn bei großen Datensätzen eine kleine Subpopulation in der Gesamtpopulation nicht gut vertreten ist, kann es sein, dass das trainierte Modell für diese Subpopulation nicht gut funktioniert. Mit der Clusteranalyse ist es möglich, Subpopulationen zu identifizieren und zu labeln. Anschließend können die einzelnen Modelle an die verschiedenen Subpopulationen angepasst werden. Alternativ kann die Subpopulation mit einem eigenen Merkmal dargestellt werden, wodurch das Gesamtmodell gezwungen wird, die Zugehörigkeit zur Subpopulation explizit als Prädiktor zu berücksichtigen.

Hauptkomponentenanalyse

Häufig variieren Variablen gemeinsam (d.h., sie kovariieren), und ein Teil der Variation einer Variablen wird tatsächlich durch die Variation einer anderen beeinflusst (z.B. Restaurantgutscheine und Trinkgelder). Die Hauptkomponentenanalyse (engl. *Principal Components Analysis*, PCA), auch bekannt als Hauptachsentransformation oder Singulärwertzerlegung, ist eine Methode zur Ermittlung der Art und Weise, wie numerische Variablen in Zusammenhang stehen bzw. kovariieren.[1]

1 Dieser und nachfolgende Abschnitte in diesem Kapitel unterliegen dem © 2020 Datastats, LLC, Peter Bruce, Andrew Bruce und Peter Gedeck; Verwendung mit Genehmigung.

Schlüsselbegriffe zur Hauptkomponentenanalyse

Hauptkomponente
: Eine Linearkombination der Prädiktorvariablen.

Komponentenladungen
: Die Gewichte, die die Prädiktorvariablen in Komponenten transformieren (engl. *Loadings*).

  Synonym
  : Gewichte

Scree-Plot
: Ein Diagramm der Varianzen der Komponenten, das die relative Bedeutung der Komponenten wiedergibt, entweder als erklärte Varianz oder als Anteil der erklärten Varianz.

Die Idee bei der PCA besteht darin, mehrere numerische Prädiktorvariablen zu einem kleineren Satz von Variablen zu kombinieren, die (jeweils) eine gewichtete Linearkombinationen der ursprünglichen Variablen darstellen. Der kleinere Satz von Variablen, die *Hauptkomponenten*, »erklärt« den größten Teil der Variabilität aller ursprünglichen Variablen, wodurch die Dimension der Daten reduziert wird. Die Gewichte, die zur Bildung der Hauptkomponenten verwendet werden, geben Aufschluss über die relativen Beiträge der ursprünglichen Variablen zu den neuen Hauptkomponenten.

Die Hauptkomponentenanalyse wurde erstmals von Karl Pearson vorgeschlagen (*https://oreil.ly/o4EeC*). Es war vielleicht der erste Artikel zum Thema des unüberwachten Lernens. Pearson erkannte, dass bei vielen Fragestellungen eine Variabilität in den Prädiktorvariablen besteht, und entwickelte daher die PCA als ein Verfahren zur Modellierung dieser Variabilität Die PCA kann als die unüberwachte Version der linearen Diskriminanzanalyse angesehen werden (siehe »Diskriminanzanalyse« auf Seite 208).

Ein einfaches Beispiel

Für zwei gegebene Variablen, X_1 und X_2, gibt es zwei Hauptkomponenten Z_i (i = 1 oder 2):

$$Z_i = w_{i,1}X_1 + w_{i,2}X_2$$

Die Gewichte ($w_{i,1}$, $w_{i,2}$) sind bekannt als die *Ladungen* der Komponenten. Diese transformieren die ursprünglichen Variablen in die Hauptkomponenten. Die erste Hauptkomponente, Z_1, ist die Linearkombination, die die Gesamtvariation am besten erklärt. Die zweite Hauptkomponente, Z_2, ist orthogonal zur ersten und erklärt so viel der verbleibenden Variation, wie sie kann. (Wenn es zusätzliche Komponenten gäbe, würde jede weitere orthogonal zu den anderen sein).

Es ist auch üblich, Hauptkomponenten auf Basis von Abweichungen von den Mittelwerten der Prädiktorvariablen zu berechnen anstatt auf Basis der Werte selbst.

In *R* können Sie Hauptkomponenten mit der Funktion `princomp` berechnen. Im Folgenden wird eine PCA für die Aktienkursrenditen für Chevron (CVX) und ExxonMobil (XOM) vorgenommen:

```
oil_px <- sp500_px[, c('CVX', 'XOM')]
pca <- princomp(oil_px)
pca$loadings

Loadings:
    Comp.1 Comp.2
CVX -0.747  0.665
XOM -0.665 -0.747

               Comp.1 Comp.2
SS loadings       1.0    1.0
Proportion Var    0.5    0.5
Cumulative Var    0.5    1.0
```

In *Python* können wir die Implementierung `sklearn.decomposition.PCA` verwenden:

```
pcs = PCA(n_components=2)
pcs.fit(oil_px)
loadings = pd.DataFrame(pcs.components_, columns=oil_px.columns)
loadings
```

Die Gewichte für CVX und XOM für die erste Hauptkomponente betragen –0,747 und –0,665, und für die zweite Hauptkomponente betragen sie 0,665 und –0,747. Wie ist dies zu interpretieren? Die erste Hauptkomponente ist im Wesentlichen ein Mittelwert aus CVX und XOM, der die Korrelation zwischen den beiden Energieunternehmen widerspiegelt. Die zweite Hauptkomponente misst, wann die Aktienkurse von CVX und XOM auseinandergehen.

Es ist aufschlussreich, die Hauptkomponenten mit den zugrunde liegenden Daten darzustellen. Erstellen wir eine Visualisierung in *R*:

```
loadings <- pca$loadings
ggplot(data=oil_px, aes(x=CVX, y=XOM)) +
  geom_point(alpha=.3) +
  stat_ellipse(type='norm', level=.99) +
  geom_abline(intercept = 0, slope = loadings[2,1]/loadings[1,1]) +
  geom_abline(intercept = 0, slope = loadings[2,2]/loadings[1,2])
```

Der folgende Code erzeugt eine vergleichbare Darstellung in *Python*:

```
def abline(slope, intercept, ax):
    """Berechnet die Koordinaten einer Geraden basierend auf dem
       Achsenabschnitt und der Steigung"""
    x_vals = np.array(ax.get_xlim())
    return (x_vals, intercept + slope * x_vals)

ax = oil_px.plot.scatter(x='XOM', y='CVX', alpha=0.3, figsize=(4, 4))
ax.set_xlim(-3, 3)
ax.set_ylim(-3, 3)
ax.plot(*abline(loadings.loc[0, 'CVX'] / loadings.loc[0, 'XOM'], 0, ax),
        '--', color='C1')
ax.plot(*abline(loadings.loc[1, 'CVX'] / loadings.loc[1, 'XOM'], 0, ax),
        '--', color='C1')
```

Die resultierende Visualisierung zeigt Abbildung 7-1.

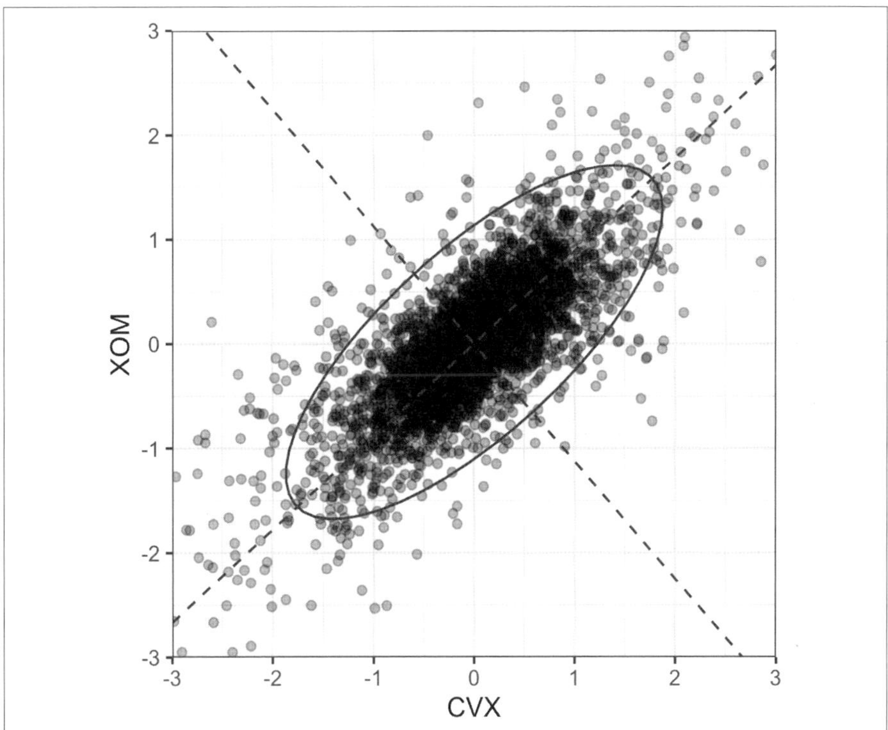

Abbildung 7-1: Die Hauptkomponenten für die Aktienrenditen von Chevron (CVX) und ExxonMobil (XOM)

Die gestrichelten Linien zeigen die Richtung der beiden Hauptkomponenten an: Die erste liegt entlang der längeren Achse der Ellipse, die zweite entlang der kürzeren Achse. Wie Sie sehen können, wird ein Großteil der Variabilität der beiden Aktienrenditen durch die erste Hauptkomponente erklärt. Das erscheint plausibel, da sich die Energieaktienpreise in der Regel als Gruppe bewegen.

Die Gewichte für die erste Hauptkomponente sind beide negativ, aber die Umkehrung der Vorzeichen aller Gewichte ändert die Hauptkomponente nicht. Zum Beispiel kommt die Verwendung von Gewichten von 0,747 und 0,665 für die erste Hauptkomponente der Verwendung der entsprechenden negativen Gewichte gleich. Stellen Sie sich eine unendliche Gerade vor, die durch den Ursprung und den Koordinatenpunkt (1, 1) verläuft. Dieselbe Gerade ist auch dadurch definiert, dass sie durch den Ursprung und durch den Koordinatenpunkt (–1, –1) geht.

Die Hauptkomponenten berechnen

Der Fall für zwei Variablen lässt sich leicht auf mehr Variablen übertragen. Für die erste Komponente nehmen Sie einfach die zusätzlichen Prädiktorvariablen in die Linearkombination auf und weisen dieser ersten Hauptkomponente Gewichte zu, die die Erfassung der Kovariation aller Prädiktorvariablen optimieren (*Kovarianz* ist der statistische Begriff – siehe »Kovarianzmatrix« auf Seite 209). Die Berechnung der Hauptkomponenten stellt eine klassische statistische Methode dar, die sich entweder auf die Korrelationsmatrix der Daten oder auf die Kovarianzmatrix stützt. Sie kann schnell durchgeführt geführt und bedarf keines iterativen Prozesses. Wie bereits erwähnt, arbeitet die Hauptkomponentenanalyse nur mit numerischen Variablen, nicht mit kategorialen Variablen. Der gesamte Vorgang kann wie folgt beschrieben werden:

1. Bei der Erstellung der ersten Hauptkomponente ermittelt die PCA die Linearkombination von Prädiktorvariablen, die den erklärten Prozentsatz der Gesamtvarianz maximiert.
2. Diese Linearkombination wird dann zum ersten »neuen« Prädiktor, Z_1.
3. Die PCA wiederholt diesen Prozess unter Verwendung der gleichen Variablen mit unterschiedlichen Gewichten, um einen zweiten neuen Prädiktor, Z_2, zu erstellen. Die Gewichtung wird so vorgenommen, dass Z_1 und Z_2 unkorreliert sind.
4. Der Prozess wird fortgesetzt, bis Sie so viele neue Variablen oder Komponenten Z_i haben wie ursprüngliche Variablen X_i.
5. Behalten Sie so viele Komponenten bei, wie erforderlich sind, um den Großteil der Varianz zu erklären.
6. Das vorläufige Ergebnis ist ein Satz von Gewichten für jede Komponente. Der letzte Schritt besteht darin, die ursprünglichen Daten in neue Hauptkomponentenwerte (Scores) umzuwandeln, indem die Gewichte auf die ursprünglichen Werte angewendet werden. Diese neuen Scores können dann als reduzierter Satz von Prädiktorvariablen verwendet werden.

Die Hauptkomponenten interpretieren

Die Eigenschaften der Hauptkomponenten geben oft Aufschluss über die Struktur der Daten. Es gibt eine Reihe gängiger Visualisierungsmöglichkeiten, die Ihnen helfen, einen Einblick in die Hauptkomponenten zu erhalten. Eine solche Methode ist der *Scree-Plot* zur Visualisierung der relativen Bedeutung der Hauptkomponenten (der Name leitet sich von dem englischen Begriff *Scree* ab, der auf die Ähnlichkeit der Abbildung mit einer Schutthalde abzielt; die y-Achse gibt hier den Eigenwert an). Der folgende *R*-Code zeigt ein Beispiel für einige führende Unternehmen im S&P 500:

```
syms <- c( 'AAPL', 'MSFT', 'CSCO', 'INTC', 'CVX', 'XOM',
   'SLB', 'COP', 'JPM', 'WFC', 'USB', 'AXP', 'WMT', 'TGT', 'HD', 'COST')
top_sp <- sp500_px[row.names(sp500_px)>='2005-01-01', syms]
sp_pca <- princomp(top_sp)
screeplot(sp_pca)
```

Die Informationen, die wir zur Erstellung eines Diagramms für die Komponentenladungen benötigen, erhalten wir im `scikit-learn`-Paket aus dem Attribut `explained_variance_`. Zunächst überführen wir die Werte in einen pandas-Data-Frame und verwenden sie anschließend zur Erstellung eines Balkendiagramms:

```
syms = sorted(['AAPL', 'MSFT', 'CSCO', 'INTC', 'CVX', 'XOM', 'SLB', 'COP',
               'JPM', 'WFC', 'USB', 'AXP', 'WMT', 'TGT', 'HD', 'COST'])
top_sp = sp500_px.loc[sp500_px.index >= '2011-01-01', syms]

sp_pca = PCA()
sp_pca.fit(top_sp)

explained_variance = pd.DataFrame(sp_pca.explained_variance_)
ax = explained_variance.head(10).plot.bar(legend=False, figsize=(4, 4))
ax.set_xlabel('Komponente')
```

Wie in Abbildung 7-2 zu sehen ist, fällt die Varianz der ersten Hauptkomponente ziemlich groß aus (wie es oft der Fall ist), aber auch die anderen oberen Hauptkomponenten sind durchaus von Bedeutung.

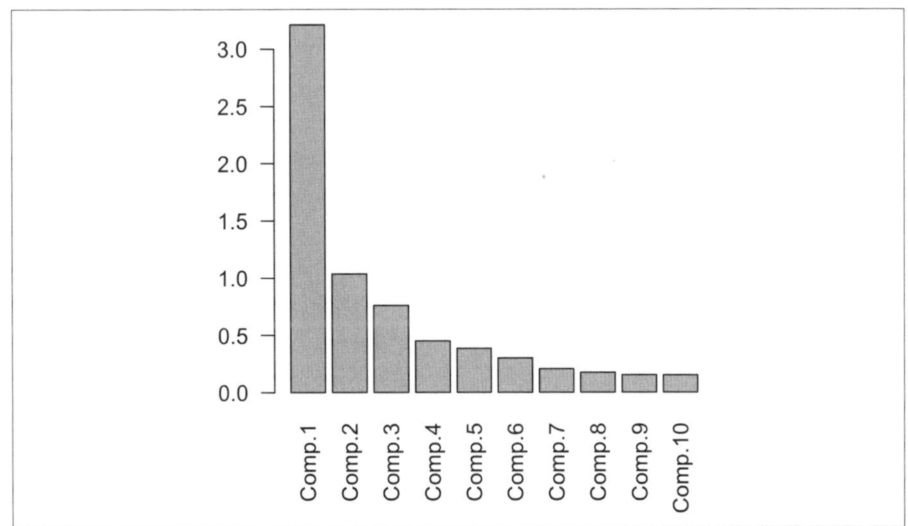

Abbildung 7-2: Ein Scree-Plot für eine PCA für die bedeutendsten Aktien des S&P 500

Es kann besonders aufschlussreich sein, die Gewichte der obersten Hauptkomponenten zu visualisieren. Eine Möglichkeit, dies in *R* umzusetzen, besteht im Einsatz der Funktion gather aus dem Paket tidyr in Verbindung mit dem ggplot-Paket:

```
library(tidyr)
loadings <- sp_pca$loadings[,1:5]
loadings$Symbol <- row.names(loadings)
loadings <- gather(loadings, 'Component', 'Weight', -Symbol)
ggplot(loadings, aes(x=Symbol, y=Weight)) +
  geom_bar(stat='identity') +
  facet_grid(Component ~ ., scales='free_y')
```

Um die gleiche Visualisierung in *Python* zu erstellen, können wir den folgenden Code verwenden:

```
loadings = pd.DataFrame(sp_pca.components_[0:5, :], columns=top_sp.columns)
maxPC = 1.01 * np.max(np.max(np.abs(loadings.loc[0:5, :])))

f, axes = plt.subplots(5, 1, figsize=(5, 5), sharex=True)
for i, ax in enumerate(axes):
    pc_loadings = loadings.loc[i, :]
    colors = ['C0' if l > 0 else 'C1' for l in pc_loadings]
    ax.axhline(color='#888888')
    pc_loadings.plot.bar(ax=ax, color=colors)
    ax.set_ylabel(f'PC{i+1}')
    ax.set_ylim(-maxPC, maxPC)
```

Abbildung 7-3 zeigt die Ladungen für die ersten fünf Komponenten. Die Ladungen für die erste Hauptkomponente haben das gleiche Vorzeichen: Dies ist typisch für Daten, bei denen alle Spalten einen gemeinsamen Faktor haben (in diesem Fall den allgemeinen Börsentrend). Die zweite Komponente erfasst die Preisänderungen der Energieaktien im Vergleich zu den anderen Aktien. Die dritte Komponente ist in erster Linie eine Gegenüberstellung der Bewegungen von Apple und CostCo. Die vierte Komponente stellt die Bewegungen von Schlumberger (SLB) den anderen Energieaktien gegenüber. Zu guter Letzt wird die fünfte Komponente hauptsächlich von Finanzunternehmen dominiert.

Wie viele Komponenten sollten Sie wählen?

Wenn Ihr Ziel darin besteht, die Dimension der Daten zu reduzieren, müssen Sie entscheiden, wie viele Hauptkomponenten ausgewählt werden sollen. Der gebräuchlichste Ansatz ist die Verwendung einer Ad-hoc-Regel, um die Komponenten auszuwählen, die »den größten Teil« der Varianz erklären. Sie können dies visuell durch den Scree-Plot tun, wie z. B. in Abbildung 7-2. Alternativ können Sie die obersten Komponenten so auswählen, dass die kumulierte Varianz einen Schwellenwert überschreitet, z. B. 80%. Außerdem können Sie die Komponentenladungen inspizieren, um festzustellen, ob die Komponenten intuitiv interpretiert werden können. Die Kreuzvalidierung bietet eine formellere Methode zur Auswahl der Anzahl signifikanter Komponenten (siehe »Kreuzvalidierung« auf Seite 158 für weitere Informationen).

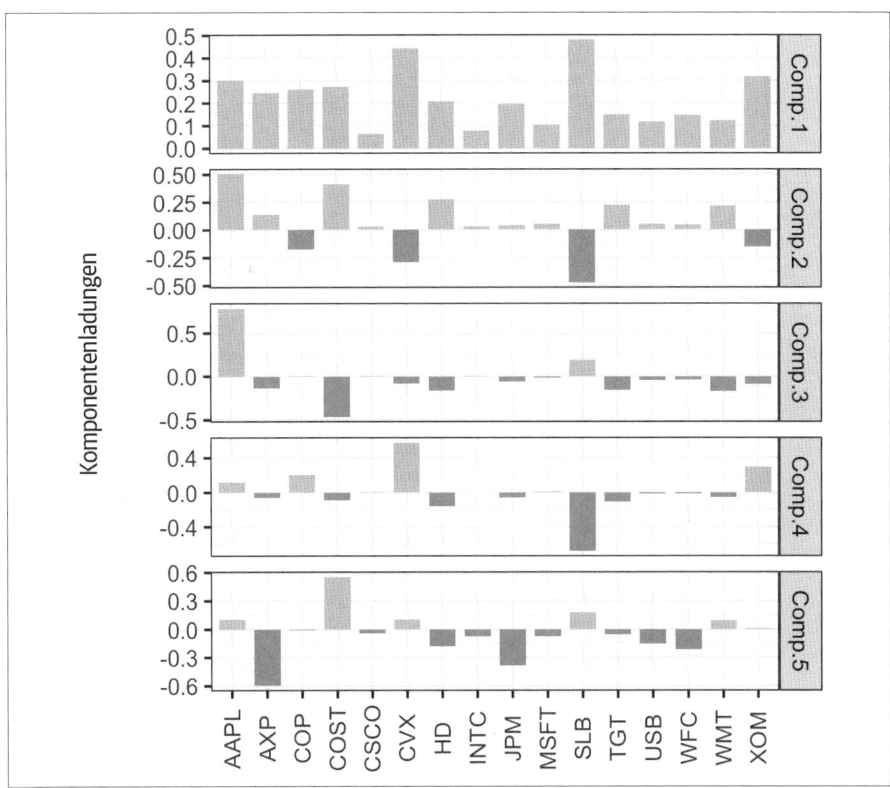

Abbildung 7-3: Die Ladungen der fünf wichtigsten Komponenten der Aktienkursrenditen

Korrespondenzanalyse

Die Hauptkomponentenanalyse kann nicht für kategoriale Daten verwendet werden. Eine in gewisser Weise verwandte Methode ist jedoch die *Korrespondenzanalyse*. Sie zielt darauf ab, Assoziationen zwischen Kategorien oder zwischen kategorialen Merkmalen zu erkennen. Die Ähnlichkeiten zwischen der Korrespondenzanalyse und der Hauptkomponentenanalyse liegen im Wesentlichen unter der Oberfläche – der Matrixalgebra für die Dimensionsskalierung. Die Korrespondenzanalyse wird hauptsächlich für die visuelle Analyse niedrigdimensionaler kategorialer Daten verwendet und wird nicht in der gleichen Weise wie die PCA zur Dimensionsreduktion als vorbereitender Schritt bei großen Datensätzen eingesetzt.

Die Eingabe kann als Tabelle betrachtet werden, wobei die Zeilen eine Variable und die Spalten eine andere darstellen und die Zellen die Anzahl der Beobachtungen wiedergeben. Die Ausgabe (nach etwas Matrixalgebra) ist ein *Bi-Plot* – ein Streudiagramm mit skalierten Achsen (und mit Prozentsätzen, die angeben, wie viel der Varianz durch diese Dimension erklärt wird). Die Bedeutung der Einheiten auf den Achsen ist nicht intuitiv mit den Originaldaten verbunden, und der wesentliche Nutzen der Streudiagramme besteht in der grafischen Darstellung von Variablen, die miteinander verbunden sind (durch ihre Nähe im Diagramm). Betrachten Sie dazu z. B. Abbildung 7-4, in der die Aufgaben im Haushalt danach geordnet sind, ob sie gemeinsam oder allein erledigt werden (vertikale Achse) und ob die Frau oder der Mann die Hauptverantwortung trägt (horizontale Achse). Die Korrespondenzanalyse ist mehrere Jahrzehnte alt und ebenso der Zeitgeist dieses Beispiels in Bezug auf die Aufgabenverteilung.

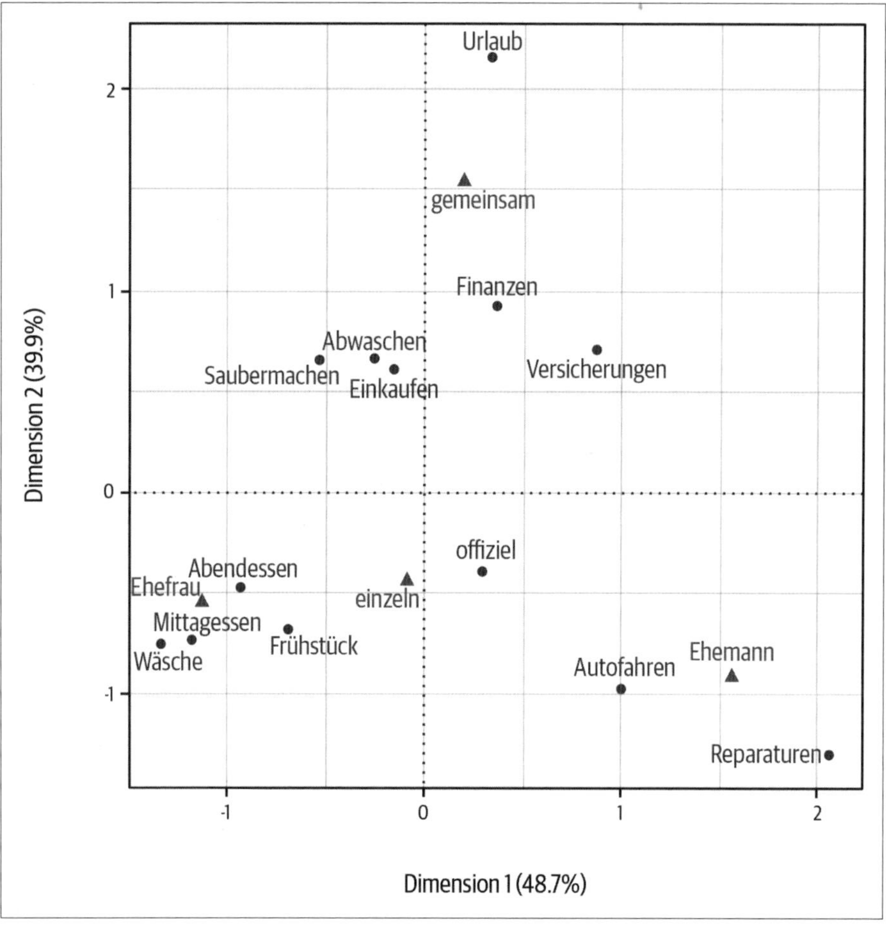

Abbildung 7-4: Grafische Darstellung einer Korrespondenzanalyse auf Basis von Daten für Haushaltstätigkeiten

Es gibt eine Vielzahl von Paketen zur Korrespondenzanalyse in *R*. Hier verwenden wir das Paket ca:

```
ca_analysis <- ca(housetasks)
plot(ca_analysis)
```

In *Python* können wir das Paket `prince` einsetzen, das die Korrespondenzanalyse mithilfe der Programmierschnittstelle des `scikit-learn`-Pakets implementiert:

```
ca = prince.CA(n_components=2)
ca = ca.fit(housetasks)

ca.plot_coordinates(housetasks, figsize=(6, 6))
```

Kernideen

- Die Hauptkomponenten sind Linearkombinationen der Prädiktorvariablen (nur bei numerischen Daten).
- Die Hauptkomponenten werden so berechnet, dass die Korrelation zwischen den Komponenten minimiert wird, wodurch die Redundanz verringert wird.
- Eine begrenzte Anzahl von Komponenten erklärt in der Regel den größten Teil der Varianz der Ergebnisvariablen.
- Der reduzierte Satz von Hauptkomponenten kann dann anstelle der (zahlreicheren) ursprünglichen Prädiktorvariablen verwendet werden, wodurch die Dimensionalität reduziert wird.
- Eine oberflächlich betrachtet ähnliche Methode für kategoriale Daten ist die Korrespondenzanalyse, aber sie ist im Kontext großer Datenmengen nicht geeignet.

Weiterführende Literatur

Für eine detaillierte Erläuterung zum Einsatz der Kreuzvalidierung bei Hauptkomponenten siehe Rasmus Bro, K. Kjeldahl, A. K. Smilde und Henk A. L. Kiers Forschungsartikel »Cross-Validation of Component Models: A Critical Look at Current Methods« (*https://oreil.ly/yVryf*), *Analytical and Bioanalytical Chemistry* 390, Nr. 5 (2008).

K-Means-Clustering

Die Clusteranalyse ist eine Methode zur Unterteilung von Daten in verschiedene Gruppen, wobei die Beobachtungen in jeder Gruppe einander ähnlich sind. Ein Ziel der Clusteranalyse ist es, signifikante und aussagekräftige Gruppen in den Daten zu identifizieren. Die Gruppen können direkt verwendet, eingehender analysiert oder als Merkmal oder Ergebnisvariable an ein prädiktives Regressions- oder Klassifikationsmodell übergeben werden. *K-Means* war das erste Clusterverfahren, das entwickelt wurde. Es ist immer noch stark verbreitet, da es aufgrund der relativen Einfachheit des Algorithmus und der Fähigkeit zur Skalierung auf große Datensätze beliebt ist.

Schlüsselbegriffe zu K-Means-Clustering

Cluster
: Eine Gruppe von Beobachtungen, die ähnlich sind.

Clustermittelwerte
: Der Vektor der Mittelwerte der Variablen für die jeweiligen Beobachtungen in einem Cluster.

K
: Die Anzahl der Cluster.

Beim *K*-Means-Verfahren werden die Daten in *K*-Cluster eingeteilt, indem die Summe der quadrierten Abweichungen aller Beobachtungen zum *Mittelwert* (*Mean*) des ihnen zugeordneten Clusters minimiert wird. Dies wird als *Intra-Cluster-Quadratsumme* (engl. *Within-Cluster Sum of Squares*, SS) oder *Intra-Cluster-Varianz* bezeichnet. *K*-Means stellt nicht sicher, dass die Cluster die gleiche Größe haben, sondern dass die Cluster gefunden werden, die am besten voneinander separierbar sind.

Normierung

Normalerweise werden kontinuierliche Variablen erst durch Subtraktion des Mittelwerts und Division mit der Standardabweichung normiert (standardisiert). Andernfalls wird die Clusterbildung von Variablen dominiert, die einen großen Maßstab aufweisen (siehe »Standardisierung (Normierung, z-Werte)« auf Seite 254).

Ein einfaches Beispiel

Betrachten wir beispielsweise einen Datensatz mit *n* Beobachtungen und nur zwei Variablen, *x* und *y*. Angenommen, wir möchten die Daten in $K = 4$ Cluster aufteilen. Das bedeutet, dass wir jede Beobachtung (x_i, y_i) einem Cluster *k* zuweisen. Bei einer Zuordnung von n_k Beobachtungen zu einem Cluster *k* ist das Clusterzentrum $(\bar{x}_k, \bar{y}_k)$ der Mittelwert der Punkte im Cluster:

$$\bar{x}_k = \frac{1}{n_k} \sum_{\substack{i \in \\ \text{Cluster } k}} x_i$$

$$\bar{y}_k = \frac{1}{n_k} \sum_{\substack{i \in \\ \text{Cluster } k}} y_i$$

Clustermittelwerte (Cluster Mean)

Bei der Clusterbildung von Beobachtungen mit mehreren Variablen (was typischerweise der Fall ist) bezieht sich der Begriff *Clustermittelwerte* (im Englischen im Singular verwendet, *Cluster Mean*) nicht auf eine einzelne Zahl, sondern auf den Mittelwertvektor der Variablen.

Die Quadratsumme innerhalb eines Clusters (Intra-Cluster-Quadratsumme (SS)) ist gegeben durch:

$$SS_k = \sum_{i \in \text{Cluster } k} (x_i - \bar{x}_k)^2 + (y_i - \bar{y}_k)^2$$

Der *K*-Means-Algorithmus ordnet alle Beobachtungen so zu, dass die Quadratsumme innerhalb eines Clusters über alle vier Cluster $SS_1 + SS_2 + SS_3 + SS_4$ minimiert wird:

$$\sum_{k=1}^{4} SS_k$$

Eine typische Anwendung der Clusteranalyse ist, natürliche, separate Cluster in den Daten aufzufinden. Eine weitere Anwendungsmöglichkeit besteht dagegen darin, die Daten in eine vorbestimmte Anzahl separater Gruppen zu unterteilen, wobei die Clusteranalyse dazu verwendet wird, sicherzustellen, dass die Gruppen so unterschiedlich wie möglich ausfallen.

Nehmen wir zum Beispiel an, wir möchten die täglichen Aktienrenditen in vier Gruppen unterteilen. Hierzu können wir *K*-Means-Clustering verwenden, um die Daten in die geeignetsten Gruppen zu unterteilen. Beachten Sie, dass die täglichen Aktienrenditen in einer Art und Weise berichtet werden, dass sie im Grunde bereits standardisiert sind, sodass wir die Daten nicht normieren müssen. In *R* können wir *K*-Means-Clustering mit der Funktion `kmeans` durchführen. Im Folgenden werden beispielsweise vier Cluster auf der Grundlage von zwei Variablen – den täglichen Aktienrenditen für ExxonMobil (`XOM`) und Chevron (`CVX`) – gebildet:

```
df <- sp500_px[row.names(sp500_px)>='2011-01-01', c('XOM', 'CVX')]
km <- kmeans(df, centers=4)
```

In *Python* verwenden wir die Methode `sklearn.cluster.KMeans` aus dem `scikit-learn`-Paket:

```
df = sp500_px.loc[sp500_px.index >= '2011-01-01', ['XOM', 'CVX']]
kmeans = KMeans(n_clusters=4).fit(df)
```

In *R* wird die Clusterzuordnung aller Beobachtungen als Komponente (`cluster`) zurückgegeben:

```
> df$cluster <- factor(km$cluster)
> head(df)
                  XOM        CVX cluster
2011-01-03 0.73680496  0.2406809       2
2011-01-04 0.16866845 -0.5845157       1
2011-01-05 0.02663055  0.4469854       2
2011-01-06 0.24855834 -0.9197513       1
2011-01-07 0.33732892  0.1805111       2
2011-01-10 0.00000000 -0.4641675       1
```

Im scikit-learn-Paket sind die Clusterlabels über das Attribut labels_ verfügbar:

```
df['cluster'] = kmeans.labels_
df.head()
```

Die ersten sechs Beobachtungen werden entweder Cluster 1 oder Cluster 2 zugeordnet. Die Mittelwerte der Cluster können Sie sich ebenfalls ausgeben lassen (*R*):

```
> centers <- data.frame(cluster=factor(1:4), km$centers)
> centers
  cluster        XOM        CVX
1       1 -0.3284864 -0.5669135
2       2  0.2410159  0.3342130
3       3 -1.1439800 -1.7502975
4       4  0.9568628  1.3708892
```

Im scikit-learn-Paket stehen die Clusterzentren als Attribut (cluster_centers_) zur Verfügung:

```
centers = pd.DataFrame(kmeans.cluster_centers_, columns=['XOM', 'CVX'])
centers
```

Die Cluster 1 und 3 entsprechen Marktbewegungen nach »unten«, während die Cluster 2 und 4 Aufwärtsbewegungen des Markts darstellen.

Da der *K*-Means-Algorithmus zufällige Startpunkte verwendet, können die Ergebnisse in nachfolgenden Durchläufen und bei unterschiedlichen Implementierungen der Methode unterschiedlich ausfallen. Im Allgemeinen sollten Sie sicherstellen, dass die Schwankungen nicht zu groß ausfallen.

In diesem Beispiel ist es leicht, die Cluster und ihre Mittelwerte zu visualisieren, da wir den Algorithmus mit nur zwei Variablen verwendet haben:

```
ggplot(data=df, aes(x=XOM, y=CVX, color=cluster, shape=cluster)) +
  geom_point(alpha=.3) +
  geom_point(data=centers,  aes(x=XOM, y=CVX), size=3, stroke=2)
```

Die seaborn-Funktion scatterplot macht es einfach, die Punkte je nach Merkmal unterschiedlich einzufärben (hue) und ihnen eine andere Form (style) zu geben:

```
fig, ax = plt.subplots(figsize=(4, 4))
ax = sns.scatterplot(x='XOM', y='CVX', hue='cluster', style='cluster',
                     ax=ax, data=df)
ax.set_xlim(-3, 3)
ax.set_ylim(-3, 3)
centers.plot.scatter(x='XOM', y='CVX', ax=ax, s=50, color='black')
```

Das sich daraus ergebende Diagramm, dargestellt in Abbildung 7-5, zeigt die Zuordnung zu den Clustern und die Mittelwerte der jeweiligen Cluster (bzw. Clusterzentren). Beachten Sie, dass der *K*-Means-Algorithmus den Clustern die Beobachtungen zuordnet, selbst wenn diese Cluster nicht gut voneinander separierbar sind (was wiederum dann von Nutzen ist, wenn Sie die Beobachtungen möglichst optimal in Gruppen unterteilen müssen).

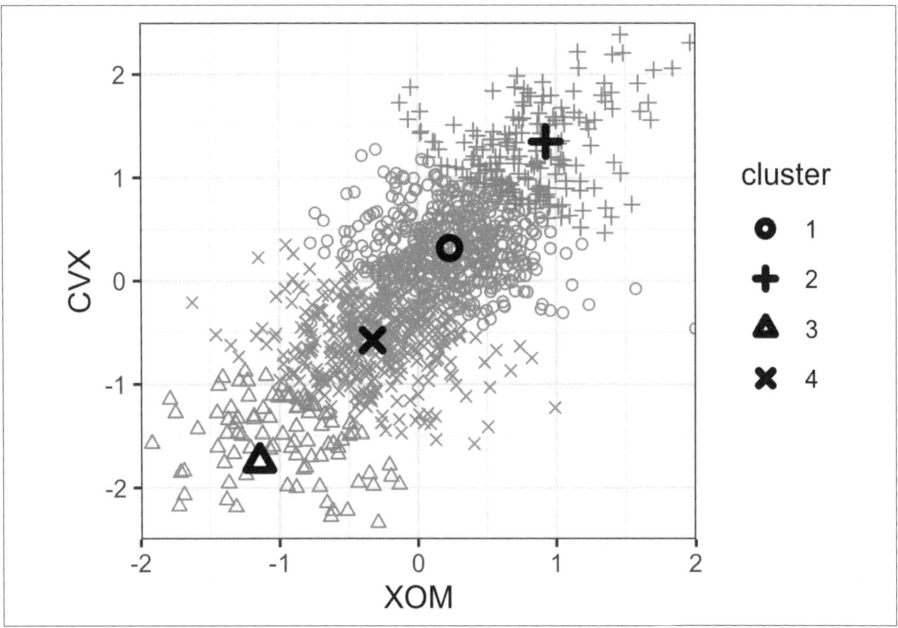

Abbildung 7-5: Die gebildeten Cluster des K-Means-Algorithmus, auf die täglichen Aktienrenditen für ExxonMobil und Chevron angewendet (die Clusterzentren sind mit schwarzen Symbolen gekennzeichnet)

Der K-Means-Algorithmus

Im Allgemeinen kann der *K*-Means-Algorithmus auf einen Datensatz mit *p* Variablen $X_1, ..., X_p$ angewendet werden. Während die genaue Lösung zur Bestimmung der *K*-Mittelwerte (Clusterzentren) rechnerisch sehr schwierig ist, bieten heuristische Algorithmen eine effiziente Möglichkeit, eine lokal optimale Lösung zu berechnen.

Der Algorithmus beginnt mit einem benutzerspezifizierten *K* und einem anfänglichen Satz von Clustermittelwerten und durchläuft dann die folgenden Schritte:

1. Ordnen Sie jede Beobachtung dem nächstgelegenen Clustermittelwert zu, gemessen am quadrierten Abstand.
2. Berechnen Sie die neuen Clustermittelwerte auf Basis der neuen Zuordnung der Beobachtungen.

Der Algorithmus konvergiert, wenn sich die Zuordnung der Beobachtungen zu den Clustern nicht ändert.

Für die erste Iteration müssen Sie einen anfänglichen Satz von Clustermittelwerten angeben. Normalerweise können Sie hierzu jede Beobachtung nach dem Zufallsprinzip einem der *K*-Cluster zuweisen und dann die Mittelwerte dieser Cluster ermitteln.

Da es nicht garantiert ist, dass dieser Algorithmus die bestmögliche Lösung findet, wird empfohlen, den Algorithmus mehrmals mit verschiedenen Zufallsstichproben, mit denen der Algorithmus initialisiert wird, auszuführen. Wenn mehr als eine bestimmte Anzahl an Iterationen benötigt wird, ergibt sich das Ergebnis für *K*-Means aus der Iteration mit der niedrigsten Intra-Cluster-Quadratsumme.

Mit dem Parameter `nstart` der `kmeans`-Funktion können Sie in *R* die Anzahl der zufälligen Programminitialisierungen angeben. Der folgende Code wendet beispielsweise *K*-Means-Clustering an, um fünf Cluster mit zehn verschiedenen anfänglichen Clustermittelwerten zu finden:

```
syms <- c( 'AAPL', 'MSFT', 'CSCO', 'INTC', 'CVX', 'XOM', 'SLB', 'COP',
           'JPM', 'WFC', 'USB', 'AXP', 'WMT', 'TGT', 'HD', 'COST')
df <- sp500_px[row.names(sp500_px) >= '2011-01-01', syms]
km <- kmeans(df, centers=5, nstart=10)
```

Die Funktion gibt automatisch die beste Lösung aus den zehn verschiedenen Ergebnissen zurück. Sie können das Argument `iter.max` verwenden, um die maximale Anzahl an Iterationen festzulegen, die der Algorithmus in Bezug auf jede zufällige Initialisierung erlaubt.

Im `scikit-learn`-Paket wird der Algorithmus standardmäßig zehn Mal initialisiert (`n_init`). Das Argument `max_iter` (Vorgabewert: 300) kann verwendet werden, um die Anzahl der Iterationen zu bestimmen:

```
syms = sorted(['AAPL', 'MSFT', 'CSCO', 'INTC', 'CVX', 'XOM', 'SLB', 'COP',
               'JPM', 'WFC', 'USB', 'AXP', 'WMT', 'TGT', 'HD', 'COST'])
top_sp = sp500_px.loc[sp500_px.index >= '2011-01-01', syms]
kmeans = KMeans(n_clusters=5).fit(top_sp)
```

Die Cluster interpretieren

Ein wichtiger Teil der Clusteranalyse besteht in der Deutung der Cluster. Die beiden wichtigsten Ergebnisse, die uns die `kmeans`-Funktion liefert, sind die Größe der jeweiligen Cluster und die entsprechenden Clustermittelwerte. Für das Beispiel im vorherigen Unterabschnitt können die Größen der resultierenden Cluster durch den folgenden *R*-Befehl ausgegeben werden:

```
km$size
[1] 106 186 285 288 266
```

In *Python* können wir die Klasse `collections.Counter` aus der Standardbibliothek verwenden, um diese Informationen zu erhalten. Aufgrund der Unterschiede in der Implementierung und der dem Algorithmus zugrunde liegenden Zufälligkeit werden die Ergebnisse variieren:

```
from collections import Counter
Counter(kmeans.labels_)

Counter({4: 302, 2: 272, 0: 288, 3: 158, 1: 111})
```

Die Clustergrößen sind relativ ausgewogen. Unausgewogene Cluster können durch weit entfernte Ausreißer oder durch Gruppierungen von Beobachtungen entstehen, die sich stark vom Rest der Daten unterscheiden – beides kann eine weitere Überprüfung erfordern.

Sie können die Mittelpunkte der Cluster (Clusterzentren) mit der Funktion gather in Verbindung mit dem ggplot-Paket darstellen:

```
centers <- as.data.frame(t(centers))
names(centers) <- paste("Cluster", 1:5)
centers$Symbol <- row.names(centers)
centers <- gather(centers, 'Cluster', 'Mean', -Symbol)
centers$Color = centers$Mean > 0
ggplot(centers, aes(x=Symbol, y=Mean, fill=Color)) +
  geom_bar(stat='identity', position='identity', width=.75) +
  facet_grid(Cluster ~ ., scales='free_y')
```

Der *Python*-Code zur Erstellung dieser Abbildung ähnelt dem Code, den wir für die Hauptkomponentenanalyse verwendet haben:

```
centers = pd.DataFrame(kmeans.cluster_centers_, columns=syms)

f, axes = plt.subplots(5, 1, figsize=(5, 5), sharex=True)
for i, ax in enumerate(axes):
    center = centers.loc[i, :]
    maxPC = 1.01 * np.max(np.max(np.abs(center)))
    colors = ['C0' if l > 0 else 'C1' for l in center]
    ax.axhline(color='#888888')
    center.plot.bar(ax=ax, color=colors)
    ax.set_ylabel(f'Cluster {i + 1}')
    ax.set_ylim(-maxPC, maxPC)
```

Das resultierende Diagramm ist in Abbildung 7-6 dargestellt und zeigt die Merkmale der einzelnen Cluster auf. Zum Beispiel entsprechen die Cluster 4 und 5 den Tagen, an denen der Markt nach unten bzw. nach oben tendiert. Die Cluster 2 und 3 sind charakterisiert durch Tage, an denen der Markt in Bezug auf Konsumgüteraktien im Aufwärtstrend bzw. in Bezug auf Energieaktien im Abwärtstrend ist. Cluster 1 erfasst schließlich die Tage, an denen die Energieaktien im Aufwärtstrend und die Konsumgüteraktien im Abwärtstrend waren.

Unterschied zwischen der Cluster- und der Hauptkomponentenanalyse

Die Darstellung der Clustermittelwerte ähnelt vom Geist her der Betrachtung der Komponentenladungen in der Hauptkomponentenanalyse (PCA) – siehe »Die Hauptkomponenten interpretieren« auf Seite 302. Ein wichtiger Unterschied besteht darin, dass im Gegensatz zur PCA das Vorzeichen der Clustermittelwerte aussagekräftig ist. Die PCA identifiziert die grundlegende Richtung der Variation, während die Clusteranalyse Gruppen von Beobachtungen findet, die nahe beieinanderliegen.

```
for (i in 2:14) {
  kmCluster <- kmeans(df, centers=i, nstart=50, iter.max=100)
  pct_var[i-1, 'pct_var'] <- kmCluster$betweenss / totalss
}
```

Die Ergebnisse des `KMeans`-Algorithmus erhalten wir über das Attribut `inertia_`. Sobald wir sie in einen `pandas`-Data-Frame überführen, können wir die `plot`-Methode verwenden, um das Diagramm zu erstellen:

```
inertia = []
for n_clusters in range(2, 15):
    kmeans = KMeans(n_clusters=n_clusters, random_state=0).fit(top_sp)
    inertia.append(kmeans.inertia_ / n_clusters)

inertias = pd.DataFrame({'n_clusters': range(2, 15), 'inertia': inertia})
ax = inertias.plot(x='n_clusters', y='inertia')
plt.xlabel('Anzahl der Cluster (k)')
plt.ylabel('Durchschnittliche Intra-Cluster-Quadratsumme')
plt.ylim((0, 1.1 * inertias.inertia.max()))
ax.legend().set_visible(False)
```

Bei der Beurteilung, wie viele Cluster beibehalten werden sollen, lautet die vielleicht wichtigste Frage: Wie wahrscheinlich ist es, dass die Cluster für neue Daten reproduzierbar sind? Sind die Cluster interpretierbar und beziehen sie sich auf ein allgemeines Merkmal der Daten, oder spiegeln sie nur eine bestimmte Gegebenheit wider? Zur Beantwortung dieser Frage können Sie gegebenenfalls die Kreuzvalidierung heranziehen (siehe »Kreuzvalidierung« auf Seite 158).

Im Allgemeinen gibt es keine konkrete Regel, die zuverlässig vorgibt, wie viele Cluster erzeugt werden sollen.

Es gibt mehrere formellere Möglichkeiten, die Anzahl der Cluster auf Grundlage der Statistik oder der Informationstheorie zu bestimmen. Zum Beispiel schlagen Robert Tibshirani, Guenther Walther und Trevor Hastie eine sogenannte Gap-Statistik (*https://oreil.ly/d-N3_*) vor, die sich zur Identifizierung des Ellbow auf die statistische Theorie stützt. Für die meisten Anwendungen ist ein theoretischer Ansatz wahrscheinlich nicht notwendig bzw. nicht angemessen.

Kernideen

- Die Anzahl der gewünschten Cluster, *K*, wird von dem Anwender vorgegeben.
- Der Algorithmus erzeugt Cluster, indem er in iterativer Weise Beobachtungen jeweils dem Clustermittelwert zuordnet, der den geringsten Abstand zu der Beobachtung aufweist. Der Prozess geht vonstatten, bis sich die Zuordnung zu den einzelnen Clustern nicht mehr ändert.
- Bei der Wahl von *K* spielen in der Regel praktische Erwägungen eine maßgebliche Rolle; es gibt keine optimale Anzahl an Clustern, die auf Basis statistischer Verfahren ermittelt wird.

Hierarchische Clusteranalyse

Die *hierarchische Clusteranalyse* stellt eine Alternative zum *K*-Means-Algorithmus dar, die jedoch zu sehr unterschiedlichen Clustern führen kann. Die hierarchische Clusteranalyse ermöglicht dem Anwender, den Effekt einer unterschiedlich spezifizierten Anzahl von Clustern zu visualisieren. Insbesondere bei abgelegenen oder anomalen Gruppen bzw. Beobachtungen erweist sich das Verfahren als sensibler. Die hierarchische Clusteranalyse ermöglicht ebenfalls eine intuitive grafische Darstellung der Cluster, was zu einer leichteren Interpretierbarkeit führt.

Schlüsselbegriffe zur hierarchischen Clusteranalyse

Dendrogramm
: Eine Möglichkeit, die Beobachtungen und die Hierarchie der Cluster, denen sie angehören, zu visualisieren.

Distanzmaß
: Ein Maß dafür, wie nah eine *Beobachtung* einer anderen ist.

Ähnlichkeitsmaß
: Ein Maß, das angibt, wie nah ein *Cluster* einem anderen *Cluster* ist.

Die Flexibilität der hierarchischen Clusteranalyse ist mit Kosten verbunden, und sie lässt sich nicht gut auf große Datensätze mit Millionen von Beobachtungen skalieren. Selbst bei Datensätzen moderater Größe mit nur Zehntausenden von Beobachtungen kann die hierarchische Clusteranalyse intensive Rechenressourcen erfordern. In der Tat konzentrieren sich die meisten Anwendungen der hierarchischen Clusteranalyse auf relativ kleine Datensätze.

Ein einfaches Beispiel

Die hierarchische Clusteranalyse wird auf einen Datensatz mit n Beobachtungen und p Variablen angewandt und basiert auf zwei grundlegenden Bausteinen:

- einem Distanzmaß $d_{i,j}$ zur Messung des Abstands zwischen zwei Einträgen i und j sowie
- einem Ähnlichkeitsmaß $D_{A,B}$ zur Messung des Unterschieds zwischen zwei Clustern A und B auf Basis der Abstände $d_{i,j}$ zwischen den Beobachtungen jedes Clusters.

Bei Anwendungen mit numerischen Daten ist die wichtigste Wahl das Ähnlichkeitsmaß. Die hierarchische Clusteranalyse beginnt damit, dass jede Beobachtung als ein eigenes Cluster festgelegt wird, und iteriert, um die ähnlichsten Cluster zu kombinieren.

In *R* kann die Funktion hclust verwendet werden, um die hierarchische Clusteranalyse durchzuführen. Ein großer Unterschied zwischen hclust und kmeans besteht darin, dass die Funktion mit den paarweisen Abständen $d_{i,j}$ und nicht mit den Daten selbst arbeitet. Diese können Sie mit der Funktion dist berechnen. Im Folgenden wird beispielsweise das hierarchische Clusterverfahren auf die Aktienrenditedaten für ein paar ausgewählte Unternehmen vorgenommen:

```
syms1 <- c('GOOGL', 'AMZN', 'AAPL', 'MSFT', 'CSCO', 'INTC', 'CVX', 'XOM', 'SLB',
           'COP', 'JPM', 'WFC', 'USB', 'AXP', 'WMT', 'TGT', 'HD', 'COST')
# Transponieren: Um die Unternehmen zu clustern, benötigen wir
#                die Angaben zu den jew. Aktienrenditen zeilenweise.
df <- t(sp500_px[row.names(sp500_px) >= '2011-01-01', syms1])
d <- dist(df)
hcl <- hclust(d)
```

Die Clustering-Algorithmen gruppieren die Beobachtungen (Zeilen) eines Data Frames. Da wir die Unternehmen clustern möchten, müssen wir den Data Frame erst *transponieren* (t) und die Aktienrenditen entlang der Zeilen sowie die Datumsangaben entlang der Spalten anordnen.

Das Paket scipy bietet im Modul scipy.cluster.hierarchy verschiedene Methoden für die hierarchische Clusteranalyse an. Hier verwenden wir die Funktion linkage mit der Methode complete:

```
syms1 = ['AAPL', 'AMZN', 'AXP', 'COP', 'COST', 'CSCO', 'CVX', 'GOOGL', 'HD',
         'INTC', 'JPM', 'MSFT', 'SLB', 'TGT', 'USB', 'WFC', 'WMT', 'XOM']
df = sp500_px.loc[sp500_px.index >= '2011-01-01', syms1].transpose()

Z = linkage(df, method='complete')
```

Das Dendrogramm

Für die hierarchische Clusteranalyse bietet sich die naheliegende grafische Darstellung als Baum an, die als *Dendrogramm* bezeichnet wird. Der Name stammt von den griechischen Wörtern *dendro* (Baum) und *gramma* (Zeichnung). In *R* können Sie ein Dendrogramm leicht mit dem Befehl plot erzeugen:

```
plot(hcl)
```

Wir können die Methode dendrogram verwenden, um das Ergebnis der linkage-Funktion in *Python* abzubilden:

```
fig, ax = plt.subplots(figsize=(5, 5))
dendrogram(Z, labels=list(df.index), color_threshold=0)
plt.xticks(rotation=90)
ax.set_ylabel('Distanz')
```

Das Ergebnis wird in Abbildung 7-8 dargestellt (beachten Sie, dass wir jetzt Unternehmen darstellen, die einander ähnlich sind, nicht mehr Tage). Die Blätter des Baums entsprechen den Beobachtungen. Die Länge der Zweige im Baum zeigt den Grad der »Unähnlichkeit« der entsprechenden Cluster an. Die Renditen der Aktien von Google und Amazon sind sowohl einander als auch den Renditen der anderen Aktien recht unähnlich. Die Ölaktien (SLB, CVX, XOM, COP) befinden sich in einem eigenen Cluster, die Aktie von Apple (AAPL) stellt ein eigenes Cluster dar, und die übrigen Aktienrenditen sind einander ähnlich.

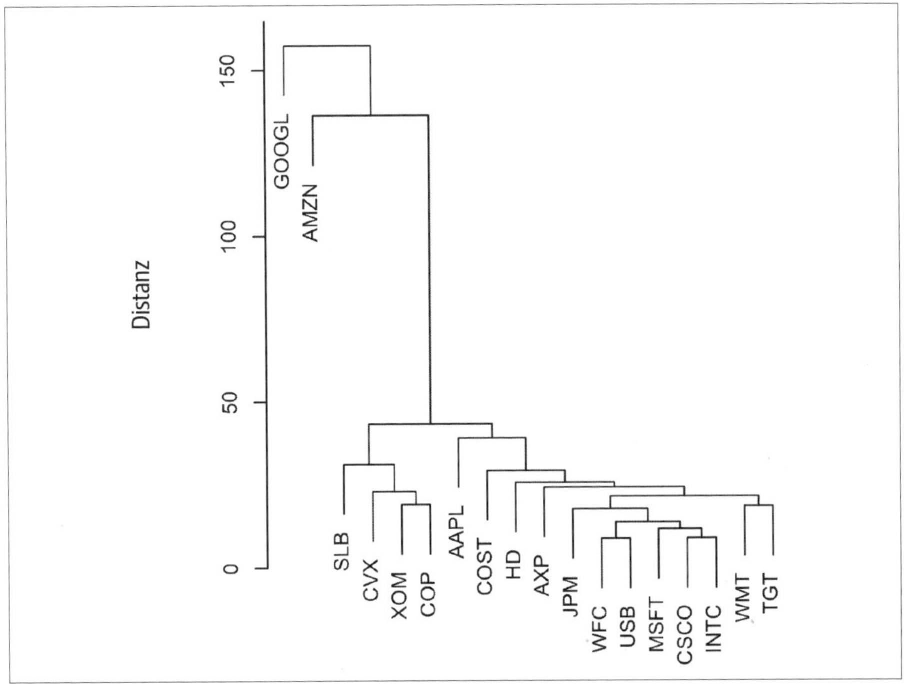

Abbildung 7-8: Ein Dendrogramm für ausgewählte Aktien

Anders als beim *K*-Means-Algorithmus ist es nicht notwendig, die Anzahl der Cluster vorweg zu bestimmen. Grafisch können Sie eine verschiedene Anzahl von Clustern durch eine horizontale Linie identifizieren, die Sie nach oben oder unten schieben; die Cluster sind dann jeweils dort definiert, wo die horizontale Linie die entsprechenden vertikalen Linien schneidet. Um eine bestimmte Anzahl von Clustern zu erfassen, können Sie die Funktion `cutree` verwenden:

```
cutree(hcl, k=4)
GOOGL  AMZN  AAPL  MSFT  CSCO  INTC   CVX   XOM   SLB   COP   JPM   WFC
    1     2     3     3     3     3     4     4     4     4     3     3
  USB   AXP   WMT   TGT    HD  COST
    3     3     3     3     3     3
```

In *Python* erreichen Sie dasselbe mit der Methode `fcluster`:

```
memb = fcluster(Z, 4, criterion='maxclust')
memb = pd.Series(memb, index=df.index)
for key, item in memb.groupby(memb):
    print(f"{key} : {', '.join(item.index)}")
```

Die Anzahl der zu erfassenden Cluster ist auf vier festgelegt, und Sie können sehen, dass Google und Amazon jeweils einem eigenen Cluster angehören. Die Aktien der Ölkonzerne gehören alle zu einem anderen Cluster. Die restlichen Aktien sind in ein viertes Cluster eingeteilt.

Der agglomerative Algorithmus

Der wichtigste Algorithmus für die hierarchische Clusteranalyse ist der *agglomerative* Algorithmus, der iterativ ähnliche Cluster zusammenführt. Der agglomerative Algorithmus beginnt damit, dass jede Beobachtung ein eigenständiges Cluster bildet, und baut dann immer größere Cluster auf. Der erste Schritt besteht darin, die Abstände zwischen allen Beobachtungspaaren zu berechnen.

Für jedes Paar von Beobachtungen $(x_1, x_2, ..., x_p)$ und $(y_1, y_2, ..., y_p)$ bestimmen wir den Abstand zwischen den beiden Beobachtungen, $d_{x,y}$, unter Verwendung eines Distanzmaßes (siehe »Distanzmaße« auf Seite 252). Zum Beispiel können wir den euklidischen Abstand verwenden:

$$d(x,y) = \sqrt{(x_1 - y_1)^2 + (x_2 - y_2)^2 + \cdots + \left(x_p - y_p\right)^2}$$

Kommen wir nun zum Abstand zwischen den Clustern. Betrachten wir zwei Cluster A und B mit jeweils einem unterschiedlichen Satz von Beobachtungen, $A = (a_1, a_2, ..., a_m)$ und $B = (b_1, b_2, ..., b_q)$. Wir können die Ähnlichkeit der Cluster D(A, B) bestimmen, indem wir die Abstände zwischen den Elementen von A und den Elementen von B verwenden.

Ein Ähnlichkeitsmaß ist die *Complete-Linkage*-Methode, die den maximalen Abstand hinsichtlich aller Paare von Beobachtungen zwischen A und B angibt:

$$D(A,B) = \max d\left(a_i, b_j\right) \text{ für alle Paare } i,j$$

Dabei wird die Ähnlichkeit als der größte Abstand zwischen allen Paaren definiert.

Die wesentlichen Schritte des agglomerativen Algorithmus sind:

1. Erstellen Sie einen anfänglichen Satz von Clustern, wobei jedes Cluster aus einer einzigen Beobachtung besteht.
2. Berechnen Sie die Ähnlichkeit $D(C_k, C_\ell)$ zwischen allen Paaren von den Clustern k, ℓ.
3. Führen Sie die beiden Cluster C_k und C_ℓ zusammen, die am ähnlichsten sind, gemessen an $D(C_k, C_\ell)$.
4. Wenn mehr als ein Cluster übrig ist, kehren Sie zu Schritt 2 zurück. Andernfalls ist der Vorgang abgeschlossen.

Ähnlichkeitsmaße

Es gibt im Allgemeinen vier gebräuchliche Ähnlichkeitsmaße: *Complete-Linkage*, *Single-Linkage*, *Average-Linkage* und *Minimum-Varianz*. Diese (und andere Maße) werden alle von den meisten Implementierungen, die der hierarchischen Clusteranalyse dienen, unterstützt, einschließlich `hclust` und `linkage`. Die zuvor definierte Methode der Complete-Linkage führt tendenziell zu Clustern mit ähnlichen Elementen. Bei der Single-Linkage-Methode wird der geringste Abstand zwischen den Beobachtungen von zwei Clustern ermittelt:

$$D(A,B) = \min d\left(a_i, b_j\right) \text{ für alle Paare } i,j$$

Dies ist eine *Greedy-Methode*, die zu Clustern führt, die relativ uneinheitliche Elemente enthalten können. Die Average-Linkage-Methode zielt auf den Durchschnitt aller ermittelten Abstandspaare ab und stellt einen Kompromiss zwischen der Single- und der Complete-Linkage-Methode dar. Die Minimum-Varianz-Methode, die auch als *Ward*-Methode bezeichnet wird, ähnelt dem *K*-Means-Algorithmus, da sie die Summe der Abweichungsquadrate innerhalb der Cluster minimiert (siehe »K-Means-Clustering« auf Seite 307).

In Abbildung 7-9 sind die Ergebnisse der hierarchischen Clusteranalyse unter Verwendung der vier vorgestellten Maße am Beispiel der Aktienrenditen von ExxonMobil und Chevron zu sehen. Bei jedem Maß werden vier Cluster beibehalten.

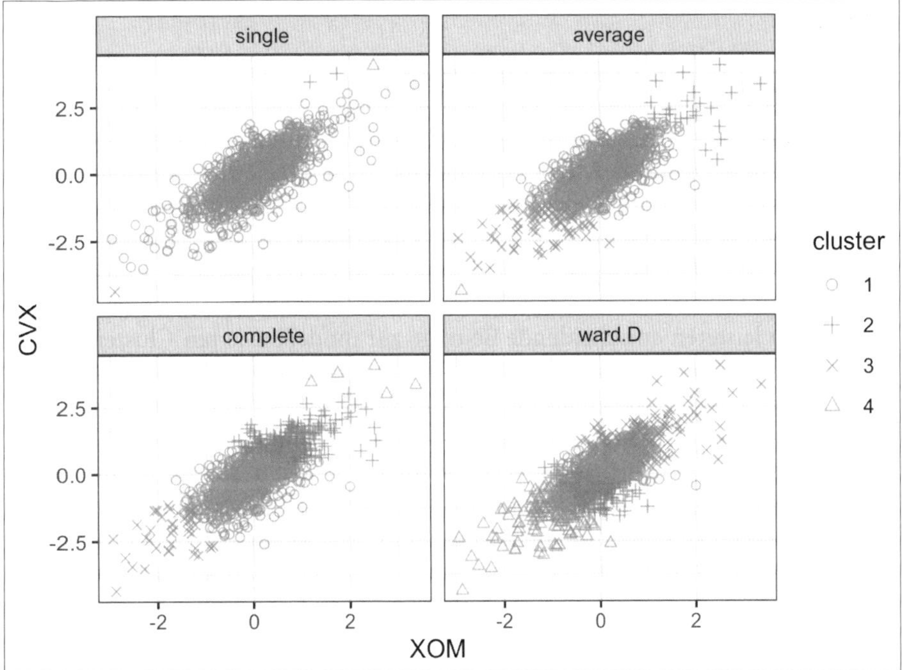

Abbildung 7-9: Ein Vergleich der auf Aktiendaten angewandten Ähnlichkeitsmaße

Bei der GaussianMixture-Implementierung werden hingegen keine verschiedenen Kombinationen angepasst. Wie hier gezeigt, ist es auch in *Python* relativ einfach möglich, mehrere Kombinationen anzupassen. Diese Implementierung definiert das BIC wie normalerweise üblich. Daher wird der berechnete BIC-Wert positiv sein, was wiederum bedeutet, dass wir ihn minimieren müssen.

```
results = []
covariance_types = ['full', 'tied', 'diag', 'spherical']
for n_components in range(1, 9):
    for covariance_type in covariance_types:
        mclust = GaussianMixture(n_components=n_components, warm_start=True,
                                 covariance_type=covariance_type) ❶
        mclust.fit(df)
        results.append({
            'bic': mclust.bic(df),
            'n_components': n_components,
            'covariance_type': covariance_type,
        })

results = pd.DataFrame(results)

colors = ['C0', 'C1', 'C2', 'C3']
styles = ['C0-','C1:','C0-.', 'C1--']

fig, ax = plt.subplots(figsize=(4, 4))
for i, covariance_type in enumerate(covariance_types):
    subset = results.loc[results.covariance_type == covariance_type, :]
    subset.plot(x='n_components', y='bic', ax=ax, label=covariance_type,
                kind='line', style=styles[i])
```

❶ Mit dem Argument warm_start werden bei der Berechnung Informationen aus der vorherigen Anpassung wiederverwendet. Dadurch wird die Konvergenz der nachfolgenden Berechnungen beschleunigt.

Dieses Diagramm ähnelt dem Elbow-Plot, der verwendet wird, um die Anzahl der Cluster zu identifizieren, die für *K*-Means ausgewählt werden sollen, jedoch mit dem Unterschied, dass in diesem Fall der Wert des BIC und nicht der Anteil der erklärten Varianz dargestellt wird (siehe Abbildung 7-7). Ein großer Unterschied ist, dass das mclust-Paket statt einer Linie 14 verschiedene Linien zeigt! Das liegt daran, dass das Paket tatsächlich 14 verschiedene Modelle für jede Clustergröße anpasst und letztlich das am besten geeignete Modell auswählt. Bei der Methode GaussianMixture werden weniger Modelle verwendet, sodass nur vier Linien dargestellt werden.

Warum werden bei dem mclust-Paket so viele Modelle angepasst, um die am besten geeigneten multivariaten Normalverteilungen zu bestimmen? Dies liegt daran, dass es verschiedene Möglichkeiten gibt, die Kovarianzmatrix Σ zu parametrisieren, um ein Modell anzupassen. In den meisten Fällen brauchen Sie sich nicht um die Details der Modelle zu kümmern und können einfach das von mclust gewählte Modell verwenden. In diesem Beispiel gibt es drei verschiedene Modelle (VEE, VEV und VVE), die die Daten in Bezug auf das BIC unter Verwendung von zwei Komponenten am besten anpassen.

Die modellbasierte Clusteranalyse stellt ein umfangreiches und sich ständig weiterentwickelndes Forschungsgebiet dar, und der vorliegende Abschnitt deckt nur einen kleinen Teil dieses Bereichs ab. Bereits das Handbuch des `mclust`-Pakets umfasst derzeit 178 Seiten. Wirklich tiefer in die Nuancen der modellbasierten Clusteranalyse einzutauchen, ist wahrscheinlich mit mehr Aufwand verbunden, als für die meisten Aufgaben von Data Scientists erforderlich ist.

Modellbasierte Clusterverfahren unterliegen einigen Einschränkungen. Die Methoden erfordern bezüglich der Daten eine zugrunde liegende Annahme eines Modells, und die Ergebnisse der Clusterbildung hängen stark von dieser Annahme ab. Der Rechenaufwand ist selbst höher als bei der hierarchischen Clusteranalyse, was die Skalierbarkeit auf große Datensätze erschwert. Darüber hinaus ist der Algorithmus ausgefeilter und weniger zugänglich als bei anderen Methoden.

Kernideen

- Es wird die Annahme getroffen, dass Cluster aus verschiedenen Daten generierenden Prozessen mit unterschiedlichen Wahrscheinlichkeitsverteilungen stammen.
- Es werden verschiedene Modelle angepasst, wobei eine unterschiedliche Anzahl von (typischerweise normalverteilten) Verteilungen zugrunde gelegt wird.
- Die Methode wählt das Modell (und die damit verbundene Anzahl von Clustern), das die Daten gut anpasst, ohne zu viele Parameter zu verwenden (also um eine Überanpassung zu vermeiden).

Weiterführende Literatur

Weitere Einzelheiten zur modellbasierten Clusteranalyse finden Sie in den Dokumentationen der beiden Pakete `mclust` (*https://oreil.ly/bHDvR*) und `GaussianMixture` (*https://oreil.ly/GaVVv*).

Skalierung und kategoriale Variablen

Unüberwachte Lernverfahren erfordern im Allgemeinen, dass die Daten bereits in geeigneter Weise skaliert sind. Dies ist ein wesentlicher Unterschied zu vielen Regressions- und Klassifikationsverfahren, bei denen die Skalierung keine Rolle spielt (eine Ausnahme bildet der *K*-Nächste-Nachbarn-Algorithmus – siehe »K-Nächste-Nachbarn« auf Seite 248).

Schlüsselbegriffe zur Skalierung von Daten

Skalieren
: Stauchen oder Strecken der Daten – normalerweise um mehrere Variablen auf die gleiche Skala zu bringen.

Normierung
: Eine Methode der Skalierung – Subtraktion des Mittelwerts und Division durch die Standardabweichung.

  Synonym
  : Standardisierung

Gower-Distanz
: Ein Skalierungsalgorithmus, der auf Daten angewendet wird, die sowohl aus kontinuierlichen als auch aus binären Variablen bestehen, um alle Variablen auf einen Bereich von 0 bis 1 zu überführen.

Zum Beispiel haben die Variablen in den Kreditdaten sehr unterschiedliche Einheiten und Größenordnungen. Einige Variablen weisen relativ kleine Werte auf (z. B. die Anzahl der Beschäftigungsjahre), während andere sehr große Werte haben (z. B. die Kredithöhe in Dollar). Wenn die Daten nicht skaliert vorliegen, werden die PCA, *K*-Means und andere Clusterverfahren von den Variablen mit großen Werten dominiert, und die Variablen mit kleinen Werten werden vernachlässigt.

Kategoriale Daten können für einige Clusterverfahren ein besonderes Problem darstellen. Wie bei *K*-Nächste-Nachbarn werden ungeordnete Faktorvariablen im Allgemeinen in einen Satz von binären Variablen (0/1) unter Verwendung einer 1-aus-n-Codierung überführt (siehe »1-aus-n-Codierung« auf Seite 253). Es ist nicht nur wahrscheinlich, dass die binären Variablen eine andere Skalierung aufweisen als andere Daten, sondern auch der Umstand, dass binäre Variablen nur zwei Werte haben, kann sich bei Verfahren wie PCA und *K*-Means-Clustering als problematisch erweisen.

Variablen skalieren

Variablen mit sehr unterschiedlichen Skalierungen und Einheiten müssen entsprechend normiert werden, bevor Sie ein Clusterverfahren anwenden. Wenden wir beispielsweise die kmeans-Methode auf die Kreditdaten an, ohne sie zuvor zu normieren:

```
defaults <- loan_data[loan_data$outcome=='default',]
df <- defaults[, c('loan_amnt', 'annual_inc', 'revol_bal', 'open_acc',
                   'dti', 'revol_util')]
km <- kmeans(df, centers=4, nstart=10)
centers <- data.frame(size=km$size, km$centers)
round(centers, digits=2)
```

```
  size loan_amnt annual_inc revol_bal open_acc   dti revol_util
1    52  22570.19  489783.40  85161.35    13.33  6.91      59.65
2  1192  21856.38  165473.54  38935.88    12.61 13.48      63.67
3 13902  10606.48   42500.30  10280.52     9.59 17.71      58.11
4  7525  18282.25   83458.11  19653.82    11.66 16.77      62.27
```

Hier ist der entsprechende *Python*-Code:

```
defaults = loan_data.loc[loan_data['outcome'] == 'default',]
columns = ['loan_amnt', 'annual_inc', 'revol_bal', 'open_acc',
           'dti', 'revol_util']

df = defaults[columns]
kmeans = KMeans(n_clusters=4, random_state=1).fit(df)
counts = Counter(kmeans.labels_)

centers = pd.DataFrame(kmeans.cluster_centers_, columns=columns)
centers['size'] = [counts[i] for i in range(4)]
centers
```

Die Variablen `annual_inc` und `revol_bal` bestimmen die Cluster. Zudem haben die Cluster sehr unterschiedliche Größen. Cluster 1 hat nur 52 Elemente mit vergleichsweise hohem Einkommen und hohem revolvierendem Kreditsaldo.

Ein üblicher Ansatz zur Skalierung der Variablen besteht darin, sie durch Subtraktion des Mittelwerts und Division mit der Standardabweichung in *z*-Werte umzuwandeln. Dies wird als Standardisierung oder *Normierung* bezeichnet (siehe »Standardisierung (Normierung, z-Werte)« auf Seite 254 für weitere Erläuterungen zur Verwendung von *z*-Werten):

$$z = \frac{x - \bar{x}}{s}$$

Sehen wir uns nun an, was mit den Clustern geschieht, wenn wir die `kmeans`-Methode auf die normierten Daten anwenden:

```
df0 <- scale(df)
km0 <- kmeans(df0, centers=4, nstart=10)
centers0 <- scale(km0$centers, center=FALSE,
                 scale=1 / attr(df0, 'scaled:scale'))
centers0 <- scale(centers0, center=-attr(df0, 'scaled:center'), scale=FALSE)
centers0 <- data.frame(size=km0$size, centers0)
round(centers0, digits=2)

  size loan_amnt annual_inc revol_bal open_acc   dti revol_util
1 7355  10467.65   51134.87  11523.31     7.48 15.78      77.73
2 5309  10363.43   53523.09   6038.26     8.68 11.32      30.70
3 3713  25894.07  116185.91  32797.67    12.41 16.22      66.14
4 6294  13361.61   55596.65  16375.27    14.25 24.23      59.61
```

In *Python* können wir die Methode `StandardScaler` aus dem `scikit-learn`-Paket verwenden. Die Methode `inverse_transform` ermöglicht uns, die Clusterzentren wieder in den ursprünglichen Maßstab zu konvertieren:

```
scaler = preprocessing.StandardScaler()
df0 = scaler.fit_transform(df * 1.0)

kmeans = KMeans(n_clusters=4, random_state=1).fit(df0)
counts = Counter(kmeans.labels_)

centers = pd.DataFrame(scaler.inverse_transform(kmeans.cluster_centers_),
                       columns=columns)
centers['size'] = [counts[i] for i in range(4)]
centers
```

Die Clustergrößen sind ausgewogener, und die Cluster werden nicht von den Variablen `annual_inc` und `revol_bal` dominiert, wodurch sich eine interessantere Struktur in den Daten offenbart. Beachten Sie, dass die Zentren auf die ursprünglichen Einheiten im vorhergehenden Codeabschnitt zurückskaliert werden. Hätten wir sie nicht zurückskaliert, wären die resultierenden Werte in Form von *z*-Werten ausgegeben worden und daher weniger interpretierbar.

Die Skalierung spielt auch bei der PCA eine wichtige Rolle. Die Verwendung von *z*-Werten ist vergleichbar mit dem Einsatz der Korrelationsmatrix (siehe »Korrelation« auf Seite 32) anstelle der Kovarianzmatrix im Rahmen der Berechnung der Hauptkomponenten. Die Softwareprogramme zur Berechnung der PCA haben in der Regel eine Option, die es ermöglicht, die Korrelationsmatrix zu verwenden (in *R* hat die Funktion `princomp` das Argument `cor`).

Dominierende Variablen

Selbst in Fällen, in denen die Variablen dieselbe Skala aufweisen und die relative Bedeutung exakt widerspiegeln (z.B. Bewegung zu bestimmten Aktienkursen), kann es manchmal nützlich sein, die Variablen neu zu skalieren.

Angenommen, wir berücksichtigten in unserer Analyse aus dem Abschnitt »Die Hauptkomponenten interpretieren« auf Seite 302 zusätzlich die Aktien von Google (GOOGL) und Amazon (AMZN). Sehen wir uns das Ergebnis zunächst in *R* an:

```
syms <- c('GOOGL', 'AMZN', 'AAPL', 'MSFT', 'CSCO', 'INTC', 'CVX', 'XOM',
          'SLB', 'COP', 'JPM', 'WFC', 'USB', 'AXP', 'WMT', 'TGT', 'HD', 'COST')
top_sp1 <- sp500_px[row.names(sp500_px) >= '2005-01-01', syms]
sp_pca1 <- princomp(top_sp1)
screeplot(sp_pca1)
```

In *Python* erhalten wir den Scree-Plot wie folgt:

```
syms = ['GOOGL', 'AMZN', 'AAPL', 'MSFT', 'CSCO', 'INTC', 'CVX', 'XOM',
        'SLB', 'COP', 'JPM', 'WFC', 'USB', 'AXP', 'WMT', 'TGT', 'HD', 'COST']
top_sp1 = sp500_px.loc[sp500_px.index >= '2005-01-01', syms]

sp_pca1 = PCA()
sp_pca1.fit(top_sp1)

explained_variance = pd.DataFrame(sp_pca1.explained_variance_)
ax = explained_variance.head(10).plot.bar(legend=False, figsize=(4, 4))
ax.set_xlabel('Komponente')
```

Im Scree-Plot werden die Varianzen der oberen Hauptkomponenten dargestellt. Im vorliegenden Fall zeigt der Scree-Plot in Abbildung 7-13, dass die Varianz der ersten und zweiten Komponente viel größer ausfällt als bei den übrigen. Dies deutet oft darauf hin, dass eine oder zwei Variablen die Komponentenladungen bestimmen bzw. dominieren. Wie sich zeigt, ist das in diesem Beispiel tatsächlich der Fall:

```
round(sp_pca1$loadings[,1:2], 3)
      Comp.1 Comp.2
GOOGL  0.781  0.609
AMZN   0.593 -0.792
AAPL   0.078  0.004
MSFT   0.029  0.002
CSCO   0.017 -0.001
INTC   0.020 -0.001
CVX    0.068 -0.021
XOM    0.053 -0.005
...
```

In *Python* gehen wir wie folgt vor:

```
loadings = pd.DataFrame(sp_pca1.components_[0:2, :], columns=top_sp1.columns)
loadings.transpose()
```

Die ersten beiden Hauptkomponenten werden fast vollständig von den Aktien GOOGL und AMZN bestimmt. Das liegt daran, dass die Kursbewegungen der Aktien von GOOGL und AMZN die Streuung maßgeblich bestimmen.

Um mit dieser Situation umzugehen, können Sie die dominierenden Variablen entweder unverändert einbeziehen, sie neu skalieren (siehe »Variablen skalieren« auf Seite 330) oder sie aus der Analyse ausschließen und separat behandeln. Es gibt keinen »mustergültigen« Ansatz – die Handhabung gestaltet sich je nach Anwendung unterschiedlich.

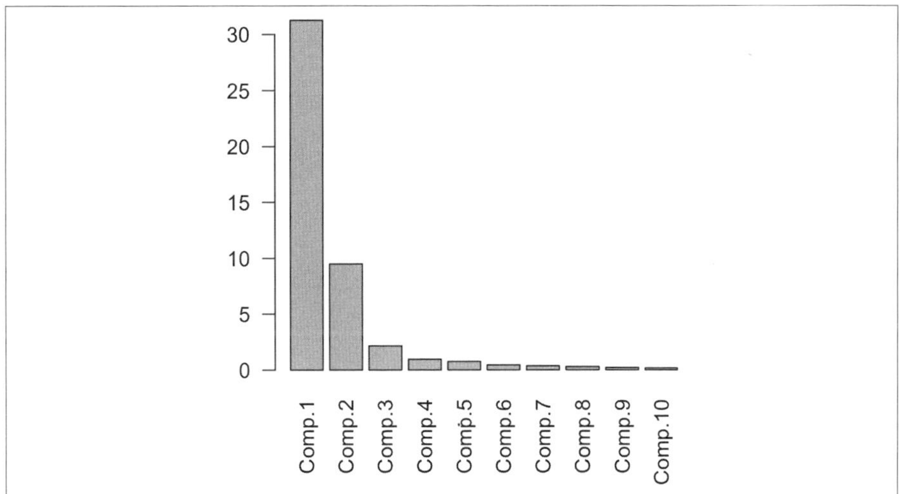

Abbildung 7-13: Ein Scree-Plot für die Hauptkomponentenanalyse der wichtigsten Aktien des S&P 500, einschließlich GOOGL und AMZN

Kategoriale Daten und die Gower-Distanz

Im Fall von kategorialen Daten müssen Sie diese erst in numerische Daten umwandeln, entweder auf Basis der Rangordnung (bei einer geordneten Faktorvariablen) oder mittels Codierung in Form entsprechender binärer Variablen (Dummy-Variablen). Wenn die Daten sowohl aus kontinuierlichen als auch aus binären Variablen bestehen, möchten Sie die Variablen normalerweise so skalieren, dass die Wertebereiche ähnlich sind (siehe »Variablen skalieren« auf Seite 330). Eine beliebte Methode ist die Verwendung der *Gower-Distanz*.

Die Grundidee hinter der Gower-Distanz besteht darin, je nach Art der Daten für jede Variable ein anderes Distanzmaß zu verwenden:

- Für numerische Variablen und geordnete Faktorvariablen wird die Distanz als Absolutwert der Differenz zwischen zwei Beobachtungen berechnet (*Manhattan-Distanz*).
- Für kategoriale Variablen ist die Distanz 1, wenn die Kategorien zwischen zwei Beobachtungen unterschiedlich sind, und 0, wenn die Kategorien gleich sind.

Der Gower-Distanz wird wie folgt berechnet:

1. Berechnen Sie den Abstand $d_{i,j}$ für alle Paare von Variablen i und j für jede Beobachtung.
2. Skalieren Sie jedes Paar $d_{i,j}$ so, dass das Minimum 0 und das Maximum 1 ist.
3. Addieren Sie die paarweise skalierten Abstände zwischen den Variablen, indem Sie entweder einen einfachen oder einen gewichteten Mittelwert verwenden, um die Distanzmatrix zu erstellen.

Nehmen wir einige Zeilen aus den Kreditdaten, um die Gower-Distanz in *R* zu veranschaulichen:

```
> x <- loan_data[1:5, c('dti', 'payment_inc_ratio', 'home_', 'purpose_')]
> x
# A tibble: 5 × 4
    dti payment_inc_ratio   home            purpose
  <dbl>             <dbl> <fctr>             <fctr>
1  1.00           2.39320   RENT                car
2  5.55           4.57170    OWN     small_business
3 18.08           9.71600   RENT              other
4 10.08          12.21520   RENT debt_consolidation
5  7.06           3.90888   RENT              other
```

In *R* kann die Funktion `daisy` aus dem `cluster`-Paket verwendet werden, um die Gower-Distanz zu berechnen:

```
library(cluster)
daisy(x, metric='gower')
Dissimilarities :
          1         2         3         4
2 0.6220479
3 0.6863877 0.8143398
4 0.6329040 0.7608561 0.4307083
5 0.3772789 0.5389727 0.3091088 0.5056250
```

```
Metric :  mixed ;  Types = I, I, N, N
Number of objects : 5
```

Zum Zeitpunkt des Verfassens dieser Zeilen ist die Gower-Distanz in keinem der gängigen Python-Pakete verfügbar. Es sind jedoch Aktivitäten im Gang, um eine Implementierung ins scikit-learn-Paket aufzunehmen. Wir werden den begleitenden Quellcode aktualisieren, sobald sie veröffentlicht wird.

Alle ermittelten Abstände liegen zwischen 0 und 1. Die Beobachtungen mit dem größten Abstand entsprechen den Zeilen 2 und 3: Beide haben nicht die gleichen Werte für die Variablen home und purpose, und sie weisen sehr unterschiedliche Niveaus bei den Variablen dti (Verschuldungsgrad im Verhältnis zum Einkommen) und payment_inc_ratio auf. Die Beobachtungen 3 und 5 haben den geringsten Abstand, da sie die gleichen Werte für die Variablen home und purpose aufweisen.

Sie können die Distanzmatrix von Gower in Funktionen wie daisy oder auch hclust, die wir im Rahmen der hierarchischen Clusteranalyse genutzt haben, verwenden, indem Sie das entsprechende Argument setzen (siehe »Hierarchische Clusteranalyse« auf Seite 317):

```
df <- defaults[sample(nrow(defaults), 250),
               c('dti', 'payment_inc_ratio', 'home', 'purpose')]
d = daisy(df, metric='gower')
hcl <- hclust(d)
dnd <- as.dendrogram(hcl)
plot(dnd, leaflab='none')
```

Das resultierende Dendrogramm wird in Abbildung 7-14 dargestellt. Die einzelnen Beobachtungen auf der x-Achse sind nicht unterscheidbar, aber wir können das Dendrogramm horizontal bei der Distanz von 0,5 »durchschneiden« und die Beobachtungen in einem der sich daraus ergebenden Unterbäume mit dem folgenden Code untersuchen:

```
dnd_cut <- cut(dnd, h=0.5)
df[labels(dnd_cut$lower[[1]]),]
        dti payment_inc_ratio home_            purpose_
44532 21.22           8.37694   OWN debt_consolidation
39826 22.59           6.22827   OWN debt_consolidation
13282 31.00           9.64200   OWN debt_consolidation
31510 26.21          11.94380   OWN debt_consolidation
6693  26.96           9.45600   OWN debt_consolidation
7356  25.81           9.39257   OWN debt_consolidation
9278  21.00          14.71850   OWN debt_consolidation
13520 29.00          18.86670   OWN debt_consolidation
14668 25.75          17.53440   OWN debt_consolidation
19975 22.70          17.12170   OWN debt_consolidation
23492 22.68          18.50250   OWN debt_consolidation
```

Dieser Unterbaum besteht ausschließlich aus Beobachtungen, die Wohneigentümern entsprechen, die als Darlehenszweck Schuldenkonsolidierung (debt_consolidation) angegeben haben. Auch wenn eine derart konsequente Aufteilung nicht in allen Unterbäumen vollzogen wird, zeigt dies dennoch, dass die kategorialen Variablen in den Clustern für gewöhnlich gruppiert werden.

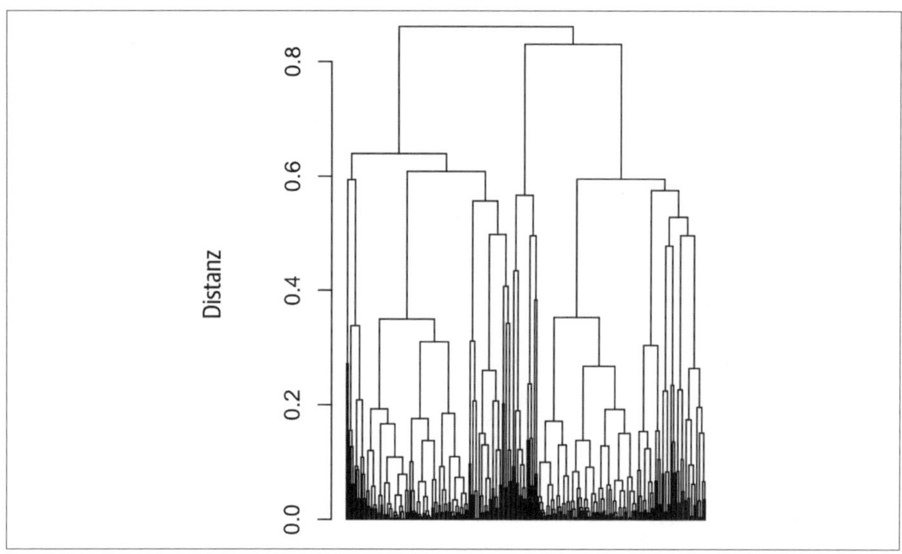

Abbildung 7-14: Ein Dendrogramm der Ergebnisse der Funktion hclust, angewandt auf eine Stichprobe der Kreditdaten mit verschiedenen Variablentypen

Probleme bei der Clusteranalyse mit verschiedenen Datentypen

Der *K*-Means-Algorithmus und die Hauptkomponentenanalyse sind für kontinuierliche Variablen am besten geeignet. Bei kleineren Datensätzen ist es besser, im Rahmen der hierarchischen Clusteranalyse die Gower-Distanz zu verwenden. Im Prinzip gibt es keinen Grund, warum *K*-Means-Clustering nicht auch auf binäre oder kategoriale Daten angewendet werden kann. Normalerweise sollten Sie die 1-aus-n-Darstellung (siehe »1-aus-n-Codierung« auf Seite 253) verwenden, um kategoriale Daten in numerische Werte umzuwandeln. In der Praxis kann es sich jedoch schwierig gestalten, *K*-Means-Clustering und die Hauptkomponentenanalyse mit binären Daten zu verwenden.

Wenn standardisierte *z*-Werte verwendet werden, werden binäre Variablen die Bestimmung der Cluster dominieren. Das liegt daran, dass binäre Variablen lediglich zwei Werte annehmen und *K*-Means-Clustering nur eine geringe Intra-Cluster-Quadratsumme ermitteln kann, da alle Beobachtungen mit einer 0 oder einer 1 einem einzigen Cluster zugewiesen werden. Wenden Sie beispielsweise `kmeans` auf die Kreditdaten an. Diesmal beziehen wir die Faktorvariablen `home` und `pub_rec_zero` ein, zunächst in *R*:

```
df <- model.matrix(~ -1 + dti + payment_inc_ratio + home_ + pub_rec_zero,
                   data=defaults)
df0 <- scale(df)
km0 <- kmeans(df0, centers=4, nstart=10)
centers0 <- scale(km0$centers, center=FALSE,
                  scale=1/attr(df0, 'scaled:scale'))
```

```
round(scale(centers0, center=-attr(df0, 'scaled:center'), scale=FALSE), 2)

    dti payment_inc_ratio home_MORTGAGE home_OWN home_RENT pub_rec_zero
1 17.20              9.27          0.00        1      0.00         0.92
2 16.99              9.11          0.00        0      1.00         1.00
3 16.50              8.06          0.52        0      0.48         0.00
4 17.46              8.42          1.00        0      0.00         1.00
```

Und jetzt in *Python*:

```
columns = ['dti', 'payment_inc_ratio', 'home_', 'pub_rec_zero']
df = pd.get_dummies(defaults[columns])

scaler = preprocessing.StandardScaler()
df0 = scaler.fit_transform(df * 1.0)
kmeans = KMeans(n_clusters=4, random_state=1).fit(df0)
centers = pd.DataFrame(scaler.inverse_transform(kmeans.cluster_centers_),
                       columns=df.columns)
centers
```

Die ersten vier Cluster sind im Wesentlichen stellvertretend für die verschiedenen Stufen der Faktorvariablen. Um diesem Umstand entgegenzuwirken, könnten Sie die binären Variablen so skalieren, dass sie eine geringere Varianz haben als andere Variablen. Alternativ könnten Sie bei sehr großen Datensätzen die Clusteranalyse auf verschiedene Teilsätze eines Datensatzes anwenden, in denen jeweils bestimmte Ausprägungen der kategorialen Variablen dominieren. Beispielsweise könnten Sie die Clusteranalyse separat auf Kredite anwenden, die an jemanden vergeben werden, der eine Hypothek aufgenommen hat, ein Eigenheim besitzt oder zur Miete wohnt.

Kernideen

- Variablen, die auf verschiedenen Skalen gemessen werden, müssen in ähnliche Skalen überführt werden, damit ihr Einfluss auf Algorithmen nicht von ihrer Skala bestimmt wird.
- Eine übliche Methode zur Skalierung ist die Normierung (Standardisierung) – durch Subtraktion des Mittelwerts und Division durch die Standardabweichung.
- Eine andere Methode ist die Gower-Distanz, die alle Variablen auf den Bereich von 0 bis 1 skaliert (sie wird oft bei der gemeinsamen Nutzung von numerischen und kategorialen Daten verwendet).

Permutationstests 101, 101–107, 109
für ANOVA 125
Beispiel für Web-Stickiness 102–106
für Chi-Quadrat-Test 131
exakte und Bootstrap-Methode 106
Schätzung der p-Werte in 111
Wert für die Data Science 107
Perzentile 8, 15
genaue Definition 18
Streuungsmaße basierend auf 18
und Box-Plots 21–23
Pivot-Tabellen *siehe* Kontingenztafeln
Poisson-Verteilung 87, 218
polynomiale Regression 193
polynomialer Kontrast 171
Population 50
Populationsmittelwert im Vergleich zum Stichprobenmittel 56
prädiktive Modellierung
KNN als erste Stufe für 259, 260
maschinelles Lernen im Vergleich zur Statistik 248
Prädiktorvariablen 5, 7, 147
Haupt- und Interaktionseffekte 178–180
isolierte Beziehung zwischen Antwortvariable und 190
korrelierte 175
mehr als zwei in der linearen Diskriminanzanalyse verwenden 213
nicht lineare Beziehungen zwischen, erfasst durch Bäume 270
numerische, Anwendung des naiven Bayes-Algorithmus bei 207
Redundanz bei 176
Standardisierung in K-Nächste-Nachbarn 254
t-Statistik und 158
zweimal in KNN verwendet 258
praktische Bedeutung und statistische Signifikanz 113
Precision-Recall-(PR-)Kurve 233
Principal Components Analysis *siehe* Hauptkomponentenanalyse
Problematik seltener Kategorien 230
Propensity *siehe* Wahrscheinlichkeit
Proxy-Variable 103
Pruning *siehe* Stutzen
Pseudo-Residuen 284
Punktschätzer 70
p-Werte 108–114, 125
Chi-Quadrat-Verteilung und 132
Data Science und 114
Fehler 1. und 2. Art 113
Irrtumswahrscheinlichkeit 112
Kontroverse über die Verwendung von 112
Korrektur der 118
praktische Bedeutung und 113
t-Statistik und 157

Q

Q-Q-Diagramme 73
der täglichen Aktienrenditen von Netflix (NFLX) 77
Standardnormalverteilung und 75
quadratische Diskriminanzanalyse (QDA) 213
Quadratsumme
siehe auch Summe der Abweichungsquadrate (SS)
Intra-Cluster-Quadratsumme 309
Quadratwurzel des mittleren quadratischen Fehlers (RMSE) 153, 155, 270
Quantile
Funktionen zur Berechnung von 19
siehe Perzentile

R

Random Forests 248, 260, 272, 273–277
Hyperparameter 281
Variablenwichtigkeit in 278–281
Random Sampling *siehe* Zufallsstichprobenziehung
Random Selection *siehe* Zufallsauswahl
Randomisierung 92
räumliche Daten 7
Recall *siehe* Sensitivität
Receiver Operating Characteristics Curve *siehe* ROC-Kurve
Recursive-Partitioning-Algorithmus 264–266
Referenzcodierung 168, 170, 179, 217
Regression 145–200
ANOVA als erster Schritt zum statistischen Modell 128
mit einem Baum 270
Bedeutungen des Begriffs 151

Diagnostik 180–192
Ausreißer 181
einflussreiche Beobachtung 183
heteroskedastische, nicht normalverteilte und korrelierte Fehler 186–190
partielle Residuendiagramme und Nichtlinearität 190
einfache lineare Regression 145–153
angepasste Werte und Residuen 149
Methode der kleinsten Quadrate 151
Regressionsgleichung 147–149
Faktorvariablen in 122
Darstellung durch Dummy-Variablen 168
geordnete Faktorvariablen 173
mit vielen Stufen 171–173
Interpretieren der Regressionsgleichung 174–180
Interaktions- und Haupteffekte 178–180
konfundierende Variablen 177–178
korrelierte Prädiktorvariablen 175
Multikollinearität 176
logistische Regression 214–226
Vergleich mit linearer Regression 221–223
mit Faktorvariablen 167–174
multiple lineare Regression 153–164
Beispiel, Schätzung von Immobilienwerten 154–155
Bewertung des Modells 155
gewichtete Regression 163–164
Kreuzvalidierung 158
Modellauswahl und schrittweise Regression 159–162
polynomiale und Spline-Regression 192–199
Polynome 193
Splines 195
verallgemeinerte additive Modelle 197–199
unüberwachtes Lernen als Baustein 298
Vorhersage mittels 164–167
Konfidenz- und Vorhersageintervalle 165–167
Risiken bei der Extrapolation 165
Vorsicht bei kausalen Schlussfolgerungen 152
Regression mit der Methode der kleinsten Quadrate 146, 186, 290
Regression zur Mitte 58
Regressionskoeffizienten 146, 148
Konfidenzintervalle und 165
korrelierte Prädiktorvariablen und 175
Vergleich von Regression mit vollständigen Daten und Daten, nachdem die einflussreichen Beobachtungen entfernt wurden 186
Regularisierung 283
L1-Regularisierung 289, 291
L2-Regularisierung 289, 290
Überanpassung vermeiden 287–291
rekursive Partitionierung 261
relevante Einträge (bei Suchanfragen) 55
Relevanz 227, 231
Repräsentativität 51
durch Zufallsauswahl 53
Resampling 65, 101–108
Bootstrap im Vergleich zu 69
Bootstrap-Verfahren und Permutationstests 101
Permutationstests 101–107, 124
Beispiel für Web-Stickiness 102–106
exakte und Bootstrap-Methode 106
Wert für die Data Science 107
Verwendung im Chi-Quadrat-Test 129, 130
Residual Standard Error *siehe* Standardfehler der Residuen (RSE)
Residuen 146
Analyse in logistischer Regression 224
in einfacher linearer Regression 149
in multipler linearer Regression 154
Residuenquadratsumme *siehe* Summe der quadrierten Residuen (RSS)
Reskalierung von Variablen, andere Methoden als z-Werte 256
Richtig-positiv-Rate (TPR) *siehe* Sensitivität
Ridge Regression 162, 290
RMSE *siehe* Quadratwurzel des mittleren quadratischen Fehlers (RMSE)
robust 9
robuste Korrelationsmaße 35
robuste Lagemaße 11–14
Beispiel, Lagemaße für Einwohnerzahlen und Mordraten 12

gewichteter Median 11
Median 11
Ausreißer und 11
weitere robuste Lagemaße 12
robuste Streuungsmaße, mittlere absolute Abweichung vom Median 17, 19
ROC-Kurve 227, 232–234
AUC (Fläche unter der ROC-Kurve) 234–236
Root Mean Squared Error *siehe* Quadratwurzel des mittleren quadratischen Fehlers (RMSE)
R-Quadrat *siehe* Bestimmtheitsmaß
RSE *siehe* Standardfehler der Residuen (RSE)
RSS *siehe* Summe der quadrierten Residuen
R-Tutorial-Webseite 4
Rückwärtselimination 161, 162
Rückwärtsselektion 162

S

Schätzungen
Dachnotation 149
Metriken und 9
Schiefe 25, 77
schrittweise Regression 161
Schwarzer-Schwan-Vermutung 77
Scoring-Methode nach Fisher 222
Scree-Plots 299, 332
für die PCA der Aktien führender Unternehmen 303
SE *siehe* Standardfehler der Koeffizienten (SE)
Sensitivität 227, 231
Zielkonflikt zwischen Spezifität und 232
Signal-Rausch-Verhältnis (SNR) 257
Signifikanzniveau 140, 143
Signifikanztests *siehe* Hypothesentests
Single-Linkage-Methode 321
Skalierung 330
Skalierung und kategoriale Variablen 329–338
dominierende Variablen 332–334
kategoriale Variablen und Gower-Distanz 334
Probleme bei der Clusteranalyse mit verschiedenen Datentypen 336
Variablen skalieren 330–332
SMOTE-Algorithmus 242
Spannweite 15, 18
Spearman'sches Rho 35
Spezifität 227, 231
Zielkonflikt zwischen Sensitivität und 232
Spline-Regression 192, 195
SQL (Structured Query Language) 5
SS *siehe* Summe der Abweichungsquadrate (SS)
Standardabweichung 15
und ähnliche Maße 16
bei A/B-Tests 94
Kovarianzmatrix und 209
Standardfehler 61, 64
der Koeffizienten (SE) 157
der Residuen (RSE) 153, 156
standardisierte Residuen
Definition 181
Histogramm, für Regression mit Immobiliendaten 188
untersuchen, um Ausreißer zu erkennen 181
Standardisierung 73, 75, 253
in K-Nächste-Nachbarn 254–257
kontinuierlicher Variablen 308
Standardnormalverteilung 73
und Q-Q-Diagramme 75
Statistik im Vergleich zu maschinellem Lernen 248
statistische Inferenz, Vorgehen bei klassischer statistischer Inferenz 91
statistische Signifikanz 102
praktische Bedeutung und 113
statistische Versuche und Signifikanztests 91–144
A/B-Test 92–97
Chi-Quadrat-Test 128–136
Freiheitsgrade 121–122
Hypothesentests 97–100
mehrarmige Banditen 136–140
mehrfache Tests 117–121
Resampling 101–108
statistische Signifikanz und p-Werte 108–114
Data Science und p-Werte 114
Fehler 1. und 2. Art 113
Irrtumswahrscheinlichkeit 112
Kontroverse um p-Werte 112
p-Werte 111

Trennschärfe und Stichprobengröße 140–144
t-Tests 115–117
Varianzanalyse (ANOVA) 122–128
statistisches maschinelles Lernen 247–295
Bagging und Random Forests 271–282
Bagging 273
Random Forests 273–277
Variablenwichtigkeit 278–281
Baummodelle 260–271
Baumwachstum begrenzen 267
einfaches Beispiel 262
Homogenität bzw. Unreinheit messen 266
Recursive-Partitioning-Algorithmus 264–266
Vorhersage eines kontinuierlichen Werts 270
wie Bäume verwendet werden 270
Boosting 282–295
Boosting-Algorithmus 283
Hyperparameter und Kreuzvalidierung 292–294
Überanpassung durch Regularisierung vermeiden 287–291
XGBoost-Softwarepaket 284–287
K-Nächste-Nachbarn (KNN) 248–260
1-aus-n-Codierung 253
Beispiel, Kreditausfall vorhersagen 249–252
Distanzmaße 252
KNN zur Merkmalskonstruktion 258–260
Standardisierung 254–257
unüberwachtes Lernen *siehe* unüberwachtes Lernen
Steigung *siehe* Regressionskoeffizienten
Stichproben
Stichprobengröße, Trennschärfe und 140–144
Terminologieunterschiede 7
Stichprobenstatistik 60
Stichprobenverteilung 60–65
Datenverteilung im Vergleich zur 61
Standardfehler 64
zentraler Grenzwertsatz 63
Stichprobenverzerrung 52
Stichprobenziehung 49–90
Auswahlverzerrung 57–60
Binomialverteilung 82–84
Bootstrap-Verfahren 65–70
Chi-Quadrat-Verteilung 84
F-Verteilung 86
Konfidenzintervalle 70–73
Normalverteilung 73–76
Poisson- und verwandte Verteilungen 87–90
Exponentialverteilung 88
Poisson-Verteilung 87
Schätzen der Hazardrate 89
Weibull-Verteilung 89
studentsche t-Verteilung 79–81
Verteilungen mit langen Verteilungsenden 76–79
Zufallsstichprobenziehung und Stichprobenverzerrung 50–57
mit und ohne Zurücklegen 50, 66, 101, 107
Stochastic Gradient Boosting 283
XGBoost-Implementierung 284–287
Strategien bei unausgewogenen Daten in Klassifikationsmodellen 238–244, 252
Datengenerierung 242
kostenbasierte Klassifikation 242
Oversampling und Up/Down Weighting 240
Vorhersagen untersuchen 243–244
Streudiagramme 32, 35
Bi-Plot 305
Erweitern mit Drittvariablen 44
Streudiagrammglättung 190
Streuungsmaße 14–20
Beispiel, Mordraten nach Einwohnerzahlen der US-Bundesstaaten 19
Perzentile 17
Schlüsselbegriffe 14
Standardabweichung und ähnliche Maße 15–17
strukturierte Daten 2–5
studentsche t-Verteilung 79–81, 115
Stutzen 261, 268
Subjekte 92
Suche
Bedarf an großen Datenmengen 55
Vast-Search-Effekt 58
Summe der Abweichungsquadrate (SS) 123, 127

Zielkonflikt zwischen Verzerrung und Varianz 258
Zufall unterschätzen und fehldeuten 98
zufällige Abweichung 109
zufällige Gleichverteilung 133
zufällige Untermenge von Variablen (in Random Forest) 273
Zufallsauswahl 53
Zufallsfehler der Stichprobe 61
Zufallsstichprobe
  Stichprobengröße im Vergleich zur Qualität 54
Zufallsstichprobenziehung 50–57
  Stichprobenmittel im Vergleich zum Populationsmittelwert 56
  Verzerrung 52
  Zufallsauswahl 53
Zufallszahlen aus einer Poisson-Verteilung generieren 87
Zurücklegen (bei Stichprobenziehung) 50, 101
  in Bootstrap-Methode des Permutationstests 107
  Ziehen mit Zurücklegen 66
zweifaktorielle ANOVA 128
zweiseitige Alternativhypothese 100
zweiseitige Tests 100
zweiseitiger Hypothesentest 97
z-Werte 73, 75, 209, 239, 249
  Datentransformation und Normalverteilung 75
  in der Datennormierung für KNN 254
  Normierung 75
  Verwendung zur Skalierung von Variablen 331

Über die Autoren

Peter Bruce ist Gründer des *Institute for Statistics Education* bei Statistics.com, das ca. hundert Kurse in Statistik anbietet, von denen sich ein Drittel an Data Scientists richtet. Durch die Rekrutierung von Top-Autoren als Dozenten und die Entwicklung einer Marketingstrategie, die sich insbesondere an professionelle Data Scientists richtet, verfügt er über eine breite Sicht auf den Zielmarkt und hat dabei seine eigene Expertise entwickelt, um diesen zu erreichen.

Andrew Bruce hat über 30 Jahre Erfahrung in Statistik und Data Science in der akademischen Welt, der Verwaltung und der Wirtschaft. Er hat einen Doktortitel in Statistik von der University of Washington und hat zahlreiche Arbeiten in Fachzeitschriften veröffentlicht. Er hat statistikbasierte Lösungen für eine Vielzahl von Problemen entwickelt, mit denen zahlreiche Branchen konfrontiert sind, von etablierten Finanzunternehmen bis hin zu Internet-Startups, und er verfügt über ein tiefes Verständnis für die Praxis der Data Science.

Peter Gedeck hat über 30 Jahre Erfahrung in wissenschaftlichem Computing und Data Science. Nach 20 Jahren als Computational Chemist bei Novartis arbeitet er nun als Senior Data Scientist bei Collaborative Drug Discovery. Er ist spezialisiert auf die Entwicklung von Algorithmen des Machine Learnings zur Vorhersage biologischer und physikalisch-chemischer Eigenschaften von Arzneimittelkandidaten. Er ist Mitautor des Buches *Data Mining for Business Analytics* (Wiley). An der Universität Erlangen-Nürnberg hat er in Chemie promoviert, an der Fernuniversität Hagen Mathematik studiert.

Über den Übersetzer

Marcus Fraaß ist Diplom-Volkswirt und Data Scientist. In seiner Freizeit beschäftigt er sich insbesondere mit Natural Language Processing und Deep Learning.

Kolophon

Das Tier auf dem Cover von *Praktische Statistik für Data Scientists* ist eine Felskrabbe (*Pachygrapsus crassipes*). Man findet sie entlang der Küsten und Strände des Pazifischen Ozeans in Nordamerika, Mittelamerika, Korea und Japan. Diese Krustentiere leben unter Felsen, in Gezeitentümpeln und in Felsspalten. Sie verbringen etwa die Hälfte ihrer Zeit an Land und kehren von Zeit zu Zeit ins Wasser zurück, um ihre Kiemen zu befeuchten.

Im Englischen ist die Felskrabbe nach den grünen Streifen auf ihrem braun-schwarzen Panzer benannt, *Lined Shore Crab* oder *Striped Shore Crab*. Sie hat rote Scheren und violette Beine, die ebenfalls ein gestreiftes oder gesprenkeltes Muster aufweisen. Die Krabbe wird in der Regel drei bis fünf Zentimeter groß, die Weibchen sind etwas kleiner. Ihre Augen befinden sich auf flexiblen Stielen, die sich drehen können, um ihnen beim Laufen ein volles Sichtfeld zu bieten.

Krebse sind Allesfresser und ernähren sich hauptsächlich von Algen, aber auch von Weichtieren, Würmern, Pilzen, toten Tieren und anderen Krustentieren (je nachdem, was verfügbar ist). Während ihres Wachstums bis zum Erwachsenenalter häuten sie sich viele Male, wobei sie Wasser aufnehmen, um ihre alte Schale zu erweitern und aufzubrechen. Sobald dies erreicht ist, verbringen sie mehrere schwierige Stunden damit, sich zu befreien, und müssen sich dann verstecken, bis die neue Schale aushärtet.

Viele der Tiere auf den O'Reilly-Covern sind vom Aussterben bedroht. Doch jedes einzelne von ihnen ist für den Erhalt unserer Erde wichtig.

Die Illustration auf dem Umschlag dieses Buchs stammt von Karen Montgomery, die hierfür einen Stich aus *Pictorial Museum of Animated Nature* verwendet hat. Der Umschlag der deutschen Ausgabe wurde von Karen Montgomery und Michael Oréal entworfen. Auf dem Cover verwenden wir die Schriften Gilroy Semibold und Guardian Sans, als Textschrift die Linotype Birka, die Überschriftenschrift ist die Adobe Myriad Condensed, und die Nichtproportionalschrift für Codes ist Lucas-Fonts TheSans Mono Condensed.